普通高等教育规划教材
普通高等教育经济管理类专业精品教材
山东省精品课程配套教材

管理学原理

PRINCIPLES OF MANAGEMENT

主编　吴淑芳　李树超
参编　郭海红　张　怡　战书彬　袁　宇

机械工业出版社
CHINA MACHINE PRESS

管理学是一门系统地研究人类管理活动基本规律和一般方法的科学。它以组织中的管理活动为研究对象，通过对管理活动的研究，探讨其内在的规律性并将其上升为理论，再用以指导管理实践，具有综合性、复杂性、应用性的特点。“管理学原理”是高校管理类专业的基础课程。本书针对该课程，面向快速发展的现代社会对新型管理人才的迫切需要，围绕管理者如何有效地管理一个组织而展开。全书共十一章：第一章至第四章系统地介绍了管理的含义，管理者的工作和角色，管理实践、管理思想和管理理论的发展历程，管理环境，管理伦理与社会责任等，为读者认识管理现象和管理规律提供清晰的框架；第五章至第十一章围绕计划、组织、领导与控制这四个管理职能，结合管理的前沿理论进行阐述，为学习者提高管理素质与管理技能打下坚实的理论基础。全书每章都提供学习目标、关键术语、结构框图、引入案例、本章小结、复习思考题、案例思考等，内容齐全，涵盖全面，适合课堂教学与课堂讨论。

本书既可作为普通高校经济管理类专业的核心教材，也可作为基层管理岗位在职人员学习管理知识的入门教材。

图书在版编目（CIP）数据

管理学原理/吴淑芳，李树超主编. —北京：机械工业出版社，2016.6
(2025.8 重印)
普通高等教育规划教材　普通高等教育经济管理类专业精品教材
山东省精品课程配套教材
ISBN 978-7-111-54028-1

Ⅰ. ①管…　Ⅱ. ①吴…②李…　Ⅲ. ①管理学—高等学校—教材
Ⅳ. ①C93

中国版本图书馆 CIP 数据核字（2016）第 131751 号

机械工业出版社（北京市百万庄大街 22 号　邮政编码 100037）
策划编辑：易　敏　责任编辑：易　敏　刘　静
责任校对：黄兴伟　封面设计：鞠　杨
责任印制：刘　媛
北京富资园科技发展有限公司印刷
2025 年 8 月第 1 版第 4 次印刷
184mm×260mm · 15.25 印张 · 370 千字
标准书号：ISBN 978-7-111-54028-1
定价：44.80 元

电话服务	网络服务
客服电话：010-88361066	机　工　官　网：www.cmpbook.com
010-88379833	机　工　官　博：weibo.com/cmp1952
010-68326294	金　　书　　网：www.golden-book.com
封底无防伪标均为盗版	机工教育服务网：www.cmpedu.com

前　　言

管理是人类的基本活动之一，凡有人群的地方就有管理，每个人既是管理者，又是被管理者。大到管理国家、管理社会、管理企业，小到管理家庭、管理亲人，每个人都有一定的管理职责。即使没有管人的权力，也有管事的职责，所以，管理是普遍存在的，因而学习管理对每个人都是必要的。

管理学是一门既古老又崭新的学问，它是与生产力发展水平相适应的：农业社会有农业社会的管理，工业社会有工业社会的管理，后工业社会有后工业社会的管理，信息社会有信息社会的管理。管理总是一定生产力发展水平下的管理，它又推动着社会生产力水平的发展；它既是科学技术发展的产物，又推动着科学技术的发展；管理推动着文明的发展，管理又是一种文明状态。管理由野蛮（如奴隶社会的管理）走向文明，这就是管理的发展。

管理作为一种实践虽然由来已久，但作为一门科学出现却是一百余年的事，它发端于1911年泰勒（Frederick W. Taylor 1856—1915）《科学管理》一书的出版。

现在所讲的“管理学原理”，都是以科学管理理论为基础的。本书的内容编排是以管理职能为线索来进行设计的，即围绕管理的计划、组织、领导、控制这四大职能展开各章内容，具体包括管理与管理学、管理的昨天与今天、组织环境与组织文化、管理伦理、决策、计划、组织、领导、激励、沟通、控制等。

对于任何一门科学，教师和学生都是学习者，“运用之妙，存乎一心”。学习确有心得，才能灵活运用于实践。“管理”是实践的学问，教师不能把本书当成教条，照本宣科，而要结合实践（如案例），结合自己的体验讲授管理的方法。学生也不能把本书当成教条，死记课文，而是要有所启发。

本书既可作为普通高校经济管理类专业的核心教材，也可作为基层管理岗位在职人员学习管理知识的入门教材。我们为使用本书作为教材的授课教师提供了PPT，教师可联系本书编辑索取（CMP9721@163.com）。

本书由吴淑芳、李树超担任主编。具体编写分工如下：第一章、第五章、第六章由郭海红负责编写，第二章、第八章由吴淑芳负责编写，第三章、第七章由张怡负责编写，第四章、第十章由战书彬负责编写，第九章由李树超负责编写，第十一章由袁宇负责编写。

本书的出版得到了山东省教育厅精品课程建设课题、青岛农业大学特色应用课程建设课题资金的支持，本书编写过程中学习和参考了“参考文献”中各位作者的优秀思想，在此表示衷心的感谢！

受到知识和写作水平的限制，书中难免出现疏漏之处，恳请广大读者批评指正。我们真诚希望学习了“管理”的读者，今后在管理方面有所创新，奋力创业。

编　者

目　录

前言
第一章　管理与管理学/1
学习目标/1
关键术语/1
结构框图/1
引入案例/1
第一节　管理的含义/4
第二节　管理者/8
第三节　管理的基本属性/17
第四节　管理学的研究内容和研究方法/19
本章小结/21
复习思考题/21
案例思考/21
第二章　管理的昨天与今天/24
学习目标/24
关键术语/24
结构框图/24
引入案例/24
第一节　早期的管理实践与思想/26
第二节　管理理论的发展/27
第三节　当前管理面临的挑战与创新/40
本章小结/45
复习思考题/46
案例思考/46
第三章　组织环境与组织文化/48
学习目标/48
关键术语/48
结构框图/48
引入案例/48
第一节　管理万能论与象征论/50
第二节　组织环境/51
第三节　组织文化/58
本章小结/65
复习思考题/65
案例思考/65
第四章　管理伦理/68
学习目标/68
关键术语/68
结构框图/68
引入案例/68
第一节　管理伦理概述/69
第二节　管理伦理与社会责任/72
第三节　管理伦理行为的影响因素与改善途径/76
本章小结/81
复习思考题/81
案例思考/82
第五章　决策/83
学习目标/83
关键术语/83
结构框图/83
引入案例/83
第一节　决策概述/84
第二节　决策模式/94
第三节　决策方法/98
本章小结/107
复习思考题/108
案例思考/108
第六章　计划/110
学习目标/110
关键术语/110
结构框图/110

引入案例/110
第一节　计划概述/111
第二节　计划的方法和技术/121
本章小结/132
复习思考题/132
案例思考/133
第七章　组织/135
学习目标/135
关键术语/135
结构框图/135
引入案例/136
第一节　组织概述/137
第二节　组织设计/140
第三节　组织变革/160
本章小结/166
复习思考题/167
案例思考/168
第八章　领导/170
学习目标/170
关键术语/170
结构框图/170
引入案例/170
第一节　领导的内涵/171
第二节　早期的领导理论/174
第三节　领导权变理论/180
第四节　领导理论的新发展/185
本章小结/188
复习思考题/188
案例思考/188
第九章　激励/190
学习目标/190
关键术语/190
结构框图/190
引入案例/190
第一节　激励原理/191
第二节　激励理论/192
第三节　激励实务/207
本章小结/209
复习思考题/209
案例思考/210
第十章　沟通/211
学习目标/211
关键术语/211
结构框图/211
引入案例/212
第一节　沟通概述/212
第二节　沟通媒介/214
第三节　组织沟通/215
第四节　管理者的沟通技巧/219
本章小结/223
复习思考题/223
案例思考/224
第十一章　控制/226
学习目标/226
关键术语/226
结构框图/226
引入案例/226
第一节　控制工作概述/227
第二节　控制过程/228
第三节　控制系统/231
第四节　控制工具/232
本章小结/234
复习思考题/234
案例思考/235
参考文献/236

第一章　管理与管理学

【学习目标】

1. 掌握管理的含义。
2. 了解管理的主体与客体。
3. 区分管理者与操作者。
4. 确定管理者扮演的角色。
5. 了解管理者在做什么。
6. 区分有效的管理者和成功的管理者。
7. 体会管理的科学性、技术性和艺术性。

【关键术语】

管理　管理者　操作者　管理者角色　管理者技能　管理二重性　管理学

【结构框图】

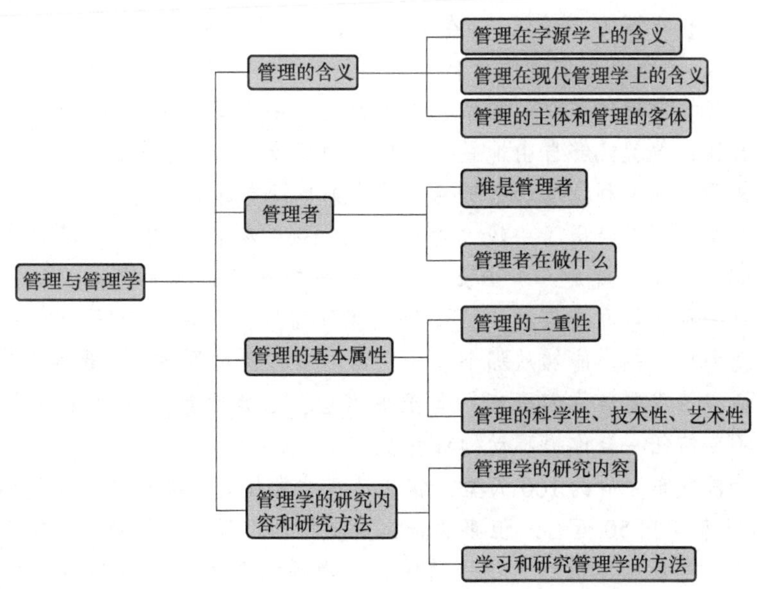

【引入案例】

乔布斯的管理技能

苹果公司在1977年1月3日完成正式公司注册，在此之前，乔布斯和沃兹只能说是在“做生意”，苹果公司在法律意义上还没有诞生。乔布斯和沃兹当时都非常年轻，他们一个人有远见，看到了个人计算机将会改变世界，另一个人能将这种眼光变成实实在在的产品，但是他们并不知道如何去运作一家公司。马库拉是一位天使投资人，他投资并加盟了苹果，帮助初创的苹果制定了完整的公司战略和经营计划。事实上，马库拉相当于乔布斯在商业上的导师，也是苹果公司当时真正的掌舵人。

从一开始，马库拉就向乔布斯和沃兹指出他们并不适合管理公司，必须聘请有经验的人出任首席执行官（CEO）。1977 年 2 月，苹果的第一位 CEO 迈克·斯科特加盟，他是美国国家半导体公司的一位职业经理人。每一位苹果的 CEO 后来都会发现，处理和创始人乔布斯的关系是一场“噩梦”。乔布斯是一个什么样的人呢？一方面，他是一个天才，具有常人所没有的远见，他知道如何做出人们真正喜欢的产品；他追求完美，对细节吹毛求疵，但又往往被证明是对的；他还有强大的“现实扭曲力场”，总是能够说服别人听从自己的意见。但是另一方面，也正是因为他的天才和对自己的强大自信，他又是一个非常难以相处的人，他对待同事的态度粗暴、尖刻、没有耐心，经常朝令夕改，不尊重别人的意见。我们可以说这是天才的特权，因为他们比普通人聪明太多了，但是在带领一家人数众多的庞大公司时，这些性格上的特点都将成为致命的缺陷。

1981 年 7 月，第一任 CEO 斯科特任期届满，因为没有做出太出色的成绩，马库拉没有挽留他，亲自出任 CEO，同时也开始了寻找下一任 CEO 的工作。乔布斯亲自出马，请来了百事可乐的约翰·斯卡利，那句著名的“你是想卖一辈子糖水，还是想要改变世界”就出自这里。1983 年 4 月，斯卡利出任苹果 CEO，距离乔布斯离开苹果还有 2 年零 5 个月的时间，距离他自己离开还有 10 年时间。乔布斯之所以愿意去请斯卡利，在很大程度上是因为斯卡利是乔布斯的“粉丝”。在斯卡利心中，乔布斯是一个偶像，他曾经在就职演讲的时候这样说：“如果你们问我为什么来苹果公司，只有一个原因，那就是可以和史蒂夫一起共事。我把他看作是我们国家在这个世纪里一个真正伟大的人物。”乔布斯认为和这样一个人合作，他就能够自由地做自己想做的事情了，但后来的事实证明这两个人对对方的判断都错了，斯卡利没有那么听话，乔布斯也没有那么完美。

刚开始的时候，两人经历了一段“蜜月期”。1984 年 1 月 22 日，苹果在超级碗播出了著名的《1984》广告，就是一个少女拿着大锤抡老大哥的那个广告。1 月 24 日，著名的麦金托什机以一种非常乔布斯的方式向世人揭开面纱，它竟然“开口”说话了：“嗨，大家好，我是麦金托什机。能够从那个袋子里钻出来真是太美妙了。我现在还不太习惯对着这么多人讲话，但我要与你们分享一句至理名言，这是我第一次遇见一台 IBM 的大型机时想到的：不要信任一台你提不动的计算机。”

在麦金托什机发布之后的 100 天里，销售情况非常良好，乔布斯乐观地估计，麦金托什机将会在 1984 年卖出 50 万台。但事实是，麦金托什机每个月的销量只有 2 万台，乔布斯的预测出错了。麦金托什机销量的下降，使得苹果公司的很多内部管理问题暴露了出来。麦金托什机是乔布斯主管的，乔布斯利用自己的权威给麦金托什机分配了非常多的资源，工程师的收入比 Apple Ⅱ部门高很多，这让Apple Ⅱ的员工很受伤，因为他们为公司贡献了 70% 的收入和大部分利润，却得不到应有的尊重和回报。1985 年年初，对此非常不满的另一个苹果创始人沃兹离开了公司，一些公司高层也相继离职，总共有几十位工程师辞职。不仅是 Apple Ⅱ部门对乔布斯不满，他自己的麦金托什部门也对他不满意。乔布斯是那种喜欢直接指挥的管理者，他经常直接过问员工的具体工作，而且又总是朝令夕改，让员工感到无所适从，不少人跑去和斯卡利抱怨。斯卡利把这些抱怨告诉了乔布斯，乔布斯说："别担心，我知道我在做什么，相信我，这是正确的道路。"斯卡利说："可是员工并不认为这是正确的道路。"乔布斯轻蔑地说："他们不懂。"

暗流开始涌动。苹果市场部的负责人麦克·默里是乔布斯的心腹，对乔布斯忠心耿耿，没想到他却开始谋划一场让乔布斯下岗的政变。杰伊·埃利奥特是苹果的人力资源副总裁，他这样评价乔布斯："史蒂夫的目光很长远，可以达到1000英里㊀，但他却看不见每英里的详细情况，他不明白只有走好每英里，才有可能达到1000英里。他天才般的商业头脑是因为他的目光长远，而他之所以衰落也是因为他的目光长远。"

董事会对于乔布斯越权指挥也变得忍无可忍。1985年4月10日，斯卡利向董事会提出免去乔布斯在麦金托什部门的总经理职务，否则他就辞职。董事们分别找两人进行调解，最终的结果是董事们都站在了斯卡利一边，他们同意斯卡利的建议。5月23日，斯卡利计划飞往中国，这时候有人告诉斯卡利，乔布斯准备趁他不在的时间把他赶走。斯卡利立刻取消了行程。第二天上午9点，他在高层管理者会议上正面质询乔布斯："听说你要把我从公司赶走，这是不是真的？"

乔布斯为此已经暗中活动了很多天，他和高层经理们打招呼，希望用高层经理逼宫的方式迫使董事会屈服，从而赶走斯卡利。然而事实是，每个发言的高层经理都表示自己会支持斯卡利而不是乔布斯。面对众叛亲离的场面，乔布斯摔门而去。5月31日，斯卡利正式签署文件结束了乔布斯在麦金托什的总经理职务。后来，乔布斯又发动了几次"复辟"行动，不过都没有得到支持。最后在9月17日，乔布斯正式从苹果离职。走的时候，他带走了几位忠心于他的非常重要的高级工程师和高管。

对于斯卡利，乔布斯始终都没有原谅，他认为是他毁了苹果。但斯卡利也没有乔布斯所说那么不堪，他带领苹果从几亿美元销售额的公司成长为百亿美元的公司，这其实给未来乔布斯的回归奠定了物质基础。

（资料来源：许维，腾讯科技，2015-01-12.）

斯卡利和乔布斯是完全不同类型的管理者，他们具备的管理技能也有较大差异。有人认为恰恰是斯卡利成就了后来的乔布斯。1985年的乔布斯和1997年的乔布斯同样具有常人所未有的远见和天赋，但不同的是，30岁时的他实在是过于自负了，而斯卡利给了乔布斯一道深深的伤疤后才让乔布斯真正开始了对自我的反思，让他有了"Stay hungry，stay foolish"这样的感悟，让他懂得了自己并不是神，让他知道自己也会犯错。正是因为离开苹果那12年"平庸"的经历，让1997年王者归来的那个乔布斯变得成熟起来，从一个一流的产品经理蜕变成为一个真正合格的CEO。

如果斯卡利没有让乔布斯走人，他还继续留在苹果会怎么样？乔布斯也会变得和后来一样伟大？你的观点是什么？本章在对管理含义理解的基础上，考察管理者在做什么，管理者与操作者的区别是什么，管理的基本属性是什么，并在最后阐述管理学的研究内容和研究方法。

㊀ 1英里＝1.609344km。

第一节　管理的含义

管理的实践活动作为人类最重要的一项活动，历史由来已久，广泛地存在于现实的社会生活之中，大至国家、军队，小至企业、医院、学校等，凡是一个由两人及以上组成的、有一定活动目的的集体就都离不开管理，管理是一切有组织的活动中必不可少的组成部分。因此，在社会生活中，特别是在组织的活动中，就有必要了解什么是管理，怎样才能有效地进行管理。而对管理的理解从不同的角度有不同的含义。

一、管理在字源学上的含义

理解管理的含义首先需要了解“管理”一词的来源。“管理”一词，是现代汉语中的外来语，在中国古代，没有“管理”一词，只有“治”。“治”就相当于现在所说的管理。所谓：“无君子莫治野人，无野人莫养君子”（孟子），“治世以大德，不以小惠”（诸葛亮），等等，这里所说的“治”都是管理的意思。

现在所谓的“管理”是从英语 Management 一词翻译过来的，意思是“借他人之力把事情办好”。Management 源出 Manage，意思是驾驭马匹、驯马，引申为驾驭和驯服。怎么驯马呢？无非是木棍和皮鞭，当人类进入奴隶社会、创造文字的时候，奴隶主管奴隶，也便成了 Manage。所以直到今天，管理仍包含着它最原始的意义：“驾驭”和“驯服”，包含着对被管理者惩罚和训导的一面。

当然，“管理”（Management）这种字源学上的含义，概括不了“管理”在现代管理学上的含义。

二、管理在现代管理学上的含义

对管理的理解“仁者见仁，智者见智”。通俗地讲，管理即“管人”“理事”“管辖”“处理”。《世界百科全书》中对管理这样界定，“管理就是对工商企业、政府机关、人民军队，以及其他各种组织的一切活动的指导，它的目的是要使每一行为或决策有助于实现既定的目标。”

（一）西方有代表性的观点

西方各个管理学派，按照其各自的管理理论，对管理的含义有不同的解释，至今没有一个统一的认识。其中比较有代表性的包括管理职能论、管理目的论、人本主义论、人际关系论及管理过程论等。

（1）管理职能论（法约尔，Henri Fayol）：管理是由计划、组织、指挥、协调及控制等职能为要素组成的活动。该观点由现代管理理论的创始人法国实业家于 1916 年提出，经过近百年的研究和实践证明，除职能上的提法有所增减外，基本正确的。

（2）管理目的论（丹尼尔 A. 雷恩，Daniel A. Wren）：管理是通过计划、组织、领导和控制工作诸过程协调所有的资源，以达到既定目标。

（3）人本主义论（玛丽·派克·福来特，Mary Parker Follett）：管理就是通过其他人来完成事情的艺术。其含义有：①管理其他人及其他人的工作；②通过其他人的活动来达到工作效果；③通过协调其他人的活动来进行管理。这一论点的中心就是强调其他人。

（4）人际关系论：管理就是协调人际关系，激发人的积极性，以实现共同目标的一种活动。这种观点突出了人际关系和人的行为，具体含义有：①管理的核心是协调人际关系；②管理者应当根据人的行为规律去激发人的积极性；③在一个组织中的人们具有共同的目标，管理的任务就是要使人们相互沟通和理解，为实现共同的目标而努力。

（5）管理决策论（赫伯特·西蒙，Herbert Simon）：1978 年诺贝尔奖获得者赫伯特·西蒙提出，管理就是决策。

（6）管理过程论：哈罗德·孔茨（Harold Koontz）认为管理就是设计并保持一种良好的环境，使人在群体里高效率地完成既定目标的过程。斯蒂芬 P. 罗宾斯（Stephen P. Robbins）认为管理是同别人一起或通过别人使活动完成得更有效的过程。

（二）国内有代表性的观点

国内的管理学学者也提出了对管理的一些认识，其中有代表性的有杨文士、周三多等。

杨文士认为管理是组织中的管理者，通过计划、组织、人员配备、领导、控制等职能来协调其他人的活动，使别人同自己一起有效实现既定目标的过程。

周三多的观点："管理是指组织中的如下活动或过程：通过信息获取、决策、计划、组织、领导、控制和创新等职能的发挥来分配、协调包括人力资源在内的一切可以调用的资源，以实现单独的个人无法实现的目标。"

上述定义可以说是从不同的侧面、不同的角度来揭示管理的属性。

（三）本书的观点

在综合国内外多种观点的基础上，本书对管理的界定是：管理是指组织中的主管人员在特定环境下，对组织所拥有的资源进行协调，通过计划、组织、领导和控制等职能有效实现组织既定目标的活动过程。

结合对管理的界定，深入剖析管理的内涵具有十分重要的意义。

1. 管理与组织的关系：管理的载体是组织，管理是实现组织目标的手段

所谓组织（Organization），是指两个或两个以上的人为实现某一特定的目标或一系列目标，而按照一定的结构和规范聚合在一起的机构或实体，泛指各种社团、政府、企事业单位等。作为实体组织，其内部一般包括五个基本要素：①人——人构成了组织管理的主体和客体，人力资源是组织最主要的资源；②物质和技术——物质资源（有形资产、无形资产）和技术是人们从事社会实践活动的物质技术基础；③组织机构——体现组织的分工与结构关系，成为管理实施的体制和方式；④信息——信息是信息社会中组织不可缺少的要素；⑤目的与宗旨——表明一个组织为什么要存在。

管理普遍存在于各类组织中，不管是小型组织还是大型组织，营利性组织还是非营利性组织，一国范围内经营的组织还是全球范围内经营的组织，均需要进行管理活动。这一事实通常称为管理的普遍性。如图 1-1 所示。反之，管理没有自己的目标，管理的目的是实现组织的目标，管理是实现组织目标的手段。

2. 管理是一个过程

管理是一个过程。过程代表了一系列进行中的有管理者参与的职能或活动，这些职能一般划分为计划、组织、领导和控制。计划是确定目标及目标实现的途径，组织是实现资源和活动的最佳配置，领导是激励组织成员完成组织目标，控制是衡量工作，纠正偏差。这些职

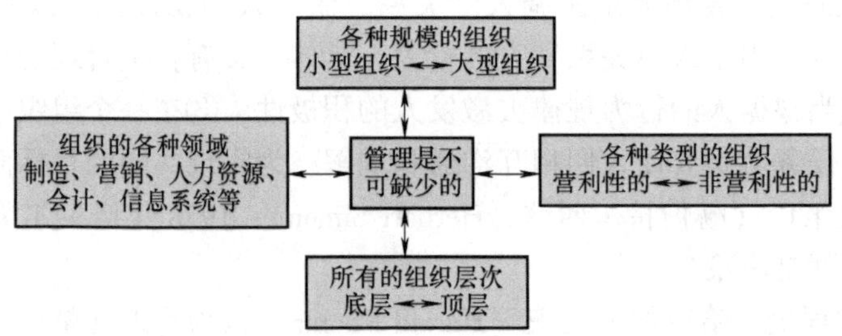

图 1-1　组织对管理普遍需要

能可见图 1-2。但管理的实际情况并不像图 1-2 所示的那样简单，现实中不存在简单的、界限清晰的、纯粹的计划、组织、领导和控制的起点和终点。当管理者履行他们的职责时，也并非严格遵循上述的顺序，而可能会同时进行一些计划工作、一些组织工作、一些领导工作、一些控制工作。所以，将管理者履行的职能描述为一个过程更符合实际一些。

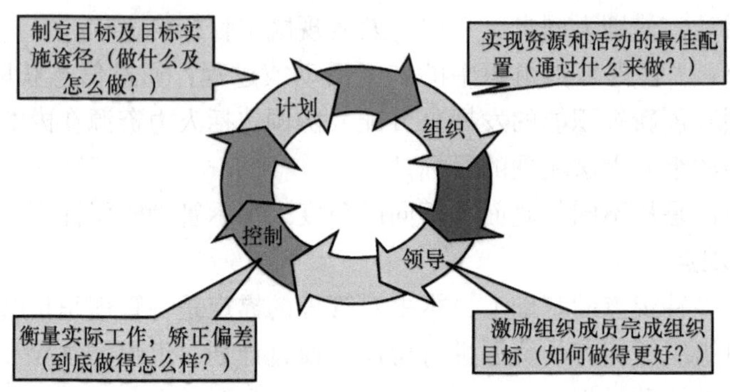

图 1-2　管理过程

3. 管理的本质是协调

组织中的人财物等资源是稀缺的，而且将长期稀缺，因此将有限的资源在组织中进行有效的协调，使之发挥最大效率和效果，是管理解决的核心问题，因此可以说管理的本质是协调。协调，就是使组织中的各个部门、每个成员、各种资源、各项活动之间有机结合，同步与和谐地开展活动，如图 1-3 所示。

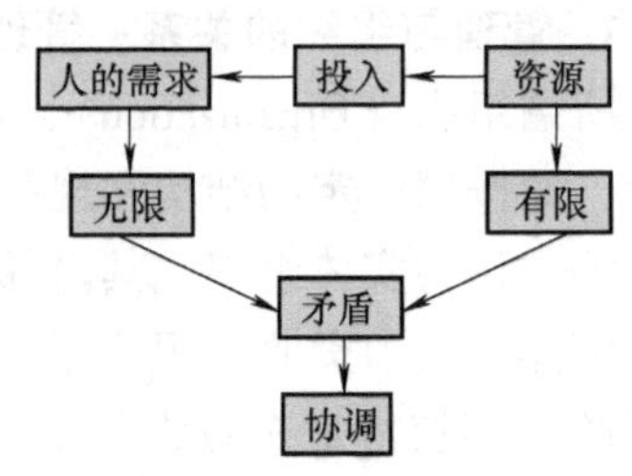

图 1-3　协调的内因

4. 管理的有效性

管理工作需要有效地运用资源来实现既定目标。管理活动既强调目的又注重过程。“有效地”的含义之一是强调目的，就是要使管理活动取得尽可能好的效果，实现组织预期的目标。通过管理，实现了目标，达到了目的，通常就认为管理是有成效的，取得了好的效果。“有效地”的另一个含义就是注重管理过程的效率，即高效率地使用组织的各种资源。它表现的是投入与产出之间的关系。用既定的投入得到更多的产出，就可以使效率提高；同理，用较少的投入取得同样的产出，也是高效率的。强调目的就是要选择去“做正确的事”，注重过程则重视“正确地做事”。在效率与效果之间，效果是本，效率是标，有效的管理就是要标、本兼顾，“正确地去做正确的事情”，如图 1-4 所示。

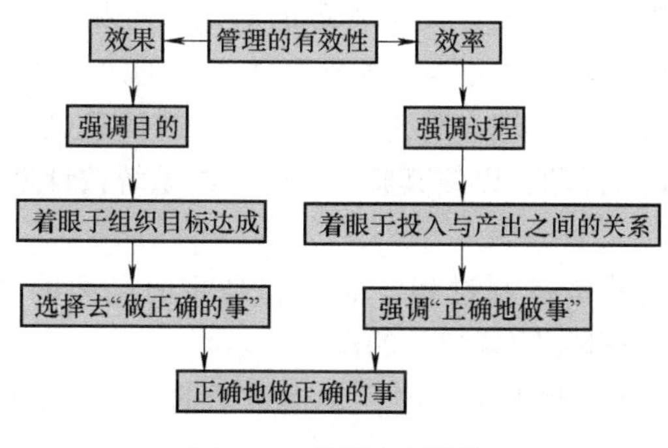

图 1-4　管理的有效性

5. 管理受内外环境的制约

管理活动不是在一个孤立的、封闭的组织中进行的，而是在一个开放的、与外界环境有千丝万缕联系的组织中进行的。一个组织的管理绩效既受组织外部无法控制的环境因素影响，如法律政策、经济、社会文化、科技水平、竞争者行动、顾客等，也受组织内部成员的价值观念、行为准则、历史传承、习俗及行为方式等文化因素的影响。管理需要适应组织内外环境的变化，善于识别组织内外环境中的机会和威胁，充分利用各种机会，规避各种威胁，既发挥管理对环境的影响作用，为组织创造优良的物质和文化环境，以尽其“社会责任”，又要随着组织内外环境的变化而随机应变。这也说明，管理的经验、方法、原理等不能适用于所有组织，需要根据组织的内外环境及遇到的具体问题具体分析，灵活处理，没有放之四海而皆准的管理方法。

三、管理的主体和管理的客体

管理的主体是指靠什么去管——人、机构、法和信息等。管理的客体也称管理的对象，就是管什么的问题。组织中的资源就是管理的对象，通常有人、财、物、时间和信息等。

（1）人。人既是管理的主体，又是管理的客体，既是管理者，又是被管理者，可见人在管理中的核心地位。用人是管理的第一要义。

（2）机构。作为管理主体的机构，是管理机构。管理机构是指管理系统中各层次上的管理组织，即具有一定设施、一定人员和一定管理职权和使命的人事组织，如决策组织、执行与控制组织、信息处理组织等。管理机构的设置是行使管理职能和权力的必要手段。合理设置管理机构必须做到目标明确化、分工协作、责权一致、有效管理幅度和管理层次结合、精干高效。机构效能的发挥，说到底，仍然取决于人的因素。

（3）法。作为管理手段的“法”，是广义的“法”，表现为一定形式的法律、法令、政策、计划、决议、规章、制度、指令等，是规范和协调系统内部各部分动作和行为的准绳。法之所以起到规范人们行为的作用，是因为：①它告诉人们必须怎样做；②它警告人们，如果不按规定的去做，就将受到怎样的惩罚。正因为如此，法才能成为管理的重要手段。要发挥法在管理中的作用，一是有法可依，二是有法必依，三是执法必严，四是违法必究。事有长法，法有长理；法有信，法有威。法的作用就在于通过法制，使被管理者的行为成为习惯。

(4) 信息。信息是管理的手段，又是管理的对象，可见其在管理系统中的重要性。在管理学中，管理信息就是指管理主体对管理客体发出的决策指令（决策信息、指令信息）和管理客体对管理信息的反馈。管理主体根据反馈信息进行再决策，再调整指令，纠正偏差，使管理客体重新行动，以使其整个被管理的系统按计划运行。这一系列的过程称为控制。

可以说整个管理过程就是控制过程，而控制是靠信息和信息的反馈来实现的。由图 1-5 可见，整个管理过程都伴随着信息的流动。

(5) 财、物。作为组织管理对象的财，是指组织的资金。对财管理的目的就是财尽其力。

1) 财。以企业为例，企业是理财、营利的组织。在市场社会中，企业的要素都可折算成用货币衡量的价值——资金。企业就是通过对资金的运用，带来资金的增值。企业管理的一个重要任务就是管好、用好资金，形成管理的资金运动——资金流，使产出/投入之比尽可能大。

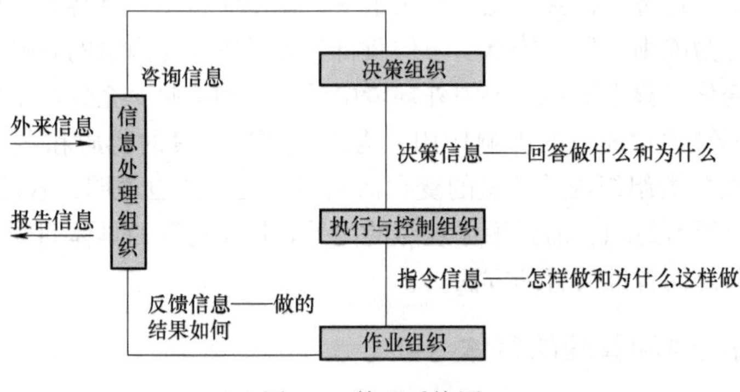

图 1-5 管理系统图

2) 物。作为企业管理对象的“物”，包括建筑物、设备、仪器、能源、原料等企业实体要素，是物化的资金，是构成企业运营的物质基础。对物管理的目的就是物尽其用，保证物的采购、供应、储存、消耗之间的比例达到最优化，既不积压，也不短缺，使物流合理顺畅；使机器设备充分负荷，保证设备利用的经济合理性，并适时更新换代；使物耗、能耗系数（单位产品平均消耗量）尽可能低。

(6) 时间。管理时间就是管理劳动时间的利用，目的是时尽其效。它包括两个方面：①提高工时利用率；②使劳动者的劳动节奏在科学范围内尽可能快。时间管理是劳动管理的核心。

第二节 管 理 者

人既是管理者，又是被管理者，可见人在管理中的核心地位。管理的关键是有优秀的管理人才。一个好的管理者对组织的管理绩效有重大影响，那么组织中的成员谁是管理者、管理者在组织中做些什么呢？

一、谁是管理者

组织中的成员可以大致分成两类，管理者（Manager）和非管理者。而组织中的活动通常分为作业活动和管理活动，因此非管理者也可称为操作者或者作业者。正确地区别管理者与操作者对厘清管理的任务和职责起着重要的作用。

（一）管理者与操作者

操作者（Operators）是直接从事某项工作或任务，不承担对他人工作监督职责的人，如服装流水线上的工人、肯德基店中烹制汉堡包的厨师、银行中为客户办理存储业务的业务员等。而管理者，传统上是指组织中这样的成员，他告诉别人该做什么以及怎样去做。但组织和工作都在变化，使得管理者与非管理者之间的界限越来越模糊，许多操作职位也需要进行管理性的活动，特别是在团队中。例如，在鼓励民主管理或参与管理的组织中，操作者可能常常参与管理活动。而在不少情况下，管理者也可能担任某些作业职责。例如，保险理赔监督员除了负责管理本部门办事人员的工作以外，还可以承担一部分保险理赔的业务工作；一个医院的院长也许有时还是著名的外科大夫，可能常常要亲自担任难度较大的外科手术。所以对管理者做此界定：管理者是通过协调他人的活动达到与他人一起或者指派他人实现组织的计划和目的的人。

从管理的角度应当注意，管理者的主要任务是协调和促进他人做好工作，而不是事必躬亲。即使某些具体工作是自己所擅长的，也应尽量委任他人去干，管理者自己应将主要精力集中在“管理”上。正是在协调和促成他人努力工作并对他人的工作结果负责这一意义上，管理者与操作者的工作具有明显的区别。

（二）管理者的类型

准确识别组织中的管理者并不是难事，通常他们具有一定约定俗成的称呼或头衔。在具有传统结构的组织中（因为基层的雇员比高层多，所以这样的组织常被形象地描绘为具有金字塔的形状），根据管理者在组织中的层次，可以把管理者分为高层管理者、中层管理者和基层管理者；根据管理者在组织中的业务角色，管理者可分为销售、生产、人力资源及财务等管理人员。图 1-6 所示的是管理者的具体类型。

高层管理者（Top Managers）通常承担着制定广泛的组织决策的责任以及为整个组织制定目标和计划的责任。他们需要较多地关注外部环境的变化，预警组织的长期机会和问题，并制定应对战略。因此，这一级的管理者是面向未来的，处理不确定性和高度竞争性的问题。这类管理者居于权力金字塔的顶端，头衔有 CEO、首席运营官（COO）、总裁、高级副总裁等。引入案例中的乔布斯、沃兹、约翰·斯卡利、杰伊·埃利奥特都是高层管理者。中层管理者（Middle Managers）通常是组织中各部门的负责人，贯彻执行高层管理者的意图，把任务落实到基层单位，管理基层管理者。他们可能具有部门经理、项目主管、工厂厂长或者事业部经理等头衔。引入案例中的麦克·默里就是中层管理者。

基层管理者（First-line Managers）通常是低层管理人员，管理操作者的工作，这些工作是生产或提供组织的产品的工作。这样的管理者通常称为主管，也可以称为生产线线长或工长。

但是，并不是所有组织都按传统金字塔结构工作。例如，在一些松散结构的组织中，工作是由不同的员工团队完成的，这些员工根据需要转换项目。虽然识别这些组织中的管

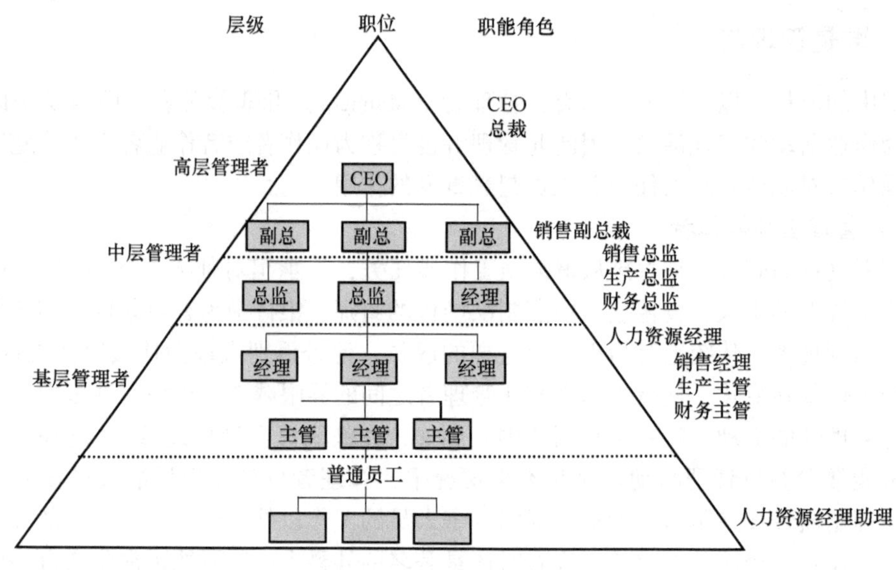

图 1-6　管理者的类型

理者并不容易，但需要了解的是必须有某个人扮演管理者的角色，也就是说需要有人来协调和监督他人的工作，尽管管理者会随着组织中工作任务的变换而更换。

二、管理者在做什么

全面了解管理者在做什么几乎是一件不可能做到的事情。就像没有哪两个组织是一样的，也没有哪两个管理者的工作是一样的。但是有几种代表性的分类框架可以帮助我们了解管理者在做什么：管理职能论、管理角色论、管理技能论，以及有效的管理者与成功的管理者的区别。

（一）管理职能论

从职能角度看，管理者需从事特定的活动，以便有效率和有效果地协调他人的工作。这些职能有哪些呢？

20 世纪早期，法国工业家亨利·法约尔就曾提出管理包含五种职能，即计划、组织、指挥、协调和控制。到了 50 年代中期，管理教科书中首次使用了计划、组织、人员配备、指导和控制职能作为管理的框架。随着社会的发展，管理所包含的职能越来越丰富，本书参照相关学者观点界定管理的基本职能主要有计划、组织、领导、控制，它贯穿于所有管理活动的始终，如图 1-7 所示。

（1）计划职能（Planning）。计划职能是管理者用来识别并选择恰当的目标和行动方案的过程。包含两方面：①决定组织将要追求的目标；②决定实现这些目标所要采取的行动方案。计划的优劣决定着组织的效率和效果，也就是组织的绩效水平。下面以一经营案例体会实践中如何履行计划职能。1984 年，年仅 19 岁的戴尔（Michael Dell）就开始组装个人计算机，他发现自己组装的产品一般都能够直接出售给顾客。据此，戴尔认为这是进入个人计算机市场的绝好时机，并开始计划如何把自己的想法付诸实践。首先，戴尔确定了自己的目标，那就是销售低价格的个人计算机，靠价格优势抢占 IBM 和苹果等公司的市场。确定目标后，他又规划了一个行动方案来实现这一目标。戴尔决定绕过价格昂贵的

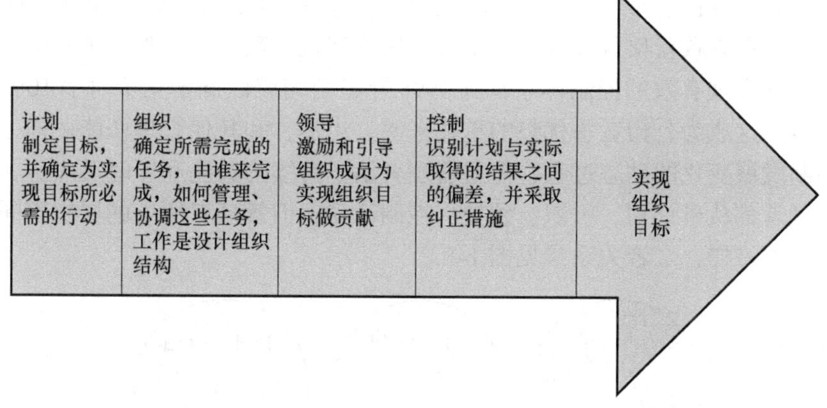

图 1-7　管理的职能

计算机商店，通过电话直销方式向顾客销售。除此之外，他还要决定如何获得低成本的计算机零部件，如何向潜在的顾客宣传自己的产品，并逐渐实现自己制造并销售个人计算机的梦想。随着公司规模的壮大，他的计划也不断调整，变得越来越复杂。2002 年，戴尔及其管理层们制订了新的计划，目标是在个人计算机制造商中取得领先地位。

（2）组织职能（Organizing）。组织即为了实现计划确定的目标，建立组织成员之间的、实现目标所需完成的任务之间的互动合作的工作关系结构。组织职能需要根据员工各自承担的特定任务，将其分配到各个部门工作，在组织过程中还需要在不同的个人和部门之间分配职权和职责，以及有效地协调组织资源，尤其是人力资源。组织的结果是组织结构，组织结构决定了一个组织在多大程度上充分利用自身资源创造产品和服务。比如，在戴尔公司的成长阶段，戴尔面临如何构造组织的问题，那时，他每周都雇用 100 多名员工，他需要设计最能激励和协调员工活动的组织管理体系。伴随着组织的成长，戴尔和他的管理者们创设了更加精密有效的组织结构模式，以更好地实现其组织目标。

（3）领导职能（Leading）。在领导职能履行过程中，管理者不但需要为组织成员描述组织的清晰的未来发展前景，更需要激发其活力，使员工了解自己在组织目标实现过程中做的贡献和发挥的作用，协调个人和群体的行为，确保员工个人目标和组织目标的一致性。领导的结果是培养高度积极主动和服从指挥的组织成员。比如，戴尔公司的员工在戴尔言传身教的领导风格下表现良好，他们工作努力，服从指挥。通常认为，激励和沟通是领导职能的主要内容。

（4）控制职能（Controlling）。在控制职能履行过程中，管理者需要评估组织的计划所确立的目标完成的程度，并采取行动以保持或改善组织绩效。管理者们需要对个人、各个部门以及作为整体组织的业绩进行监控，以和组织期望的绩效标准做比较，根据结果采取必要的纠正行动。控制的结果是准确测定组织绩效和规范组织效率和效果的依据。在控制过程中，首先确定测评的目标（可能涉及产品质量、顾客的评价、生产活力等），然后设计出控制系统和信息系统，以便于为评估绩效提供所需数据。此外，控制还可以为其他三项管理职能（计划、组织、领导）的有效实现程度进行必要的修正。比如，戴尔公司在成长过程中，由于发展太快，又因为缺乏有效的控制体系，曾经遇到过障碍。1988 年，由于缺乏对存货的监管控制，库存大量增加，公司的成本激增；1993 年，不明智的外汇交易导致了财务困难；1994 年新系列的笔记本式计算机由于缺乏质量控制出现了大量产品质量问题，结果导致新项目失败。为了解决这些问题，戴尔专门聘请了一些经验丰富的管理人员来建立合理有效的控制体系，到 1998 年，公司就以低于竞争对手 10% 的成本生产个人计算机，这成为公司竞争优势的重要来源。当然，和其他管理职能一样，控制职能也是一个不断发展变化的动态过程，需要管理者给予持续的关注和即时反应。

虽然管理者都从事计划、组织、领导、控制活动，但管理者所处的层次不同，其管理职能的组成也不一样，二者关系参见图 1-8。

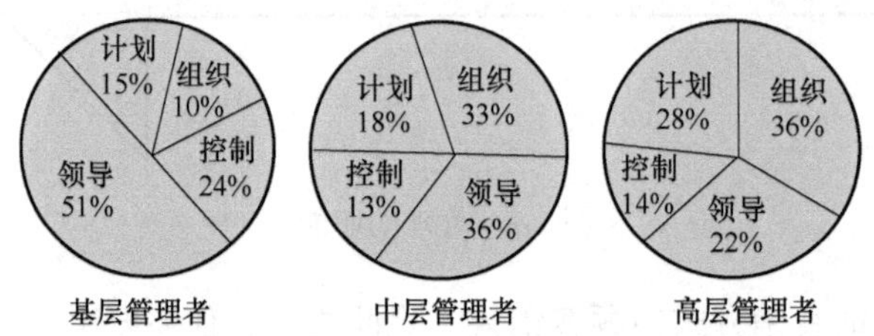

图 1-8　不同层次管理者管理职能分布

本书后续内容的安排将围绕管理这四大职能来展开。

（二）管理角色论

管理角色论认为，管理者是相对于一个组织的其他成员而言的一种角色。管理角色（Management Roles）这个术语指的是特定的管理行为范畴。20 世纪 60 年代末，亨利·明茨伯格（Henry Mintzberg）对五位总经理的工作进行了一项仔细的研究，得出了著名的管理角色论。明茨伯格的实证研究结论为：管理者扮演着十种不同但却是高度相关的角色，如表 1-1 所示。

表 1-1　明茨伯格的管理角色论

人际关系	信息传递	决策制定
1. 挂名首脑：履行许多法律性或社会性的义务，如迎接来访者，签署法律文件 2. 领导者：负责激励和动员下属、人员配备、培训和交往的职责。实际上参与所有有下级参与的活动 3. 联络者：代表本部门与其他部门联系，如发感谢信、从事其他有外部人员参加的活动	1. 监听者：寻求和获取各种特定的信息，以了解组织与环境，如阅读资料，保持私人接触 2. 传播者：将从外部人员和下级那里得到的信息传递给组织其他成员，如举行信息交流会、打电话 3. 发言人：向外界发布有关组织的计划、政策、行动、结果等信息，如召开董事会、信息发布会	1. 企业家：事业开创者，寻求组织在环境中的机会，如制定战略，开发新项目 2. 混乱驾驭者：当组织面临重大、意外的动乱时，负责采取补救行动，如处理内部冲突、重要客户突然损失 3. 资源分配者：决定组织资源用于哪些项目 4. 谈判者：在主要的谈判中作为组织的代表

明茨伯格提出的管理者十种角色还可以进一步组合为三大类：人际关系、信息传递和决策制定。

1. 人际关系角色（Interpersonal Roles）

管理者在处理与组织成员和其他利益相关者的关系时，就是扮演人际关系角色。当学校的校长在毕业典礼上颁发毕业证时，或者工厂领班带领一群高中学生参观工厂时，他们都在扮演挂名首脑的角色。此外，所有的管理者都在扮演领导者的角色，包括雇用、培训、激励、惩戒雇员等。管理者扮演的第三种角色是在人群中间充当联络者，即与提供信息来源的组织内、外个人或团体接触，如销售经理从人事经理那里获得信息属于内部联络关系，而他通过市场营销协会与其他公司的销售经理接触时，他拥有了外部联络关系。

2. 信息传递角色（Information Roles）

这是指所有的管理者在某种程度上都从外部的组织或机构那里接收和收集信息，同时又是所在组织的信息传递中心和其他工作小组的信息传递渠道。例如，当他们关注外部关系，了解公众趣味的变化或竞争对手可能正打算干什么时，管理者正在扮演监听者角色；当管理者作为信息通道向其他部门或组织成员传递信息时，他们扮演着传播者的角色；当他们代表组织向外界表态，如向董事和股东说明组织的财务状况和战略方向、向消费者保证组织切实履行社会义务时，管理者是在扮演发言人的角色。

3. 决策制定角色（Decision Roles）

当管理者密切关注组织内外环境的变化和事态的发展，发现机会，利用机会，发起和监督那些将改进组织绩效的新项目时，他们是在扮演企业家的角色；当管理者采取纠正行动应付那些未预料到的问题，如处理冲突，对员工之间的争端进行调解，平息客户的怒气，应付不合作的供应商等，他们是作为混乱驾驭者的角色；此外管理者负有分配人力、物质和金融资源的责任，是作为资源分配者的角色；最后当管理者为了自己组织的利益与其他团体议价和商定成交条件时，他们是在扮演谈判者的角色。

（三）管理技能论

按照罗伯特·卡兹（Robert Katz）的观点，通常而言，一名管理人员应该具备的管理技能包括技术技能、人际技能、概念技能三种基本类型。

1. 技术技能

技术技能（Technical Skill）是指使用某一专业领域内有关的工作程序、技术和知识完成任务的能力。

例如，外科医生、教师、工程师和音乐家都在他们各自不同的领域内具有技术技能。在公司里员工掌握产品加工技能、会计核算技能、营销技能等。对于管理者来说，虽然没有必要使自己成为精通某一领域技能的专家，但要掌握一定的技术技能，否则就很难与他所主管的组织内的专业技术人员进行有效沟通，从而也就很难有效地对他所管辖的业务进行指导。技术技能可以通过接受教育、培训和自学等途径来获得和掌握。专业知识掌握得越多，技术技能的水平一般也越高。

2. 人际技能

人际技能（Human Skill）是指处理人际关系的技能，或者说是与组织内外人员打交道的能力，即理解、激励他人并与他人共事的能力。对一个组织而言，如一个企业，在不同层次和领域，管理者可能分别需要处理与上层管理者、同级管理者以及下属的人际关系，要学会说服上级领导，学会同其他部门的同事紧密合作，同时掌握激励和引导下属的能力，以及正确指导和指挥组织成员开展工作的能力。与技术技能不同的是，决定一个人人际技能水平的因素不仅仅是他掌握的书本知识，更重要是个人的性格。从这一意义上说，一个人能否成为成功的管理者，其先天性格是一个主要因素。这一点给我们的启示是：在进行管理者的分工和确定管理集体结构时，应该考虑不同管理工作对性格的特殊要求，以提高管理者的管理效率。

3. 概念技能

概念技能（Conceptual Skill）也叫思维技能，是指综观全局、洞察组织与环境相互影响和作用的复杂性，并在此基础上加以分析、判断、抽象、概括并迅速做出正确决断的能力。具体地说，概念技能包括感知和发现环境中的机会与威胁的能力，理解事物的相互关联性并找出关键影响因素的能力，以及权衡不同方案的优劣和内在风险的能力等。显然，任何管理者都会面临一些混乱而复杂的环境，管理者应能看到组织的全貌和整体，并认清各种因素之间的相互联系，如组织与外部环境是怎样互动的，组织内部各部分是怎样相互作用的，经过分析、判断、抽象、概括，抓住问题实质，并做出正确的决策。概念技能主要取决于管理者的抽象思维能力，与一个人的知识、经验和胆略有关，它所需要的知识基础相当广泛，而不仅仅限于专业知识。例如，张瑞敏当年在海尔大抓质量，曾面对全工厂员工一次砸掉在当时可以卖出去但质量不够好的冰箱 76 台，这种胆略和魄力被认为是高水平概念技能的表现。然而，概念技能的提高是一个渐进的、缓慢的、潜移默化的过程，概念技能缺乏被认为是制约我国企业管理水平的重要因素。

罗伯特·卡兹提出了上述的管理技能，但他认为这些技能的相对重要性主要取决于管理者在组织中所处的层次。首先，三种技能是各个层次管理者需要具备的。其次，不同层次的管理者对这三种技能的要求程度会有区别。技术技能对于基层管理者最为重要；人际技能对高、中、基层管理者是同等重要，因为不管是哪一层次的管理者，都必须在与上下左右进行有效的沟通；越是处于高层管理人员，越需要有更强的概念技能。管理者所处的层次和管理技能的关系如图 1-9 所示。

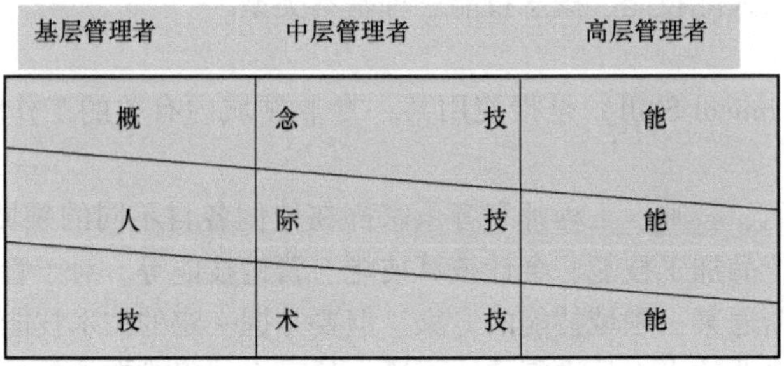

基层管理者	中层管理者		高层管理者
概	念	技	能
人	际	技	能
技	术	技	能

图 1-9　管理者层次与管理技能要求

阅读材料

电子商务时代对管理技能的新要求

下面以被誉为全球电子商务教母、全美商业“女强人”、“商海铁娘子”的梅格·惠特曼（Meg Whitman）的经历领会在电子商务时代对管理者技能的要求。1997 年 11 月，在梅格·惠特曼加盟 eBay 之前，她正在年销售额 6 亿美元的哈斯波罗玩具公司担任学前儿童部主管。eBay 这个硅谷网络公司对她来说还闻所未闻。在执掌 eBay 之前，飞饵钓鱼曾是她最大的爱好。在“飞钓”中，准确甩竿至关重要，而作为 eBay 的掌门人，做出每一个正确的决定也同样重要。惠特曼花了几个月的时间做了一些基本调整：建立一个管理班子，转变财务系统，提出新的市场策略，建立流线型的电子邮件系统。惠特曼接手后不到六个月，eBay 的股票成功上市。惠特曼加盟时，eBay 只是一个 50 人的小公司，10 年后成为拥有 1.5 万名员工、年营业额 85 亿美元的跨国巨头。惠特曼本人也获得“电子商务教母”“在线跳蚤市场女王”的美誉。

从 eBay 功成身退后，惠特曼曾花费大笔家产竞选加州州长，最终折戟而归。2010 年惠特曼以改革者的姿态加盟惠普担任惠普 CEO。她经常说的一句话是：“这场变革史无前例，我们必须走在前列。”为了充分激发团队精神，她把高管赶出了私人办公室，让他们到隔间里办公；她制定新的产品策略，强调软件、设计和客户等元素。一系列的业务整合、销售模式变革之后，曾经士气低迷的惠普内部明显重现生机。在她执掌大权的前一年，惠普股价暴跌 42%，主要竞争对手戴尔在服务器市场上扩大地盘，数次对决中，惠普几乎无力阻挡。2012 年 4 月，两个对手争夺微软 Bing 搜索引擎团队的 3.5 亿美元服务器订单，最后仍是戴尔胜出。结果出来几分钟后，惠特曼打电话给微软 CEO 史蒂夫·鲍尔默（Steve Ballmer）：“告诉我，我们哪里做得不好。不要敷衍我。我很想知道，这样我们下次才能做得更好。”不久，微软向惠特曼发送了一个包含多页内容的备忘录，列出了惠普失去机会的九个原因。在惠特曼眼中，这个备忘录不是羞辱，而是战斗计划。她组建了一支攻坚团队，包括惠普企业运算业务主管戴夫·唐纳特利、供应链奇才托尼·普罗菲特等。他们的职责是：找到使惠普更具竞争力的方法，在多个方面赶上戴尔。不久，当 Bing 再次下单时，惠普赢了戴尔。接下来一年的时间里，惠特曼与客户、销售渠道伙伴进行了令人吃惊的 305 次一对一会议，还进行了 42 次小型圆桌会议。一份 60 天日程表显示，她去过慕尼黑、伦敦、巴西、印度、纽约、阿肯色州本顿维尔……为的是完成“足够的外部沟通”。一名惠普员工说：“她的精力令人吃惊。她无疑是我所见过的最勤奋的惠普 CEO。”不喜欢她的人曾悻悻地说，惠特曼善于同大公司总裁到小商贩的形形色色的人交流，她看上去就是一个“没怎么见过世面的女人，但却总能让身边的几乎每一个人相信她，从而把公司搞得不错”。也许这正是惠特曼的“魔力”所在。

表 1-2 描述了传统公司的首席执行官和当今电子商务管理者之间的区别。

表 1-2　首席执行官的区别

传统公司的首席执行官	eBay、惠普等网络公司的首席执行官
激励员工	向员工传扬福音
随时关注变化	探究变化原因
热情友好	坦诚
熟悉信息技术	精通信息技术
决策果断	决策极其果断
可以处理疑问	可以从疑问中发展、完善自己
出色的判断力	出色的判断力
平均年龄：57 岁	平均年龄：35 岁
富有	非常富有

(四) 有效的管理者与成功的管理者的区别

弗雷德·卢森斯(Fred Luthans)和他的助手从稍微不同的角度考察了管理者究竟在做什么这个问题。他们提出这样的问题：在组织中提升最快的管理者（这里称之为“成功的管理者”)，与在组织中成绩最佳的管理者（这里称为“有效的管理者”）从事的是同样的活动吗？他们的工作重点一样吗？大部分人也许认为，在工作上最有成绩的管理者也会是在组织中提升得最快的人，但是事情似乎并非如此。

卢森斯的研究发现：这些管理者都从事以下四种活动：

(1) 传统管理：决策、计划和控制。

(2) 沟通：交流例行信息和处理文书工作。

(3) 人力资源管理（HRM)：激励、惩戒、调解冲突、人员配备和培训。

(4) 网络联系：社交活动、政治活动和与外界交往。

图 1-10 中反映的是一般管理者、成功的管理者和有效的管理者在四项活动中的时间分布。可以看出，不同的管理者花在这四项活动上的时间和精力显著不同。成功的管理者与有效的管理者在四项活动上的时间分布有很大差异，维持网络联系对成功的管理者作用最大，人力资源管理活动的作用最小；沟通对有效的管理者相对贡献更大，网络联系的贡献相对较小。成功的管理者与有效的管理者的工作重点完全不同，甚至几乎是相反的，这对晋升是基于绩效的传统假设提出了挑战，它生动地说明了适当进行社交联络对管理者在组织中的提升起着重要的推动作用。

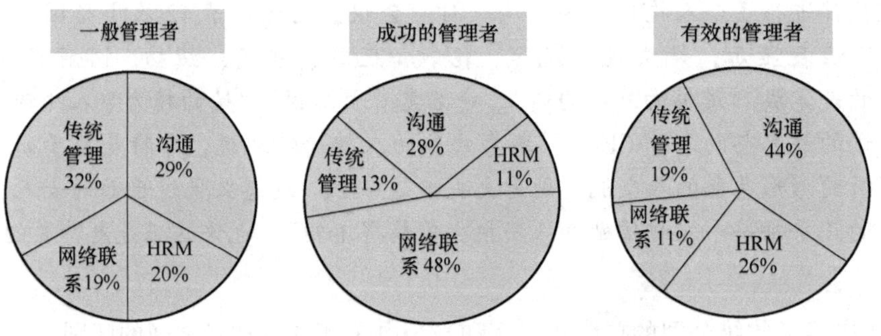

图 1-10　三种管理者每种活动的时间分布

阅读材料

卓有成效的管理者

德鲁克是当代著名的思想家，一代管理学宗师。《经济学人》称他为“大师中的大师”。他是推动管理学发展成为一门严肃科学的先驱，是现代“管理丛林”中经验主义管理思想流派的创立者和代表人物。

20 世纪 60 年代，大多数领导学方面的研究还认为卓有成效的管理者是天生的，并试图从管理者的素质角度出发，寻找有效管理者所具有的不同于常人的个人和特质。而德鲁克从他自己的研究和咨询经历出发，认为没有一个有效管理者是天生的，他们之所以有效只是由于在实践中学会了一些有效的管理习惯。德鲁克认为组织中的管理者通常会遇到四种情况，而自己基本无法控制，然而每种情况都会向他施加压力：①管理者的时间往往只属于别人，而不属于自己；②管理者往往被迫按照老一套方法开展工作；③只有当别人使用管理者的贡献时，管理者才具有有效性；④管理者身处组织之内，但如果他要有效工作，还必须努力认识组织以外的情况。

为应对这些情况，德鲁克认为，作为一个有效的管理者，必须在思想上养成如下的习惯：①知道如何利用自己的时间；②注意使自己的努力产生必要的成果，而不是工作本身，重视对外界的贡献；③把工作建立在优势上——善于利用自己、上级、同事和下级的长处；④精力集中于少数主要领域；⑤善于做出有效的决策。如今，德鲁克对管理者工作面临现实问题的描述和相关建议已成为经典，被到处引用。

（资料来源：彼得·德鲁克．卓有成效的管理者［M］．许是祥，译．北京：机械工业出版社，2009.）

第三节　管理的基本属性

管理不仅是一门科学，也是一种社会活动。管理与其他社会活动相比，有其特有的属性。

一、管理的二重性

管理的二重性指的是管理具有自然属性和社会属性。明确这一点对深入了解管理的内涵，更有效地开展管理活动大有帮助。通常把管理的“指挥劳动”称为管理的自然属性，把“监督劳动”称为其社会属性。

（一）管理的自然属性

“指挥劳动”是指凡是有许多人进行协作的劳动，过程的联系和统一都必然要表现在一个指挥的意志上，表现在各种与局部劳动无关而与全部活动有关的职能上。就像一个乐队要有一个指挥一样，“指挥劳动”是一种生产劳动，是每一种协作生产方式中必须进行的劳动。这种自然属性与生产力和社会化大生产相联系，是社会化大生产的一般要求和组织劳动协作过程的必要条件，这种必要性随着生产力的发展、生产社会化程度的提高而增加，由此产生的管理职能，即一般职能，就是合理组织生产力。管理的这种属性与具体的生产方式和特定的社会制度无关，不会随着生产关系或社会制度的改变而变化。它表明了凡是社会化大生产的劳动过程都需要管理，它不取决于生产关系的性质，而主要取决于生产力的发展水平和劳动社会化程度，因而它是管理的一般属性，即在任何社会制度中都需要管理。

（二）管理的社会属性

“监督劳动”指的是管理活动中同生产关系和社会制度直接联系的那一部分劳动。它由共同劳动所采取的社会结合方式的性质决定，是维护社会关系和实现社会生产目的的重要手段。也就是说，社会生产总是在一定的生产关系下进行的，管理需要体现生产资料所有者的意志，维护所有者的利益，为一定的生产关系服务，从属于一定的社会意识形态，因而管理具有社会属性。管理的社会属性取决于生产关系性质，随着生产关系性质的变化而变化，故它是管理的特殊属性，在不同的社会生产关系下呈现出管理的不同个性。

管理的二重性要求在研究、掌握管理原理和规律时，要因时制宜、因地制宜，没有一种适用于古今中外的管理模式。

二、管理的科学性、技术性、艺术性

在管理学界，对管理的科学性和艺术性以及技术性的理解是有争议的，有的观点认为管理仅具有科学性，有的观点认为，管理具有艺术性（实践性），本书认为管理是科学性、技术性与艺术性的统一。

（一）管理的科学性

管理的科学性是指管理反映了管理活动自身的特点和客观规律性。无论是什么性质的管理都必须遵循各种客观规律。人们通过各种社会实践和科学研究，不断总结经验，提出问题，验证推理，从中提炼出一系列反映管理活动过程中客观规律的管理理论和一般方法，并利用这些理论和方法指导社会实践，又以管理活动的结果来衡量管理过程中所使用的理论和方法是否正确，使管理的科学理论和方法在实践中不断验证和丰富。这是管理科学性的一面。

例如，进行设备管理时，必须依据设备运转规律，本来某台设备一天只能运转 8 小时，强制让它运转 12 小时，肯定会出故障，影响其寿命。又如，产品生产如果必须按照从 A→B→C→D 的顺序进行加工，那么，就只能遵循这一工艺规律，非让它按照 B→C→A→D 的顺序来加工，则生产出来的将是“废品”，或根本无法生产。

（二）管理的技术性

管理的技术性是指把管理思路变成方案并付诸实施，是把系统化的管理知识体系转化为能够进行操作的方法和技巧，这是管理科学应用于管理实践的一个必不可少的环节。技术在一切操作领域里都是重要的，管理方面的技术也不例外。管理技术反映了管理理论，它是从管理经验和管理技能中提炼发展而来的。例如科学管理思想反映的主题是提高劳动生产率，如何在实践中贯彻这一思想？需要相应的管理技术给予具体指导。泰勒及其追随者在时间和动作管理的技术研究方面做出了不懈的努力，为贯彻科学管理的思想提供了便利。目前，管理技术中的预算编制、决策技术、目标管理以及各种控制技术等，都是帮助管理人员有效开展活动的手段。管理需要对组织所处的现状进行分析，制定相关的流程、制度等，然后按相关职能（计划、组织、领导、控制等）开展工作，达到目的。

（三）管理的艺术性

管理的艺术性是指管理者在管理实践活动中对管理原理运用的灵活性，和对管理方式和方法选择的技巧性。管理实践中，管理活动是以人为核心的，而人的心理素质和行为方式具有较大差异，管理风格差异较大，管理在具体情景中需要考虑具体情况的特点，又要考虑执行者的个性特点，不能生搬硬套管理理论和原则，只能在管理实践中不断创新和发现，“随机应变”地处理问题，达到管理有效协调的目的，这就是管理的艺术性。艺术性的高低直接影响管理的效果，尤其是对人的管理，更要注重艺术性。应注意三个问题：①把握住管理活动中的“度”。这是因为管理需权衡利弊得失，要求管理人员做出正确的选择。②应懂得管理变革的必要性。③要认识到管理创新的重要性。因为管理环境的动态变化，给管理活动的目标和方式不断提出新的要求，推动了管理不断创新。例如，某一位主管人员善意地、用开导的方式指出其下属所犯的错误，让他改正，会比在大庭广众之下，用带讽刺的语气批评其下属、让其纠正错误的效果要好。

（四）管理是科学性、技术性与艺术性的统一

管理的科学性、技术性和艺术性并不是相对立、相排斥的，而是互相补充和互相验证的。管理是三者的统一，缺一不可。管理既要讲求科学，按规律办事，又要在实践中把规律转化成具体的方案并付诸实施，同时也要讲求艺术性。这是管理的一个重要特征。从这个意义上说管理没有固定的、统一的模式。以领导者的领导方式为例，要讲求领导效率，那么可能在一定的环境条件下，采用“集权制”领导方式有效，但在另外的条件下，采用“民主”的方式会更有效。实践中，管理的科学性、技术性、艺术性的统一，尤其要注重管理艺术。

阅读材料

合作的意义

从前，有两个饥饿的人得到了一位长者的恩赐：一根鱼竿和一篓鲜活硕大的鱼。其中，一个人要了一篓鱼，另一个人要了一根鱼竿，然后他们分道扬镳了。得到鱼的人原地就用干柴搭起篝火煮起了鱼，他狼吞虎咽，还没有品出鲜鱼的肉香，转瞬间，连鱼带汤就被他吃了个精光，不久，他便饿死在空空的鱼篓旁。另一个人则提着鱼竿继续忍饥挨饿，一步步艰难地向海边走去，可当他已经看到不远处那片蔚蓝色的海洋时，他浑身的最后一点力气也使完了，他也只能眼巴巴地带着无尽的遗憾撒手人间。

有两个饥饿的人，他们同样得到了长者恩赐的一根鱼竿和一篓鱼。只是他们并没有各奔东西，而是商定共同去找寻大海。他俩每次只煮一条鱼，经过遥远的跋涉，来到了海边。从此，两人开始了捕鱼为生的日子，几年后，他们盖起了房子，有了各自的家庭、子女，有了自己建造的渔船，过上了幸福安康的生活。

（资料来源：田戈．改变世界的100个管理故事［M］．北京：朝华出版社，2004.）

第四节　管理学的研究内容和研究方法

了解管理学的相关内容，并能掌握管理学的研究方法，对提高管理实践活动的水平、丰富管理理论的内容具有重要意义。

一、管理学的研究内容

根据管理的性质和管理学的研究对象，管理学的研究内容主要包括三个模块。

（1）从管理的二重性出发，着重研究管理的生产力属性、生产关系属性以及上层建筑等有关问题。

1）生产力方面：主要研究生产力诸要素之间的关系，即合理组织生产力的问题；研究如何合理配置组织中的人、财、物，使各要素充分发挥作用；研究如何根据组织目标、要求和社会的需要，合理地使用各种资源，以求得最佳的经济效益和社会效益。

2）生产关系方面：主要研究如何正确处理组织中人与人之间的相互关系；研究如何建立和完善组织机构以及各种管理体制；研究如何激励组织内成员，从而最大限度地调动各方面的积极性和创造性，为实现组织目标而服务。

3）上层建筑方面：主要研究如何使组织内部环境与其外部环境相适应的问题；研究如何使组织的规章制度与社会的政治、经济、法律、道德等上层建筑保持一致的问题，从而维持正常的生产关系，促进生产力的发展。

（2）从历史性出发，着重研究管理实践、管理思想和管理理论形成、演变和发展的历史趋势及其规律。

（3）从管理过程出发，着重研究管理活动中有哪些职能；执行各项职能过程中应遵循哪些原理，采用哪些方法、程序、技术；执行这些职能涉及组织中的哪些要素；执行职能过程中会遇到哪些障碍、阻力，以及如何克服这些障碍、阻力。

二、学习和研究管理学的方法

（一）唯物辩证法

唯物辩证法是研究和学习管理学的总的方法论指导。首先，管理学产生于实践，是管理实践经验的科学总结和理论概括，学习研究管理学必须坚持实事求是的态度，深入管理实践，进行调查研究。其次，用联系的、发展的观点认识和研究管理活动和管理过程，用全面的、历史的眼光观察和分析管理问题，重视管理学的历史、现状及其发展趋势研究。

（二）系统方法

所谓系统，是指由相互作用和相互依存的若干组成部分结合成的、具有特定功能的有机整体。从管理的角度看，系统有两层含义：一是指系统是一种实体；二是指系统是一种方法或手段。用系统的观点来分析、研究和学习管理活动和管理理论，就是将管理过程、管理职能、管理技术和方法作为相互关联的系统，用整体观点、“开放的”与相对“封闭的”观点、信息反馈的观点、分级观点、等效观点等系统论的基本观点来分析和研究管理问题，研究管理过程和管理职能。

（三）理论联系实际的方法

理论联系实际，在管理学的学习和研究中主要体现为案例研究法的应用。通过案例的调查与分析，带着问题学习，边学习边实践，有助于提高学习者运用管理的基本理论和方法去发现问题、分析问题和解决问题的能力。理论联系实际还意味着学习和研究管理学要从实际出发，具体问题具体分析。一方面，要以科学的态度学习和吸取发达国家成功的管理经验和先进的管理理论；另一方面，又要避免教条主义、盲目照搬。要从我国的国情出发，分析我们的社会制度、生产力发展水平、自然条件、民族习惯和传统的特征等与西方国家的差异，有选择地学习和吸收，结合我国经济和社会发展的需要进行取舍和改造。只有这样，才能用科学的管理理论指导我国的管理实践活动，有效提高我国的管理水平，建设和发展具有中国特色的管理学。

（四）数理分析方法

数理分析方法是建立在数学和系统论、信息论与控制论等科学基础之上的一系列数量分析和决策方法，如线性规划、投入产出分析、排队论和博弈论等。当今，数理分析方法在管理科学研究中的应用越来越广泛，现代管理丛林中的管理科学学派就是以这类方法为主要研究方法的一个学派。其主要特点是：①模型化，即在一系列假设前提下，运用数理逻辑分析，就拟解决的问题建立一定的数学模型。②客观性强。在使用这些方法时，除假设条件和数量分析方法的选择之外，在建立模型和进行推导的过程中，基本上不受人为因素影响，其结论具有较强的客观性。因而，合理应用数理分析方法，可以提高管理的科学性和决策的准确程度。值得注意的是，首先，虽然数理分析方法在建模以后的推导和分析中不受人们主观偏好的影响，但是，在复杂的环境中进行前提条件的假设和分析方法的选择，却不能不受人主观因素的影响。其次，由于管理环境的错综复杂与多变，许多因素是难以量化的，那么，以包含有限变量的模型来反映或表现客观现实，不免会出现差异和问题，如果差异很大，无疑会影响数量分析结论的可信度。最后，数理分析方法的应用对管理人员的素质和专业化水平要求较高，因而其应用范围和应用程度也存在一定的局限。所以，管理中的定量分析必须同其他分析方法结合起来使用。

【本章小结】

1. 管理是指组织中的主管人员在特定环境下，对组织所拥有的资源进行协调，通过计划、组织、领导和控制等职能，有效实现组织既定目标的活动过程。

2. 管理手段主要靠人、机构、法和信息等。管理的客体也称管理的对象，就是管什么的问题。组织中的资源就是管理的对象，通常有人、财、物、时间和信息等。

3. 管理者是这样的人，他通过协调他人的活动达到与他人一起或者支派他人实现组织的计划和目的。操作者是直接从事某项工作或任务，不承担对他人工作监督职责的人。操作者与管理者的界限有时并不十分分明。

4. 按照管理者在组织中的层次，可以把管理者分为高层管理者、中层管理者和基层管理者；根据管理者在组织中的业务角色可以分为销售、生产、人力资源及财务等各种管理人员。

5. 关于管理者在做什么，从不同角度理解可以有不同说法。从管理职能的角度，管理的基本职能可以分为计划、组织、领导、控制；明茨伯格从管理角色的角度，把管理者的角色分成三大类型，即人际关系角色、信息传递角色和决策制定角色，并具体细分为十种不同的角色；罗伯特·卡兹则发现管理者需要培养三种技能：技术技能、人际技能和概念技能。弗雷德·卢森斯和他的助手认为，在组织中提升得最快的管理者即成功的管理者，与在组织中成绩最佳的管理者即有效的管理者，他们对管理者工作强调的重点有很大的不同。

6. 管理是科学性、技术性和艺术性的结合。

【复习思考题】

1. 如何理解管理的含义？
2. 如何理解管理者分类与管理职能、管理技能的关系？
3. 有效的管理者等同于成功的管理者吗？说明理由。
4. 为什么要研究和学习管理学？
5. 简述管理学的特点和研究内容。

【案例思考】

马云的管理技能

当今，阿里巴巴已然跻身为中国最大的网络公司和世界第二大网络公司。马云所展现的领导力及管理风格，可以被称为是“新领导”。这种领导风格的核心并不是被大家所广为传颂的“倒立思维”，而是被知名领导力学者约翰·科特（John Kotter）称为“先知者先行”的能力——这个世界从来都是先知先觉的人领导后知后觉的人，再开发不知不觉的人。

阿里巴巴所取得的成功，离不开马云卓越的管理能力。

一、创造性和分析性地解决问题

马云的创造性和分析性思维形成了他在创业过程中的超前判断。1992 年马云还在大学任教时，从自身的工作经历中，他发现了社会对英语人才和翻译业务的巨大需求，预言这将是一个很大的潜在市场，所以奋身投入到海博翻译社的创业路途中。1995 年，马云在美国第一次接触互联网，发现在神奇的互联网上居然找不到一点中国的信息，感到震惊和不可思议，敏锐的直觉告诉他这里面蕴含着巨大商机。于是，一个完全不懂计算机的人做起了互联网。阿里巴巴的创立和发展道路中，马云也显示了其超强的创造性和分析性解决问题的能力。创立之初，全世界的互联网企业都克隆美国模式，均把大企业作为电子商务服务的潜在顾客，而马云以一个渔夫的“超传思维”，看到了互联网更大的细分市场：“听说过捕龙虾富的，没听说过捕鲸富的。”马云就是在这种思维的引导下，将阿里巴巴定位成“为 80% 的中小企业服务”。

在全球互联网市场上，以谷歌为代表的搜索模式、雅虎为代表的门户模式、eBay 为代表的 C2C（消费者对消费者）模式、亚马逊为代表的 B2C（企业对消费者）四大互联网模式，无论在资本还是业务上都获得了极大的成功。然而马云却没有走它们的路，他开创了有着鲜明“中国特色”的 B2B（企业对企业）商业模式。从此，中国人走出了一个为中国中小企业服务的电子商务典型，并为世界 IT 界所认同。

二、激励他人

激励员工是马云最擅长的。在飞机上撰写内部邮件对阿里巴巴集团过去一年成绩做出评价时，不忘鼓励所有员工为了梦想去奋斗。在加薪政策方面，他继续向普通员工倾斜，把加薪机会留给普通员工。马云经常会用一些很有感染力也很煽情的话鼓励员工，“不想当将军的士兵不是好士兵，做不好士兵的人永远当不了将军。”马云还很擅长利用企业文化去激励和留住员工，强调员工的“使命感”，这已成为他用来激励员工的一个秘密武器。有人这样评价马云：马云最成功的地方还在于他是在企业使命、价值观层面上发挥领导力，而不是简单地带领员工去实现目标、利润。

三、建设有效的团队与团队合作

阿里巴巴的团队之所以极具战斗力，是因为马云赋予了这个团队一个清晰明确的目标——做全球最大的互联网企业和帮助中小企业发展，并用这个目标去激励和鼓舞团队。“我永远相信一点，就是不要让别人为你干活，而是为一个共同的目标和理想去干活。”

马云和很多企业家不同，领导团队，他首先做的是领导团队的使命和价值观。在阿里巴巴在创立时，马云就帮助他的团队树立了强烈的使命感和价值观。正因为有着共同的使命感和价值观，马云的 17 位创业伙伴至今一个都没有离开阿里巴巴。

四、领导积极的变革

马云是一个敢于并且善于积极变革的领导者。2007 年是阿里巴巴的重大改革年，在马云带领下，阿里巴巴花了三个月的时间“做了有史以来最大的一次组织架构变动”，将原本一体的各业务部门独立出来，成为五个全资子公司：阿里巴巴、淘宝、支付宝、中国雅虎和阿里软件。这次拆分被称为“达摩五指”的架构，开始将阿里巴巴未来10年乃至20年的发展规划清晰勾勒出来。2007年1月2日，阿里巴巴旗下有四家公司完成了股权之间的转让，各种业务之间的互补关系、股权关系逐渐清晰。

此外，马云还是一个时刻为变革做准备的成功领导者。他始终都没有停止变革的脚步。当阿里巴巴已经在国内取得惊人的市场地位和商业成功后，马云敏锐地将阿里巴巴的触角伸向了国际，开启了国际化的变革之路。并购雅虎中国是阿里巴巴第一次改良外资互联网公司，这也是马云国际化战略中非常重要的一步。此外，一些基于从财务到市场布局考虑的全新公司陆续成立——在英属维尔京群岛注册成立阿里巴巴投资控股有限公司，在香港注册成立阿里巴巴中国有限公司，在开曼群岛注册成立日本投资控股有限公司……

阿里巴巴做到今天的成就，离不开马云变革型的头脑，用马云自己的话来说，就是要“学会拥抱变化”。而用美国政治社会学家詹姆斯·伯恩斯的话来说，马云就是一位名副其实的变革型领导，他敢变革，知变革，懂变革，更善于领导积极的变革，他用其天赋与独特的领导魅力演绎了阿里巴巴的辉煌。

（资料来源：刘淑霞．马云传［M］．哈尔滨：哈尔滨出版社，2013：1.）

问题讨论：

1. 对马云来说，他在阿里巴巴的发展历程中扮演的管理者角色哪些最重要？
2. 马云具备什么样的管理技能？
3. 如何描述马云进行计划、组织、领导和控制的方法？

第二章　管理的昨天与今天

【学习目标】

1. 了解早期的管理实践和管理思想。
2. 理解科学管理理论、一般行政管理理论的贡献。
3. 了解霍桑试验。
4. 了解各时期代表人物的基本观点。
5. 懂得当前管理面临的挑战及新的趋势和问题。

【关键术语】

劳动分工　科学管理　泰勒制　差别计件制　计划职能　执行职能　统一命令　统一指挥　等级链　管理原则　官僚行政组织　行为科学　霍桑试验　人际关系论　社会人　非正式组织　管理科学理论　系统管理理论　决策理论　权变理论　创新　创业精神　学习型组织　知识管理　电子企业　电子商务

【结构框图】

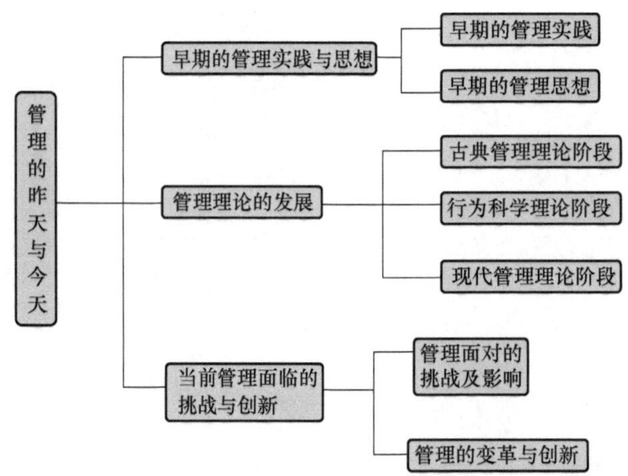

【引入案例】

星巴克的转型

在互联网大潮下，很多传统企业想要做互联网或者通过互联网来升级业务，但并不是所有企业都能转型成功。星巴克的经验或许说明，传统企业的互联网化转型，疾风劲雨并非最佳，循序渐进也是好办法。

1999 年 6 月 30 日，对星巴克 CEO 兼董事长霍华德·舒尔茨（Howard Schultz）来说是一生中最难堪的时间之一。当时这位公司创始人兴冲冲地向外界宣告这家销售咖啡饮料的公司正变成一家互联网公司——推出门户网站、在线销售咖啡和厨房用品、向一家在线聊天公司投资 2000 万美元……结果星巴克股价当天应声下跌 15%。投资者不能理解一家卖咖啡饮料的公司为什么要如此积极地使用互联网，不菲的投入也把他们吓坏了。

但舒尔茨从未放弃过为自己的公司加入科技基因的努力。经历过当年的难堪之后，他学会小心翼翼地低调推行星巴克的改造。这家总部位于西雅图的公司除了建立起电子商务体系外，还非常积极地拥抱移动互联网。星巴克在 2009 年就推出了手机应用客户端。2011 年 1 月，星巴克正式在美国推出具备支付功能的 iPhone 和黑莓版移动应用软件，截至 2012 年 7 月，交易数量已达 6000 万笔，每周通过手机支付的订单超过 100 万笔。舒尔茨希望让消费者在潜移默化中接受一个与过去大不相同的星巴克。

时至今日，已经很难找到一家不提供手机应用或缺少社交媒体战略的大型公司，但星巴克在这方面的投入和营销已经领先于同行。如今星巴克不仅成为美国移动支付规模最大的零售公司，它在 Facebook、Twitter、Pinterest 等社交媒体上也是最受欢迎的食品公司。

舒尔茨如此迫切地向电子商务、手机支付和社交网络营销转移，原因很简单——顾客在哪儿，星巴克就去哪儿，更何况新技术能把咖啡店内外的顾客紧密联系在一起。根据星巴克得到的数据，其消费人群大部分很早就在使用智能手机，不论是苹果的 iPhone 还是各种款式的安卓手机。吸引越来越多的顾客使用移动互联网在星巴克消费，这意味着能追踪他们，以他们为核心用户创建一个在线社区。

较之以往，新方式让星巴克得以与自己的顾客们建立前所未有的牢固关系。掌握着顾客的消费习惯、口味喜好等数据，使这家以兜售用户体验闻名的公司获得非比寻常的优势。舒尔茨正努力采用新时代的数码方式来做营销，移动支付只是这个庞大计划中的一部分。事实上，星巴克这些巨大的变化，并非因为自己的董事长舒尔茨是一个技术狂人，也并非因为这家公司与科技巨头微软和亚马逊同处一地。

长期以来，星巴克的咖啡连锁店之所以大受这个星球上很多城市的消费者青睐，原因在于它提供的不仅仅是咖啡或面包，而是一种生活方式。商家与顾客之间原本冷冰冰的买卖关系，被星巴克赋予了很多附加值在其中。舒尔茨只是敏锐地预判到这个时代最大的变化就是互联网和手机对人们生活状态的影响，他意识到必须把这个时代特征迅速融入星巴克的产品和服务之中。于是星巴克开始为了跟随上时代而转变行动。星巴克中国区副总裁韩梅蕊（Marie Han Silloway）说："数字化营销完善了星巴克体验，让顾客感受到'星巴克就在身边'。"

一个病毒式传播的在线视频极好地诠释了星巴克的理念——在一款名为 Early Bird 的星巴克手机服务中，当设定好的起床闹钟响起，只要用户点一下"马上起床"，而且在一小时内赶到任何一家星巴克门店，凭手机应用就能够喝到一杯打折的咖啡。这是一个将自己的产品和用户的日常生活建立联系的好点子，它并没有强行向用户推销什么，而是提供了幽默、打动用户的服务。

星巴克介入互联网的运营在今天看来并不令人感到奇怪。管理实践总是反映时代和社会的环境，因此，人们看到组织正在响应技术的突破，开发基于互联网的运营方式。事实上，管理实践的历史充满着实施新思想的革命方式或渐进方式的例子，这些新思想涉及怎么管理一个组织。

本章的目的是要表明，关于管理历史的知识能够帮助理解今天的管理理论和实践。本章将引导你追溯现代许多管理概念的起源，并向你展示这些概念是怎么演进的，它们反映了组织和社会作为一个整体的不断变化的需要；同时引入管理者当前面临的趋势和问题，以便将过去和未来联系在一起，并且说明管理的这些领域仍然在不断地演进。

第一节　早期的管理实践与思想

凡有人群的地方就有管理，管理活动与人类活动并生、并存。人类的活动包括政治的、军事的、经济的、文化的等，这些活动中都包含着管理活动。人们经过长期的积累和总结，对管理实践有了逐步的认识和见解，从而形成各个阶段的管理思想。随着社会的发展和科学技术的进步，人们又对管理思想进一步总结，得出管理中带有规律性的东西，并将其作为一种假设，在管理实践中进行验证，继而对验证结果加以分析研究，从而肯定其中存在的普遍原理，就是所谓的管理的基本理论。这些理论又被人们运用到管理实践中，指导管理活动，同时进行再总结、再认识，不断验证。管理学也和一切科学一样，是一个“实践—认识—再实践—再认识”的无限循环过程，如图 2-1 所示。

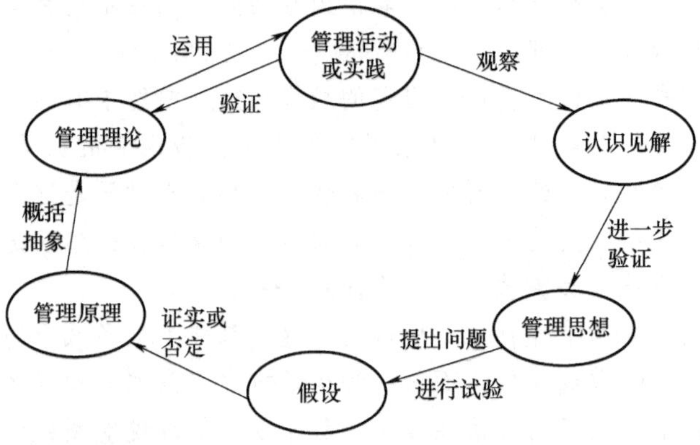

图 2-1　管理实践、管理思想、管理理论三者的关系

一、早期的管理实践

管理实践的历史悠久。在漫长的奴隶社会、封建社会，人们创造了许多辉煌的业绩：埃及的金字塔、中国的万里长城、罗马的斗兽场、希腊的神殿等。这些伟大的建筑无不体现了当时高超的工程管理方法和富有智慧的管理思想（如协作的思想、控制的思想等）。以长城为例，自秦始皇开始，修筑长城一直是一项大工程。据记载，秦始皇使用了近百万劳动力修筑长城，占当时全国人口的 1/20。当时没有任何机械，全部劳动都得靠人力。这种合作，谁告诉每个人该做什么？谁确保有足够的石头在工作地点以使人们顺利工作？答案就是管理者。必须有某个人来计划，组织人员和物料，并且施加某些控制以确保每件事情按预期计划进行。

早期管理的另一个例子可以在公元 15 世纪的威尼斯城发现。当时，威尼斯城是重要的经济和贸易中心。威尼斯人发展了一种早期的企业雏形，他们从事的很多活动都与今天组织的活动相同。例如，在威尼斯的兵工厂中，建造中的战舰沿着运河漂流，在每个站点，不同的材料和装备被添加到战舰上，非常像轿车沿着流水装配线移动。此外，威尼斯人还利用仓库和库存系统来记录原材料使用状况，并且记录收入和成本。

阅读材料

丁谓一举三得建新皇宫

宋朝真宗年间，皇宫失火，大片宫殿变成一片废墟。真宗皇帝令曾经做过宰相的丁谓负责建造新皇宫。丁谓到现场一察看，发觉有三大问题最难办：①建房用土量大。若到郊外取土，路途太远。②运输难。大批建筑材料从外地只能由水路运到汴水，再运到皇宫建筑工地，只能靠车马。③大片废墟垃圾要运到远处倒掉，这样不知要花费多少人力、物力和时间。丁谓再三思量，最后终于想出了一举三得的办法。他先让人从施工现场到汴水之间挖几条大深沟，挖出来的土堆在两旁，烧砖瓦用。这样解决了用土的问题。接着，他把汴水引入沟中，使它成为运输的河流。等到工程结束，它将水排掉，把所有垃圾倒在沟内，重新填为平地，又成了良田。丁谓一举三得，使工程顺利进行。

二、早期的管理思想

1776 年，亚当·斯密发表了《国富论》。他在该书中指出，组织和社会将从劳动分工中获得经济优势。所谓劳动分工，就是将工作分解为狭窄的、重复性的任务。以制针业为例，亚当·斯密声称 10 名工人每人都从事一项专门的任务，那么他们每天可以生产约 48000 根针。但是，如果每名工人单独完成全部制针作业，那么他每天甚至难以生产 10 根针。斯密从而得出结论，通过提高每名工人的技能、节省由于转换工作任务而损失的时间，以及创造可以节省劳动的发明和机器设备，劳动分工提高了劳动生产率。

工业革命始于 18 世纪晚期，当时机器动力代替了人力，使得在工厂中制造产品比在家庭内生产更具经济性。这些有效率的大型工厂需要某个人来预测需求、确保手头有足够的材料来制造产品、将各项工作任务分配给不同人员、领导日常活动等。这样的“某个人”就是管理者。管理者需要科学的管理理论来指导他们如何经营这些大型的组织。管理理论的需要提到日程上来了。不过，直到 20 世纪初期，人们才把管理理论发展成科学。

第二节　管理理论的发展

虽然管理活动自古以来就已存在，但对管理理论的科学研究却是始于 20 世纪初期。管理理论的产生与发展经历了三个阶段：古典管理理论阶段、行为科学理论阶段和现代管理理论阶段。

一、古典管理理论阶段（19 世纪末至 20 世纪三四十年代）

随着技术的进步、生产社会化程度的提高、市场和企业规模的扩大，管理工作日益复杂，要求越来越高，管理工作逐渐成为一种专门职业。同时，管理的发展要求对过去的管理经验进行总结提高，使之系统化、科学化、理论化，以便进一步用它来指导实践。正是基于这些客观要求，出现了许多科学管理理论。对科学管理做出重要贡献的代表人物主要有泰勒、法约尔、韦伯等人。

（一）泰勒的科学管理理论

泰勒（Frederick W. Taylor, 1856—1915）是美国人，1878 年进费城米德维尔铁工厂当了一名工人。在六年时间里，他由工人晋升为机工、机工班长、车间工长、总技师和总工程师（1884 年）。丰富的实践经验使泰勒意识到工厂作业中存在以下缺点：

- 工厂管理当局没有明确认识到劳资双方的责任，缺乏有效的工作定额标准。
- 没有应用有效的激励手段，有系统的怠工现象。
- 管理决策凭直觉、预感、经验、估计进行，没有对工作流程做全面的研究。
- 工人能力与其工作不相匹配等。

这些缺点是工厂管理或基层管理经常遇到的问题，有普遍意义。如何提高企业的生产效率、寻求科学管理的方法，在当时是迫切需要解决的问题。1900 年，泰勒在伯利恒钢铁公司进行了著名的“搬铁块”试验。（泰勒观察研究了 75 名工人，从中提炼出一套标准的“搬铁块动作”。）按照标准动作干活，每个人的平均日搬运量由原来的 12.5t 增加到 47.5t。这就是最初被称为“时间—动作分析”的试验。以后泰勒又进行了“铁锹试验”，提出了“劳动定额”“工时定额”“工作流程图”等一系列科学管理制度和方法。1911 年泰勒的《科学管理原理》一书发表，它的内容很快被世界范围的管理者广泛地接受。这本书阐述了科学管理（Scientific Management）理论，即应用科学方法确定从事工作的“最佳方式”。

1. 泰勒科学管理理论的要点

（1）科学管理的根本目的是提高劳动生产率。

（2）提高劳动生产率是用科学管理的方法代替传统的管理方法（即经验）。

（3）科学管理的核心是劳资双方在心理上和精神上来一次彻底的思想革命。

2. 科学管理的方法

（1）工作定额原理。要制定出有科学依据的工人的“合理日工作量”，就必须通过各种试验和测量，进行劳动动作研究和工作研究。其方法是选择合适且技术熟练的工人，研究这些人在工作中使用的基本操作或动作的精确序列，以及每个人所使用的工具；用秒表记录每一基本动作所需时间，加上必要的休息时间和延误时间，找出做每一步工作的最快方法；消除所有错误动作、缓慢动作和无效动作；将最快最好的动作和最佳工具组合在一起，成为一个序列，从而确定工人“合理的日工作量”，即劳动定额。

（2）标准化原理。泰勒认为，管理人员的首要责任就是把过去工人自己通过长期实践积累的大量的传统知识、技能和诀窍集中起来，并主动记录下来、编成表格，然后将它们概括为规律和守则，有些甚至概括为数学公式，然后将这些规律、守则、公式在全厂实行。在经验管理的情况下，对工人在劳动中使用什么样的工具、怎样操作机器，缺乏科学研究，没有统一标准，而只是凭师傅教徒弟这样传授或个人在实际中摸索。泰勒认为，在科学管理的情况下，要想用科学知识代替个人经验，一个很重要的措施就是实行工具标准化、操作标准化、劳动动作标准化、劳动环境标准化等标准化管理。这是因为，只有实行标准化，才能使工人使用更有效的工具，采用更有效的工作方法，从而达到提高劳动生产率的目的；只有实现标准化，才能使工人在标准设备、标准条件下工作，才能对其工作成绩进行公正合理的衡量。

（3）挑选第一流的工人。对于第一流的工人，泰勒是这样说明的："我认为那些能够工作而不想工作的人不能成为我所说的'第一流的工人'。我曾试图阐明每一种类型的工人都能找到某些工作，使他成为第一流的工人，除了那些完全能做这些工作而不愿做的人。"所以泰勒指出，人具有不同的天赋和才能，只要工作合适，都能成为第一流的工人。而所谓"非第一流的工人"，泰勒认为只是指那些体力或智力不适合他们的工作的人，或那些虽然工作合适但不愿努力工作的人。总之，泰勒所说的第一流的工人，就是指那些最适合又最愿意干某种工作的人。所谓挑选第一流的工人，就是指在企业人事管理中，要把合适的人安排到合适的岗位上。只有做到这一点，才能充分发挥人的潜能，才能促进劳动生产率的提高。这样，重活、体力活让力气大的人干，而精细的活则找细心的人来做。

对于如何使工人成为第一流的工人，泰勒不同意传统的由工人挑选工作，并根据各自的可能进行自我培训的方法，而是提出管理人员要主动承担这一责任，科学选择并不断地培训工人。泰勒指出："管理人员的责任是细致地研究每个工人的性格、脾气和工作表现，找出他们的能力；更重要的是发现每个工人向前发展的可能性，并且逐步地系统地训练，帮助和指导每个工人，为他们提供上进的机会。这样，使工人在雇用他的公司里，能担任最有兴趣、最有利、最适合他们能力的工作。这种科学地选择与培训工人并不是一次性的行动，而是每年要进行的，是管理人员要不断加以探讨的课题。"

（4）差别计件工资制。在差别计件工资制提出之前，泰勒详细研究了当时资本主义企业中所推行的工资制度，例如日工资制和一般计件工资制等，其中也包括在他之前由美国管理学家亨利·汤（Henry Towne）提出的劳资双方收益共享制度和弗雷德里克·哈尔西（Frederick Halsey）提出的工资加超产奖金的制度。经过分析，泰勒对这些工资方案的管理方式都不满意。泰勒认为，现行工资制度所存在的共同缺陷，就是不能充分调动职工的积极性，不能满足效率最高的原则。例如，实行日工资制，工资实际按职务或岗位发放，这样在同一职务和岗位上的人不免产生平均主义。在这种情况下，"就算最有进取心的工人，不久也会发现努力工作对他没有好处，最好的办法是尽量减少做工而仍能保持他的地位"。这就不可避免地将大家的工作拖到中等以下的水平。又如在传统的计件工资制中，虽然工人在一定范围内可以多干多得，但超过一定范围，资本家为了分享迅速生产带来的利益，就要降低工资率。在这种情况下，尽管工人努力工作，也只能获得比原来日工资略多一点的收入。这就容易导致这种情况：管理者想千方百计地使工人增加产量，而工人则会控制工作速度，使他们的收入不超过某一个工资率。因为工人知道，一旦他们的工作速度超过了这个数量，计件工资迟早会降低。

于是，泰勒提出了一种具有很大刺激性的报酬制度——"差别工资制"方案。即在制定合理的劳动定额基础上制定差别工资率，也就是按照工人是否完成定额而采用不同的工资率。如果工人能够保质保量地完成定额，就按高的工资率付酬，以资鼓励；如果工人的生产没有达到定额就将全部工作量按低的工资率付给，并给以警告，如不改进，就要被解雇。例如，某项工作定额是10件，每件完成给0.1元。又规定该项工作完成定额工资率为125%，未完成定额工资率为80%，那么，如果完成定额，就可得工资为10×0.1元

×125% =1.25 元；如未完成定额，例如哪怕完成了 9 件，也只能得工资为 9 ×0.1 元 × 80% =0.72 元。

（5）分工。泰勒指出："在老体制下，所有工作程序都由工人凭他个人或师傅的经验去干，工作效率由工人自己决定。"由于这与工人的熟练程度和个人的心态有关，即使工人能十分适应科学数据的使用，但要他同时在机器和写字台上工作，实际是不可能的。泰勒深信这不是最高效率，必须用科学的方法来改变。为此，泰勒主张："由资方按科学规律去办事，要均分资方和工人之间的工作和职责"，要把计划职能与执行职能分开并在企业设立专门的计划机构。泰勒在《工厂管理》一书中为专门设立的计划部门规定了 17 项主要负责的工作，包括企业生产管理、设备管理、库存管理、成本管理、安全管理、技术管理、劳动管理、营销管理等各个方面。所以，泰勒所谓计划职能与执行职能分开，实际是把管理职能与执行职能分开；所谓设置专门的计划部门，实际是设置专门的管理部门；所谓"均分资方和工人之间的工作和职责"，实际是说让资方承担管理职责，让工人承担执行职责。这也就进一步明确了资方与工人之间、管理者与被管理者之间的关系。

泰勒把计划的职能和执行的职能分开，改变了凭经验工作的方法，而代之以科学的工作方法，即找出标准，制定标准，然后按标准办事。要确保管理任务的完成，应由专门的计划部门来承担找出和制定标准的工作。

泰勒不但提出将计划职能与执行职能分开，而且还提出必须废除当时企业中军队式的组织，而代之以"职能式"的组织，实行"职能式的管理"。

泰勒晚年在《美国国会证词》中强调："就其实质而言，科学管理包含着一次彻底的心理革命。"这种革命表现在：管理者与被管理者双方的眼光都从把分摊盈余作为一件最重要的事上转移到共同注意增加盈余的数额，直到盈余大得没有必要再为如何分摊苦恼为止。

3. 对泰勒"科学管理"理论的评价

泰勒"科学管理"理论是西方管理史上的一次重要变革。他所做出的最大贡献首先在于在管理中运用科学方法和不断的实践和创新精神。其精髓是用精确的调查研究和科学知识来代替个人的主观判断和经验。对泰勒制的评价如下：

- 科学管理的创始人（第一次使管理从经验上升为科学）。
- 实践精神令人感动。
- 把科学的方法用到管理上。
- 发展了一系列有助于提高生产效率的技术和方法。
- 把人当经济人。
- 局限于基层管理。

泰勒围绕"提高生产效率"论述了劳资关系及"科学管理"的精神实质。

泰勒的科学管理理论是管理理论发展史上的里程碑，其合理因素仍适用于现今社会。特别是差别计件工资制（被列宁批判为"血汗工资制"）起过划时代的作用。当然，他的理论也存在一些不足，譬如，把人当成"经济人"——资本家是追求利润的经济人，工人是追求工资收入的经济人。另外，他的管理仅限于车间层面的管理，范围较窄。

阅读材料

联合邮包服务公司的科学管理

联合邮包服务公司（UPS）为了实现他们的宗旨，“在邮运业中办理最快捷的运送”，其管理当局系统地培训员工，使他们以尽可能高的效率工作。下面以送货驾驶员的工作为例，介绍一下 UPS 的管理风格。

UPS 的工业工程师们对每一位驾驶员的行驶路线进行了时间研究，并对每种送货、暂停和取货活动都设立了标准。这些工程师们记录了红灯、通行、按门铃、穿院子、上楼梯、中间休息喝咖啡的时间，甚至上厕所时间，将这些数据输入计算机中，从而给出每一位驾驶员每天工作的详细时间标准。

为了完成每天取送 130 件包裹的目标，驾驶员们必须严格遵循工程师设定的程序。当他们接近发送站时，他们松开安全带，按喇叭，关发动机，拉起紧急制动，把变速器推到 1 档上，为送货车离开做好准备，这一系列动作严丝合缝。然后，驾驶员从驾驶室出溜到地面上，右臂夹着文件夹，左手拿着包裹，右手拿着车钥匙。他们看一眼包裹上的地址把他记在脑子里，然后以规定的速度快步跑到顾客的门前，先敲一下门以免浪费时间找门铃。送完货后，他们在回到货车上的路途中完成登录工作。

这种刻板的时间表是不是看起来有点烦琐？也许是。它真能带来高效率吗？毫无疑问！生产率专家公认，UPS 是世界上效率最高的公司之一。在提高效率方面的不懈努力，对 UPS 的净利润产生了积极的影响。在该公司上市之前，人们就普遍认为它是一家获利丰厚的公司。

（二）法约尔的经营管理理论

与泰勒同时代的法国人法约尔（1841—1925）曾任采矿冶金工程师，后任公司经理。他在经营管理的活动、职能、原则方面发表了不少著述，丰富了科学管理理论的内容。他的管理理论是以企业整体作为研究对象的。

1. 法约尔管理理论的内容

法约尔管理理论包括三个方面的内容：

（1）提出经营与管理的区别。法约尔指出，经营是较大范围的管理（见图 2-2），包括六种活动：技术活动（指生产、制造、加工等活动）；商业活动（指购买、销售、交换等活动）；财务活动（指资金的筹措和运用）；安全活动（指设备维护和职工安全活动）；会计活动（指货物盘存、成本统计、核算等）；管理活动。在这六种基本活动中，管理活动处于核心地位，即组织本身需要管理，其他五项属于组织的活动也需要管理。

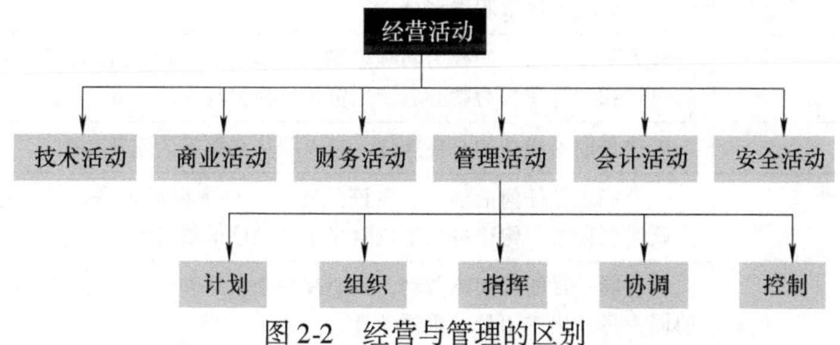

图 2-2　经营与管理的区别

（2）提出管理的五项职能。法约尔认为管理活动包括五种职能，分别是计划、组织、指挥、协调、控制。（对比本书第一章介绍的“管理四职能论”，其区别只是四职能论将“指挥”和“协调”总括为“领导”。）

1）计划。计划（Planning）就是探索未来，制定行动方案。法约尔认为制订计划需要组织中所有人的共同参与。一个良好的计划应该具有统一性、连续性、灵活性、精确性四个特点。法约尔还认识到了制订长期计划的重要性。

2）组织。组织（Organizing）就是建立组织的物质和社会的双重结构。包括有关组织体系、结构框架、活动内容与规章制度，职工的选拔、任用、奖惩、培训。组织可以分为物质的和社会的组织。法约尔还认为组织中的管理人员要具备健康的体魄、旺盛的精力、道德品质、教养、管理能力和一般业务知识这六种才能和条件。成员的素质和首创精神决定了组织的效率。对于职工的培训方面他主张注重管理培训，减少技术培训。

3）指挥。指挥（Directing）简单说就是使员工发挥自身潜力的一种领导艺术。法约尔主张在组织管理中采用参谋职能制而不是泰勒的职能工长制，这样可以确保对员工进行统一指挥。

4）协调。协调（Coordinating）即调动一切可以联合的力量实现组织目标，使组织的一切工作都和谐进行并且相互配合。法约尔认为应从三个方面对协调进行分析：①各个部门的工作是否与其他部门协调一致；②各个部门的各个部分对自己应承担的责任和彼此之间的义务是否明确清楚；③每个部门的计划是否做到随时间和其他情况的变化而有所调整。

5）控制。控制（Controlling）即根据所制定的方案、规定的原则和下达的命令检查企业的各项工作是否与之相符，目的在于及时纠正工作中出现的缺点和错误，避免重犯。为了有效控制，控制活动必须马上执行，伴以适当的奖励和惩罚。由于工作性质和对象的不同，控制应采取不同的方式。

“管理五职能论”是法约尔管理理论的核心，它明确地从功能的角度对管理的普遍本质进行剖析，对管理过程有较为系统的认识和理解。

（3）提出十四项管理原则。为了能充分发挥管理的职能，使管理理论更易操作，他系统地提出了著名的十四项管理原则。只有按照这些原则组织成合理的管理机构，才能够充分地履行管理的职能，才能有效地发挥管理的作用。这 14 项**管理原则**（Principles of Management）是管理的一些基本原则，可以在学院里教授这些原则，并将应用于所有的组织情境。这些管理原则可见表 2-1。

表 2-1　法约尔的十四项管理原则

1. 分工	分工有利于权限职责划分
2. 权力与责任	权力是发布命令的权力和强迫别人服从的力量。责任是权力的必然结果和重要的对等物，行使权力就必然产生责任，权力与责任应相一致
3. 纪律	纪律是取得成功的必要条件，它以服从和尊重为基础
4. 统一命令	一个职工在任何活动中，应该只接受一个上级的命令，如果违犯这一原则，权力就受到损害，纪律将处于危险之中，秩序就被打乱，稳定将遭到破坏
5. 统一指挥	具有同一目的的集体劳动，只能在一个领导和一个计划下进行，这是统一活动、协同力量、集中力量的重要条件

（续）

6. 个人利益服从整体利益	一个统一的组织，必须个别利益服从整体利益。为此，就要克服愚昧、自私、懒惰、软弱和一切把个人或小集团置于组织之上从而导致冲突的个人情绪
7. 人员的报酬	报酬必须保证公平合理，尽可能使职工和双方满意
8. 集中	掌握好下级参与决策制定的程度
9. 等级链	由最高级别到最低级别之间的领导人组成的权力线
10. 秩序	人员和物料应当在恰当的时间处在恰当的位置上
11. 公平	认为公平是由善意和公正产生的
12. 保持人员稳定	管理者应当提供有规则的人事计划，并保证有合适的人选接替职位的空缺
13. 首创精神	允许雇员发起和实施计划将会调动他们的热情
14. 集体精神	鼓励团队精神将会在组织中建立和谐与团结

法约尔强调，这些原则并不完整，也不要求在实际工作中盲目刻板地应用。他认为如何使这些原则灵活地适用于各种环境和特殊情况，要依靠管理人员的管理艺术。

2. 对法约尔经营管理理论的评价

今天的管理理念和管理实践可以直接追溯到法约尔的经营管理理论的贡献。

例如，从职能的角度考察管理者的工作就是法约尔的贡献，法约尔的五职能论奠定了管理的理论构架。此外，法约尔的14条管理原则经过多年证明仍然有效，并且充当了一个参考的框架。

基于该框架，许多当今的管理概念（例如管理权威、集中决策、只向一位上司汇报等）得以问世，这些理论适用于任何类型的组织。

（三）韦伯的行政组织理论

马克斯·韦伯（Max Weber，1864—1920），德国社会学家、经济学家、哲学家，他的关于新教教义和资本主义发展等论述和思想对西方社会科学具有极其重要的影响。他曾担任过教授、政府顾问、编辑，对社会学、宗教学、经济学和政治学都有相当深的造诣。韦伯的主要著作有《新教伦理与资本主义精神》《一般经济史》《社会和经济组织的理论》等，其中官僚行政组织模式理论（行政组织理论）对后世产生了最为深远的影响。韦伯行政组织理论产生在德国企业从小规模世袭管理到大规模专业管理转变的关键时期。韦伯对管理理论的贡献主要是提出了理想的行政组织体系理论，因此被称为“组织理论之父”。

1. 韦伯行政组织理论的主要内容

（1）理想的行政组织的权力基础。韦伯认为，任何组织都必须以某种形式的权力作为基础，没有某种形式的权力，任何组织都不能达到自己的目标。人类社会存在三种为社会所接受的权力：①传统权力（Traditional Authority），由传统惯例或世袭得来；②超凡权力（Charisma Authority），来源于别人的崇拜与追随；③法定权力（Legal Authority），指理性的、法律规定的权力。

对于传统权力，韦伯认为，它以“对古老传统之神圣不可侵犯性及对根据这些传统行使权力者地位合法性”的一种信仰为基础，人们对其服从是因为领袖人物占据着传统所支持的权力地位，同时，领袖人物也受着传统的制约。领导人的作用似乎只为了维护传统，因而效率较低，不宜作为行政组织体系的基础。

对于超凡权力，韦伯认为，超凡权力的合法性，完全依靠对于领袖人物的信仰，他必须以不断的奇迹和英雄之举赢得追随者。超凡权力带有感情色彩并且是非理性的，不是依据规章制度，而是依据神秘的启示。超凡权力形式也不宜作为行政组织体系的基础。

韦伯认为，只有法定权力才能作为行政组织体系的基础，原因在于理性的合法权力有明确的职权领域，执行等级系列，可避免职权的滥用。这样就能保证管理的连续性，使管理活动有秩序地进行；为以“能”为本的择人方式提供了理性基础；领导者的权力并非无限，应按照法定的程序来行使。

（2）理想的行政组织的特征。韦伯认为只有建立在“法定权力”基础上的组织才是理想的行政组织，他将该组织类型称为**官僚行政组织**（Bureaucracy），即一种以劳动分工、定义清晰的等级制、详细的规章制度以及非个人的关系为特征的组织形式（见图2-3）。

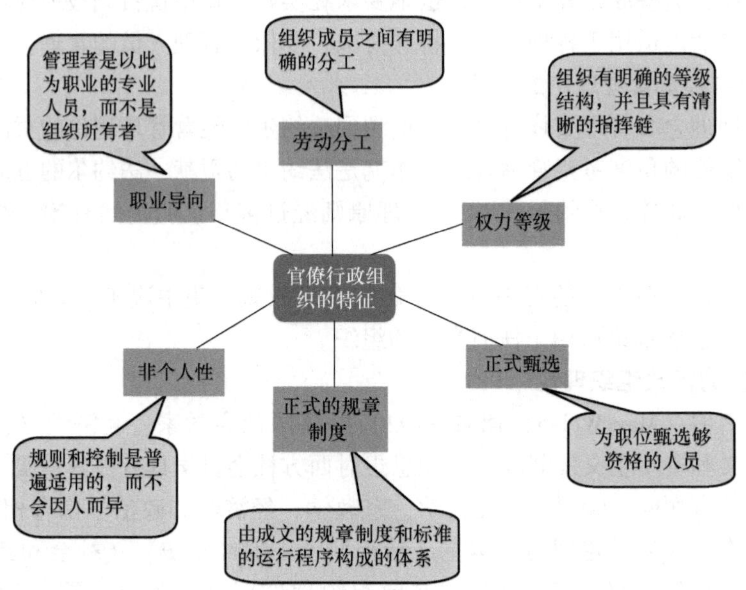

图2-3 韦伯的官僚行政组织的特征

2. 对韦伯行政组织理论的评价

韦伯认识到，这种“理想的官僚行政组织”在现实中可能并不存在。实际上，他的目的是将之作为一种基础，以便对工作如何能够在大型群体中得以完成进行理论研究。韦伯的理论成为今天许多大型组织结构设计的基础。

韦伯的官僚制把个人与权力相分离，认为职位是职业带来的，不是个人身份的象征；权力来源于规章制度，它摆脱了传统组织的随机、易变、主观、偏见的影响，具有比其他管理体制优越得多的精确性、连续性、可靠性和稳定性。

同时，规章制度为每项工作确定了明确的职权和责任，使组织运转和成员行为尽可能少地依赖于个人。由于大型企业组织的规模大、分工细、层次多，需要准确、连续、稳定的秩序来保证组织各部分的协调，所以，官僚制适应大型企业组织的需要。

按照韦伯的描述，官僚行政组织在意识形态方面与科学管理非常相像，都强调理性、可预测性、非个人性、技术能力以及权威性。

二、行为科学理论阶段

行为科学在20世纪30年代盛行。这一学派可以说是在对泰勒制反思的基础上产生的，即人除了被动的一面、被驱使的一面外，是否有向上的要求、有发挥主观能动性的要求，研究的结果是肯定的。他们把人类的劳动当作人的行为来研究，并且与人的精神状态联系起来加以研究，结论是：人们的行为是受其动机支配的，人们的动机是受人们的欲求、感情、性格、判断能力、知识、修养等心理状态所制约的，因此，研究人们的劳动行为时，应把它与人们当时的心理状态联系起来，有什么样的思想意识和内在要求，就有什么样的劳动表现。可以说，行为科学是研究人的行为及其动机的相关规律的科学。

行为科学早期被称为“**人际关系学**”（Human Relations Theory），起源于著名的**霍桑试验**（Hawthorne Experiment）。

（一）霍桑试验

霍桑试验是指20世纪20～30年代，美国有关研究人员在美国西方电器公司霍桑工厂进行的有关工作条件、社会因素与生产效率之间关系的试验。这项试验的代表人物是美国哈佛大学教授乔治·埃尔顿·梅奥。在这项试验的基础上，梅奥创立了早期的行为科学——人际关系学。霍桑试验分为四个阶段：工场照明试验、继电器装配室试验、访谈试验、接线板小组观察室试验。

1. 工场照明试验（1924～1927年）

工场照明试验是要观察工作环境与生产率之间有无直接的因果关系。研究人员将接受试验的工人分成两组：一组采用固定照明，称为控制组；另一组采用变化的照明，称为试验组。研究人员原以为试验组的产量会由于照明的变化而发生变化。但结果是，当试验组的照明强度增加时产量提高了，控制组的产量也提高了；当照明度减弱时，试验组的产量非但没有减少，反而还有所提高，控制组的产量也相应提高。试验结果说明，工场的照明是影响效率微不足道的因素；工作条件的好坏与劳动生产率没有直接关系。

2. 继电器装配室试验（1927年8月至1928年）

通过试验发现各种工作条件变动对生产率的影响，是继电器装配室试验的目的。研究人员将装配继电器的6名女工从原来的集体中分离出来，成立单独小组，同时改变原来的工资支付办法，以小组为单位计酬，并撤销工头监督，增加工作的休息时间，实行每周工作6天，提供工作休息时的免费咖啡等。采取这些措施后，女工们的日产量增加了30%以上。试验一段时间后，梅奥又取消了所有这些优待，但是生产率并没有因此而下降，反而仍在上升。

梅奥等人发现，是社会条件和督导方式的改变导致了女工们工作态度的变化，因而产量仍在增加。同时也说明，各种工作条件，包括福利待遇，也不是提高工人劳动生产率的唯一因素。

3. 访谈试验（1928～1931年）

梅奥还进行了另一方面的试验，即用两年多的时间对两万多名职工进行了调查。调查涉及的问题很广泛，允许职工自己选择话题，提建议，发牢骚，结果收到很好的效果，生产量大幅度上升。通过这个试验，梅奥等人发现，获取员工内心真正的感受非常重要，人们的工作成绩除了受个人自身因素的影响之外，还取决于群体成员。

4. 接线板小组观察室试验（1931～1932 年）

梅奥又组织了“接线板小组观察室”试验，目的是想搞清楚社会因素对激发工人积极性的重要性。研究人员选择了 14 名接线板工人，通过 6 个月的观察，发现许多行为准则会影响工人的行为。这些准则涉及工作时干多少活、与管理人员的信息交往等，如活不应干得太多，也不应干得太少，不应告诉上司同事中发生的事情等。梅奥等人由此得出结论：实际生产中，存在着一种“非正式群体”，决定着每个人的工作效率，对每个工人来说，他们在群体中的融洽性和安全性比工资、奖金等物质因素有更重要的作用。

（二）人际关系学的主要观点

霍桑试验结束后，梅奥于 1933 年发表了《工业文明中人的问题》，总结出了人际关系理论，如表 2-2 所示。

表 2-2　人际关系学的主要观点

工人是社会人	存在非正式组织	生产率取决于士气	建立新型领导能力
工人有社会心理方面的需求	非正式组织是以感情或共同的爱好为基础而形成的小集团	士气是职工从家庭和社会生活中形成的态度和人际关系	领导要善于倾听，与工人保持沟通

传统的管理理论把工人当作“**经济人**”（Economic Man）看待，认为金钱是刺激积极性的唯一动力。企业家以“经济人”身份追求最大利润，工人则以“经济人”身份追求最高的工资。而霍桑试验表明，工人是“**社会人**”（Social Man），是复杂社会系统中的成员，除了追求金钱收入外，他们还有社会心理方面的需求：良好的道德、文明生产、团结友爱的气氛、被信任和提拔等。

所谓企业中的**正式组织**（Formal Organization），是传统管理的组织体系、职责及其相应的教育制度等。霍桑试验表明，人是社会的动物，在工作于正式组织的过程中，必然发生相互之间的关系，形成非正式的团体。这种**非正式组织**（Informal Organization）是以感情、共同爱好为基础形成的各种小集团。企业管理当局应充分重视和利用非正式组织的作用。

传统认为，生产效率单纯受工作方法和工作条件的制约，而霍桑试验则表明：生产效率的提高或下降，主要取决于职工的工作情绪，即“士气”，而士气取决于两个因素：职工从家庭生活和社会生活中所形成的态度和企业内部的人际关系。

（三）梅奥人际关系理论的贡献和局限性

霍桑研究的结果否定了传统理论对于人的假设，表明工人不是被动的、孤立的个体，把管理上升到人学的高度，开辟了管理学新的里程碑，做出了突出的贡献，当然也有它的局限性。

1. 梅奥人际关系理论的贡献

梅奥人际关系理论强调对管理者和监督者进行教育和训练，以改变他们对工人的态度和监督方式；提倡下级参与企业的各种决策；提倡加强意见沟通，允许职工对作业目标、作业标准和作业方法提出意见，鼓励上下级之间的意见交流；提倡建立面谈和调节制度，以消除不满和争端；改变了选拔干部的标准；强调应重视、利用和倡导各种非正式组织。

2. 梅奥人际关系理论的局限性

其局限性有：过分强调非正式组织的作用；过多强调感情的作用，似乎职工的行动主要受感情和关系支配；过分否定经济报酬、工作条件、外部监督、作业标准的影响。

（四）行为科学后一阶段的发展

行为科学后一阶段的发展，主要集中在三个领域：有关人的需要、动机和激励问题。第一个领域主要有马斯洛的需要层次理论、赫茨伯格的双因素理论、弗罗姆的期望理论、洛克的目标设置理论以及亚当斯的公平理论。第二个领域是关于企业管理中的人性问题——X 理论和 Y 理论。第三个领域是有关新型领导方式的问题。

三、现代管理理论阶段

从 20 世纪 40 年代（第二次世界大战）后开始形成发展至今，现代管理理论百花齐放，出现了管理过程学派、决策理论学派、社会系统学派、系统管理学派、经验主义学派、权变理论学派、管理科学学派等。这一时期的这种现象被称为管理的“理论丛林”。

（一）管理过程学派（The Management Process School）

这一学派以哈罗德·孔茨为代表。法约尔被认为是这个学派的创始人。

其主要观点是：管理是一个过程，是一个连续不断循环的过程。管理过程的职能有五个：计划工作、组织工作、人员配备、指导与领导工作、控制工作（参见前文）。

（二）决策理论学派（The Decision Theory School）

这是美国赫伯特·西蒙和詹姆斯·马奇（James March）等人创造的管理理论。如图 2-4 所示，它的主要论点有：

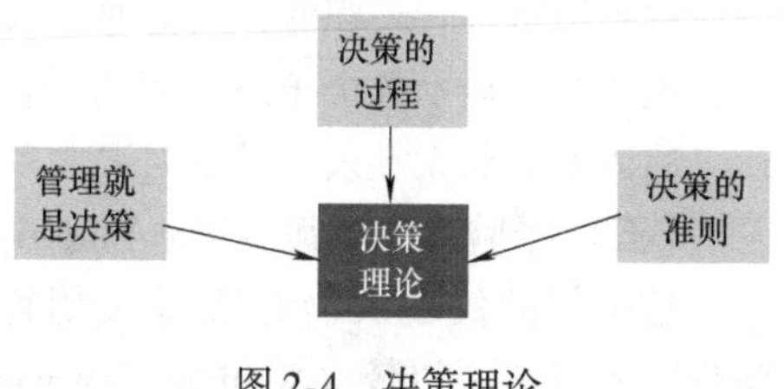

图 2-4　决策理论

（1）管理就是决策。西蒙等认为，组织就是作为决策者的个人所组成的系统。组织的成员在做出参加组织的决策后，还要做出其他种种决策。而一个人在参加某一组织后，虽还有个人目标，但已退居第二位而从属于组织的目标。组织的全部管理活动都是集团活动，而其中心是决策。制订计划是决策，方案选择、组织形式以及控制选择等均是决策。而且一个组织的结构和职能也是人群行为的复杂决策网络的结果。

（2）决策过程的阶段。西蒙等认为决策的三个阶段是搜集情报、拟订计划和选定计划。做好决策三个阶段最重要的一点是要有良好传递信息的“正式网络”和非正式渠道，并要有利、及时、有效地联系。

（3）决策的准则。西蒙等认为，人们决策时，不可能达到“完全合理的”或“完美无缺的”“绝对理性”，而只能满足于“足够好的”或“过得去的”决策，因而以“管理人”来代替最高准则行为的“经济人”。这种“足够好的”决策准则是：“适当的市场份额”“适度的利润”“公平的价格”等。

（三）社会系统学派（The Social System School）

这一学派是以美国的巴纳德（Chester. I. Barnard，1886—1961）为首的一些学者提出来的。其理论要点有：

（1）组织是一个协作的系统，是“两个或两个以上的人，有意识地加以协调来效力的系统”，一个系统与另一个系统以一定的方式相联系。

（2）正式组织的协作系统有三个基本要素。①协作的意愿。这是指个人对组织的“忠诚”以及个人行为的非个人化。协作后所造成的牺牲和诱因（包括物质的和社会的）两相比较，所得的净效果（补偿个人牺牲而得的利益）就是他的协作意愿。诱因的净效果越大，他的协作意愿就越大。②共同目标，这是协作的前提。组织的共同目标是外在的、非个人的、客观的目标；而个人的目的是内在的、个人的、主观的目标。只有个人认为实现组织的共同目标有助于实现个人目标，才有利于个人对组织目标做出贡献。③信息联系。这是指个人同组织之间的联系，要有明确的信息联系正式渠道，联系路程要短捷，联系中心的管理人员要称职、联系不能中断，以及信息联系要有权威等。

（3）非正式组织常常为正式组织创造条件，使成员间交换意见，调节协作意愿，维持团结，维持个人自尊心等，以促进正式组织提高效率和效力。

（4）在一个组织中，经理人员的职能一是要建立和维持一个信息联系的系统，二是从组织成员那里获得必要的服务，三是规定组织的目标。

（5）管理是一种“艺术”，是内部平衡和外部条件适应的综合。各级组织都是社会大协作系统的一个部分或一个方面，每个组织都必须符合这些条件才能生存。

（四）系统管理学派（The System Management Theory School）

以卡斯特（F. E. Kast）和罗森茨韦克（J. E. Rosenzweig）为代表，该学派用系统论和控制论的观点来研究企业的管理问题。系统管理学派认为，按系统观念管理企业，并不会消除企业的各项基本管理职能，而会通过系统观点，应用计划、组织、控制、信息联系等基本职能，更清楚地显示各个子系统和有关部门的网络关系。系统管理学源流行于20世纪60年代，后因太抽象太复杂、可变因素太多，不便于具体操作应用，只作为一种理论而存在。

（五）经验主义学派（The Empirical School）

这一派的代表人物有彼得·德鲁克（Deter F. Drucker）、欧内斯特·戴尔（Errnest Dale）和威廉·纽曼（William Newman）等哲学家、经济学家。他们认为，传统的管理理论和行为科学都不能完全适应企业发展的实际需要，只有从企业管理实际出发，研究企业管理的经验，把它加以概括和理论化，才有实际的意义。经验主义学派的观点图2-5所示。

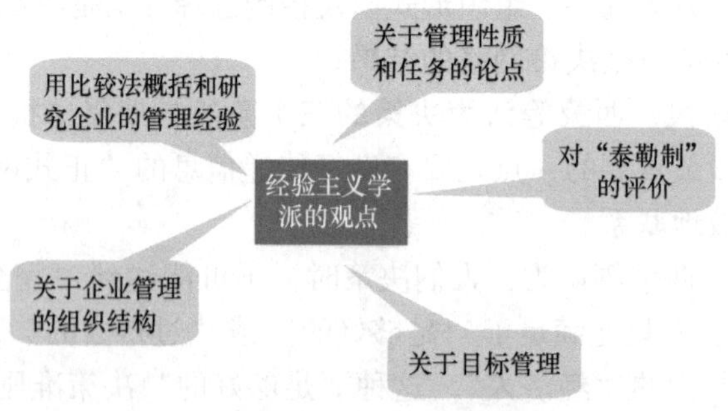

图2-5　经验主义学派的观点

（1）关于管理性质和任务的论点。该学派认为管理是管理人的技巧，是管理人员的特殊的独立活动和知识领域。德鲁克认为管理学由管理一个工商企业的理论和实践的各种原则组成，适用于一个企业的管理的技巧、能力、经验，不能移植应用到其他机构中去。

纽曼认为，管理是把人群团体的努力朝某个共同目标的引导、领导和控制。一个好的领导者能使团体以最少的资源和人力消耗达到其目的。

（2）对“泰勒制”的评价。经验主义学派肯定泰勒制成果的同时，也指出其缺点（“盲点”）。一是认为用分析一件工作的方法来执行工作，有时是不能实现的，有时虽可分解，但人不是机器工具，执行最简单的动作会降低工人的兴趣。二是认为计划和执行是同一工作的不同成分，而不是不同的工作。泰勒制把两者分开，就好像要求吞下食物和消化食物由两个身体来进行，没有认识到两者的统一性。

（3）关于目标管理。德鲁克认为，工业生产的进步要求扩大管理的范围，把工人吸引进来参加管理。传统管理学派偏重于以工作为中心，忽视人的一面；行为科学又偏重于以人为中心，忽视同工作相结合。他因此提出“目标管理”，认为“目标管理”是综合以工作为中心和以人为中心的管理方法，能使职工发现工作的兴趣和价值，从工作中满足自我实现的需要，进而更好地实现企业的目标。

（4）关于企业管理的组织结构。经验主义学派认为，“集权的职能性结构”易发生相互推诿，影响企业整体效率。分权的“联邦式”结构又称“事业部制”，能使最高领导摆脱协调事务性工作，能使各层次各部门执行人员职能与责任明确，并有衡量成就和效率的标准等，是效率较高的组织结构。“矩阵结构”是企业为了加强各职能部门之间以及职能部门同规划项目之间的协作，把管理中的“垂直”联系和“水平”联系、集权化和分权化更好地结合而建立的一种组织结构。“模拟性分散管理结构”并不真正实行企业分散管理，而是模拟独立经营，单独核算，如企业内各组织间按内部转移价格进行产品交换并计算利润，以促进经营管理的改善。“系统结构”是矩阵结构的扩大和发展，是指由各种完全独立单位参加的为完成一个共同目标的组织抽调人力、物力组成的一个复杂系统。

（5）关于用比较法概括和研究企业的管理经验。经验主义学派认为管理知识的真正源泉，就是大公司中伟大组织家的经验。只有从管理的实际经验出发，经过分析研究，才可以概括出一般的“原则”。

（六）权变理论学派（The Contingency Management Theory School）

这是西方20世纪70年代形成的一个学派，始于美国管理学者弗雷德·卢桑斯（Fred Luthans）发表的《管理权变理论：走出丛林之路》。该学派认为，每个组织的内在要素和外部环境条件都各不相同，因而在管理活动中不存在适用于任何情景的原则和方法，即在管理实践中要根据组织所处的环境和内部条件的发展变化随机应变，没有什么一成不变、普适的管理方法。成功管理的关键在于对组织内外状况的充分了解和有效应变。

阅读材料

权变观点的例子：运用网络真会提高生产率吗？

很多管理者认为技术提高生产率，这是泰勒等人认可的概念。但这总是对的吗？如果你管理着一个小公司，并正准备让员工上因特网，这就是一个值得考虑的问题了。

根据美国加利福尼亚州的Surf Watch软件公司——此公司生产限制访问特定网站的软件——的调查，小公司职员花20%的在线时间做与工作无关的事情。《财富》杂志报道：“普通新闻，投资以及与性有关的内容的网站的点击率最高。”

所以，该不该将因特网连入办公室呢？依据权变理论，答案是：视情况而变。

（七）管理科学学派（The Scientific Management School）

管理科学学派来源于泰勒的科学管理。它经过多年的发展，特别是与应用数学结合，应用于实际的研究，以数学符号和公式来表示计划、组织、控制、决策等合乎逻辑的程度，求出最优的解答，以达到企业的组织目标。所以，现在管理科学学派已不是一般地研究计划、组织、控制和协调等问题，而是确定用于管理决策的数学和统计模型，并通过电子计算机应用于企业管理。

管理科学学派认为，管理科学的应用主要有以下几方面内容：

（1）管理科学的目的是把科学的原理、方法和工具应用于管理的各种活动，如库存管理、资源分配、运输订货和服务问题等，减少不确定性，使投入资源发挥最大作用，取得最大的经济效益。

（2）管理科学的应用范围重点在生产决策、计划安排和生产过程的监督、控制等方面，并主要通过计算程序和控制程序来实现。

（3）管理科学的思路主要是提出问题、建立数学模式、模式求解、验证、解决方案和方案实施等程序、步骤，以求最优解。

（4）管理科学的具体方法主要是线性规划方法、决策树方法、计划评审和关键线路法、模拟法、对策论、概率论、排队论等。

（5）管理科学的先进工具主要是电子计算机。它应用于战略决策管理情报系统、管理控制情报系统和日常业务管理情报系统。

阅读材料

管理科学的例子：以半价入住旅馆

旅行作家埃得·佩金森说：“每年在旅馆里入住多天的旅客应该加入半价优惠计划。”这种办法跟购买年度“最终旅行”和“储蓄项目”类似，此项目已经有5000多家旅馆加入，提供大约50%的折扣。

为何这些旅馆愿意签订半价协议？佩金森说：“这与航空公司将很多座位以最高票价和一半（甚至低于一半）的价格卖出是一样的道理，它以简单的经济原理为基础，以半价卖出总比空着好。”

旅馆设计半价方案用的是管理科学原理的数学方法。研究表明，80%的入住率是标准的收益点。如果旅馆的预订率高于80%，半价会员得不到他们的折扣；如果低于80%则可以得到。另外，一些特定的城市区域在非周末时（最受商务旅客欢迎的时候），还有一些旅游胜地在周末时（最受度假旅客欢迎的时候），这种折扣活动会停止。

上述七种现代管理学派理论，尽管各有侧重点，形成独立的管理学派，但它们彼此不是否定的，而是相互补充的，共同形成现代管理科学体系。

第三节　当前管理面临的挑战与创新

20世纪80年代末以来，信息化、全球化迅速席卷全世界，全球化经营成为大公司的重要发展战略；知识经济的到来使知识与信息成为重要的资源，而信息技术的发展又为获得这些资源提供了可能；顾客的个性化、消费化的多元化决定了组织只有合理组织全球资源，才有生存和发展的可能。这些变化也触及管理学的一些根本问题，给管理带来一系列新的挑战。面对这些挑战，管理应如何进行变革与创新呢？

一、管理面对的挑战及影响

当前，管理工作需要应对全球经济和政治的不确定性、不断变化的工作场所、道德事项、安全威胁，以及不断变化的技术。图 2-6 展示了管理工作面临的一些重要挑战和影响。

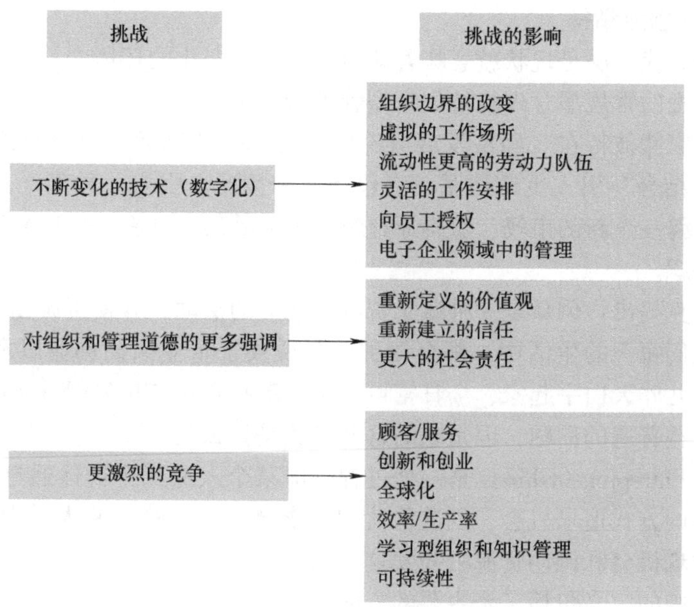

图 2-6　管理工作面临的一些重要挑战和影响

二、管理的变革与创新

20 世纪最著名的历史学家之一——阿诺德 · 汤因比（Arnold. Toynbee，1889—1975）在其代表作《历史研究》中，提出了著名的“挑战与应战说”。汤因比认为，文明的诞生可概括为一个公式：挑战与应战。管理的发展历史印证了这一学说。管理面临的挑战无疑将使管理在应战中经历深刻的变革与创新。

（一）强调顾客对管理工作的重要性

组织需要顾客，没有顾客，绝大多数的组织将不复存在。但是，关注顾客长期以来被认为是营销人员的职责。然而，员工的态度和行为对顾客满意度有显著的影响。当今世界，发达国家的大多数员工从事服务工作。即便在发展中国家，在服务行业中工作的员工比例也越来越高，如图 2-7 所示。

管理者意识到，在竞争激烈的环境中，始终为顾客提供高质量的服务对组织的生存和成功至关重要。而员工是其中的重要部分。因此，管理者必须创造一个以顾客为导向的组织，使员工以友好、礼貌、随和、快速、专业的方式应对顾客的需要，并乐意为顾客效劳。

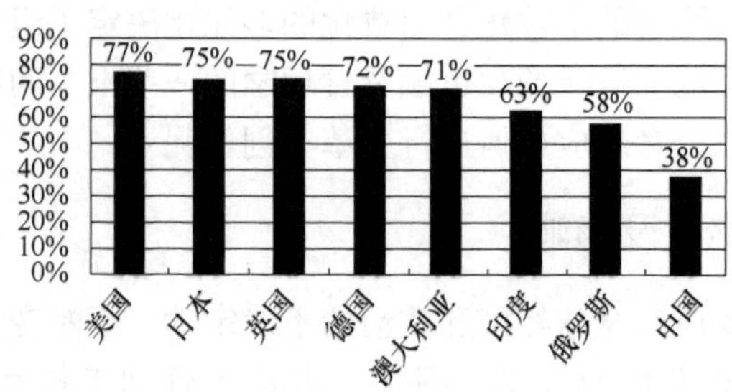

图 2-7　不同国家服务业从业人员的比例

（二）创新和创业精神

在跨世纪的时代，满足现状就意味着落后；在急剧变化的环境中，变是唯一不变的真理，那种固定不变的常规型管理将被创新型管理所代替。

美籍经济学家熊彼特在《经济发展概论》中提出：创新是指把一种新的生产要素和生产条件的“新结合”引入生产体系。它包括五种情况：引入一种新产品，引入一种新的生产方法，开辟一个新的市场，获得原材料或半成品的一种新的供应来源，实现任何一种工业的新的组织。

彼得·德鲁克提出：创新是一种赋予资源新能力的活动，并使资源创造出财富。

实际上在人们每天的生活中，都会读到或听说关于企业家们创业以及如何成功的故事。聪明的幸运儿昨天白手起家，今日富可敌国；新兴企业如星辰般升起或陨落。创业精神已成为一个日益普遍的话题，但是它的含义究竟是什么呢？

创业精神（Entrepreneurship）是一个过程，即某个人或某个群体通过有组织的努力，以创新的和独特的方式追求机会、创造价值和谋求增长，不管这些人手中是否拥有资源。创业精神包括发现机会和调动资源去开发这些机会。

关于创业精神的定义包括三个主要的方面：

（1）对机会的追求。创业精神是追求环境的趋势和变化，而且往往是尚未被人们注意的趋势和变化。例如杰夫·贝佐斯（Jeff Bezos），亚马逊公司（Amazon）的创始人，曾经是一个成功的程序员，在 20 世纪 90 年代中期供职于华尔街的一家投资企业。他注意到互联网用户在爆炸性增长（当时每月的涨幅达到了 2300%），这件事不断地困扰着杰夫，他决定放弃他的工作去追求他认为将出现巨大机会的互联网零售市场。随后，正如他所说，历史表明他的选择是正确的。

（2）创新。创业精神包含了变革、革新、转换和引入新方法——新产品、新服务或者是做生意的新方式。管理之父彼得·德鲁克在其著作《创新与创业精神》一书中说：创新是企业家的特定工具。他们利用创新改变现实，作为开创其他不同企业或服务项目的机遇。创新机遇的来源有七项：①意外之事——意外的成功、意外的失败、意外的外在事件；②不一致之事——现实与设想或推测的不一致；③基于程序需要的创新；④人们未注意的工业结构或市场结构的变化；⑤人口统计数据（人口变化）；⑥认知、情绪及意义上的变化；⑦新知识，包括科学和非科学的。

（3）增长。创业者追求增长，不会满足于停留在小规模或现有的规模上。创业者希望他的企业能够尽可能增长，而要实现增长，必须调动各种资源。企业家最大的本领在于调动整合各类社会资源的能力，包括市场资源、财务资源、人力资源，还有股东资源等。

创业精神在全世界范围内始终是一种重要的社会力量，如果要获得成功，都需要追求机会、创新和成长，也就是需要创业精神。

（三）可持续性对管理工作的重要性

21 世纪新兴的一个概念是以可持续性的方式进行管理。这个概念产生了扩展企业责任的影响：管理工作不仅要追求效率和效果，还要从战略层面对广泛的环境和社会挑战做出应对。按照世界可持续发展工商理事会（World Business Council for Sustainable Development）的定义，“可持续”指的是“满足人们今天的需求而不损害人们未来满足其需求的能力”。从企业的角度说，可持续性（Sustainability）的定义是：一家公司通过将经济、环境和社会的机遇整合到公司战略中以实现公司目标并为股东增加长期价值的能力。与可持续性有关的事项如今在组织高层议程中占据越来越重要的位置。例如，沃尔玛的管理者发现，以一种更加可持续性的方式经营一家公司，意味着管理者必须通过与各种各样的利益相关者进行充分沟通，理解他们的要求，在追求公司目标时考虑经济的、环境的和社会的因素，从而做出明智的公司决策。

（四）学习型组织和知识管理

技术、经济的迅速发展和知识量的急剧增长，要求组织成员只有不断探索，不断学习，不断更新知识，才能再造组织的生机与活力，所以未来成功的组织将是“学习型组织”。一个**学习型组织**应该具有发展持续学习和适应变革的能力。表 2-3 区分了传统组织与学习型组织的差异。

表 2-3 传统组织与学习型组织的差异

	传统组织	学习型组织
对变革的态度	只要事情还能运转就不要改变它	如果不能改变它，则运转不了多久
对新思想的态度	如果不能付诸实践就不要理它	如果一再为实践所证明，则算不上新思想
谁对创新负责	研究与开发部门	组织中的每个人
主要的担心	犯错误	不学习，不改进
竞争优势	产品和服务	学习能力、专业技能和知识
管理者的职责	控制其他人	推动和支持其他人

管理者的一个主要责任就是培育学习的环境，以建立整个组织的学习能力，包括从组织的最底层到组织的最高层和组织的所有领域。要做到这一点，**管理者必须理解知识作为一种重要的资源的价值，重视知识的价值，而且能够进行知识管理。知识管理**（Knowledge Management）包括培育一种学习文化，在这种文化中组织成员能够系统地收集知识和与其他成员共享它，以取得更好的绩效。

（五）管理全球化企业

管理不再局限于某个国家的边界。德国的宝马公司在美国南卡罗来纳州生产轿车；麦当劳作为一家美国公司在中国销售汉堡包；丰田这家日本公司在美国肯塔基州生产轿车；瑞士的 ABB 公司在马来西亚、韩国、中国和印度尼西亚建设了大型的发电设备工厂。而中国已经成为世界最大的制造业基地，世界 500 强中有 400 多家在中国建立了生产基地。当前的世界显然已经成了一个地球村。

各种规模各种类型的组织都面临着全球性的机会和挑战，全球化已经成为一个重要的议题。

1. 管理者在看待全球业务时，应持有什么样的观念

管理者在看待全球业务时存在三种可能的全球观：①民族中心论（Ethnocentric Attitude），即母国取向，认为自己母国（公司总部所在国）的工作方法和实践是最佳方法和实践，其他国家的人不具备必需的专长、知识、经验或能力来做出最佳的决策。②多国中心论（Polycentric Attitude），即东道国取向，认为东道国（组织在母国之外经营业务的国家）的员工知道如何以最佳的工作方法和实践来经营其业务，即所谓的“全球化企业本土化管理”。③全球中心论（Geocentric Attitude），即全球取向，强调使用来自全世界的最佳方法和人员。持第三种观点的管理者具备一种全球视角，在全球寻找最佳的方法和人员而不在意其来源。

2. 管理者应正确理解全球环境

今天的全球环境的一个重要特征是全球贸易，全球贸易受到两种力量的影响：区域性贸易联盟和贸易机制。区域性贸易联盟包括欧盟、北美自由贸易区和其他拉丁美洲国家经济贸易区、东南亚国家联盟和其他国家贸易联盟等。

随着贸易争端的不断增多，全球贸易体系需要确保贸易有效率、有效果地发展。目前有四种重要的全球贸易机制：世界贸易组织（World Trade Organization，WTO）、国际货币基金组织（International Monetary Fund，IMF）、世界银行集团（World Bank Group，WBG），以及经济合作与发展组织（Organization for Economic Cooperation and Development，OECD）。

3. 确定组织如何走向国际化

当组织迈向全球时，它们常常使用不同的方式（见图2-8）。希望以较少的投资进入全球市场的管理者可能会首先采用全球采购（Global Sourcing）方式，也就是从全世界最廉价的地方采购原材料或雇用劳动力。其目标是利用更低的成本以变得更有竞争力。

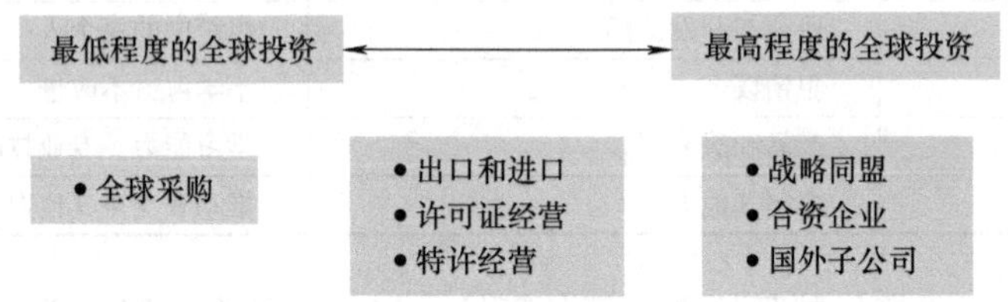

图2-8 组织迈向全球的方式

迈向全球的第二步可能涉及产品出口或进口，这两种方式通常投资较少，风险较小，是小型企业常常采用的全球化方式。

管理者也可能采用许可证经营（Licensing）或特许经营（Franchising）。这两种方式相似，都涉及一个组织向另一个组织支付一笔一次性的费用，或按销售额的某个比例支付，以获得后者的商标、技术或产品说明书的使用权。这两者之间的唯一区别是许可证经营主要用于制造业组织，而特许经营主要用于服务业组织。

当组织在国际市场上获得了丰富的经验时，管理者可能会决定更多地实施直接投资。增加投资的主要方式是战略联盟（Strategic Alliance），这指的是一个组织与外国公司建立的一种伙伴关系，使双方在开发新产品或建设生产设施时可以分享资源和知识。合资企业（Joint Venture）是一种特定类型的战略联盟，指的是合作方为了某个商业目的而共同组建一个自主经营的独立的组织。例如，海尔公司和全球范围内的许多供应商组建大量的合资企业。最后，管理者可能会选择在某个海外国家直接投资，建立国外子公司（Foreign Subsidiary）作为自主经营的、独立的生产机构。

4. 学会在全球环境中进行管理

在别的国家从事工作的管理者都会面临各种挑战。首先，要了解不同国家的政治环境、法律环境、经济环境和文化环境，并且要深刻地认识这些环境的差异。其次，要学会进行跨文化管理。有学者提出，管理者需要具备文化智能（Cultural Intelligence），它包含三个方面：①对文化这个概念的理解：文化如何变化以及如何影响行为；②警觉：察觉到不同的跨文化情境中的各种信号和反应的能力；③行为技能：利用自己的知识和直觉来选择合适的行为以应对这些情境。还有学者认为，有效的全球管理者需要一种全球心智（Global Mindset），也就是使一位管理者在跨文化环境中实施有效管理的品质，这些品质包括社会资本、心理资本和智力资本。

如果管理者能够拥有这样的跨文化管理能力，那么他将成为全球组织的重要资产。在今天的全球环境中实施成功的管理，需要非凡的敏感性和文化领悟力。

（六）在电子企业领域中进行管理

随着网络的普及，越来越多的企业正在成为电子企业。今天的管理者必须在电子环境下进行管理。**电子企业**（E-business）包含了电子商务（E-commerce），其含义远远超出了电子商务的范畴，电子商务只是电子企业的一部分。

并不是每一个组织都是或者都需要成为完全的电子企业，有三种类型的电子企业可供管理者选择。

（1）电子增强型企业，即传统的组织一方面建立电子企业能力，通常是电子商务能力，另一方面还维持它的传统结构。很多“财富 500 强”企业都是通过这种方式介入电子领域的，它们利用互联网来增强而不是取代传统做生意的方式。

（2）电子企业驱动型组织。在这种类型的电子企业中，组织采用互联网来更好地完成它的一些传统业务功能，但不销售任何产品。换言之，互联网使组织成员能够更有效率和更有效果地从事工作。

（3）全部电子化的企业。许多企业如亚马逊、eBay、阿里巴巴、腾讯等公司从一开始就是一个完全的电子企业组织，它们的全部存在都是基于互联网的。

在电子企业领域中进行管理，其市场环境、运行规则等都有着全新的逻辑，因此，不管是什么类型的组织，都要求管理者有新的洞察力和思维。

【本章小结】

1. 泰勒被称为“科学管理之父”，他运用科学的原则（即用来改进生产效率的指导原则）来研究体力劳动，以寻找一种最佳方法来从事这些工作。法约尔认为管理职能普遍存在于所有商业组织中，但截然不同于其他商业职能。法约尔提出了 14 项管理原则，而今天的许多管理概念都源于这些原则。韦伯描述了一种理想的组织类型，他将之称为官僚行政组织，而今天的许多大型组织仍然具有这种组织类型的特征。

2. 霍桑研究显著地影响了管理界对人在组织中的作用所持的看法，从而导致人们在进行管理时强调人的行为因素。行为科学在很大程度上决定了今天的组织是如何被管理的。当前许多关于动机、领导、群体行为和开发，以及其他一些行为事项的理论，都可以追溯到组织行为学的早期倡导者和从霍桑研究中得出的结论。

3. 现代管理理论中代表性的学派包括：管理过程学派、决策理论学派、社会系统学派、系统管理学派、经验主义学派、权变理论学派、管理科学学派等。

4. 管理面临的挑战包括：全球经济和政治的不确定性，不断变化的工作场所，道德事项，安全威胁，培养学习型组织，以及不断进步的技术。管理必须强调顾客对管理工作的重要性，注重创新和创业精神，重视可持续性，进行知识管理，学会管理全球化企业，以及在电子企业领域中进行管理。

【复习思考题】

1. 管理实践、管理思想与理论的演化三者有什么关系？
2. 描述一些早期的管理事例。
3. 泰勒科学管理理论的主要观点是什么？
4. 如何客观评价泰勒制？
5. 简述法约尔对科学管理的贡献。
6. 韦伯的理想行政组织模式是什么？
7. 对古典管理三大理论进行比较。
8. 人际关系学的基本要点是什么？其贡献和局限性有哪些？
9. 系统管理学派、权变理论学派、管理科学学派的基本观点是什么？
10. 管理面临哪些挑战和影响？
11. 什么是创新？如何理解创业精神？
12. 何谓学习型组织？知识管理是怎么回事？
13. 如何管理全球化企业？
14. 有人说创业精神只适用于小型的和新创立的企业，你同意这种观点吗？说明你的理由。

【案例思考】

全球化脚步放缓

从事全球经营并不是一件容易的事情，这是日本经纪公司野村控股公司（Nomura Holdings Inc.，简称野村公司）的高管得出的结论。在雷曼兄弟控股公司的母公司寻求破产保护之后，野村控股公司于2008年年末收购了雷曼兄弟控股公司（简称雷曼公司）的国际业务，这次收购为野村公司增加了大约8000名非日本籍员工。对于野村公司来说，当时正是强化自己全球扩张战略的好时机。然而，这次收购之后，这两个组织之间的文化差异和业务差异成为一项重大障碍。当不同的组织进行合并或者收购时，融合两种不同文化需要两家公司共同努力，但是当跨国界收购中的核心资产是被收购公司雇用的员工时，这种融合就会变得尤其具有挑战性。

就高管人员薪酬、决策速度、对待女性员工的方式等事项，公司中的紧张气氛逐渐升温。例如，在野村公司为新员工召开的首次培训会议上，男性员工和女性员工是分开的。这些女性员工——其中许多人是从哈佛大学等世界名校以优异成绩毕业的——被教导如何摆弄她们的发型、如何斟茶以及如何根据季节变化选择服装。该公司的着装规定对女性员工有严格限制。来自雷曼公司的女性员工被告知，她们不能染发，衣服的袖子不能短于手肘，而且应该避免过于鲜艳的服装。有几位女性员工因为“不恰当的”着装而被从工作场所送回家。其中一位说道：“就因为我穿着一件短袖的衣服，我就被送回家去，即便我穿的是一件短袖夹克。”野村公司的新闻发言人说：“公司的着装规定明确地公布在公司内部局域网上，这样的规定是为了保证客户和同事不会感到不自在。”

来自雷曼公司的交易员说，他们发现一项交易获得公司批准的过程“比在雷曼公司更缓慢，也更困难”。此外，在雷曼公司，很大程度上是根据客户支付的费用来对客户予以分类的。在野村公司，对客户进行分类时，更多的是强调其他因素，例如双方建立关系的时间长度。野村公司的交易员说：“新同事太过于追求短期利润而抛弃了忠诚的客户。”

野村公司竭力融合这两种文化，提拔了少数几位非日本籍员工到公司高管职位上。“为了削弱该公司以东京为核心的导向，投资银行业务的全球主管 Hiromi Yamaji 搬到了伦敦，而股票业务的全球主管 Naoki Matsuba 则搬到了纽约。”直到 2010 年 3 月，野村公司的执行委员会是由清一色的日本人组成的。不过，为了使该公司变得更加以全球为导向，一位前雷曼公司的管理人员、土生土长的印度人 Jasjit Jesse Bhattal 被提拔到该执行委员会。野村公司的副总裁、首席运营官 Takumi Shibata 说：“当你的业务遍及全球时，管理也需要全球化。”

问题讨论：

1. 从本案例中，你发现野村公司和雷曼公司之间存在哪些明显的文化差异？

2. 你认为野村公司具有什么样的全球观？给出具体的描述。你是否看到任何关于改变的证据？

3. 对日本和美国的文化进行一些研究，对这两种文化的特征进行比较。它们之间存在什么异同？这些文化差异会如何影响案例中野村公司的局面？

4. 野村公司的管理者可以采取哪些措施来支持、促进和鼓励员工的文化领悟力？请解释。

5. “当你的业务遍及全球时，管理也需要全球化”这句话是什么意思？在你看来，野村公司是否正在这样做？请解释。

（资料来源：斯蒂芬 P. 罗宾斯．管理学：第 11 版［M］．李原，孙健敏，黄小勇，译．北京：人民大学出版社，2012.）

第三章　组织环境与组织文化

【学习目标】

1. 理解管理万能论与管理象征论。
2. 理解组织环境的构成。
3. 了解组织环境的特征，掌握组织外部环境评估方法。
4. 掌握组织文化的概念与内容。
5. 理解组织文化的功能与形成方式，以及塑造途径。

【关键术语】

管理万能论　管理象征论　组织环境　组织文化　精神文化　制度文化　物质文化

【结构框图】

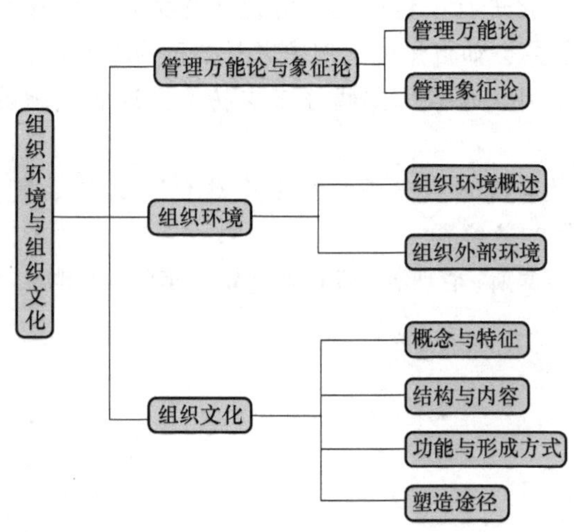

【引入案例】

安利在中国的改变

安利是一个日用消费品的生产商、批发商和零售商，安利在美国及世界上其他国家的关键成功要素之一就是其直销经营模式，这是安利的核心竞争力，也是安利最重要的差异化竞争战略。当1998年中国政府发布传销禁令后，以直销运作见长的安利公司在中国的业务从1997年的15亿元人民币一下子下滑到3.2亿元人民币，安利被背上了“前传销公司”的特殊身份，传销禁令似乎给在全球80多个国家都只采用直销模式的安利公司中国业务判了死刑。然而时隔五年之后，安利的中国业务销售额已经攀升到了60亿元人民币，那么，是什么使安利公司能够再创佳绩呢？

1998年，安利公司在亲历了传销禁令带来的焦虑和阵痛后，结合中国国情，于当年7月提出了“店铺销售加雇佣推销员”的具有中国特色的经营模式，进行了经营模式的转型。这种经营模式一方面从形式上满足了中国政府发布的传销禁令的约束，并迎合了中国消费者的消费心理；另一方面，这一经营模式实质上仍然将从事直销的“雇佣推销员”作为销售主力。

正如安利公司中国董事长郑李锦芬所言，安利为了适应中国的特殊国情，有些东西放弃了，有些东西保留了。保留的是基本的组织文化、经营理念、与直销人员的伙伴关系、为直销人员提供就业机会和赚钱机会。安利坚守对直销人员的承诺，直到今天，人们也不会在百货公司和超级市场见到安利的产品。除此之外，安利也改变了很多，例如大量开设店铺和大手笔进行广告宣传，这对于直销公司而言是革命性的转变，是一个极大的挑战，因为这么大的投入如果还不能带来成功的话，将意味着严重的亏损。

安利的改变，一方面是为了迎合中国消费者的心理和习惯，另一方面也是借此扭转安利的声誉。1998年，中国消费者对安利的认识是非常消极和负面的，从事安利事业被视为一件很没有面子的事情，这就需要想办法在最短的时间内将安利的信息传播出去，挽回安利的声誉。开设店铺和广告宣传不仅让政府、公众和媒体有一个了解安利的窗口，也可以让他们对安利有更为全面的了解。为了挽回营销队伍及员工的声誉，还发动他们参与爱心公益活动，让外界对安利有一个阳光的认识。

美国总部一直对中国管理层充满信任，很尊重安利在中国的改变。因为他们非常了解每一个国家的分公司要适应当地的文化和国情，不能强行推广美国传统的做法和价值观，不能做水土不服的事情，要将中国国情和安利的实际情况结合起来。这就是安利在全球可以适应不同地区和国家的文化和实际需要，并且取得成功的因素。

2005年，中国政府颁布了《中华人民共和国直销法》，为安利公司在中国的未来发展提供了法律上的保障。

灵活应变的策略让它在中国的发展轨迹呈直线上升。实际上，中国是安利公司迄今为止开设店铺的唯一国家。

（根据江海波对美国安利公司高级副总裁郑李锦芬的访谈整理。）

环境是组织赖以生存和发展的土壤，它既为组织活动提供条件，同时也必然对组织的活动起制约作用。从上述案例可以看出，组织工作的有效性依赖于其对环境的主动适应能力。许多理论学派和学者都对此问题进行了论述。管理学者巴纳德在其组织理论中指出：一个组织要存在和发展，必须适应环境的变化，组织目标也必须随环境做适当的变化。生态理论也强调组织必须适应其所处的环境，并且要随环境的变化而进化。系统理论认为，组织不停地与其所处环境发生物质、能量和信息的交换。离开与外部环境的交流与交换，组织是无法生存的。换句话说，组织的发展受到其所处环境的影响和制约。因此，不管从哪个角度讲，组织都应该了解其所处的外部环境的特征。组织无论做出什么决策，也都必须建立在环境分析的基础之上。本章将考察组织环境与组织文化，在讨论这些话题之前，首先了解一下管理者实际上对一个组织的成败具有多大影响的两种观点。

第一节　管理万能论与象征论

2010年2月，福特汽车公司的销售额在过去50多年中首次超过通用汽车公司，后者宣布对其高管实施重大调整。该公司北美地区总裁说："我能够清楚地看出公司最高管理层的人选和结构是不合理的，为了使公司更快速地行动并且赢取胜利，做出这些调整是非常必要的。"在商界，管理者的调整或变动是一件司空见惯的事情，这说明什么问题呢？一位管理者到底能够给一个组织的绩效带来多大的不同呢？在管理学界，关于管理者对组织绩效的作用存在两种认识：一种是管理万能论（Omnipotent View of Management）；另一种是管理象征论（Symbolic View of Management）。

一、管理万能论

诺基亚前任CEO约玛·奥利拉（Jorma Ollila）在其回忆录中承认，任内曾做出几个错误判断，包括未能成功预测客户需求转变及开发新软件的必要性等，致使诺基亚这家由他一手打造而成的昔日全球最大手机厂商跌落神坛。从奥利拉的观点可以做出判断：管理者对组织是非常重要的。一个组织的绩效差异被认为应归因于该组织的管理者采取的决策和行动。这种观点代表了当前管理理论以及整个社会的一种主流观点，即管理者对组织的成败承担直接责任，这种观点被称为管理万能论。

管理万能论认为组织管理者的素质决定了这一组织本身的素质，组织效果与效率的差异就在于管理者决策与行动的好坏。管理者对组织的成败承担直接责任，当组织运行良好的时候，管理者应该受到嘉奖，如可以获得奖金、股票期权等奖励；同样，当组织运行不良的时候，无论是什么原因，管理者都必须承担责任。

二、管理象征论

"诺基亚跌落神坛"是源于管理者的决策和行动，还是源于管理者无法控制的外部情况？与管理万能论不同，管理象征论认为是后者导致了诺基亚的失败。组织的成败在很大程度上归因于管理者无法控制的外部力量，这种观点被称为管理象征论。

管理象征论认为管理者影响组织绩效的能力受到外部因素的影响和制约，即对绩效产生影响的不是管理者的决策和行动，而是管理者基本上无法控制的外部因素，像经济、顾客、政府政策、竞争者行动、行业状况以及前任管理者做出的决策等因素。比如，一家汽车加油站一个月来汽油销量猛增，经理受到了嘉奖，但调查后才发现原来周围的加油站听闻下个月汽油要涨价，因而主动减少了汽油的销售量，并非经理采取了某种措施使得汽油销量猛增。显然，这里良好的业绩不能归因于管理者的行动，而应归因于管理者无法控制的力量。因而，管理象征论认为管理者对组织成果的影响是有限的，组织绩效深刻地受到外部环境的制约与约束，不管组织是成功的还是失败的，管理者所起的实际作用并不大，他们制订计划、做出决策，并从事其他管理活动，只不过是以此作为对组织绩效控制和影响的象征。

关于管理作用的争论，目前理论界达成的共识是"现实是两种观点的综合"：管理既不是全能的，也不是毫无益处的。虽然管理者的行为要受到组织外部环境和组织文化的双重约束（见图3-1），但管理者仍有自己的自由决定权，在这个权限范围内，管理者要对组织的绩效负责。

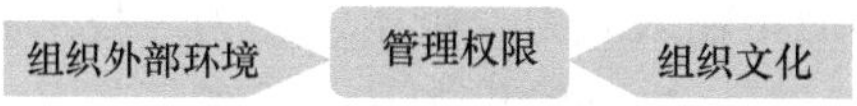

图 3-1　对管理权限的约束

第二节　组 织 环 境

任何组织都是一定环境中的组织，它时刻受到周围各种环境因素的影响。本节首先介绍组织环境的含义，分析组织与环境的关系以及组织环境的结构。其次，对组织外部环境要素、特征做相关分析，然后描述“环境不确定性矩阵”以帮助管理者对组织外部环境的特性进行评估。

一、组织环境概述

了解组织环境的含义、组织与环境之间的关系以及组织环境的结构，有利于组织进行环境分析，并根据其所处外部环境的特点制定相应的战略决策。

（一）组织环境的含义

环境是指事物存在与发展的周围条件和状况，既有静态的结构，也包括结构要素之间的动态运行。任何组织都是在一定的环境中从事经营活动，环境的变化既可能会给组织的生产和发展提供新的机会，又可能对组织的生存和发展造成某种威胁，这些机会和威胁必然影响到组织活动的方向和经营战略的选择。一个组织是否能够生存并取得成功，很大程度上取决于其是否处理好了组织与环境的关系。要利用机会，避开威胁，首先必须认识组织的环境。任何组织的任何决策都离不开对环境的认识和分析。

早期的观点将组织环境界定为组织的外部环境。例如，斯蒂芬 P. 罗宾斯将环境定义为：“对组织绩效起着潜在影响的外部机构或力量”；加雷思・琼斯（Gareth Jones）等人认为组织环境是指超出组织边界但对管理者获得、运用资源有影响的一系列因素和条件的组合；托马斯・卡明斯（Thomas Cummings）等人认为：“组织环境是指任何组织之外的直接或间接影响组织绩效的事务”。

随着对环境认识的深入，现代观点倾向于认为环境既包括组织的外部环境，又包括组织的内部环境。理查德・达夫特（Richard Daft）认为，组织环境包括外部环境和内部环境，其中，外部环境包括组织外部存在的、对组织具有潜在影响的所有因素，它包括两个层次，一般环境和具体环境；内部环境包括位于组织边界之内的所有要素。

综上所述，从对组织影响的角度分析，组织环境（Organizational Environment）就是指所有潜在影响组织运行和组织绩效的因素或力量。

（二）组织与环境的关系

纵观管理理论的演进过程，在很长一段时间内，管理与环境之间的关系并没有进入管理学的研究视野，只是在系统学派兴起以后，组织与环境之间的关系才开始受到重视。此前，无论是古典管理理论，还是行为科学理论，都主要是以组织内部的生产活动、管理职能、组织结构或员工的社会需要为研究对象的，并没有关注组织与环境之间的关系。社会系统学派的代表人物巴纳德最早提出了协作系统的概念，并指出管理的职能就在于保持组织同外部环境的平衡。系统理论学派认为组织是由人、财、物、信息等多种相互依赖的要素或者采购、生产、销售、物流、售后服务等部门组成的一个系统，同时组织又是环境的一个子系统，它要从周围环境中输入人力、资本、物力、技术和信息等各种资源，然后通过内部管理职能实现要素的转换，向外输出产品、服务、信息、利润等各种形式的产出以回报环境，并使其产出成为其他组织的投入，循环往复。因此，组织与环境的关系表现为投入和产出的交换。这种关系可以用图 3-2 表示。

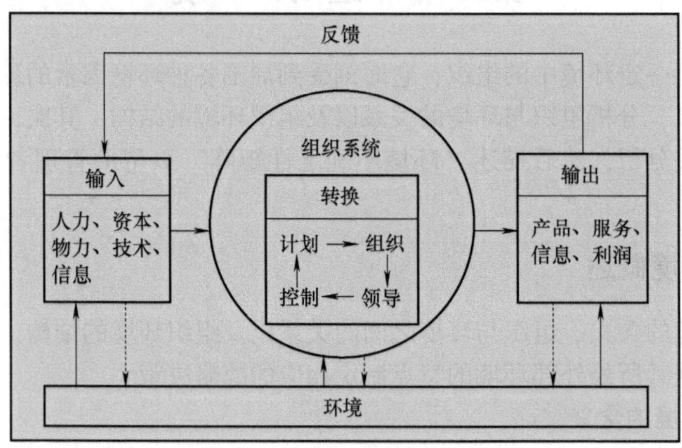

图 3-2　组织与环境之间的关系

系统论的这种认识为我们认识组织与环境之间的关系提供了很好的分析工具。此后出现的权变理论、战略管理理论都是在系统观的指引下进一步研究管理与环境是如何互动影响的。权变理论指出管理方式必须随组织环境的变化而变化，而战略管理的首要步骤就是要对环境进行战略分析。

（三）组织环境的结构

组织工作的有效性依赖于其对环境的主动适应能力。组织的活动及其对变化的内外环境的适应力与学习能力是组织生存与发展的关键。面对众多的组织环境因素，如何识别、预测、适应其变化呢？一种有效的方法是分析组织环境结构，即对环境因素按照某种标准进行分类，然后探寻不同类别的环境因素发生变化的共性和特性。以组织界限来划分，可以把组织环境分为外部环境和内部环境，根据环境对组织运行的直接影响程度和影响范围的大小，又可以将外部环境分为一般环境和具体环境。因此，组织环境实质上是一个多主体、多层次、不断发展的多维结构系统的组合（见图 3-3）。

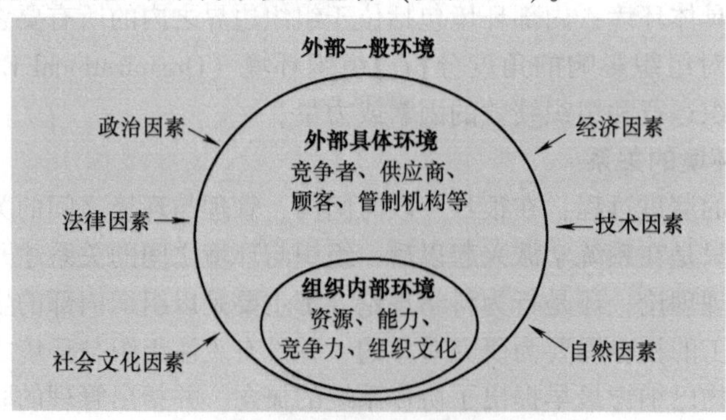

图 3-3　组织环境的结构

1. 外部一般环境

外部一般环境是环境的外层，包括对所有组织几乎具有同等影响的政治因素、法律因素、社会文化因素、经济因素、技术因素和自然因素等。外部一般环境对组织的影响未必是直接和快速的，但可能是复杂的、长期的和深远的。

2. 外部具体环境

外部具体环境是环境的中间层，涉及直接影响组织经营活动的所有因素，具体包括迈克尔·波特（Michael Porter）提出的现有竞争者、潜在进入者、供应商、顾客和替代品生产者这五种竞争力量以及互补产业和管制机构等社会群体。外部具体环境对组织的影响是直接的，在短期内可能会发生较大甚至剧烈的变化。

3. 组织内部环境

内部环境是环境的内层，由组织的经营条件和组织文化构成。经营条件包括组织经营某项活动所需要的资源条件、组织能力和核心竞争力；组织文化是指被组织所有成员所共有的核心价值观、信念、共识及行为规范的组合。组织文化将决定组织能够在多大程度上适应外部环境因素的变化。

上述三个层面的环境都是在不断发展变化的。孙子曰："知己知彼，百战不殆；不知彼而知己，一胜一负；不知己不知彼，每战必殆。"知己知彼的过程就是分析组织内部和外部环境的过程。分析组织环境的目的就是要识别出对组织产生较大影响的内外部环境因素，预测其变化趋势及对组织可能产生的影响，以便制定相应的发展战略。

二、组织外部环境

本部分仅对组织外部一般环境及其特征进行分析，然后介绍组织外部环境的评估方法——"环境不确定性矩阵"。关于组织外部具体环境与内部环境相关内容将在第六章第三节进行介绍。

（一）组织外部一般环境的内容

组织外部一般环境（General Environment）包括：政治与法律环境、经济环境、社会文化环境、技术与自然环境等因素。图 3-4 是对组织外部一般环境因素的汇总。

1. 政治与法律环境

政治环境包括一个国家的社会制度、政党制度、政府方针政策、政治性团体及政治气氛等因素。通过对政治环境的分析，组织可以了解国家和政府允许做什么、不允许做什么、鼓励做什么，以保证组织的经营活动既符合国家利益又有利于自身发展。例如，2009 年 6 月，财政部、税务总局下发的《关于补充养老保险费补充医疗保险费有关企业所得税政策问题的通知》规定，企业根据国家有关政策规定，为在本企业任职或者受雇的全体员工支付的补充养老保险费、补充医疗保险费，分别在不超过职工工资总额 5% 标准内的部分，在计算应纳税所得额时准予扣除。这项规定将会促使企业及时足量地为员工购买相应的保险，可以使企业在增加员工福利的同时达到了减税的目的。又如，国家通过降低利率来刺激消费的增长；通过征收个人收入所得税调节消费者收入的差异，从而影响人们的购买行为；通过增加产品税，对香烟、酒等商品的税收来抑制人们对这些产品的消费需求。这些政策都会对相应行业的组织产生一定的影响，组织应根据这些政策采取相应的措施。

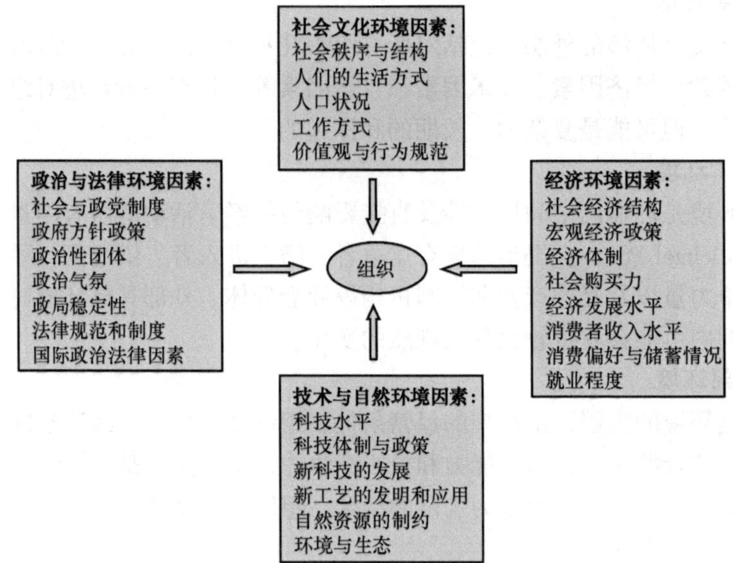

图 3-4　组织外部一般环境因素汇总

另外，政局稳定性对组织尤其是跨国公司会产生重大影响。一个国家或地区的政局稳定，有利于组织制订长期发展计划，有利于吸引国际投资。若两国国际关系长期融洽和友好，便会促进组织之间合作和交流，促进跨国投资和建立合资企业等。

法律环境包括一个国家的法律规范和制度、法律执行、法律遵守和法律意识等方面。每个国家和地区都有自身的法律法规体系，组织必须了解和遵守这些法律法规，依法经营。近年来，为适应经济体制改革和对外开放的需要，我国陆续制定和颁布了一系列法律法规，涉及质量、企业成立、合同、广告、竞争、环境保护等。组织管理者必须熟悉相关的法律条文，才能保证组织经营的合法性，运用法律武器来保护组织与消费者的合法权益。例如，由于出现了儿童因食果冻导致窒息死亡的事件，我国制定了《果冻卫生标准》，对果冻的直径大小制定标准。厂商必须按照这一标准进行生产。事实上，许多国家都已对果冻的大小做出了严格的规定：美国规定球形果冻剖面直径不得小于4.45cm，韩国也停止了直径不足4.5cm果冻的生产。又如，我国《劳动法》加强了对劳动者权益的保护，在涉及劳动者权益的规章制度的制定上，工会和员工代表有了一定的参与权，这对国内众多的劳动密集型生产制造企业产生了一定的冲击。

对从事国际经营活动的组织来说，不仅要遵守本国的法律制度，还要了解和遵守国外的法律制度和有关的国际法规、惯例和准则。只有了解、掌握了这些国家的有关贸易政策，才能制定有效的营销对策，在国际经营中争取主动。例如，欧洲国家规定禁止销售不带安全保护装置的打火机，这就限制了一些国家低价打火机的出口市场。

2. 经济环境

经济环境是指组织面临的社会经济状况和国家的经济政策，可从宏观和微观两个视角来考察。

(1) 宏观经济环境。宏观经济环境主要包括社会经济结构、宏观经济政策、经济体制、社会购买力、经济发展水平等。经济结构的核心是产业结构，产业结构的层次影响着组织经营活动方向的选择。经济政策包括一个国家的经济发展政策、产业政策、国民收入分配政策、货币政策等，这些政策直接影响国家、组织和个人三者的利益分配关系。对于从事国际经营的公司而言，货币政策尤其是汇率变动对其盈利能力有着非常重要的影响。经济体制对组织的经营活动也会产生影响，如改革开放后，我国经济体制逐步从计划经济转向市场经济，很多国有企业通过建立现代企业制度从生产工厂转变为自主经营、自负盈亏的现代公司制企业，这对企业来说是翻天覆地的变化。社会购买力反映某个时期某种产品全社会市场容量的大小，从而决定了行业内每个组织生存和发展空间的大小。另外，经济发展水平也会影响组织的绩效，在经济繁荣的国家或地区，组织更容易获取资源，拥有更多的发展机会；相反，经济衰退或萧条的国家极大地限制了组织对资源的获取，使组织绩效受到影响。

（2）微观经济环境。微观经济环境主要是指组织所在地区或所服务地区的消费者收入水平、消费偏好、储蓄情况、就业程度等因素。这些因素是影响消费者购买能力和支出模式的主要因素，直接决定着组织目前及未来的市场大小。

3. 社会文化环境

社会环境包括一个国家或地区的社会秩序、社会结构、人们的生活方式、人口状况和工作方式等，这些因素都会直接或间接地对组织产生影响。其中，人口状况包括人口规模、人口素质、人口结构和人口政策等，人口状况不仅决定了现在和未来组织中的人力资源的数量和质量，同时也决定着市场上的消费偏好和消费潜力。人口状况既能给组织带来机会，也能对组织造成威胁。例如，目前许多国家都面临着人口老龄化问题，这种人口结构的变化趋势为组织提供了创造老年人需求的市场机会，同时也对组织提出了新的挑战，组织与以前相比也会出现员工老龄化问题，这就迫使组织在员工管理上要不断创新。

文化环境是指一个社会中被普遍认可的价值观和行为规范，具体包括宗教、信仰、意识、道德、受教育程度以及在此基础上形成的风俗习惯等。不同的文化环境使人们有不同的认识事物的方式、行为准则和价值观念，从而有不同的消费观念，组织必须了解这些差异才能生存和发展。面对不同文化背景的员工，组织激励和协调员工的方式也应有所差异，例如，在美国，个人主义备受推崇，因而以个人业绩为基础的考核方式被广泛采用；但在日本更加强调集体主义，因而以集体业绩为基础的考核方式更受青睐。

4. 技术环境

技术环境包括科学技术水平、科技体制、科技政策以及新科技的发展和新工艺的发明和应用等。任何组织的技术活动都离不开整个社会科技水平的支撑，而科技体制和科技政策对整个社会科技水平的提高起着重要的促进作用，这是由于有效的科技体制和科技政策能够吸引高层次人才，激发其科技创新的动力，从而促进整个社会科技水平的提高。

组织经营的过程就是劳动者借助一定的劳动条件和技术生产产品或提供服务的过程，一方面，不同的技术水平决定了产品或服务的差异，另一方面，不同的技术水平对劳动者的劳动技能有着不同的要求。由此可以看出，技术环境对组织经营活动绩效有着深刻的影响。

科技进步是一把“双刃剑”，是一种“创造性的毁灭力量”。科技进步会在一些领域、某种程度上改变人们的价值观念、消费习惯和交易方式等，既给组织带来机会，又使组织面临挑战。因为科技进步一方面可以形成一些新的行业，带来一些新产品和新服务，给人们的需求带来更新更广阔的领域；但另一方面，科技进步也会淘汰一些老行业，因为新产品和新服务会使现有产品和服务变得过时或无用。同时，技术进步也会使组织人员的技能和知识结构不再符合要求，因此也迫使组织要不断寻找提升人员技能的新途径。

5. 自然环境

自然环境因素主要涉及自然资源短缺与环境破坏问题。当前自然环境最主要的动向是：不可再生资源日益短缺，能源成本不断提高，环境污染日益严重，政府对自然资源管理的干预不断加强。这些都会直接或间接地给组织带来机会或威胁。因此，组织对其所处的自然环境的变化也应该加以密切关注。

我国虽幅员辽阔，但人口众多，自然条件有恶化趋势，因而就自然资源来说，无论是不可再生的矿物资源，还是可再生的动植物资源，抑或是水资源，总体来说都是短缺的，绝大多数资源的人均占有量低。这对许多组织的发展必然是一种威胁。但反过来这又迫使人们研究如何合理开发利用资源和寻找替代品，从而给许多组织带来了发展的机会。例如，石油危机使日本经济型轿车畅销美国市场，1989 年天然油脂的缺乏使成都芙蓉肥皂厂改变思路生产出肥皂粉。

随着工业化、城镇化的发展，全球环境污染日趋严重，甚至已经威胁到人们的身体健康、自然生态的平衡与经济的长远发展。生态环境的恶化也引起了政府与社会公众的密切关注，政府的干预措施也在逐步地加强。可以断言，组织面对的治理环境污染的挑战越来越严峻，这对组织的发展是一种压力和约束，但这同时也蕴含着开发新产品的发展机会。

因此任何组织在经营过程中，都必须考虑资源制约与环境保护问题。组织的行为不仅要满足消费者当前的需要，更要考虑人类社会长远发展的需要。

（二）组织外部环境的特征

随着经济全球化进程的日益加速，尤其是进入 21 世纪，世界不再是由诸多界限分明的国家和市场所构成了，而是在物质、经济和文化上既相互独立又相互融合。由此，与以往组织所面临的环境相比，现代组织环境的特征表现在以下几个方面：

1. 变动性

变动性是指组织的外部环境总是处于不断变化的过程中，只不过有的变化是渐进的，变化比较缓慢，不容易觉察和把握，有的变化是突变的，很快就会对组织的活动产生直接的影响。无论是渐变还是突变，组织都应当及时掌握和分析有关信息和情报，把握环境因素变化的趋势，制定相应的应对策略，以适应组织外部环境变化的需要。

阅读材料

“青蛙效应”及其管理启示

“青蛙效应”也称“温水效应”，源自19世纪末美国康奈尔大学进行的著名的“青蛙试验”：他们将一只青蛙放进煮沸的大锅里，青蛙触电般地立即蹿了出去。后来，他们又把它放在一个装满凉水的大锅里，任其自由游动。然后用小火慢慢加热，青蛙虽然可以感觉到外界温度的变化，却因惰性而没有立即往外跳，直到后来热度难忍时却已失去逃生能力，只能等死。

科学家经过分析认为，这只青蛙第一次之所以能“逃离险境”，是因为它受到了沸水的剧烈刺激，于是便使出全部的力量跳了出来。第二次由于没有明显感觉到刺激，因此，这只青蛙便失去了警惕，没有了危机意识，然而当它感觉到危机时，已经没有能力从水里逃出来了。

"青蛙效应"告诉人们，组织竞争环境的改变大多是渐热式的，如果管理者与员工对环境变化不能做出及时的反应，最后就会像这只青蛙一样，当它意识到问题的严重性时，已经无力回天了。

2. 复杂性

复杂性是指组织环境因素的种类和数量繁多，组织外部环境既包括政治、经济、社会文化和技术等一般环境因素，又包括竞争者、供应商、用户、互补品和管制机构等具体环境因素。在这些因素中，既有对组织产生积极影响的，又有对组织产生消极影响的；既有对组织产生直接影响的，又有对组织产生间接影响的；不是只有一种因素对组织产生影响的情况，而是有多种因素同时对组织产生影响的情况。因此，组织必须正确全面分析各种因素的影响，特别是抓住那些对组织影响重大的因素，并及时做出相应的反应，才能在竞争中掌握主动权。

3. 开放性

开放性是指环境中阻碍资源自由流动的壁垒在减少。例如，在封闭的贸易环境中，各国之间的联系被贸易壁垒、投资壁垒、地理距离和文化差异所阻隔。随着开放的全球环境的出现，商品、服务和投资等方面的壁垒越来越低。全球开放性环境使组织管理者的工作更具挑战性，要求管理者必须立足于全球化视野去思考问题，必须认识到组织是在一个真正全球化的市场中存在和竞争的。因此，在一个日益开放的全球环境中，竞争更加激烈，不确定性更高。

（三）组织外部环境的评估

从组织外部环境的特征可以看出，组织面临的环境总是处于一种不确定的状态。虽然不同组织的影响因素以及这些因素的变动程度不同，使得不同组织的外部环境的构成具有个性化特征，但在环境的不确定性这一点上却只是程度的不同。罗宾斯提出了"环境不确定性矩阵"，用以对不同组织外部环境的特征进行评估。罗宾斯根据环境变化程度（变动性）和环境复杂程度（复杂性）这两个评价指标将环境划分成四种类型。环境复杂程度，即该环境所包含因素的多少和它们的相似程度：如果所包含因素不是很多且比较相似，就称为简单环境；反之，所包含因素很多且不相似，则称为复杂环境。环境变化程度，即环境所包含因素发展变化的速度及其可预测性：如果变化速度不算快且较易于预测，就称之为稳定（静态）环境；反之，如果变化迅速且难以预测，则称之为不稳定（动态）环境。组织外部环境的四种类型如图 3-5 所示。

（1）低不确定性环境，即简单稳定的环境，代表了不确定性水平最低的环境，这是最简单也最容易辨别的一种情况。组织面临的环境因素较少而且变化不大，管理者容易把握环境因素的特征，可以根据以往的经验和惯例做出确定的决策。在这种环境下，对过去环境影响的分析具有较高的现实意义。

（2）低—中程度不确定性环境，即复杂稳定环境。这种环境的不确定性有所增强，组织面临的环境要素较复杂，但组织环境要素变化比较缓慢而且可以预见，因此，组织必须对诸多要素进行分析，准确把握未来变化趋势及其对组织的影响。例如，保险公司要为顾客提供多样化的保障服务，虽然影响因素较多，但这些因素的变化相对缓慢，也易于预测。

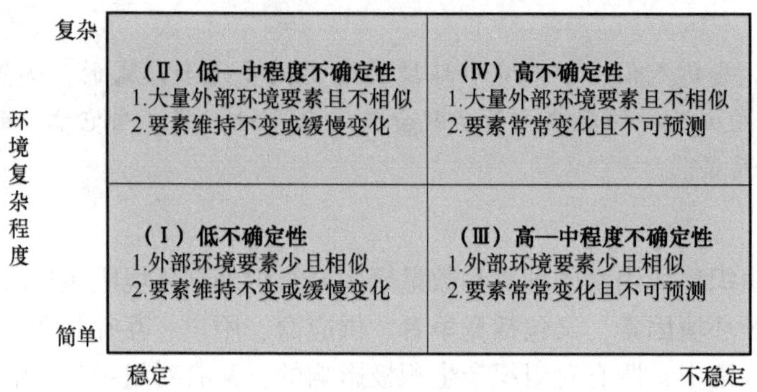

图 3-5　环境不确定性矩阵

（3）高—中程度不确定性环境，即简单动态环境。这种环境的不确定性进一步增强，尽管组织的外部影响因素很少，但是这些因素经常变化且难以预测，因此，组织必须警惕这些要素变化的条件以及要素变化给组织带来的影响。例如，青年女装市场，其顾客属于同质的细分市场，但时装流行趋势变化很快且难以预测。

（4）高不确定性环境，即复杂动态环境。这种环境的不确定性最高，组织不仅面临着众多的环境因素，而且变动频繁难以预测，对组织的决策影响极大，特别当几种因素同时变化时，环境将发生激烈动荡。例如，计算机软件公司，它的环境因素多（如顾客层次不同、要求各不相同、技术进步很快、更新换代快、竞争非常激烈等），属于不同质细分市场，环境变化快且难以预测。

外部环境的不确定性会给各类组织的管理带来影响。假如可以自由选择，很多管理者可能都愿意在状态Ⅰ那样的外部环境中去经营，但现实中许多组织所处的环境并不具备这样的特征。而且由于利益回报与承担风险呈正相关关系，所以在高不确定性的外部环境中同时也蕴藏着更多、更加丰富的机会。对于风险偏好的管理者而言，他们将更加愿意迎接这种高度不确定性的外部环境带来的挑战。

不管如何，管理者都应当学会辨别外部环境，对环境的不确定性进行分析，在力所能及的范围内尽量降低不确定性的程度，并制定出应付不确定性的权变措施。

第三节　组 织 文 化

与外部环境中的民族文化不同，组织文化是指组织在发展过程中形成的用于解决外部适应性和内部整合性问题并为多数成员所遵循的一套价值观念、制度安排和行为规范，以及由此产生的行为结果和表现形式。本节介绍了组织文化的概念与特征、组织文化的结构与内容、组织文化的功能与形成方式以及组织文化的塑造途径。

一、概念与特征

组织文化是组织在成长、发展和变革的过程中逐渐形成的，由于每个组织的成长与发展过程不尽相同，因此不同组织的组织文化都具有个性化特征。但是，组织文化作为一种观念形态，相对于其他管理理论和实践经验而言，则具有一些共同的特征。

（一）组织文化的概念

文化有广义和狭义两种理解。广义的文化是指人类在社会历史实践过程中所创造的物质文化和精神文化的总和。其中，物质文化可称为“器的文化”或“硬文化”，精神文化可称为“软文化”。狭义的文化是指社会的意识形态以及与之相适应的礼仪制度、组织机构、行为方式等物化的精神。文化具有民族性、多样性、相对性、沉淀性、延续性和整体性的特点。

组织是按照一定的目的和形式而建构起来的社会集合体，为了满足自身运作的要求，必须要有共同的目标、共同的理想、共同的追求、共同的行为准则，以及与此相适应的机构和制度，否则组织就是一盘散沙。组织文化的任务就是努力创造这些共同的价值观念体系和共同的行为准则。

从这个意义上来说，组织文化是指组织在长期的实践活动中形成的并且被组织成员普遍认可和遵循的具有本组织特色的价值观念、团体意识、思维模式和行为规范的总和。组织通过培养、塑造这种文化来影响员工的工作态度和行为方式引导实现组织目标，组织文化这种较强的行为塑造力使其可以促进一个组织的发展，也可以加速一个组织的衰败。因此，根据组织外部环境的变化适时变革组织文化被视为组织成功的基础。

（二）组织文化的特征

组织文化作为一种观念形态，相对于其他管理理论和实践经验而言，具有以下特征：

（1）独特性。每个组织都有其独特的组织文化，这是由组织所处的国家和民族、地域、时代背景、行业特点，以及组织的生产经营管理特色、组织传统、组织目标、成员素质等内外环境所决定的。例如，美国的组织文化强调能力主义、个人奋斗和不断进取；日本文化深受儒家文化的影响，强调团队合作和家族精神。

（2）稳定性。组织文化是组织在长期发展中逐渐积累形成的，具有较强的稳定性，不会因组织结构的改变、战略的转移或产品与服务的调整而随时变化。相对而言，精神文化又比物质文化具有更强的稳定性。

（3）人本性。组织文化是一种以人为本的文化，最本质的内容就是强调人的理想、道德、价值观、行为规范在组织管理中的核心作用，强调在组织管理中要理解人、尊重人、关心人，注重人的全面发展，用愿景鼓舞人、用精神凝聚人、用机制激励人、用环境培育人。

（4）继承性。组织都是在一定的时空条件下产生、生存和发展的，组织文化是历史的产物。组织文化的继承性体现在三个方面：一是继承优秀的民族文化精华，二是继承组织的文化传统，三是继承外来的组织文化实践和研究成果。

（5）发展性。组织文化是时代精神的体现，优秀的组织文化往往在具有继承性的同时也会随着时代精神的发展而不断发展。发展性要求组织应根据外部环境的变化改革现有组织文化，重新设计和塑造健康的组织文化，引导员工不断追求卓越，追求成效，追求创新。

二、结构与内容

组织文化是由多种要素按照一定的结构有序组成的。了解组织文化的结构与内容有助于管理者根据组织自身的特点有针对性地进行组织文化建设。

（一）组织文化的结构

组织文化有三个层次（见图3-6）：精神文化（Spiritual Culture）、制度文化（Institutional Culture）和物质文化（Material Culture），也可以分别称为深层文化、中介文化和表层文化。

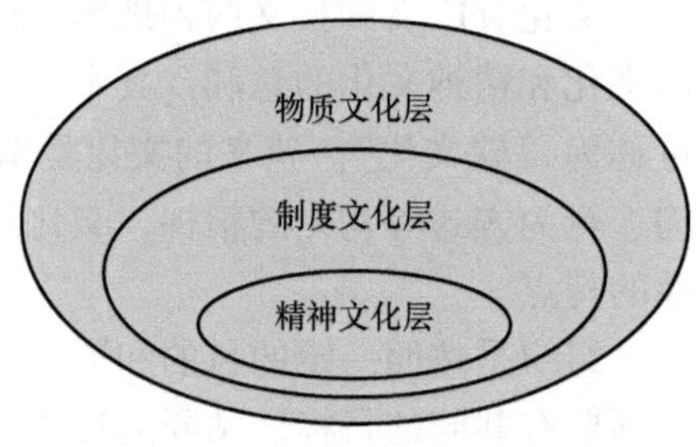

图3-6 组织文化的三个层次

1. 精神文化

精神文化是全体员工共同而潜在的意识形态和文化观念，包括经营哲学、敬业精神、价值观念、道德观念等。精神文化是组织文化的核心层，在整个组织文化中处于支配地位，是组织文化的灵魂，对组织的制度文化和物质文化起着决定性作用。精神文化通常用一些既富于哲理又简洁明快的语言予以表达，便于职工铭记在心、时刻激励自己，也便于对外宣传，在人们脑海里形成印象，从而在社会上形成个性鲜明的组织形象。

2. 制度文化

制度文化是体现组织文化特色的各种规章制度、道德规范和员工行为准则的总和。制度文化是组织文化的中间层，是把组织的精神文化和物质文化联系起来，使组织文化制度化、规范化的行为准则。制度文化蕴含了组织的价值观。组织价值观是指评判事物和指导行为的基本信念和观点，以及由此而来的思维模式。人一旦形成固定的思维模式，就会自然而然地用这些思维模式对现实事物做出评判和选择。

3. 物质文化

物质文化是指组织的精神文化和制度文化的外在的具体表现，它既包括组织的物质和精神的活动过程、组织行为和组织产出等外在表现形式，也包括实体性的文化设备、设施等，如具有本组织特色的工作场所与环境、办公设备、员工服饰等。物质文化是组织文化的外围层，组织主要是通过外显的物质文化将其组织文化传递给社会公众，从而树立在社会公众的组织形象。

（二）组织文化的内容

1. 组织经营哲学

组织经营哲学是一个组织特有的从事生产经营和管理活动的方法论原则。它是指导组织行为的基础。一个组织在激烈的市场竞争环境中，面临着各种矛盾和多种选择，要求组织有一个科学的方法论来指导，有一套逻辑思维的程序来决定自己的行为，这就是经营哲学。例如，日本松下公司“讲求经济效益，重视生存的意志，事事谋求生存和发展”，这就是它的战略决策哲学。

2. 组织价值观

组织价值观是组织成员对该组织的生产、经营、服务等活动以及指导这些活动的一般看法和根本观点。价值观决定着组织行为。只有在共同的价值观基础上才能产生正确的价值目标，有了正确的价值目标才会有奋力追求价值目标的行为，组织才会有希望。只顾组织自身经济效益的价值观，不仅会损害国家和人民的利益，还会影响组织形象；只顾眼前利益的价值观，就会急功近利，搞短期行为，使组织失去后劲，甚至导致灭亡。

3. 组织精神

组织精神是指组织基于自身特定的性质、任务、宗旨、时代要求和发展方向，经过精心培养而形成的组织成员群体的精神风貌。组织精神要通过组织全体成员有意识的实践活动体现出来，因此它又是组织成员观念意识和进取心理的外化。

4. 组织道德

组织道德是指调整该组织与其他组织之间、组织与用户之间、组织内部职工之间关系的行为规范的总和。它从伦理关系的角度，以善与恶、公与私、荣与辱、诚实与虚伪等道德范畴为标准来评价和规范组织。组织道德与法律规范和制度规范不同，不具有法律规范和制度规范那样的强制性和约束力，但具有积极的示范效应和强烈的感染力，被人们认可和接受后具有约束的力量。因此，它具有更广泛的适应性，是约束组织和职工行为的重要手段。中国老字号同仁堂药店之所以三百多年长盛不衰，在于它把中华民族优秀的传统美德融于组织的生产经营过程之中，形成了具有行业特色的职业道德，即“济世养身、精益求精、童叟无欺、一视同仁”。

5. 团体意识

团体意识是指组织成员的集体观念。团体意识是组织内部凝聚力形成的重要心理因素。组织团体意识的形成使组织的每个员工把自己的工作和行为都看成是实现组织目标的一个组成部分，使他们为自己作为组织的成员而感到自豪，对组织的成就产生荣誉感，从而把组织看成是自己利益的共同体和归属。因此，他们就会为实现组织的目标而努力奋斗，自觉地克服与实现组织目标不一致的行为。

6. 组织形象

组织形象是组织通过外部特征和经营实力表现出来的、被消费者和公众所认同的组织总体印象。由外部特征表现出来的组织的形象称表层形象，如招牌、门面、广告、商标、服饰、营业环境等，这些都给人以直观的感觉，容易形成印象；通过经营实力表现出来的形象称深层形象，它是组织内部要素的集中体现，如人员素质、生产经营能力、管理水平、资本实力、产品质量等。表层形象是以深层形象为基础，没有深层形象这个基础，表层形象就是虚假的，也不能长久地保持。例如，流通组织由于主要是经营商品和提供服务，与用户接触较多，所以表层形象显得格外重要，但这绝不是说深层形象可以放在次要的位置。

7. 组织制度

组织制度是组织在生产经营实践活动中所形成的，对员工的行为带有强制性，并能保障一定权利的各种规定。组织制度作为职工行为规范的模式，使员工的活动得以合理进行，内外人际关系得以协调，员工的共同利益受到保护，从而使员工有序地组织起来为实现组织目标而努力。

三、功能与形成方式

建设良好的组织文化将会有效提升组织管理的效率。管理者不仅要重视组织经营条件这一组织内部硬环境的建设，也要重视组织内部文化软环境的建设，充分发挥组织文化对组织管理的正向功能。同时，明确组织文化的形成方式，有助于管理者深刻理解自己在组织文化建设中的核心与带头作用，增强建设组织文化的使命感和责任感。

（一）组织文化的功能

组织文化作为一种自组织系统具有很多特定的功能，主要表现在以下几个方面：

1. 导向功能

所谓导向功能就是组织文化对组织整体和组织成员的价值取向和行为取向起到导向的作用。这种导向作用主要体现在两个方面：

（1）经营哲学和价值观念的导向作用。经营哲学决定了组织经营的思维方式和处理问题的法则，这些方式和法则指导经营者进行正确的决策，指导员工采用科学的方法从事生产经营活动。组织价值观念规定了组织的价值取向，使员工对事物的评判形成共识，有着共同的价值目标，组织的领导和员工就会为他们所认定的价值目标去行动。

（2）组织目标的导向作用。组织目标代表着组织发展的方向，没有正确的目标就等于迷失了方向。优秀的组织文化会从实际出发，以科学的态度去制定组织的发展目标，这种目标一定具有可行性和科学性。组织员工就是在这一目标的指导下从事生产经营活动。

2. 约束功能

组织文化的约束功能主要是通过组织制度和道德规范来实现的。组织制度是组织内部的法规，组织的领导者和员工必须遵守和执行，从而形成约束力。道德规范是从伦理角度来约束组织领导者和员工的行为，道德规范使员工产生一种自律意识，从而自觉遵守组织的各项规定，按照价值观的指导进行自我管理和控制，如果违背了道德规范的要求，就会受到舆论的谴责，心理上会感到内疚。

3. 凝聚功能

组织文化是一种“软性”的协调力和粘合剂，有巨大的向心力和凝聚力。组织文化以人为本，尊重人的感情，以微妙的方式沟通组织成员的思想，使组织成员在统一的思想和价值观的指导下，产生“使命感”，产生对组织目标、道德规范、行为准则和经营理念等的“认同感”。同时，在组织氛围的影响下，使组织成员通过自身的感受产生对本职工作的“自豪感”和对组织的“归属感”，使组织成员乐于参与组织事务，发挥各自潜能，为组织做出贡献。因此，优秀的组织文化对员工的吸引力是无法比拟的。“留人先留心”，建立一支长期稳定的、有战斗力、有凝聚力的团队，必须依靠组织文化。

4. 激励功能

组织文化的激励功能是指组织文化本身所具有的通过各种要素来激发员工动机与潜力的作用。健康向上的组织文化使每个员工都感到自己存在和行为的价值，这种自我价值的实现是人的最高精神需求的一种满足，这种满足必将形成强大的激励。另外，组织精神和组织形象对组织员工有着极大的鼓舞作用，特别是组织文化建设取得成功，在社会上产生影响时，组织员工会产生强烈的荣誉感和自豪感，他们会加倍努力，用自己的实际行动去维护组织的荣誉和形象。

5. 调适功能

调适就是调整和适应。组织各部门之间、职工之间，由于各种原因难免会产生一些矛盾，解决这些矛盾需要各自进行自我调节；组织与环境、与用户、与国家、与社会、与各种利益群体之间都会存在不协调、不适应之处，这也需要进行调整和适应。组织哲学和组织道德规范使经营者和普通员工能科学地处理这些矛盾，自觉地约束自己。完美的组织形象就是进行这些调节的结果。调适功能实际也是组织能动作用的一种表现。

6. 辐射功能

组织文化的辐射功能是指组织文化一旦形成较为固定的模式，它不仅会在组织内部发挥作用，对本组织员工产生影响，它也能通过传播媒体、公共关系活动等各种渠道对社会产生影响，向社会辐射。组织文化的传播对树立组织在公众中的形象有很大帮助，优秀的组织文化对社会文化的发展有很大的影响。组织文化可以通过组织精神、组织价值观向社会扩散，与社会产生某种共识，并为其他组织所借鉴、学习和采纳，也可以通过员工的思想和行为所表现出的组织精神和组织价值观向社会传播和扩散。例如："海尔"的"休克鱼"战略、"东方亮了，再亮西方"、"赛马不相马"、"有缺点的产品就是废品"、"无搬动服务"等理念通过登上哈佛案例的讲台辐射到全世界，成为许多组织学习的榜样。

（二）组织文化的形成方式

组织文化通常是组织在一定的经营环境中，为寻求生存发展，首先由少数管理者倡导和实践，然后经过长时间的传播和规范管理而逐步形成的。只有当管理者倡导的价值观念和行为准则被组织员工普遍认同、广泛接受，并被员工自觉地作为自己行为的选择依据时，组织文化才在真正意义上形成。因此，组织文化的形成方式可以分为管理者的倡导和组织成员的接受两个阶段。

1. 管理者的倡导

组织文化首先是管理者的文化。管理者倡导某种价值观念和行为准则体系主要借助以下两种途径：

（1）管理者在日常工作中，不仅言传，而且身教，不仅提出、促使组织成员接受某种价值观念，而且身体力行，自觉表现出与自己倡导的价值观和行为准则相应的行为选择，从而通过身边的人对组织中其他成员的行为产生潜移默化的影响。这种潜移默化的影响需要假以时日，所以组织文化的建设通常是一个漫长的过程。

（2）管理者借助重大事件的成功处理，促进组织成员对组织价值观和行为准则的认同。组织经营活动过程中往往会遇到一些突发性重大事件，这些事件处理得妥善与否对组织的持续发展可能会产生重大影响。处理得当可能为组织未来发展提供重要机遇，处理不当则可能引发组织危机。在这些事件的处理过程中，管理者会遵循某些价值观念和与之相应的行为准则，事件的成功处理就可以使这些价值观念和行为准则被组织成员所认同并在日后的工作中自觉模仿。组织文化便可能在这种认同和自觉模仿的基础上逐渐形成。

2. 组织成员的接受

社会学的相关研究中把与一定文化相应的价值观和行为准则被组织成员接受的过程称为文化的"社会化"过程。文化被组织成员接受包括"社会化"和"预社会化"两种不同的路径。

（1）"社会化"。"社会化"是指组织通过一定的形式不断向员工灌输某种特定的价值观念，如通过组织培训、宣传和介绍反映特定价值观的英雄人物的事迹，借助正式或非正式渠道传颂体现特定价值观的组织内部的各种"神话"，以及领导者在各种场合的言传身教，从而使组织成员逐渐接受这些价值观和行为准则。

（2）"预社会化"。"预社会化"是组织在招募新成员时不仅提出相应的技能和素质要求，而且注意分析应聘者的行为特征，判断影响应聘者外显行为的内在价值观念与组织文化是否一致，从而保证新成员易于接受组织文化以及在进入组织后能够迅速融入组织。

四、塑造途径

组织文化的塑造是个长期的过程，同时也是组织发展过程中的一项艰巨、细致的系统工程。从路径上讲，组织文化的塑造大致需要经过以下几个过程：

（一）选择价值标准

选择价值标准是塑造组织文化的战略问题，标准选择的好坏将直接决定组织文化塑造的方向。选择价值标准要立足于本组织的特点，选择适合自身发展的组织文化模式。

（二）强化员工认同

一旦确定了本组织的组织文化模式，就要采取一定的方法使组织全体员工认同。组织文化建设绝不仅仅是高层领导的事，关键是全体员工的参与，否则就会出现所谓“宣称的文化”与实际的文化两层皮的现象。要使人们普遍认同一种新文化可能需要经过较长时间，而把文化装进制度，会加速这种认同过程。在初期，当制度内涵还没有被员工认同时，制度只是管理者的文化，对员工还只是一种外在的约束，当制度内涵被员工接受并自觉遵守时，制度就变成了一种习惯，进而逐渐升华为组织文化。这时，制度就变成了空壳，留下的是文化。

阅读材料

猴子与香蕉

把五只猴子关在一个笼子里，笼子上方有一串香蕉，实验人员装了一个自动装置，一旦侦测到有猴子要去拿香蕉，马上就会有水喷向笼子而这五只猴子都会被淋湿。

首先有只猴子想去拿香蕉，当然，结果就是每只猴子都被淋湿了。之后每只猴子在几次尝试后，发现莫不如此。于是猴子们达到一个共识：不要去拿香蕉，以避免被水喷到。

后来实验人员把其中的一只猴子释放，换进去一只新猴子 A，这只猴子 A 看到香蕉，马上想要去拿，结果，被其他四只猴子打了一顿，因为其他四只猴子认为 A 会害它们被水淋到，所以制止它去拿香蕉。A 尝试了几次，被打得满头包，依然没有拿到香蕉，当然，这五只猴子就没有被水喷到。

后来实验人员再把一只旧猴子释放，换上另外一只新猴子 B。B 看到香蕉，也是迫不及待要去拿，当然，一如刚才所发生的情形，其他四只猴子狠狠打了 B 一顿。尤其那只 A 猴子打得特别用力。B 猴子试了几次总是被打得很惨，只好作罢。

后来慢慢地，一只一只地，所有的旧猴子都换成新猴子了，大家都不敢去动香蕉。但是它们都不知道为什么，只知道去动香蕉会被猴打。

管理启示：文化可以通过制度与行为的固化形成。

（三）提炼定格

在经过员工的初步认同实践以后，再取其精华，去其糟粕，进行必要的理论加工和文字处理，用精练的语言表述出来。

（四）进一步巩固落实

制度的落实是需要外力的，有时需要建立奖罚制度。如果规则制定出来了，没有相应的惩罚措施进行约束，落实也将很困难。如“猴子与香蕉”实验所示，如果没有喷水装置，可能并不能够取得预想的实验效果。但惩罚也要讲艺术，因为如果搞不好的话，可能适得其反，使得员工牢骚满腹，反感情绪加重。

（五）丰富发展

任何一种组织文化都是特定历史的产物，当组织的内外条件发生变化时，也要对组织文化不断进行丰富、调整，不断地淘汰旧文化，生成新文化，使组织文化达到更高的层次。

【本章小结】

1. 在管理学界，关于管理者对组织绩效的作用存在两种认识：一种是管理万能论；另一种是管理象征论。管理万能论认为管理者对组织的成败承担直接责任。管理象征论认为组织的成败在很大程度上归因于管理者无法控制的外部力量。

2. 组织环境是指影响组织行为的一切客观因素。组织与环境的关系表现为投入和产出的交换。组织环境由外部一般环境、外部具体环境和内部环境构成。外部一般环境包括政治与法律环境、社会文化环境、经济环境、技术与自然环境等。

3. 现代组织外部环境具有变动性、复杂性和开放性的特征。根据环境变化程度和环境复杂程度这两个评价指标可以将组织外部环境划分成四种类型。

4. 组织文化是指组织在长期的实践活动中形成的并且被组织成员普遍认可和遵循的具有本组织特色的价值观念、团体意识、思维模式和行为规范的总和。组织文化具有独特性、稳定性、人本性、继承性和发展性特征。组织文化分为精神文化、制度文化和物质文化三个层次结构。组织文化的内容包括组织经营哲学、组织价值观、组织精神、组织道德、团体意识、组织形象和组织制度等。

5. 组织文化具有导向、约束、凝聚、激励、调适和辐射的功能。组织文化可以通过管理者倡导和组织成员接受的方式形成。组织文化的塑造途径为：选择价值标准、强化员工认同、提炼定格、进一步巩固落实和丰富发展。

【复习思考题】

1. 管理者是万能的还是象征性的？试结合具体事例进行分析。
2. 组织的外部环境包括哪些方面？组织对外部环境应采取什么样的态度？
3. 如何对组织外部环境进行评估？
4. 什么是组织文化？它对组织的作用体现在哪些方面？
5. 组织文化的结构层次是怎样的？各个层次之间是什么关系？
6. 如何塑造良好的组织文化？

【案例思考】

零售巨头家乐福的“成”与“败”

1. 家乐福之“成”

成立于1959年的法国家乐福集团是零售业大卖场业态的首创者，目前是欧洲第一大零售商，世界第二大国际化零售连锁集团，旗下共有9200家店铺分布在世界30个国家，员工38万人。

1994年家乐福作为首家外资零售企业进入中国市场，至2005年年底，家乐福已经在中国开出了53家大卖场，是国内最大的外资零售商。虽然激烈的市场竞争降低了中国零售市场的利润率，几乎所有在华外国零售企业都处于亏损状态，但只有家乐福仍在盈利。进入2006年，家乐福宣布其在年内新开门店20家，这预示着家乐福可能会大量采用收购、兼并等新策略，进行市场拓展。这些都说明，家乐福在中国市场正不断向成功迈进。

许多人认为，家乐福进入中国市场，实现快速扩张，是通过与地方政府的合作绕过了对外资零售业开店的限制、走捷径的结果。

1992年之后，招商引资、搞活经济逐渐成为中国的头等大事，家乐福的进入既符合当时的政策，又能在第一时间获得认同，时至今日其在华策略都很注重切合中国政府的制度与法律。业内人士认为，家乐福对中国市场的熟悉，尤其是对相关政策的把握，是其成功的一大法宝。

2. 家乐福之“败”

家乐福作为一个国际知名品牌，凭借其品牌营销功能先后进军欧洲、亚洲等市场，然而在亚洲，同属亚洲国家的日本和韩国给家乐福留下的却是以失败而告终的阴影。在日本，进驻仅仅四年零三个月的家乐福就急匆匆地告别了还很陌生的大和民族。2005年3月10日，家乐福正式与日本零售商巨头永旺公司（AEON）签订合同，将其在日本的八家超市全部卖掉，这之前家乐福在日本排不上前三甲，在日本年销售额超过数亿日元的本土三大零售商巨头（永旺、伊藤洋华堂、大荣）面前，家乐福并没有引起日本老百姓对它足够的兴趣。同样，在韩国，家乐福2005年的净利润约为68.6亿韩元（约合707万美元），这一业绩在韩国零售连锁店只能位列第四，这样的业绩显然和家乐福的预期相差甚远。最终家乐福于2006年4月3日首次出面承认，由于经营不善，公司将出售在韩国的全部32家店面，全线从韩国零售市场上“撤军”。

对比在中国的成功，家乐福在韩国失败的原因在哪里呢？

其一，就劳资关系讲，在韩国，由于家乐福为韩国工人提供的工资太低，韩国同业工会向其提出警告，尽管没有引起法律上的诉讼，但对家乐福来讲，则不敢掉以轻心。家乐福在韩国采取的严格控制工人之间的组织，监控员工活动的做法，也引起了韩国工人的极大不满，他们不仅经常罢工，而且采取了非常有效的抵制措施。这些都迫使家乐福格外关注缓和紧张的劳资关系，甚至采取了停业整顿的做法。但类似这样的事情，在中国一起也没有发生。

其二，在韩国，其营销及管理方式也遇到了很大的挑战。韩国的专家认为：家乐福营销方式不能适应韩国是最失败之处。家乐福应该了解韩国的文化和消费者的口味，但是他们用全球的营销方式在韩国经营公司，显然是行不通的。

像在许多国家一样，家乐福认为依靠便宜的价格就能吸引更多的顾客，但这种做法却没有得到韩国人的青睐。韩国的人均收入在亚洲国家属于高水平，而超市平时的购买主力是基本不工作的家庭主妇，她们有大量时间进行商品质量的比较，对超市的风格也很在意，这使得购买环境较好的韩国超市很受欢迎。相对而言，家乐福装饰简单的大卖场和薄利多销的营销手段却给消费者造成了廉价商品甩卖折价促销的心理感觉，但在韩国却缺少这样的消费群体。

其三，家乐福严格控制供货商的做法也引发了与韩国供货商的矛盾。当产品销售不好的时候，家乐福往往把责任推卸给当地供货商，并进一步打压供货产品的价格。而韩国法律规定，大规模销售性企业在进行促销活动时，与商品不直接相关的费用不得要求供货商承担。由于违反这一规定，在从1999年至2001年的3年间，韩国政府已经三次向家乐福发出罚款通知，罚款数十万美元。

上述种种，我们就不难理解为什么家乐福“兵败韩国”。

问题讨论：

1. 试通过家乐福在中国和日本、韩国市场的不同际遇，分析组织外部环境对组织发展的影响，这些要素对百货业也有同样的影响吗？

2. 谈谈你对家乐福连锁超市的感性认识，你认为如果该企业在中国要继续发展应主要解决哪些问题？

（案例来源：考试资料网，http：//www. ppkao. com/glzx/2010/52257_ 2. html. ）

第四章　管 理 伦 理

【学习目标】

1. 理解利益相关者、管理伦理的含义。
2. 判断其组织行为是否符合伦理要求，常采用的伦理守则的种类及其内涵。
3. 了解两种社会责任观的思想内涵。
4. 熟悉影响管理伦理行为的因素。
5. 理解改善管理伦理行为的途径。

【关键术语】

伦理　管理伦理　社会责任　社会响应　社会义务　个人特征

【结构框图】

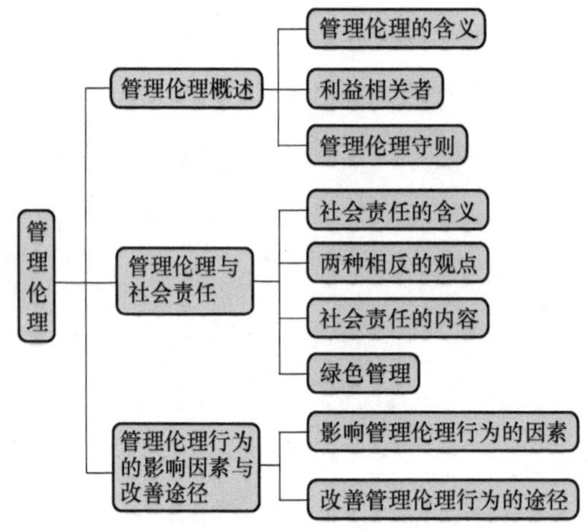

【引入案例】

实践中的福特制

从1908年到1914年，经过多次试验和修正，亨利·福特（Henry Ford）天才的生产管理者团队终于率先发明了能运动的传送带，由此历史性地变革了生产实践方式。对于福特公司和千千万万从此能够买得起汽车的美国人来说，大批量生产的技术飞跃带来了巨大的财务成功。然而，对于那些真正生产汽车的工人来说，却产生了许多人性问题和社会问题。

随着工作过程的简化，工人们日益痛恨流水线工作的枯燥乏味。1914年以前，福特公司汽车工厂一直经历着巨大的雇员流失率。由于无法承受巨大的工作压力，每年常有很多工人辞职离去。亨利·福特认识到这些问题之后，发表了一份声明：为了激励员工，从即刻起，他将缩减工作日长度，由9小时减少为8小时；公司将把基本工资提高一倍，由原来的每天2.5美元增加到每天5美元。这是一次显著的提高，第一天宣布，第二天就把最低工资加倍。福特因此成为一个享誉世界的人物，他的新方法也被誉为“福特制”（Fordism）。

然而，福特表面上的慷慨是与对公司赖以生存的人力和物力资源的控制相配合的，它配备了几百名监工来监督工人，不仅在工厂内，还在工厂外。在工厂内，管理既高度限制又十分紧密。工人们不能离开他们在生产线上的位置，也不能相互谈话，他们的工作就是全神贯注于手上的任务。但是很少有人能适应这种工作系统，于是工人们就像口技表演者那样只用“嘴角”说话，最终形成了一种著名的讲话方式——“福特唇语”。许多管理者仅仅因为与福特的意见不合就被解雇。结果，许多很有才能的人都离开了福特，加入到越来越多的竞争对手公司。

在工作场所之外，福特也走得越来越远，甚至建立了他所谓的“社会部”，检查工人们的生活方式和时间支配方式。该部门的监察员走访工人的家庭，调查他们的习惯和问题，员工一旦被发现具有与福特标准相抵触的行为，比如酗酒和经常欠债，就可能被解雇。福特总是力图对员工进行控制。

（资料来源：加雷思·琼斯，珍妮弗·乔治．当代管理学［M］．郑风田，赵淑芳，译．北京：人民邮电出版社，2006：34.）

任何一个组织总是以一定的方式同组织内外的个人和其他组织发生各种各样的联系，这些个人和组织统称为组织的利益相关者。上例中，亨利·福特的管理举措与员工的切身利益紧密相关，员工是组织的重要利益相关者之一。在处理与利益相关者的关系时，管理者经常会陷入两难的境地，可能一些人得到了很大的好处，而另一些人却受到了很大的伤害；可能有些群体的权利得到认可，而另一些群体的权利却被侵犯。当管理中面临这种进退两难的局面时，人们会试着去找“正确”“公正”“公平”等的平衡点，从而不可避免地牵扯到伦理问题。

第一节　管理伦理概述

一、管理伦理的含义

“伦”即人际关系。我国古代就有所谓的“五伦”：君臣关系、父子关系、夫妇关系、兄弟关系、朋友关系，立于这五种关系中怎样做人，都有定则，所谓：君君臣臣，父父子子，夫唱妇随……伦理是人在社会关系、人际关系中做人所依据的根本道理。

管理伦理是指在管理过程中，管理者对组织及其成员进行管理时应遵循的道德准则。作为一名管理者，必须对管理伦理的一些基本问题了解清楚，这些问题包括：到底什么是伦理，什么是管理伦理，以及管理者进行决策面临两难困境的时候应当怎样选择等。

二、利益相关者

组织是一个利益共同体。所谓内外部各种关系，就是指组织与利益相关者之间的关系。

利益相关者（Stakeholder）是指可能对组织的决策和活动施加影响或可能受组织的决

策和活动影响的所有个人、群体和组织。一个组织的利益相关者包括股东、管理者、非管理层员工、客户、供应商、组织所在地的社区以及组织所在国家的全体公民。

以企业性质的组织为例，企业要有所有者，没有所有者的初始投入，就不可能有企业。企业要有顾客，产品或服务要有足够数量的人按足够高的价格购买才行，购买的人数越多，愿意出的价格越高，企业越能获得利润。企业要有员工，员工的素质越高，员工与员工之间、员工与企业之间的合作程度越高，越能生产出具有竞争力的产品或服务。企业要有供应者，企业不可能所有的原材料、零部件都自己生产，不可能所有技术都自己开发，不可能自备所有的资金，故需要原材料、零部件、技术、资金供应者。原材料、零部件、技术、资金的供应越是稳定可靠，企业经营就越顺利。企业有竞争者，还要有政府、社区、公众的理解、合作和支持。同样，所有者、顾客、员工、供应者、竞争者、政府、社区、公众也能从与组织的合作中获取好处，他们也离不开组织。

戴维·韦勒（David Wheeler）和玛丽亚·西拉帕（Maria Sillanpaa）把利益相关者分为直接利益相关者（Primary Stakeholder）和间接利益相关者（Secondary Stakeholder）。直接利益相关者包括：所有者、普通员工和管理者、顾客、社区、供应商和其他合作伙伴。间接利益相关者包括政府、公共组织（Civic Institutions）、社会压力团体、新闻界和学术界、工会、竞争者。由于直接利益相关者与组织有直接的利益关系，所以往往更受重视。而实际上，有些情况下间接利益相关者也能对组织产生重要影响。

为了生存和发展，组织必须使利益相关者获益，努力使他们感到满意。股东们想要分红，管理者和员工想要拿薪水并保持工作稳定，客户则想买到优质价廉的商品。如果这些利益相关者得不到应得的利益，很可能不再支持该组织：股东们会卖掉他们持有的股票，管理者和员工会跳槽到别的组织另谋高就，客户们则会购买其他组织的产品。管理者的责任首先是决定组织应该追求哪些目标，以最大限度地实现利益相关者的利益，然后再决定如何最有效地利用现有资源以实现这些目标。管理者常常不得不调整各种利益相关者的利益，包括他们自己的利益。但是，有时候做这样的决定十分困难，因为在很多情况下，对一些利益相关者群体（如管理者和股东）有利的决定对另一些利益相关者群体（如员工、社区）则会有害，这就涉及管理伦理这一方面的问题。

三、管理伦理守则

组织在决策和行为时，经常会遇到伦理问题。如何来判断一项决策或行为是否符合伦理或道德的要求？按照拉瑞·托恩·霍斯默（Laruen Tone Hosmer）在其《管理伦理学》（第5版）一书中的意见，在工业化和全球化的时代，可以用个人美德原则、功利主义原则、权利至上原则、分配正义与分配自由原则来判断组织遇到的伦理问题。

（一）个人美德原则

美德是习得性的、体现在个人行为习惯中的、构成道德高尚人的特征的一种品质。例如，诚实是道德高尚人的一个特征，如果一个人习惯性地讲真话，且讲真话时他感到愉悦，讲假话时他感到难受，那么这个人就拥有诚实的美德。哪些是道德高尚的人的品质特征呢？对此，尽管不同的人有不同的看法，但是以下几项是大家的共识：坦率、正直、诚实、温和、友好、勇敢、谦虚、自豪、忠孝、仁爱、信义、平等等。

个人美德原则（Personal Virtue）可以概括为：对所做的事情应当“坦率、正直、诚实、温和、自豪”。只要在行为中实践、展示和培育了这些美德，那么该行为就是道德的。如果组织的一项制度使人变得贪婪、不负责任，那么该制度就是道德上有缺陷的制度。

这个原则存在一定的问题。现实中有一部分人在做出很多人认为是绝对“错误”的行为时，他们也能够感到自豪，并且很乐意以公开、诚实和真实的方式进行。

（二）功利主义原则

功利主义（Utilitarian Benefit）原则是由英国思想家杰里米·边沁（Jeremy Bentham 1748—1832）提出的。他认为，个人行为的道德价值只能由结果来确定，当且仅当一个行为为社会创造比任何其他可能的行为更多的净利益时，该行为才是道德的。在这里，净利益是指某行为或决定带来的利益总和去除其带来的损失或害处总和的差额；利益既包括物质利益，也包括友谊、知识、健康以及我们在生活中能够找到的其他满足；损失或害处包括行为产生的成本，以及痛苦、疾病、死亡、无知、孤立和不幸福。例如，按照功利主义原则，解雇工厂中20%的工人是正当的，因为这将增强工厂的盈余能力，使余下的80%工人的工作更有保障以及符合股东的利益。

按照功利主义原则行事有利于实现利润最大化，但它也存在两个方面的问题：①衡量困难，表现在行为给不同的人带来的效用难以衡量和比较，许多利益和成本无法可靠地预测和确切地计量，有些东西如生命的价值、健康的价值、美丽的价值、公平的价值、人的尊严的价值等，非金钱可以衡量。②可能产生不公正的结果，因为功利主义关心的是利益的总和，而不考虑利益怎样分配，这就会产生不公平。

（三）权利至上原则

道德权利包括三个方面：①行为选择的自主权，如工作权、受教育权、处置私有财产权等；②被尊重权，如隐私权、信仰自由权、知情权等；③公正评价权，如言论自由等。道德权利与义务紧密相连，一个人的道德权利意味着其他人的道德义务。

权利至上（Universal Duty）原则可以指述为：当行为人有道德权利从事某一行为，并且从事某一行为没有侵害他人的道德权利，或增进了他人的道德权利时，则该行为是道德的。例如，如果组织把某项工作的艰苦性和危险性事先告诉雇员，雇员愿意从事这工作，此时组织让他承担该工作是道德的；反之，如果事先不告之其危险性，或员工不是自愿从事，组织让他承担则是不道德的。

权利至上原则也使管理者面临两难：如果一项决定在保护一部分利益相关者权利的同时损害到另一部分人的权利，管理者该选择保护哪一部分人的权利？譬如，在决定针对某一员工的调查是否合乎道德时，究竟是该员工的隐私权更重要，还是保护组织财产或其他员工的安全更重要？

（四）公正原则

公正原则注重的是如何在利益相关者之间实现公平、合理、无偏见地分配利益和损失，即实现分配公正（Distributive Justice）。其主要贡献者有哈佛大学管理学院的约翰·罗尔斯（John Rawls）和罗伯特·诺齐克（Robert Nozick），前者提出了分配正义原则，后者提出了分配自由原则。

罗尔斯认为，社会是个人的联合，当个人认识到联合行动比个人努力能创造更大的利益时就会有协作，由此人们就要关心如何公正地分配这些利益。但大多数现代经济体系中利用的五个分配体系——平等分配、按需要分配、按努力分配、按贡献分配、按能力分配——都是不公正的，只有采用“处于无知的帐幔之后”的思维方式，来进行分配才是公正的，因为在“无知的帐幔”中，我们不知道谁最有智慧、最有精力、最有能力等。

罗尔斯的分配正义原则可以概括为两条：原则一，每个人应享有与他人一样的权利，个人的权利必须受到保护；原则二，给处于最不利地位的人提供最大的利益，给所有的人提供均等的机会，因为处于最不利地位的人只有在一定范围内得到帮助，或者至少保持现状，协作才能继续下去。如果第一条原则与第二条原则相冲突，则第一条原则优先；如果第二条原则中的两个部分产生冲突，则第二部分机会均等优先。按照分配正义原则，管理者可能决定向新来的员工支付比最低工资高一些的工资，因为在他看来最低工资不足以维持该员工的基本生活，社会协作也就难以顺利实现。分配正义原则能确保社会合作的实现，但它忽视了人的努力。

诺齐克认为，自由是社会的第一需要；社会是自由人的集合体，人们为了经济利益而产生合作，但这种合作是商品、服务、财富、自尊等交换的结果。诺齐克的分配自由原则可以概括为：在完全信息条件下，只要这些转让是自愿的，就可以被认为是公平的，而在社会力量或强迫手段下的非自愿转让显然是不公平的。公平取决于选择和交换机会的平等，而不取决于对财富和收入分配的平均。分配自由原则仅仅考虑了消极的权利，即不受他人侵犯的权利，但忽视了积极的权利，即获取他人所享权益的权利。

以上伦理体系，表面上并不相互矛盾，如撒谎，在所有伦理体系中都被认为是不道德的；但它们各自强调了行为的某一侧面，没有一种理论能包括伦理判断时所需考虑的各种因素。因此，必须利用所有原则，并从多维度来考虑行为的结果。

第二节　管理伦理与社会责任

管理伦理要求组织在决策过程中，不能仅考虑组织自身的利益，应当照顾到组织利益相关者的诉求，只有这样合作才能进行下去。本节将深入分析，在组织的日常活动中，“组织到底该承担怎样的责任”这个问题。

一、社会责任的含义

要更好地理解社会责任，必须把与社会责任相似的两个概念，即社会义务、社会响应，进行比较。社会义务（Social Obligation）指的是一个组织由于承担着履行特定经济和法律责任的义务而从事的社会活动。也就是说，一个组织承担了社会义务，只是说他的行为达到了法律的最低要求，组织所追求的社会目标仅限于有利于该组织经济目标的实现。

社会响应（Social Responsiveness）指的是组织为应对某种普遍的社会需要而从事的社会活动。也就是说，一个组织之所以采取某种行为方式，是因为它希望满足某种普遍的社会需要。因此，社会响应强调的是一个组织对社会呼吁的反应能力，反映了一个组织适应变化的社会状况的能力。它不去琢磨长远来看什么对社会有利，而只是去识别主流的社会准则（而不是法律）并改变其社会参与方式，从而对变化的社会状况做出反应。

社会责任（Social Responsibility）则是指一个组织在其经济和法律义务之外愿意去做正确的事情并以有益于社会的方式行事的意向。可见，社会责任加入了一种道德要求（不是法律要求），促使人们从事使社会变得更美好的事情，而不是去做那些有损于社会的事情；社会责任是一个组织“愿意”去做有益于社会的事情，而不是对于社会呼吁的事情的一种被动反应。

可以举例说明这三个概念的关系。当一个组织遵守政府设立的污染控制标准要求，它只是在履行其社会义务，因为法律规定组织不能够污染环境。20 世纪 90 年代，如果一家化学公司宣布其洗衣用品是用 100% 可再循环利用的纸包装的，那么该公司的行为是社会响应，因为这是环境保护者强烈要求的结果，是一种普遍的社会呼吁。但是，如果该公司在 20 世纪 70 年代就有了保护环境的举措，那么在当时便是一种社会责任行为，因为这是组织在呼吁者呼吁之前主动去做的。由此可见，社会责任高于社会响应，社会响应高于社会义务。

阅读材料

蚂蚁的社会责任

当一只蚂蚁发现食物后，很快就会有一群蚂蚁来排队搬运。蚂蚁是如何传递信息的？专家研究后发现，蚂蚁发现食物后，在搬运食物回来的路上，会沿路分泌一种“追踪素”。这种化学物质在两分钟内就会挥发掉，但在这段时间内，它可向距离 40 厘米内的蚂蚁传递信息。闻到气味的蚂蚁即会沿路来搬运食物，同时自己也分泌“追踪素”加在原来的路径上。于是，一传十，十传百，蚂蚁们纷纷沿着“前辈”开辟的道路来搬运食物，彼此在路上相遇，还会用触角相碰，好似在互相问候。

可见，蚂蚁是一种有很强的团队意识的昆虫，有好处的话，立刻会告诉大家，让大家一起来分享。由于彼此合作，大家都得到了生存下去的机会。

二、两种相反的观点

关于组织社会责任，有两种观点颇具代表性，一是古典观，二是社会经济观。

（一）古典观

古典观（Classical View）认为，管理者的唯一社会责任就是使利润最大化。也就是说，组织应该只做自己有义务去做的事情，除此之外则撒手不管。

古典观最直率的支持者是经济学家和诺贝尔殊荣获得者米尔顿·弗里德曼（Milton Friedman）。米尔顿·弗里德曼认为：“组织有且只有一种社会责任，即在游戏规则（公开的、自由的、没有诡计与欺诈的竞争）范围内，为增加利润而运用资源、开展活动。”其主要理由是，只有人才能负有责任，组织是一个虚拟的人，只能负虚拟的责任。那么，组织中哪些人负有责任呢？是个体业主或总裁。由于社会责任的讨论大部分以公司为对象，所以着重讨论公司总裁问题。在私有产权制度下，总裁是所有者的员工，他对其股东负有直接的责任。这一责任就是按照股东的意愿来管理组织。弗里德曼认为股东们只关心一件事：资本收益率。

根据弗里德曼的观点，当总裁将组织资源用于“社会产品”时，他们是在削弱市场机制的基础。有人必须为这种资产的再分配付出代价：如果社会责任行为降低了利润和股息，那么股东受损失；如果必须降低工资和福利来支持社会行为，那么员工受损失；如果用提价来补偿社会行为，那么消费者受损失；如果市场不接受更高的价格，销售额便下降，那么组织也许就不能生存，在这种情况下，组织的全部组成要素都将受损失。

（二）社会经济观

社会经济观（Socioeconomic View）认为，管理者的社会责任不仅是盈利，还包括改善和保护社会的福利。也就是，组织不是只向其股东负责的独立实体，还要对整个社会负责。

社会经济观代表者之一阿基　B. 卡罗（Archie B. Carroll）认为，组织的社会责任是社会在一定时期对组织提出的经济、法律、道德和慈善期望，即四责任模型。社会要求组织首先是一个经济组织，组织的首要任务是生产社会需要的产品和服务，并以在社会看来反映了所提供产品和服务的真实价值的价格出售。经济责任（Economic Responsibility）是社会要求组织做到的，如盈利、销售收入最大化、成本最小化、制定明智的战略决策、关注分红政策等。社会在赋予组织经济责任的同时，制定了要求组织遵守的法律。因此遵守法律是组织对社会承担的责任，即法律责任（Legal Responsibility），如遵守所有法律、条例、履行合同义务等。道德责任（Ethical Responsibility）包含了超越法律规定的、社会成员所期望或禁止的活动。它涉及与尊重和保护利益相关者道德权利相一致的社会准则，它对利益相关者都有影响。例如避免不正当行为、响应法律的精神、视法律为行为的底线、按高于法律的最低要求从事经营活动、做道德表率等。慈善责任（Philanthropic Responsibility）也称为自愿或自行处理的责任，如支持社会福利事业、为员工提供小孩日托等。有人认为慈善责任不是伦理上所要求的。但也有许多人认为，慈善责任可以包含在道德责任之内，它属于较高层次的道德责任。

社会经济观除了阿基　B. 卡罗以外，还有许多支持者以及其相应的观点。有的支持者认为，组织的设立和经营要经过政府的许可，政府也有权解散它们。因此，组织不是一个仅仅对股东负责的独立实体，同时要对建立和维持它们的更大的社会负责；还有的支持者认为，利润最大化是组织的第二位目标，而不是第一位目标，组织的第一位目标是保证组织的生存；也有的支持者认为，管理者应该关心长期的资本收益率最大化，为此，组织必须承担必要的经济责任、法律责任及相应的成本，必须以不污染、不歧视、不从事欺骗性的广告宣传等方式来保护社会福利，必须融入自己所在的社区及资助慈善组织，从而在改善社会中扮演积极的角色等。

赞成和反对组织承担社会责任的主要理由见表4-1。

表4-1　赞成和反对组织承担社会责任的主要理由

赞成组织承担社会责任的理由	反对组织承担社会责任的理由
• 满足公众期望 • 增加长期利润 • 承担道德义务 • 塑造良好的公众形象 • 创造良好的环境 • 阻止政府的进一步管制 • 责任与权力相称 • 符合股东利益 • 拥有资源 • 预防胜于治疗	• 违反利润最大化原则 • 淡化使命 • 不能补偿成本 • 权力太多 • 缺乏技能 • 缺乏明确的责任

三、社会责任的内容

目前人们所接受的组织社会责任的具体内容十分广泛，大致可以分为七个方面，见表4-2。

表4-2　组织社会责任的内容

名　称	内　容
• 对顾客的社会责任	深入调查并千方百计地满足顾客的需求；广告要真实；交货要及时；价格要合理；产品使用方便、经济、安全；产品包装不应引起环境污染；实行质量保证制度；提供周到的售后服务等
• 对供应商的社会责任	恪守信誉，严格执行合同
• 对竞争者的责任	公平竞争
• 对政府和社区的责任	执行国家的法令和法规；照章纳税；保护环境；提供就业机会，支持社区建设等
• 对所有者的社会责任	提高投资收益率，提高市场占有率，提升股票价值等
• 对员工的社会责任	保证公平的就业、上岗、报酬、调动、晋升；创造安全、卫生的工作条件；提供丰富的文化娱乐活动；吸收员工参与管理；对员工进行教育、培训；让员工分享利润等
• 对解决社会问题的责任	救济无家可归的人员；安置残疾人就业；资助失学儿童返回校园；在高校设立奖学金；支援老少边穷地区发展经济；帮助老人等

四、绿色管理

社会责任指的是组织对利益相关者所应该承担的责任。其中，自然环境是组织的利益相关者之一。从世界范围内来看，20世纪60年代后期，有少数人和组织开始关注他们的决策和行动对环境造成的后果。目前，中国也把环境保护提上了议事日程，保护自然环境已是人心所向。随着一系列环境灾害不断发生，许多国家越来越多的管理者开始郑重地考虑自己的组织对自然环境的影响。

管理者和组织能够做许多事情来保护自然资源，但是不同的管理者和组织在保护自然环境方面所做的努力是不同的。有的管理者和组织所做的仅限于法律要求的范围，也就是说，他们在履行自己的社会义务；有的管理者和组织不仅能够按照法律要求去履行自己的义务，也会积极响应社会的呼吁，努力适应社会的要求，这就是说，他们具有较高的社会响应能力；还有的管理者和组织已经从根本上改变了他们的产品和业务流程。例如UPS，世界上最大的包裹递送公司，利用更先进的技术和更高效的发动机来改造自己的飞机，开发计算机网络来更有效率地调配运输车队等，从而提高运输效率，减少对环境的污染。这些管理者和组织具有了很高的社会责任。

斯蒂芬·罗宾斯使用不同的绿色深度（Shades of Green）来描述组织可能采用的各种环境方法，如图4-1所示。其中，第一种是法律（浅绿）方式，指的是仅仅去做法律要求的事情。组织表现出很低的环境敏感度，仅遵守相关法律、法规和政策，没有卷入法律诉讼。因此，这种方式体现的是社会义务。第二种是市场方式，即组织会对顾客的环境偏好做出响应。也就是说，无论顾客需要什么样的环境友好型产品，组织都会为他们提供。这很好地诠释了社会响应。第三种是利益相关群体方式，即一个组织设法满足多个利益相关者（如组织员工、供应商、社区等）等的环境要求。第四种是活动家（深绿）方式，这种方式下组织会寻求各种方案来保护地球的自然资源，它反映了最高程度的环境敏感度，并且很好地诠释了社会责任。

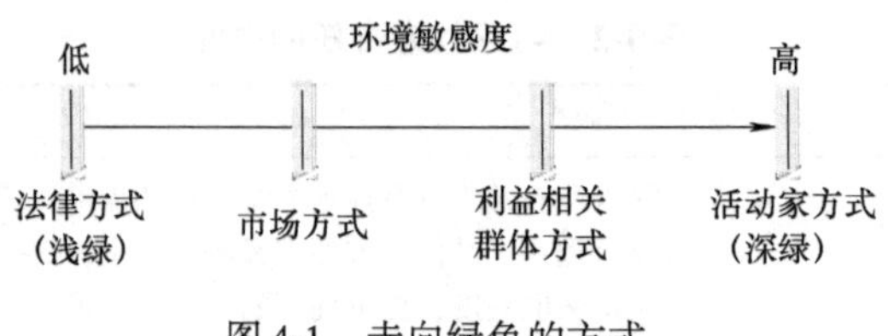

图 4-1　走向绿色的方式

第三节　管理伦理行为的影响因素与改善途径

顺应社会发展的要求，任何一个组织都应该为利益相关者承担道德责任。这就牵扯到两个主题：一是一个组织为什么会或者不会采取符合伦理守则的行为？哪些因素会对其产生影响？二是针对这些因素应采取哪些相应的措施？

一、影响管理伦理行为的因素

根据罗宾斯的观点，一个管理者的行为合乎伦理与否，是管理者道德发展阶段与个人特征、组织结构设计、组织文化和道德问题强度的调节之间复杂地相互作用的结果，见图 4-2。

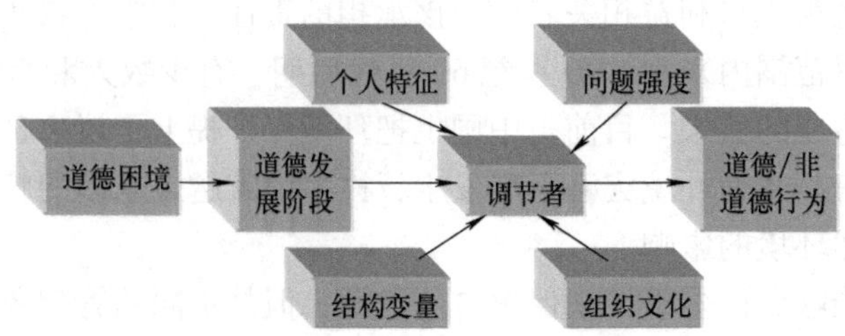

图 4-2　影响道德和非道德行为的因素

（一）道德发展阶段

根据美国心理学家劳伦斯·科尔伯格（Lawrence Kohlbery）的研究，个人道德发展与生理发育一样，经历从幼儿到成年人的过程。在成长过程中，其道德推理一般要经历由低到高三个层次和六个阶段。

（1）逃避惩罚导向：认为能逃避惩罚的行为是正当的。

（2）寻求奖赏导向：认为能获得奖赏的行为是正当的。

（3）良好关系导向：认为那些能获得家庭、朋友、上司、同事赞同或能使他们高兴的行为是正当的。

（4）守法导向：认为履行个人的义务、尊重权威、遵守法律、维护社会秩序的行为是正当的。

(5) 良好契约导向：认为虽然规则和法律在大多数情况下应该遵从，但一些根本的价值，如生命、自由，更应该得到维护。

(6) 普遍伦理原则导向：认为正当的行为是由个人基于普遍伦理原则的良心决定的。道德推理方式不同，对行为的道德评价结果不可能总是一致的。

其中，(1) 和 (2) 组成第一层次，叫前惯例层，主要特征是人的行为仅受个人利益的影响，按怎样对自己有利制定决策，并按照什么行为方式导致奖赏或惩罚来确定自己的利益。(3) 和 (4) 组成第二层，叫惯例层，主要特征是人的行为受他人期望的影响，包括遵守法律，对重要任务的期望做出反应，并保持对人们的期望的一般感觉。(5) 和 (6) 组成第三层次，为原则层，主要特征是人的行为受自己认为什么是正确的个人道德原则的影响。它们可以与社会的准则和法律一致，也可以不一致。

通过对道德发展阶段的研究，可以得出几个结论：①人们一步一步地依次通过六个阶段，而不能跨越；②道德发展可能中断，可能停留在任何一个阶段上；③多数成年人的道德发展处在第四阶段上；④一个管理者达到的阶段越高，他就越倾向于采取符合道德的行为。

(二) 个人特征

每个人在进入组织时，都有一套相对稳定的价值准则。这些准则是个人早年从父母、老师、朋友和其他人那里发展起来的，是关于什么是对、什么是错的基本信念，而组织的管理者有着非常不同的个人准则。需要注意的是，尽管价值准则和道德发展阶段看起来相似，但它们其实不一样。前者牵扯面广，包括很多问题，而后者是专门用来衡量在外界影响下的独立性的一个尺度。

研究者发现，自我强度和控制点这两种个性变量影响着人们的行为。

自我强度（Ego Strength）是衡量个人自信心强度的一种个性变量。自我强度得分高的人比得分低的人更可能克制冲动，并遵循自己的判断。也就是说，自我强度高的人更可能做他们认为正确的事。可以预料，自我强度高的管理者的伦理判断和伦理行为会更加一致。

控制点（Locus of Control）用来衡量人们相信自己掌握自己命运程度的个性特征。内控者（Internal）认为他们控制着自己的命运；而外控者（External）则认为他们一生中会发生什么事全凭运气和社会。从道德的观点看，具有外在控制中心的人不大可能对他们行为的后果负个人责任，更可能依赖外部力量。相反，具有内在控制中心的人，更可能对其行为后果承担责任，并依据自己的内在是非标准来指导自己的行为。具有内在控制中心的管理者将比那些具有外在控制中心的管理者，在道德判断和道德行为之间表现出更大的一致性。

(三) 结构变量

组织结构设计有助于形成管理者的道德行为。有些结构提供了强有力的指导，而另一些却只给管理者制造困惑。模糊性最小的结构设计有助于促进管理者的道德行为。正式的规则和制度可以减少模糊性。职务说明和明文规定的道德准则可以促进行为的一致性。研究不断表明，上级的行为对员工道德或不道德行为有着重要的影响。人们注视着管理者在做什么，并以此作为什么是可接受的和期望于他们的行为的标准。有些绩效评价系统仅以成果作为评价的依据，但也有一些评价系统既以成果、也以手段作为评价的依据。在仅以成果评价的地方，人们会不择手段地追求成果。与评价系统紧密相关的是报酬的分配方式，奖赏和惩罚越依赖于具体的目标成果，管理者实现那些目标和在道德标准上妥协的压力就越大。此外，时间、竞争、成本和工作的压力越大，管理者就越有可能放弃他们的道德标准。

(四) 组织文化

组织文化的内容和强度也会影响伦理行为。最有可能产生高伦理标准的组织文化，是那种有较强的控制能力以及风险和冲突承受能力的组织文化。处在这种文化中的管理者，将被鼓励进取和创新，将意识到不道德的行为，并对他们认为不现实的或不喜欢的期望或需要，自由地进行公开挑战。

与弱组织文化相比，强组织文化对管理者的影响更大。如果组织文化是强的并支持高伦理标准，它就会对管理者的伦理行为产生重要的和积极的影响。而在弱组织文化中，管理者更有可能以亚文化准则作为行为的指南。工作小组和部门标准会对弱文化组织中的伦理行为产生重要影响。

(五) 问题强度

影响管理者伦理行为的最后一个因素是伦理问题本身的强度，它取决于以下六个因素：

(1) 某种伦理行为的受害者（或受益者）受到多大程度的伤害（或利益）。例如，使1000人失业的行动比仅使10人失业的行动损害更大。

(2) 多少人认为这种行为是邪恶的（或善良的）。例如，较多的美国人认为对得克萨斯州的海关关员行贿是错误的，而较少的美国人认为对墨西哥的海关关员行贿是错误的。

(3) 行为实际发生并造成实际伤害（或带来实际利益）的可能性有多大。例如，在美国，把枪卖给武装起来的强盗，比卖给守法的公民更有可能带来危害。

(4) 在行为和其预期后果之间的时间间隔有多长。例如，减少目前退休人员的退休金，比减少目前年龄在40~50岁的雇员的退休金带来的后果更为直接。

(5) 你觉得（在社会、心理或物质上）你与该种邪恶（或有益）行为的受害者（或受益者）有多么接近。例如，自己工作单位的人被解雇比远方城市的人被解雇对你的伤害更深。

(6) 伦理行为对有关人员的集中作用有多大。例如，担保政策的一种改变——拒绝给10人提供每人10000元的担保，比担保政策的另一种改变——拒绝给10000人提供每人10元的担保的影响更加集中。

根据以上原则，人们所受的伤害越大，认为行为是邪恶的舆论越强，行为发生和造成实际伤害的可能性越高，从行为到后果的间隔时间越短，观察者感觉与行为受害者越接近，问题强度就越大。总的说来，这六个要素决定了伦理问题的重要性，伦理问题越重要，管理者越有可能采取伦理行为。

二、改善管理伦理行为的途径

如果管理者想减少组织中不符合伦理要求的行为，可以采取多种措施。譬如，可以在招聘员工时甄选出高道德标准的员工，并对他们进行相关的伦理培训等。按照罗宾斯的观点，孤立地看，这些措施也可能不会产生多大影响，但将它们全部或大部分形成一个综合计划来实施，便会发挥理想的效果。

(一) 挑选高道德标准的员工

人在道德发展阶段、个人价值体系和个性上存在着差异，这就使管理者有可能通过严格的挑选过程（甄选）而把道德素质低的求职者淘汰掉。但这并不容易，事实证明，仅仅通过挑选这一控制措施，是很难把伦理标准有问题的求职者挡在门槛之外的。所以通常做法是辅之以其他控制措施。

挑选过程的另一作用是有助于管理者了解个人道德发展阶段、个人价值观、自我强度和控制中心。

（二）建立伦理守则和决策准则

在一些组织中，员工对“伦理是什么”认识不清，这显然对组织不利。建立伦理守则可以缓解这一问题。伦理守则是表明组织基本价值观的正式文件，指明组织期望员工遵守的伦理规则。伦理守则既要相当具体以便让员工明白以什么样的精神来从事工作、以什么样的态度来对待工作，也要相当宽泛，以便让员工有判断的自由。麦道公司在这方面做得比较好。

阅读材料

麦道公司的伦理守则

为了使正直和道德成为麦道公司的特征，作为公司的成员，我们必须努力做到：

- 在我们所有的交往中要诚实和守信。
- 可靠地执行分派的任务和职责。
- 我们所说的和所写的一切要真实和准确。
- 在所从事的所有工作中要协作和富有建设性。
- 对待我们的同事、顾客和其他所有人都要公平和体贴。
- 在我们的所有活动中要守法。
- 始终以最好的方式完成全部任务。
- 经济地利用公司的资源。
- 为我们的公司和我们所生活的世界奉献自己的服务。

正直和高道德标准需要努力工作、勇敢和面对困难。雇员、高层管理和董事会之间的协商有时对决定正确的行动路径是必要的。正直和道德比生意机会更重要。从长期来看，我们做正确的事情比做权宜的事情能获得更好的结果。

伦理守则的效果在很大程度上取决于管理者是否持支持态度，以及如何对待违反守则的员工。当管理者认为它很重要，经常重复和强调它的内容，并当众谴责违反守则的人时，守则便能为一个有效的道德计划提供强有力的基础。

劳拉·那什（Laura Nash，1981）提出了使用正式文件来指导行为的另一种方法。她提出了以下 12 个问题，将这些问题作为管理者制定决策时处理道德问题的决策规则：

- 你准确地确定问题了吗？
- 如果你站在对方的立场上，你将如何确定问题？
- 这种情况首次发生时会怎么样？
- 作为一个人和作为公司的一员，你对谁和对什么事表现忠诚？
- 在制定决策时，你的意图是什么？
- 这一意图和可能的结果相比如何？
- 你的决策和行动可能伤害谁？

- 在你做决策前，你能和受影响的当事人讨论问题吗？
- 你能自信你的观点在长时间内将和现在一样有效吗？
- 你的决策和行动能问心无愧地让你的上司、首席执行官、董事会、家庭或整个社会知道吗？
- 如果你的行动为人所了解，那么它的象征性潜力是什么？如果被误解了，又该如何？
- 在什么情况下，你将允许发生意外？

（三）在伦理方面引导员工

高层管理人员要在伦理方面以身作则。这是因为高层管理者建立了文化基调。在言行方面，他们是表率，他们所做的比所说的更为重要。例如，如果高层管理人员把组织资源据为己有、虚报支出项目或优待好友，那么这无疑向员工暗示，这些行为都是可以接受的。

高层管理人员可以通过奖惩机制来影响员工的伦理行为。选择什么人和什么事作为提薪和提升的对象，会向员工传递强有力的信息。管理者通过不符合伦理的手段让人感到其成果惊人，从而获得晋升，这种行为向所有的人表明，采取不符合伦理的手段是可以接受的。鉴于此，管理人员在发现错误行为时，不仅要严惩当事人，而且要把事实公布于众，让组织中所有的人都认清后果。这就传递了这样的信息："做错事要付出代价，行为不符合伦理是得不到好处的。"

（四）设定合理的工作目标

员工应有明确和现实的目标。如果目标对员工的要求不切实际，即使目标是明确的，也会产生伦理问题。在不现实的目标压力下，即使道德素质较高的员工也会感到迷惑，很难在伦理和目标之间做出选择，有时为了达到目标不得不牺牲伦理。而明确和现实的目标可以减少员工的迷惑，并能激励员工而不是惩罚他们。

（五）对员工进行伦理教育

越来越多的组织意识到对员工进行适当的伦理教育的重要性，并积极采取各种方式（如开设研修班、组织专题讨论会）等来提高员工的道德素质。人们对这种做法意见不一。反对者认为，个人价值体系是在早年建立起来的，从而成年时的伦理教育是徒劳无功的。而支持者指出，一些研究已发现价值准则可以在童年后建立。另外他们也找出了一些证据，这些证据表明：向员工讲授解决伦理问题的方案，可以显著改变其伦理行为；这种教育提升了个人的道德发展阶段；伦理教育至少可以增强有关人员对商业伦理问题的认识（即使没有其他作用）。

（六）对绩效进行全面评价

如果仅以经济成果来衡量绩效，人们为了取得结果，就会不择手段，从而有可能产生不符合伦理的行为。如果组织想让其管理者坚持高的伦理标准，它在评价过程中就必须把伦理方面的标准包括进去。在对管理者的评价中，不仅要考虑其决策带来的经济成果，还要考察其决策带来的伦理后果。

（七）进行独立的社会审计

有不符合伦理行为的人都有害怕被抓住的心理，被抓住的可能性越大，产生不符合伦理行为的可能性越小。根据组织的伦理守则来对决策和管理行为进行评价的独立审计，会使不符合伦理的行为被发现的可能性大大提高。

审计可以是例行的，如同财务审计；也可以是随机的，并不事先通知。有效的伦理计划应该同时包括这两种形式的审计。审计应该对组织的董事会负责，并把审计结果直接交给董事会，这样做是为了确保客观、公正。

（八）提供正式的保护机制

正式的保护机制可以使那些面临伦理困境的员工在不用担心受到斥责的情况下自主行事。例如，组织可以任命伦理顾问，当员工面临伦理困境时，可以从那些伦理顾问那里得到指导。伦理顾问首先要成为那些遇到伦理问题的人的诉说对象，倾听他们陈述伦理问题本身、产生这一问题的原因以及自己的解决方法。在各种解决方法变得清晰之后，伦理顾问应该积极引导员工选择正确的方法。

另外，组织也可以建立专门的渠道，使员工能放心地举报伦理问题，或告发践踏伦理守则的人。

综上所述，高层管理人员可以采取多种措施来提高员工的道德素质，这些措施包括：挑选高道德素质的员工、建立伦理守则和决策规则、在伦理方面引导员工、设定合理工作目标以及对员工进行伦理教育等。在这些措施中，单个措施的作用是极其有限的，但若把它们中的多数或全部结合起来，就很可能收到预期的效果。

【本章小结】

1. 伦理是人在社会关系、人际关系中做人所依据的根本道理。管理伦理就是指组织在处理内外部各种关系时所应遵循的行为规范和准则。组织有许多利益相关者，处理好与他们的相互关系，是组织生存和发展的条件之一。

2. 在判断一个组织的行为是否符合伦理道德规范时，要依据个人美德原则、功利主义原则、权利至上原则、分配正义原则、分配自由原则。五种准则都有存在的价值，但各自强调了行为的某一侧面，没有一个能包括道德判断时所需考虑的各种因素。

3. 社会责任则是指一个组织在其经济和法律义务之外愿意去做正确的事情并以有益于社会的方式行事的意向。对于组织是否应当承担社会责任，有两种相反的观点：一种是不赞同承担社会责任的古典观，另一种是赞同承担社会责任的社会经济观。随着一系列环境灾害不断发生，许多国家越来越多的管理者开始郑重地考虑自己的组织对自然环境的影响，称之为绿色管理。

4. 影响管理伦理行为的因素包括道德发展阶段、个人特征、结构变量、组织文化以及所面临问题的强度。

5. 组织可以通过挑选高道德标准的员工、建立伦理守则和决策准则、在伦理方面引导员工、设定合理的工作目标、对员工进行伦理教育、对绩效进行全面评价、进行独立的社会审计、提供正式的保护机制等措施改善组织的伦理行为。

【复习思考题】

1. 什么是管理伦理？
2. 判断一个组织是否符合伦理要求的五种判断原则是什么？哪一种最为流行？你认为原因是什么？
3. 组织的利益相关者有哪些？
4. 阿基 B. 卡罗提出了哪四种责任？
5. 有人说“组织能够活下去就是最大的社会责任，因为可以提供就业，上缴税收”，你同意这种看法吗？
6. 管理者如何保证他们在创造合乎道德的组织文化？
7. 管理者为什么会做与他们自己的道德观相悖的事情？

【案例思考】

默克公司为河盲症患者捐赠药物

默克公司是世界上最大的处方药物生产企业之一。默克公司经营成功的原因很大一部分在于它吸引杰出科研人员的能力。这些杰出人才之所以愿意到默克公司工作，是因为默克公司的组织文化有利于培养科学家，强调创新的价值观和规范。科学家在组织中享有很大的自由，可以提出任何令人感兴趣的思想，即使这些思想并不一定能够带来商业回报。而且，研究人员还被激励把自己的工作看作一种缓解人类病痛的崇高追求。默克公司的价值观中，对人类健康的注重远远胜过对利润的追求，公司因而享有道德组织的盛誉。正如默克公司的创始人乔治·默克（George Merck）所言："我们绝不会忘记研制的药物是为了促进人类健康……而不是为了获取利润，让利润目标服从于为人类谋福利的追求……利润就一定会出现。"

1978年，默克公司研究实验室的主管罗伊·瓦格拉斯（Roy Vagelos）博士收到了实验室高级研究科学家威廉·坎贝尔（William Campbell）博士的一封便函。坎贝尔博士在信中谈道，自己认为公司以前研究的治疗家畜寄生虫病的化合物伊维菌素（Ivermevtin）可能成为治疗河盲症（River Blindness）的有效药物。河盲症是一种由盘尾丝虫引发的寄生虫疾病，主要发生在欧洲，截至1978年，已经有大约1800万人感染了这种疾病，其中至少有34万名患者已经失明。瓦格拉斯和坎贝尔都很清楚，研究一种药物的费用是极其昂贵的，而且，即使默克公司成功研制出了这种药物，受病痛折磨的第三世界国家的人们也可能根本买不起它。即便如此，瓦格拉斯仍然觉得，如果仅仅因为这些原因而不去研制这种很有可能成功的药物，那么，自己就违背了默克公司的道德价值观，而且还会打击默克公司科学家们的士气。最终，瓦格拉斯决定拨给实验室足够的资金，支持科学家们利用伊维菌素研制这种药物。

经过近10年的研究，耗费了5000万美元的资金之后，默克公司终于成功研制出了治疗河盲症的药物异凡曼霉素（Mectizan），并得到了正式的生产批文。默克公司原本希望美国政府或世界卫生组织这样的机构能够为自己提供援助，每年每剂药支付3美元作为药物治疗费，补偿一下公司的成本。但是默克公司并没有得到任何援助。1987年，默克公司宣布向所有需要这种药物的人们无偿赠送异凡曼霉素。仅仅1997年一年，全世界就有大约1800万名受河盲症折磨的人接受了异凡曼霉素的药物治疗。

问题讨论：

1. 什么是道德？什么是价值观？默克公司的价值观是什么？
2. 默克公司为什么享有道德组织的盛誉？
3. 如果你也是一个组织的管理者，你也会拥有像默克公司那样的道德价值观吗？
4. 本章开头的"福特公司"案例中，其员工的离职率很高，正好与默克公司相反，对此你有何感想？

（资料来源：加雷思·琼斯，珍妮弗·乔治. 当代管理学［M］. 郑风田，赵淑芳，译. 北京：人民邮电出版社，2006：262.）

第五章　决　　策

【学习目标】

1. 了解决策及其特征。
2. 掌握决策的类型。
3. 比较群体决策与个体决策的优缺点。
4. 区别程序化决策和非程序化决策。
5. 比较确定型决策、风险型决策和不确定型决策。
6. 掌握决策的过程。
7. 了解不同的决策模式。
8. 理解理性与有限理性决策的区别。
9. 掌握决策的方法。

【关键术语】

决策　决策的类型　决策的过程　决策模式　决策方法

【结构框图】

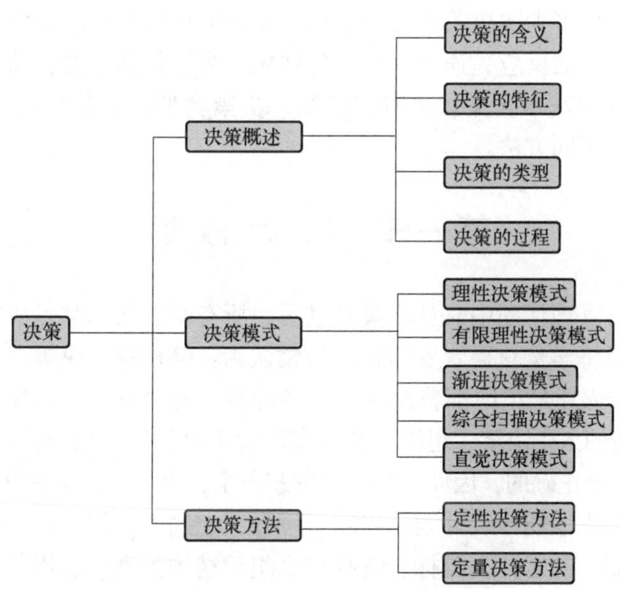

【引入案例】

欧洲迪士尼的错误决策

迪士尼乐园在法国巴黎东开张两年后，尽管每月有300万名游客，每天却损失100万美元，在什么地方发生错误了呢？

公司认为是连续的欧洲经济衰退、高利率、法郎升值等造成了这些问题。实际上，其一系列的决策造成严重的战略和财务失误，是更重要的主观原因。例如，他们在利率开始上升时过于依靠负债，他们假设乐园会继续火爆，那时可以卖掉一些股份用于偿还债务。

迪士尼在许多方面都表现得过于自信。管理者夸口他们能预测巴黎未来的生活模式，他们认为人们会转移到离欧洲迪士尼很近的东部来；他们相信能够改变欧洲人的习惯，例如欧洲人不像美国人那样对孩子逃学认可，他们宁可在吃饭上少花时间也要更多的休闲时间。迪士尼认为它能改变这些习惯。迪士尼认为在美国佛罗里达能做到的，在法国一样能做到。同时，公司与员工关系很糟，管理层经常认为他们懂得最多，并坚持将之强加于员工。过分骄傲、批评的压力、工人的士气低落等在一开始就使得游客远离。迪士尼完全没有看到欧洲经济处于不景气当中。一名高层管理者说："由于受到计划规定的开园日期的压力以及开园的诱惑，我们没能意识到一场大的经济衰退正在来临。"

迪士尼的主席迈克尔·艾斯纳（Michael Eisner）曾经鼓励过欧洲迪士尼要在计划中大方一些。他执着于保证迪士尼的质量，忽视了财务预算方面的警告。后来，新管理层降低了门票价格并削减了成本，欧洲迪士尼开始恢复并在财务上走向正轨。但是，迪士尼又一次惹怒了欧洲人。动画电影《大力神》和《巴黎圣母院》对原著的粗暴歪曲激怒了人们。一家欧洲的主要报纸评述说，"卡通（指《大力神》）歪曲和滥用了欧洲文化的一个基本传说"，并指责迪士尼只顾赚钱，"他们真的这样做了并赚了上亿美元的钱"。

（资料来源：刘明珠，等．管理学（MBA 联考）[M]．北京：北京大学出版社，2003：9．）

从案例中你能找出多少次决策？对于这样一个巨大计划哪些应该做而没有做？对最后一段中所描写的欧洲人的反应，迪士尼应该怎样做？为了长期利益，迪士尼可以做哪些工作？本章将介绍决策的基本含义、决策的特征、决策类型、决策的过程、决策的不同模式，随后介绍决策的不同方法。

第一节　决策概述

决策贯穿于所有管理活动中。从决策角度看，所有管理活动都是决策的制定和决策的执行活动。诺贝尔经济学奖获得者罗伯特·西蒙认为：管理就是决策，决策贯穿于管理过程的始终。无论是个人还是组织都普遍存在着各种各样的决策活动，如学生毕业便面临直接工作还是继续深造的人生决策，组织总是面临着对未来发展方向以及经营方式等的决策。但并非所有的决策都是正确的，因此，科学地理解决策，力求决策正确是管理的重大使命。

在管理的四项基本职能——计划、组织、领导、控制中，每项职能的履行都需要制定决策，采取什么计划、制定什么目标、选择什么组织结构类型、运用什么领导方式、怎样控制等，如表 5-1 所示。

此外，管理者的工作并不仅仅是计划、组织、领导和控制决策，他们需要制定与工作有关的技术决策。例如，销售部经理要管理每一地区的销售代表以及负责公司宣传工作的广告公司，生产部经理需要决定选取哪家供应商以及向公司高层建议是否建设一家新工厂等，如表 5-2 所示。

表 5-1　管理的一切活动都需要决策

管理职能	具有代表性的决策
计划	我们希望达到什么样的成就？ 我们的目标是什么？ 我们的主要优势和风险是什么？ 我们应该实行什么样的竞争性战略？ 我们必须圆满完成的任务是什么？
组织	我们应该如何划分需要完成的工作？ 这些决策应该由我制定还是由下属制定？ 该如何确保工作协调一致、有条不紊地进行？
领导	在这种情况下，应该采取什么样的领导风格？ 为什么这位员工所做的工作正是我这位管理者的分内之事呢？ 如何激励员工？ 如何使团队更加高效地工作？
控制	我们将如何控制这一活动？ 控制的目标已经不符合实际要求了吗？ 应该采取纠偏措施纠正这种绩效偏离行为吗？

表 5-2　不同职位的管理者制定的决策

管理者	决　策
财务部经理	我们应该选择哪家银行？ 我们应该出售债券或股票吗？ 我们应该买入公司的一部分股票吗？
人力资源部经理	我们应该在哪里招聘员工？ 我们应该进行考试测评吗？ 我们应该提议设立公平就业投诉吗？
生产部经理	我们应该与哪家供应商合作？ 我们应该设立一家新工厂吗？ 我们应该购买新设备吗？
销售部经理	在这一地区，我们应该任命哪位销售代表全权负责？ 我们应该与这家广告供应商合作吗？ 我们应该因为竞争对手的降价措施而同样降价吗？

一、决策的含义

从狭义上来讲，决策是在几种备选方案中进行选择，如杨洪兰的定义：决策即从两个以上的备选方案中选择一个的过程。从广义上说，决策还包括在做出最后选择之前必须进行的一切活动，如周三多的定义：决策是指组织或个人为了实现某种目标而对未来一定时间内有关活动的方向、内容及方式的选择或调整过程。本书在此基础上对决策采取如下定义：决策（Decision-making）是指组织或个人为了解决某个问题或实现某种目标对未来一定时期内有关活动的方向、内容及方式进行选择或调整的过程。

二、决策的特征

结合对决策含义的理解，科学的决策具备以下几个方面的基本特征：

（一）目标性

决策目标就是决策所需要解决的问题，只有在存在问题而且决策者认为这些问题必须解决的时候才会有决策，决策是通过解决某些问题来实现目标。任何组织决策都必须首先确定组织的活动目标，目标是组织在未来特定时限内完成任务程度的标志。没有目标，人们就难以拟定未来的活动方案，评价和比较这些方案就没有了标准，对未来活动效果的检查也就失去了依据。无目标的决策或目标性不明的决策往往会导致决策无效甚至失误。

（二）可行性

决策方案应切实可行。“可行”是指：①能解决预定问题，实现预定目标；②方案本身具有实行的条件，比如技术上、经济上都是可行的；③方案的影响因素及效果可进行定性和定量的分析。

（三）选择性

决策的实质是选择，没有选择就没有决策。决策必须具有两个以上的备选方案，通过比较评定来进行选择，如果无法制订方案或只有一个方案，那就失去了决策的意义。而要能有所选择，就必须提供可以相互替代的多种不同的活动，这些活动在资源要求、可能结果以及风险程度等方面均有所不同。因此，不仅有选择的可能，而且有选择的必要。

（四）满意性

决策按照满意性的原则做选择，而不是最优原则。其原因在于：组织内外的发展与变化会直接或间接影响相关信息收集；只能收集到有限信息；制订的方案数是有限的，对有限方案的认识是有局限性的；任何方案的实施都在未来，而未来是不确定的。

阅读材料

苏格拉底弟子的选择

古希腊哲学大师苏格拉底的三个弟子求教老师怎样才能成功，苏格拉底没有直接回答，让他们去走麦田埂，只许前进，且仅给一次机会，要求是：选摘一个最好最大的麦穗。第一个弟子没走几步就看见一个又大又漂亮的麦穗，高兴地摘下来，但他继续前进时，发现前面有许多麦穗比他摘的那个大，但他没有机会了，只得遗憾地走完全程。第二个弟子正好相反，每当要摘时，总是自我提醒，后面可能还有更好的，他一直走到终点才发现自己失去了很多机会。第三个弟子的做法是当他走过全程的1/3时，将麦穗分为大、中、小三类；再走过1/3时，验证分类是否准确；在剩下的1/3里，他较早地选择了能归为“大”类的一个美丽的麦穗。虽然这个麦穗不一定是麦田里最大的，但肯定是令人满意的。

（资料来源：崔卫国，刘学虎. 管理学故事会［M］. 北京：中华工商联合出版社，2005.）

（五）过程性

决策是一个过程，而非瞬间行动。决策既非单纯的“出谋划策”，又非简单的“拍板定案”，而是一个多阶段、多步骤的分析判断过程。决策的重要程度、过程的繁简及所费时间长短固然有别，但都必然具有过程性。决策的过程特点可以从两方面去考察。一方面，组织决策不是一项决策，而是一系列决策的综合。通过决策，组织不仅要选择业务活动的内容和方向，还要决定如何组织业务活动的具体展开，同时还要决定资源如何筹措，结构如何调整，人事如何安排。只有当这一系列的具体决策已经制定，相互协调，并与组织目标相一致时，才能认为组织的决策已经形成。这一系列的决策本身就是一个过程，从活动目标的确定，到活动方案的拟定、评价和选择，这本身就是一个包含了许多工作、由众多人员参与的过程。另一方面，作为过程，决策是动态的，决策是一个不断循环的过程。决策没有真正的起点，也没有真正的终点。这就要求决策者时刻监视并研究内外环境的变化，从中找到可以利用的机会，并据此调整组织的活动，实现组织与环境的动态平衡。

三、决策的类型

依据不同的标准，决策划分为不同的类型，正确地区分不同的决策类型，有助于做出科学、正确的决策。

（一）个体决策与群体决策

按照决策主体来区分，可将决策分为个体决策（Individual Decision）与群体决策（Group Decision）。个体决策是由一个人做出的决策，也叫个人决策。群体决策是由两个或两个以上的个人、群体或组织做出的决策，如委员会、评估小组、学习团队或其他各类团队做出的决策。

群体决策和个体决策对比各有优缺点。相较于个体决策，群体决策具有以下几个方面的优点：

（1）提供更全面、更完整的信息。俗话说“三个臭皮匠，顶个诸葛亮”，就是这个道理。在决策过程中群体带来了各方面的经验和观点，这是单独个体做不到的。

（2）产生更多的备选方案。由于群体中信息更多也更全面，因而能够比个体决策产生更多的备选方案。特别是当群体成员来自不同的专业技术领域时，这种优势就更为明显。

（3）增加解决方案的可接受性。很多决策在做出后有执行失败的，因为人们根本不接受该决策方案，而如果将执行者也纳入决策群体，则他们不愿意攻击或破坏他们在亲自帮助下做出的决策。

（4）增强合理性。群体决策的过程与民主化的思想相一致，由群体做出的决策会被认为比个人单方面做出的决策更合乎逻辑。

既然群体在决策方面很擅长，为什么有句话是“赛马聚拢在委员会里就成了骆驼”？可见群体决策也有它的缺点。

（1）决策速度慢。在群体内做任何决策时，都需要花费时间把群体组织在一起，而且每个人各抒己见，也容易花费更多时间，这会导致群体在确定解决方案时，速度非常慢。

（2）权威对群体的操纵。群体成员永远不可能绝对平等，他们在组织级别、过去的经验、对问题的了解、对其他成员的影响力、言语表达技能、决断性等方面都有差异。这种差异制造了由一个或几个人对群体进行操纵的机会。具有影响力且积极活跃的少数权威人士通常对最终决策拥有更大的影响力。

（3）个人屈服于群体的压力。群体存在着某种压力，这会引发一种群体思维（Group-thinking）现象，即群体成员为了达到表面上的统一一致而隐藏分歧意见或不受欢迎的观点。群体思维破坏了群体中严谨务实的思维风格，并最终会伤害到决策的质量。

（4）责任不明。群体成员共享责任，但是最终谁会对决策的结果负责呢？在个体决策中，谁来承担责任显而易见。但在群体决策中，任何群体成员的责任都被扩散了。

实践中，群体决策效果好还是个体决策效果好，并没有定论，要根据具体的情况和具体的问题灵活选用合适的决策主体，还要考虑做决策时关注的是速度、准确性还是效率。比较个体决策与群体决策，二者在速度、准确性、创造性、效率、风险性等方面存在较大差异，如表 5-3 所示。

表 5-3 个体决策与群体决策的比较

决策特征	个体决策	群体决策
速度	快	慢
准确性	较差	较好
创造性	较高，适用于工作结构不明确、需要创新的工作	较低，适用于工作结构明确、有固定程序的工作
效率	取决于决策任务的复杂程序，通常费时少，但代价较高	从长远看，费时虽多，但代价低，效率高于个体决策
风险性	视个体素质、经历而定	若群体成员富于冒险性，则决策趋于更大的冒险性；反之，思想保守，则决策行为更趋于稳重

（二）战略决策与战术决策

以决策的重要程度为标准，可将决策分为战略决策（Strategic Decision）、战术决策（Tactical Decision）。战略决策是根本性决策，战略决策解决的是“干什么”的问题，是事关组织兴衰成败，带有方向性、全局性、长远性的大政方针的决策。例如组织的方针、目标与计划，技术改造和引进，组织结构改革等，都属于战略决策。这类决策主要由组织的高层管理者进行。战术决策是执行决策，解决的是“如何干”的问题，它是指为了实现战略目标，而做出的带有局部性、较短时期内的具体活动方式的决策，通常又分为管理决策和业务决策。管理决策如财务决策、销售计划的制订、产品开发方案的制订等。它主要由组织的中层管理者进行，又称策略决策。业务决策属于日常活动中有关提高效率和效益、合理组织业务活动等方面的决策。这类决策主要由组织的基层管理者负责进行。战略决策是战术决策的依据，战术决策是战略决策的落实，是在战略决策的指导下制定的。组织中的管理者所处的层次与战略、战术决策之间的关系如图 5-1 所示。

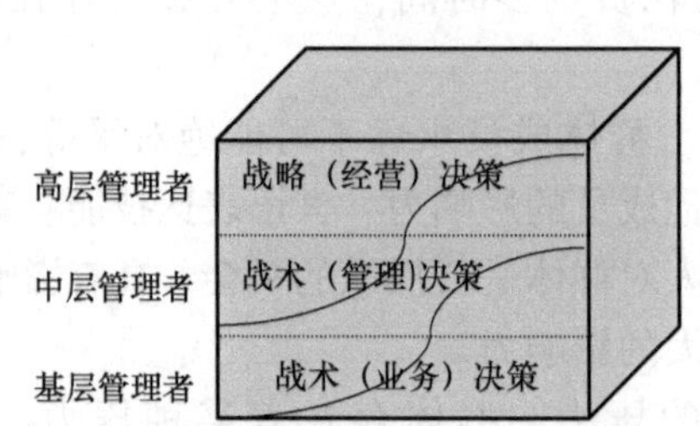

图 5-1 不同层次的管理者与不同决策的关系

（三）长期决策与短期决策

以决策涉及的时间长短，可将决策划分为长期决策（Long-term Decision）和短期决策（Short-term Decision）。长期决策通常是长期战略决策，是有关组织今后发展方向的长远性、全局性的重大决策，时间通常在五年以上。例如投资方向的选择、组织结构的确定、人力资源的开发。短期决策通常是指短期战术决策，是为实现长期战略目标而采取的短期策略手段，时间通常在一年以内。例如日常营销、物资储备的决策。

（四）程序化决策与非程序化决策

按照决策涉及问题的性质，可将问题分为例行问题（Routine Question）和例外问题（Exception Problem）。例行问题是指重复出现的、日常的管理问题，如生产数量决策、产品质量控制、供应商选择等。例外问题是指偶然发生的、新颖的、结构不明确的、性质不完全清楚的、具有一定影响的问题，例如新产品开发、新市场开发等。西蒙根据决策涉及的问题，针对性地把决策分为程序化决策（Programmed Decision）和非程序化决策（Non-programmed Decision）。程序化决策针对例行问题，又称常规决策或重复决策。非程序化决策针对例外问题，又称非常规决策或例外决策。其方法和步骤也是难以程序化、标准化，不能重复使用的。这类决策在很大程度上依赖于决策者的知识、经验、洞察力、逻辑思维判断以及丰富的实践经验来进行。一些专家统计，组织的管理者在制定管理决策中90%是属于程序化决策，员工可以根据组织的规定自动执行。比如，“当仓库中A类产品的存货只剩下20%时，系统将自动向供应商订购80%的该类产品”；当消费者在一个销售终端刷信用卡时，计算机化的信用卡验收决策均是程序化决策，只有在出现问题时，收银员才有必要通知信用部经理。

管理者需要具备区分程序化决策和非程序化决策的能力，因为管理者的时间是有限的。制定程序化决策通常需要制定应用规则，比如“如果顾客退货的上衣并未出现任何损毁，那么你可以将货款退还该顾客”，计算机会自动应用这些规则。非程序化决策通常需要通过不同的方法制定决策，因为很难对意料之外的事情或不具备共性的事情提前制定决策。就像一位管理专家所说：“这是高薪聘请决策管理者的原因所在。”决定是否购买一台价值100万元的机器或决定是否向非洲开拓业务，均属于非程序化决策。这些决策的制定在很大程度上取决于管理者的判断力和掌握的信息。表5-4对程序化决策与非程序化决策做了比较。

表5-4 程序化决策与非程序化决策的比较

	程序化决策	非程序化决策
决策性质	重复性的、可预测的 明确的信息和决策标准	不可预测的、模糊的信息、没有明确的决策标准
决策制定战略	依靠规章制度和计算	依靠原则、判断以及创造性地解决问题
决策制定工具	政策和规章制度 资本预算 计算机化的解决方法	判断、直觉、创造力 计算机化的决策支持系统和模式

（五）确定型决策、风险型决策与不确定型决策

按决策所处环境的可靠程度，决策可分为确定型决策（Certainty Decision）、风险型决策（Risk Decision）和不确定型决策（Uncertainty Decision）三种。实际决策中可根据决策的备选方案、自然状态以及后果来确定环境的状态。备选方案指的是可供决策者选择的各种可行方案；决策的自然状态指的是决策时所面临的不以决策者主观意志为转移的客观情况与条件；决策后果是指实施决策方案的后果或引起的变化。这三者之间是相互关联的。

确定型决策是指各种可行方案的条件都是已知的，自然状态是唯一的，并能较为准确地预测它们各自后果的决策。一个方案仅有一个确定的结果，易于分析、比较和抉择的决策是确定型决策。比如，某人有一笔钱，可以选择放在家里，也可以选择放在银行，如果放在银行，到期可以取得一定的利息，这种情况下做的决策是完全确定的，属于确定型决策。

风险型决策是指各种可行方案的条件大部分是已知的，但每个方案可能出现多种自然状态，因而每个方案都可能出现几种结果，各种结果的出现有一定的概率，决策的结果只有按概率来确定，存在着风险的决策。比如，有两家单位供求职者选择，在第一家单位，可能被分配到部门A，也可能被分配到部门B，究竟如何分配，求职者一点自主决定权也没有，完全服从领导安排。所幸的是，求职者的朋友根据以往的经验告诉求职者，求职者被分配到A部门的可能性有40%，那么求职者的每月薪酬相当于4200元，被分配到部门B的可能性为60%，那么求职者每月的薪酬相当于3900元。如果选择第二家单位，这家单位也有两个部门，求职者被分配到部门A的可能性有30%，那么每月的待遇相当于4600元，被分配到B部门的可能性有70%，每月待遇3700元，求职者将如何决策呢？事实上，不管求职者如何决策都有一定的风险性，这是风险型决策。

不确定型决策与风险型决策类似，每个方案的执行都可能出现不同的后果，但可能出现的自然状态是未知的或各种结果出现的概率是未知的，完全凭决策者的经验和判断做出决策。

（六）初始决策与追踪决策

根据同一问题决策的次数，可将组织决策分成初始决策（Initial Decision）与追踪决策（Tracking Decision）。初始决策是指组织对从事某种活动或从事该种活动的方案所进行的初次选择，追踪决策则是在初始决策的基础上对组织活动方向、内容或方式的重新调整。如果说初始决策是在对内外环境的某种认识的基础上做出的话，追踪决策则是由于这种环境发生了变化，或者是由于组织对环境特点的认识发生了变化而引起的再决策。显然，组织中的大部分决策当属追踪决策。

与初始决策相比，追踪决策具有如下特征：

1. 回溯分析

初始决策是在分析当时条件与预测未来基础上制定的，而追踪决策则是在原来方案已经实施后发现环境发生了重大变化，或与原先认识的环境有重大区别的情况下进行的。因此，追踪决策须从回溯分析开始。回溯分析，就是对初始决策的形成机制与环境进行客观分析，列出失误的原因，以便有针对性地采取协调措施。当然，追踪决策是一个扬弃的过程，对初始决策的“合理内核”还应保留。因此，回溯分析还应挖掘初始决策中的合理因素，以之作为调整或改变的基础，而不是全盘否定。

2. 非零起点

初始决策是在有关活动尚未运行、对环境尚未产生任何影响的前提下进行的。追踪决策则不然，它所面临的条件与环境，已经不是处于初始状态，而是初始决策已经实施，因而受到了某种程度的改造、干扰与影响。也就是说，随着初始决策的实施，组织已经消耗了一定的人、财、物等资源，组织内部的有关部门和人员已投入相应活动，这些部门和人员不仅对自己的劳动成果（或初步成果）和这种劳动本身产生了一定的感情，而且他们在组织中的未来也可能在很大程度上与这种活动的命运相联系，因此，如果改变原先的决策，会在不同程度上遭到外部协作单位以及内部执行部门的反对。由于这种反对，这些单位和部门可能在追踪决策时提供并非客观的信息。

3. 双重优化

初始决策是在已知的备选方案中择优，而追踪决策则需双重优化，也就是说，追踪决策所选的方案，不仅要优于初始决策方案（因为只有在原来的基础上有所改善，追踪决策才有意义），而且要在能够改善初始决策实施效果的各种可行方案中，选择最优或最满意者。第一重优化是追踪决策的最低要求，后一重优化是追踪决策应力求实现的根本目标。

此外，还可以按照做决策的依据，将决策分为经验决策（Experiential Decision）和科学决策（Scientific Decision）；按照决策目标多少，将决策分为单目标决策（Single-Objective Decision）和多目标决策（Multi-objective Decision）等。

四、决策的过程

从广义的对决策的界定来看，决策不仅仅是在不同方案中的选择，而是一个完整的过程。图 5-2 描绘了决策的过程。它始于识别问题或机会，终于评估决策结果。该过程可以适用于购买一台什么样的计算机这样的决策，也适用于一家企业与另外一家企业合并的决策。以购买一台计算机的决策为例来阐述决策的过程。

（一）识别问题或机会

问题通常是指理想与现实之间的差距。机会可以从需求的角度界定为未被满足的需求，问题和机会可以用组织的不平衡状态来衡量。按照周三多的界定，不平衡状态是指组织内部活动与外部环境之间出现不协调而导致的组织内部活动内容和方向的改变。例如，一公司部门经理张阳过去几年一直用一台旧计算机，运行速度跟不上实际的需要，即产生了实际的需要和当前计算机实际状态之间的不平衡状态。但实践中的问题或机会不会这么明显，如果不能正确识别，则与不能正确地解决问题对组织的影响同样恶劣。那么，如何能准确识别组织中存在的不平衡状态，找出存在的问题或新的机会呢？这对管理者提出了比较高的要求，需要其不断关注各项活动的现实状态与应该有的理想状态之间的标准来进行比较。以什么为标准呢？标准通常可以是过去的绩效、预先设定的目标或同行的绩效。在购买计算机的例子中，问题是现有的计算机不能有效满足部门经理工作的要求，标准是以前设定的目标——能满足部门经理的计算机。

（二）确认决策标准

不同的决策主体做决策时标准不一样。一旦管理者确定了他需要关注的问题，对于解决问题来说，确认决策标准就非常重要了，也就是说管理者必须决定什么与制定决策有关。在计算机采购例子中，张阳需要评估一些与他决策有关的因素，如价格、产品型号、制造商、标准的配置、可选的设备、服务保证、维修记录，以及售后服务保证等。经过仔细考虑后，张阳决定价格、重量、保修、屏幕类型、可靠性和屏幕尺寸是他要决策的有关标准。

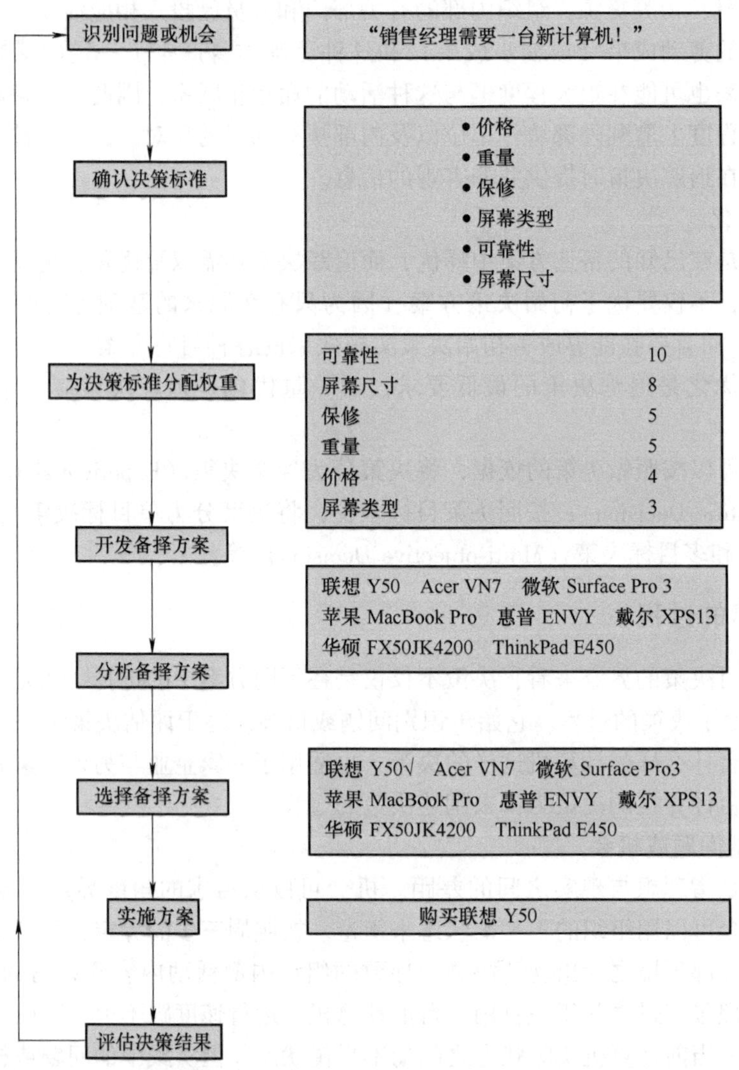

图 5-2 决策的过程

(三) 为决策标准分配权重

决策标准并非都是同等重要的，决策制定者必须为每一项标准分配权重，以正确地规定它们的优先次序。如何给决策标准分配权重呢？一个简单方法是给予最重要的标准 10 的权重，然后参照这一权重为其他标准分配权重，比如重要性只相当于权重为 10 的标准的一半的指标，其权重为 5，以此类推。分配权重会对备择方案的排序结果产生重要的影响。

表 5-5 列出了张阳为他要购买的计算机设计的指标和权重，这里，可靠性是最重要

的，其次是屏幕尺寸，价格和屏幕类型是权重最低的指标。

表 5-5 计算机采购决策的指标和权重

指 标	权 重
可靠性	10
屏幕尺寸	8
保修	5
重量	5
价格	4
屏幕类型	3

（四）开发备择方案

第四步要求决策者列出可供选择的决策方案，这些方案要能够解决决策所面对的问题，只需列出即可。张阳确认了八种计算机型号作为可能的选择，包括 Acer VN7、苹果 MacBook Pro、联想 Y50、微软 Surface Pro 3、惠普 ENVY、华硕 FX50JK4200、戴尔 XPS 13、ThinkPad E450。

（五）分析备择方案

一旦确认了备择方案，决策者必须认真分析每一种方案。对每一种方案的评价是将其与决策标准进行比较，这些标准是在第二步和第三步中建立的。通过比较，每一种备择方案的优点和缺点就变得明显了。表 5-6 表明了张阳给予八种备择方案各自的价值判断，这是他在征求了计算机专家的意见，并且阅读了最新出版的计算机杂志上的信息之后做出的。

表 5-6 根据决策标准对不同计算机的价值评估

机 型	可靠性	屏幕尺寸	保 修	重 量	价 格	屏幕类型
Acer VN7	8	3	5	10	3	5
苹果 MacBook Pro	8	5	10	5	6	5
联想 Y50	10	8	5	10	3	10
微软 Surface Pro 3	8	5	5	10	3	10
惠普 ENVY	6	8	5	10	6	10
华硕 FX50JK4200	10	8	5	5	3	10
戴尔 XPS 13	2	10	5	10	10	10
ThinkPad E450	4	10	5	10	10	5

表 5-6 只是表明了八个备择方案相对于决策标准的评估结果，它不反映在步骤三中为每个指标分配权重的过程。如果所有指标的权重都一样，在评价每个备择方案时就只需把表 5-6 中对应的数字加起来就行了。但是如果将每个备择方案的评价结果乘以它的权重，就会得到如表 5-7 所示的结果。

表 5-7 根据标准对不同计算机的评价

机 型	可靠性	屏幕尺寸	保修	重量	价格	屏幕类型	合 计
Acer VN7	80	24	25	50	12	15	206
苹果 MacBook Pro	80	40	50	25	24	15	234

（续）

机　　型	可靠性	屏幕尺寸	保修	重量	价格	屏幕类型	合　　计
联想 Y50	100	64	25	50	12	30	281
微软 Surface Pro 3	80	40	25	50	12	30	237
惠普 ENVY	60	64	25	50	24	30	253
华硕 FX50JK4200	100	64	25	25	12	30	256
戴尔 XPS 13	20	80	25	50	40	30	245
ThinkPad E450	40	80	25	50	40	15	250

（六）选择备择方案

这一步仅仅需要根据上一步的评价结果，从备择方案中做出选择即可，所选择的方案是在第五步中具有最高得分的方案。在这个例子中，最优方案是选择联想 Y50，因为它的得分最高。

（七）实施方案

实施包含了将决策传送给有关的人员和部门，并要求他们对实施结果做出承诺。本例中即为购买联想 Y50 型。

（八）评估决策结果

决策过程的最后一步是评估决策结果，看看问题是不是得到了解决，是否达到了期望的效果。如果评估结果表明问题仍然存在，管理者就要仔细地分析哪里出了错误、问题是否被恰当地定义了、在评估各种备择方案时出现了哪些偏差、是否方案的选择是正确的但实施得不好等。问题的答案也许要求管理者重新回到决策过程的某个步骤，甚至可能需要重新开始整个决策过程。

第二节　决策模式

决策模式是决策系统中对决策过程的客观规律的表述，是决策者进行决策必须遵从的规律。实践中有几种代表性的决策模式，这里主要介绍传统的理性决策模式、有限理性决策模式、渐进决策模式、综合扫描决策模式以及直觉决策模式。

一、理性决策模式

管理决策的制定可以被假设为理性（Rational）的。理性假设指的是一个理性的决策者是完全客观的和符合逻辑性的，他会仔细地定义问题，会清晰地和具体地定义目标。不仅如此，理性的决策还会一贯地选择那些可能实现目标最大化的决策方案。理性决策的前提假设如下：

- 问题是清楚的和不模糊的
- 要达到的是单一的、清楚定义的目标
- 所有的方案和结果是已知的
- 偏好是清晰的
- 偏好是不变和稳定的

- 不存在时间和成本约束
- 最终选择将使回报最大化

理性假设可以用于任何类型的决策，不过，在管理决策中，还需要再增加一个进一步的假设——理性的管理决策假定决策的制定是符合公司最佳经济利益的，也就说决策者被假设为追求公司利益的最大化。

理性假设的现实性有多大？管理决策的制定者在下述条件下通常遵循理性假设，这些条件是：管理者面对的是简单的问题，这些问题的目标清楚、方案的数量有限，时间压力不大，寻找和评估方案的成本较低，组织的文化支持创新和承担风险。在这类决策问题中，结果相对来说是具体的和可度量的。但是管理者在现实世界中所面临的大多数决策并不完全符合这些条件，因此到底公司中绝大多数决策实际是如何制定的？有限理性的概念可以帮忙回答这个问题。

二、有限理性决策模式

有限理性（Bounded Rational）决策是由 1978 年诺贝尔经济学奖获得者罗伯特・西蒙提出来的。决策者的理性受众多约束条件的限制，这些约束条件如下：

- 复杂性——需要解决的问题经常是异常复杂的、难于理解的。
- 时间金钱的限制——没有足够的时间金钱收集所有相关的信息。
- 不同的感知能力、价值观、技能、习惯等——管理者有不同的经历，都有各自的个人局限性和偏见。
- 不完全信息——管理者对各种备选方案及其结果所拥有的信息是不完全的、不连续的。
- 信息超载——信息太多使个人无法处理。
- 不同的优先级别——有些数据资料被认为是更重要的，因此某些事实可能被忽视。
- 互相矛盾的目标。由于存在这些限制，管理者只需找到一个满意的而不是最优的方案。

西蒙认为，理性决策模式只是一种理想化的模式，它与决策的实际情况是不一致的，并不具有实用价值。因此，他试图修正理性决策模式，提出了著名的有限理性决策模式，即满意决策模式。

有限理性决策理论的主要观点如下：

（1）认为理性分析有其必要性，但是也有其局限性。西蒙肯定理性决策分析对于传统的经验决策来说是一种进步，在决策过程中对方案的评估也是必要的。但他认为，理性分析也有其固有的局限性。因为按照理性模式，决策者必须收集与决策问题有关的相关信息并对这些信息做出正确的处理和分析后才能进行决策。而西蒙认为，在实际的决策过程中，由于决策者受到时间、费用、客观条件和自身能力的限制，事实上是做不到的。因此，人们事实上不可能按照这种理性分析模式进行决策。

（2）用满意准则代替最优准则。他认为人们虽然不能选择最优方案，但可能做出满意决策，把方案是否令人满意作为决策者选择方案的行为准则。而怎样才算令人满意，又可以根据不同的情况对满意的标准加以适当的调整。这样的满意标准实际上具有一定的相对性，而决策者也有一定的灵活性。

三、渐进决策模式

美国政治学家、经济学家、行政学家查尔斯·林德布洛姆（Charles E. Lindblom）针对理性决策模式提出了提出质疑，并提出了“渐进决策”模式。

林德布洛姆对理性决策模式的质疑有以下几点：①界定问题的困难。决策者面对的并不是一个既定的问题，而是必须确认并明确他们的问题。由于种种原因，在“问题”是什么这点上有各种争论的余地。没有任何可以通过分析来解决这一争论的方法。②问题的复杂性和不充分的信息。针对一些复杂的问题，排列所有重要的、可能的决策选择，探究每个选择可能产生的无尽后果，然后将每一选择的多种后果同阐述的目标进行比较，这几乎超越了人类的智能，超越了一个决策者为解决问题所花费的时间和精力，事实上也超越了他所能够得到的信息。另外，做出一个决策也不能不考虑到时间限制和分析的成本问题。③确立目标或价值观的困难。做出一个决策，必然涉及分析者的价值观问题。每一个人的价值观不可能是相同的。因为价值观无法被经验证实，分析既无法证明任何人的价值观，也无法命令人们统一他们的价值观。更何况涉及种种不同的利益集团的切身利益。

林德布洛姆在对理性决策模型做出挑战性的批评后，提出了渐进决策模式。林德布洛姆认为，决策的过程只是决策者基于过去的经验对现行政策稍加修改而已。这是一个渐进的过程，看上去似乎行动缓慢，但积小变为大变，其实际速度往往要大于一次大的变革。政策上的大起大落是不可取的，“欲速则不达”，它会危及社会的稳定。渐进决策模式步子虽小，但却可以保证政策过程的稳定性，达到稳中求变。但渐进决策模式的明显缺陷在于它的保守性，仅适用于稳定的和变化不大的环境以及总体上比较好的现行政策，适用性有限。

四、综合扫描决策模式

传统理性决策模式在实际应用中存在着困难，渐进决策模式存在无法解决的缺陷，如果两种模式能相互结合、相互补充，就可以提高做出最佳决策的可能性。社会学家艾米特依·艾特奥尼（Amitai Etzioni）提出的综合扫描决策模式就是首先运用渐进决策模式来分析一般性的决策要素，然后在此基础上运用传统的理性决策模式，这样既可以避免忽略基本的决策目标，同时也可以保证对最重要的问题做深入的科学分析。

综合扫描决策模式一方面考虑到了决策者的能力问题，认为决策者并不具备同样的能力，凡是能力较强者，就能进行更广泛的观察，而观察越详尽，决策的正确程度就越高。另一方面，它能适应不断变化发展的环境，从而使决策的制定过程有了更大的弹性。但是，对于渐进主义和理性主义如何有机结合，也就是综合扫描决策模式在实际中如何灵活运用的问题，在埃特奥尼的论述中并不是非常清楚，它只是引起读者思索和推测的东西。

五、直觉决策模式

管理者通常还运用直觉来帮助改进决策。直觉决策（Intuitive Decision Making）是一种潜意识的决策过程，它是决策者在积累的经验、能力的基础上所做的判断。直觉决策有五种，如图 5-3 所示。

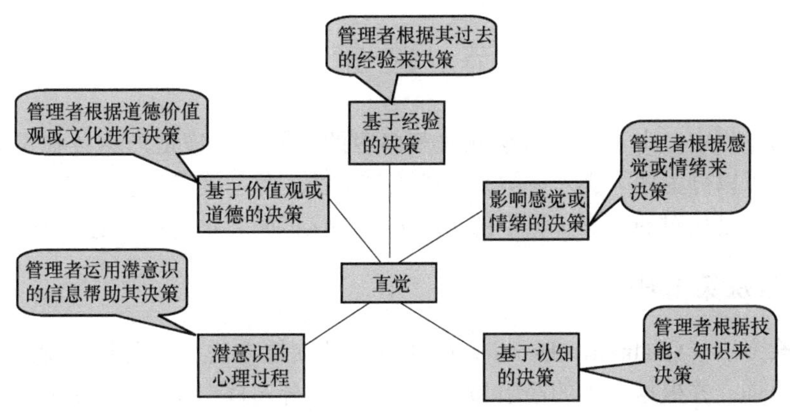

图 5-3 五种直觉决策

阅读材料

直觉决策

携程网创建人梁建章是凭借在旅途上自我发现与领悟的直觉而开始从事旅游行业的。当时的旅行社很难满足散客的需要，提供的服务也很不到位，此时，梁建章凭着多年旅行经验的直觉认定：国内旅游市场的空间很大，并且会一直增长。事实上，他当时对旅游业并不熟悉，也没做深入的调研，就着手创建携程网，其目的就是要带动全国人民去旅游。

携程网成立之初，国内拥有 4000 亿元的旅游市场，而散客市场占 95%，这给旅游电子商务公司提供了巨大的空间。于是，携程网成为一个“高科技武装的旅行服务公司”，成为传统行业的整合者，成为一个有关旅游的网上百货超市，完全颠覆了传统中的互联网行业及旅游行业。

携程网成立几年后，收购了当时最大的酒店预订中心——现代运通，并购机票代理公司——北京海岸，进驻自助游和商旅管理业务，与传统旅游服务商分食庞大的旅游市场，取得不俗的成绩。

类似地，鲍勃·鲁兹（Bob Lutz）在 20 世纪 90 年代推出了一款非常成功的小轿车：道奇蝰蛇（Dodge Viper），这款车挽救了克莱斯勒（Chrysler）汽车公司。当被问及当时是怎样想出道奇蝰蛇这个概念时，鲍勃·鲁兹说：“当时只是潜意识和内心的一些直觉告诉我这一决定是对的。”实际上智慧的增加和经验的累积将提升直觉的敏感度和准确度，持续地研究学习市场也可以帮助管理者凭直觉来工作。

（资料来源：何麻温·卡塔加雅，曹虎．金星上的营销［M］．杭州：浙江人民出版社，2007：12.）

根据直觉来决策或者根据感觉来决策并非与理性决策毫无联系，相反，二者是相互补充的。一个对特定情况或熟悉的事件有经验的管理者，当遇到某种类型的问题或情况时，通常会迅速地做出决策，可能看上去他所获得的信息有限。这样的管理者并不依靠系统性和详尽的问题分析来识别和评估多种备择方案，而是运用他自己的经验和判断来决策。

第三节　决 策 方 法

在决策的过程中，由于决策对象和决策内容的不同，相应地产生各种不同的决策方法，归纳起来可以分为两大类：一类是定性决策方法；另一类是定量决策方法。把决策方法分为两大类只是相对的，真正科学的决策方法应该把两者结合在一起，综合利用。

一、定性决策方法

定性决策方法（Qualitative Decision Method）又称软方法，主要是指管理决策者运用社会科学的原理，并根据个人的经验和判断能力，充分发挥专家内行的集体智慧，从对决策对象的本质属性的研究入手，掌握事物的内在联系及其运用规律。通过定性研究，为制定方案找到依据。了解方案的性质、可行性和合理性，然后进行目标和方案的选择。它较多地运用于综合抽象程度较大的问题、高层次战略问题、多因素错综复杂的问题、涉及社会心理因素较多的问题。定性决策的优点是方法灵活简便，通用性大，为一般管理者所易于采用；有利于调动专家的积极性，激发人们的创造能力，更适用于非常规性决策。定性决策方法也有明显的缺点：①定性决策方法是专家个人主观意见的交流，不是严格的论证。②定性决策方法中，所选专家的知识类型对决策起主导性的影响，而专家的选择决定于决策组织领导者的倾向性。③采用定性决策方法分析问题时，传统观念容易占优势，因为新思想往往是少数人最先提出的，而大多数人的思维是趋于保守的。定性决策方法主要有以下几种：

（一）德尔菲法

德尔菲法（Delphi Method）又称专家规定程序调查法。该方法是由美国兰德公司于20世纪50年代初发明的，最早用于预测，后来推广到决策中来。德尔菲是古希腊传说中的神谕之地，城中有座阿拉伯神殿可以预测未来，因此借用其名。该方法主要是由调查者拟定调查表，按照既定程序，以函件的方式分别向专家组成员进行征询；而专家组成员又以匿名的方式（函件）提交意见。经过几次反复征询和反馈，专家组成员的意见逐步趋于集中，最后获得具有很高准确率的集体判断结果。德尔菲法的基本流程如图5-4所示。

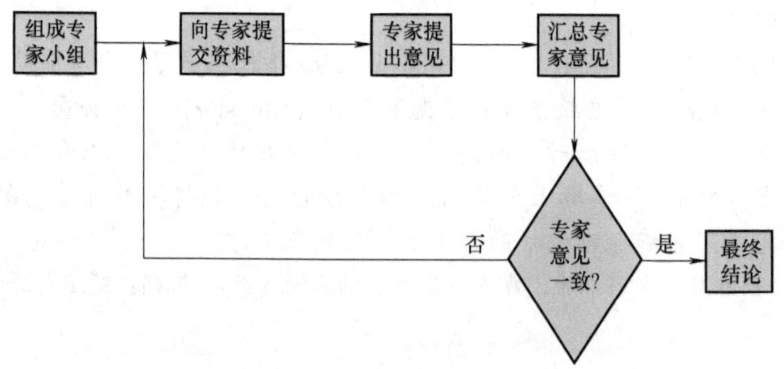

图5-4　德尔菲法的基本流程

具体步骤是：

第一步：拟定决策提纲，即根据决策目标设计出专家们应该回答的问题的调查表。对答案的要求是：表明问题出现的概率大小，对问题做出回答："是"或"不是"；对判断的依据和判断的影响程序做出说明；对决策问题的熟悉程度做出估计。

第二步：专家的选择。这是德尔菲法的关键。所选择的专家一般是有名望或从事该工作数十年的有关方面的专家。专家的人数一般以 10 ~ 50 人为宜，但一些重大问题的决策可选择 100 人以上。

第三步：提出预测和决策。发函或逐一交谈，要求每位专家提出自己决策的意见和依据，并说明是否需要补充资料。

第四步：修改决策。决策的组织者将第一次决策的结果以及资料进行综合整理、归纳，使其条理化，再反馈给有关专家，据此提出修改意见和提出新的要求。这一决策的修改一般可进行 3 ~ 5 轮，一般以 3 轮为宜。

第五步：确定决策结果。根据专家们几次反复修改的结果，根据全部资料，确定出专家趋于一致的决策意见。

（二）头脑风暴法

头脑风暴法（Brain Storming Method）是 1993 年美国人 A. F. 奥斯本（A. F. Osborn）首创的一种决策方法，其思想是邀请有关专家在敞开思路、不受约束的形式下，针对某些问题畅所欲言。奥斯本为实施头脑风暴法提出了四条原则：①对别人的意见不允许进行反驳，也不要做结论。②鼓励每个人独立思考，广开思路，但不要重复别人的意见。③意见或建议越多越好，允许相互之间矛盾。④可以补充发表意见，使某种意见更具说服力。头脑风暴法的目的在于创造一种自由奔放思考的环境，诱发创造性思维的共振和连锁反应，产生更多的创造性思维，一般头脑风暴法的参与者少则为 5 ~ 6 人，多则 10 余人为宜，时间 1 ~ 2 小时，参与者不宜有领导者。头脑风暴法强调的是集体思维，对改善集体决策存在的局限性有很大的改进作用。它适用于明确简单的问题的决策。但这种方法的鉴别与评价意见的工作量比较大。

（三）方案前提分析法

方案前提分析法（Premise Analysis Method）的出发点是，每一个方案都有几个前提作为依据，方案正确与否关键在于前提假设是否成立。方案前提分析法的特点是不直接讨论方案本身的内容，只分析方案的前提能否成立，因为如果前提假设是成立的，就说明这个方案所选定的目标和途径基本是正确的，否则，这个决策方案必定有问题。由于决策参与者人多意见杂，可能使决策变成各种意见的折中，无法真正做到集思广益，而方案前提分析法不仅对于方案的正确选择没有不良影响，还可以克服决策中常见的一些偏见。例如，一个高等学校拟新设一个专业：一种方法是请决策参与者讨论新设专业对不对、应不应该、有何问题等；另一个方法则不涉及专业本身的问题，比如只讨论相关人才的需求及其变化、学校调整专业结构方向的可能性等。采用前一种方法讨论，可能众说纷纭，争论不休；用后一种方法讨论，意见较易集中。如果新建专业的客观前提条件不成立，则新建专业的决策也就失去了依据。

（四）情景规划法

情景规划法（Scenario Planning Method）是厘清扑朔迷离的未来的一种重要方法。情景规划要求公司先设计几种未来可能发生的情形，接着再去想象会有哪些出人意料的事情发生。这种分析方法可以开展充分客观的讨论，更富有弹性。情景规划法来源于 20 世纪 70 年代。壳牌石油公司在第一次全球石油危机中预见并防范风险，加强了风险管理，从而获得了宝贵的发展机会。当时的情景规划由情景专家法国人皮埃尔·瓦克（Pierre Wack）领导其小组研究了“能源危机”的情景。他们想象，一旦西方的石油公司失去对世界石油供给的控制，将会发生什么，以及怎样应对。在1973～1974年冬季石油输出国组织（OPEC）宣布石油禁运政策时，壳牌有良好的准备，成为唯一能够抵挡这次石油危机的石油公司，从此壳牌公司一跃成为世界第二大石油公司。1982年，皮埃尔·瓦克退休，接任他的是彼得·施瓦茨（Peter Schwartz）。在1986年石油价格崩落前夕，壳牌情景规划小组又一次预先提出了这种可能性，因此壳牌公司并没有效仿其他各大石油公司在价格崩溃前收购其他的石油公司和油田扩大生产，而是在价格崩落之后，花35亿美元购买了大量油田，彼得·施瓦茨这一举措为壳牌石油锁定了20余年的价格优势。

情景规划法的主要优点是增强了决策的科学化和民主化。其步骤是：①情景规划人员利用自身的知识、专业、洞察力和协调能力，系统提出未来可能发生的几种情景。②决策者根据自身的实践经验判断和验证情景与现实世界的匹配程度，将信息反馈到规划人员，不断对情景进行校准和改进。通过对未来情景的构建，规划人员需要充分关注不同利益主体的利益诉求，将不同的价值观、预期观点反馈到不同的情景中，并将多种情景展示给不同利益主体，听取他们的反馈意见。通过这种方式，可以促进不同利益主体的沟通、理解、协商，增强决策的民主化，成为达成共识、协作行动、解决问题的一种有效手段。

二、定量决策方法

定量决策方法（Quantitative Decision Method）又称硬方法，主要是指在定性分析的基础之上，运用数学模型模式和电子计算机技术，对决策对象进行计算和量化研究以解决决策问题的方法。定量决策方法的关键是建立数学模型，即把变量之间及变量与目标之间的关系用数学关系及数学模型表示出来，并且用计算机来处理数学模型。定量决策方法根据决策环境的可靠程度，分为确定型决策方法、不确定型决策方法、风险型决策方法。

（一）确定型决策方法

1. 线性规划法

在决策过程中，人们希望找到一种能达到理想目标的方案，而实际上，由于种种主客观条件的限制，实现理想目标的方案在一般情况下是不存在的。不过，在现有的约束条件下，在实现目标的多种方案中，总存在一种能取得较好效果的方案，线性规划法（Linear Programming Method）就是在一定约束条件下寻求最优方案的数学模型的方法。利用线性规划建立数学模型的步骤是：先确定影响目标大小的变量；然后列出目标函数方程；最后找出实现目标的约束条件，列出约束条件方程组，并从中找到一组能使目标函数达到最大值或最小值的可行解，即最优可行解。

2. 量本利分析法

量本利分析法也称盈亏分析（Break-even Analysis）法，用于确定型决策，是企业经营决策常用的有效工具。根据产品销售量、成本、利润的关系，建立参数模型，分析决策方案对企业盈亏的影响。决策者可借助它对方案进行设计和选优。

量本利分析的基本原理是边际分析理论。使用的具体方法是把企业的生产总成本分为固定成本和变动成本，观察产品销售单价与单位变动成本的差额，若前者大于后者，便存在“边际贡献”。当总的边际贡献与固定成本相等时，恰好盈亏平衡。这时每增加一单位产品，就会增加一单位的边际贡献利润。

固定成本与变动成本的划分主要依据与产品产量（或工作量）的关系。固定成本（Fix Cost）是指在一定产量范围内，不随产量变动而变动的成本之和，是即使产量为零也要照常支出的总费用，例如厂房、机器设备的租金，折旧费、水电费等。但是，从每单位产品的分摊额来看，产量增加，单位产品分摊的固定成本降低；产量减少，单位成本增加。这种关系如图 5-5 所示。

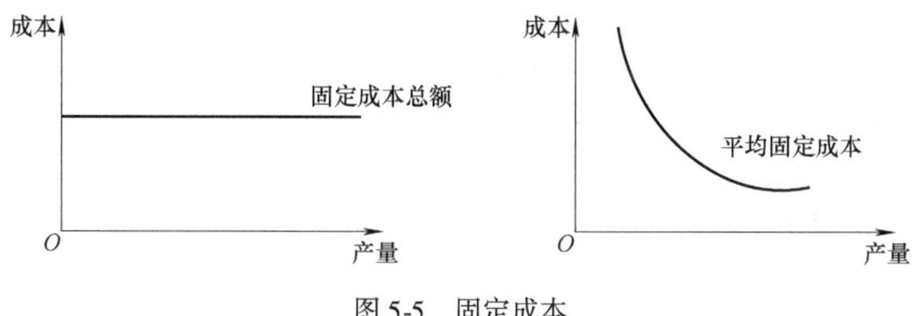

图 5-5 固定成本

总变动成本（Variable Cost）是指随着产量变动而变动的各种成本之和，也就是除固定成本以外的成本之和。产量增加，总变动成本也不断增加，例如原材料费、燃料费、电力费、运输费、随生产而变动的租金和税金、与使用有关的折旧费、同产量有关的一线工人的工资等。但是，从单位产品来看，这类成本却是基本不变的。总变动成本（TVC）曲线如图 5-6a 所示，它是一条由原点出发向右上方倾斜的直线。TVC 线表示：由于在短期内厂商根据产量的变化不断地调整可变要素的投入量，所以 TVC 随产量的变动而变动。当产量为零时，TVC 也为零。随后，总变动成本随着产量的增加而增加。单位变动成本（C_2）如图 5-6b 所示。

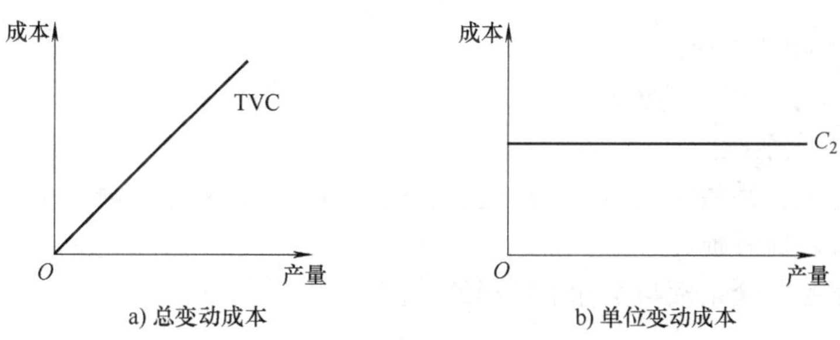

图 5-6 变动成本

进行量本利分析的主要问题是找出盈亏平衡点，即保本点，如图 5-7 所示。其计算公式可描述为

$$Q_0 = \frac{C_1}{P - C_2}$$

式中 C_1——固定成本；

C_2——单位变动成本；

P——单价；

Q_0——盈亏平衡时的销售量。

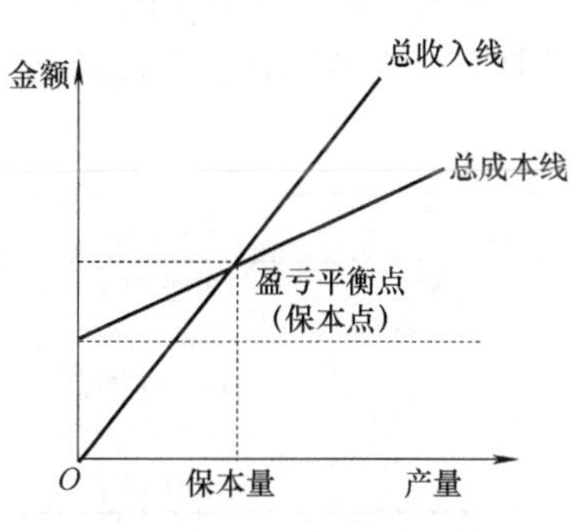

图 5-7 盈亏平衡点

由上述公式可以看出，单价超过单位变动成本，并

抵补了单位固定成本以后，才能获得利润。单价超过变动成本的部分称为边际贡献或边际收益（利润）。边际收益是销售收入与变动成本的差额：

$$D = Q(P - C_2)$$

式中 Q——销售量；

D——边际收益总额。

在决策分析过程中，进行边际收益分析是非常重要的，只要有边际收益，就能抵消固定成本。判别是否盈利可用下式：

$$D = C_1 + P_r$$

式中 P_r——利润；

C_1——固定成本。

$D - C_1 = 0$：不盈不亏。

$D - C_1 > 0$：盈利。

$D - C_1 < 0$：亏损。

边际收益率是边际收益与销售收入的比值。如果已知边际收益率，就可直接用来计算盈亏平衡点的销售额。

$$D_i = \frac{D}{QP}$$

式中 D_i——边际收益率。

另外，利用盈亏平衡分析还可分析企业的经营安全状况。企业的经营安全状况可用安全余额和经营安全率表示。

安全余额是实际销售额与盈亏平衡点销售额的差额：

$$L = QP - Q_0P$$

式中 QP——实际销售额；

Q_0P——盈亏平衡点销售额；

L——安全余额。

安全余额越大，销售额紧缩的余地越大，经营越安全；安全余额太小，实际销售额稍微降低，企业就可能亏损。

经营安全率是安全余额与实际销售额的比值：

$$L_i = \frac{L}{QP}$$

经营安全率在0~1之间，越接近于0，越不安全，越接近于1，越安全，盈利的可能性越大。判断经营安全性的标准如表5-8所示。

表5-8 经营安全性标准

经营安全率	经营状况
30%以上	安全
25%~30%	比较安全
15%~25%	不太好
10%~15%	要警惕
10%以下	很不安全

当经营安全率低于20%时，企业就要做出提高经营安全率的决策。提高经营安全率可以通过增加销售额和将盈亏平衡点下移两个途径来解决。举例说明量本利分析法。

例5-1：某企业生产某产品的固定成本为60000元，单位变动成本为1.8元，产品价格为每件3元，假设某方案带来的产量为100000件，问该方案是否可取?

解：保本产量=60000元/(3元/件-1.8元/件)=50000件，某方案的产量为100000件>50000件，故该方案可取。

（二）不确定型决策方法

不确定型决策所面临的问题是决策目标、备选方案尚可知，但很难估计各种自然状态发生的概率。因此，此类决策主要依靠决策者的经验、智力及对承担风险的态度。举例说明。

例5-2：某公司准备投产一种新产品，对未来销售情况判断不准，可能出现高需求、中需求，也可能出现低需求。有三个方案可供选择：第一，新建一个车间；第二，扩建原有的车间；第三，对原有车间的生产线进行改造。三个方案在五年内的经济效果如表5-9所示。

不确定型决策主要方法有小中取大法、大中取大法、乐观系数法、同等概率原则、最小最大后悔值法等。

1. 小中取大法

小中取大法又称悲观原则（Max-min Criterion），又叫瓦尔德准则（Wald Criterion）。这种方法是先分别找出每个方案在各种自然状态下的最小收益值，再将各方案的最小收益值相比较，选出最大数值的方案作为决策方案。这种方法是从最坏的情况出发，选择最有利的方案，属于保守型决策。

按此标准，例5-2中改造方案是最佳方案。因为三个方案的三个最低收益值中，收益最大者为改造方案的80万元（见表5-9）。

表5-9　某公司投产新产品三个方案的经济效果比较　　（单位：万元）

方　案	高需求	中需求	低需求
新建	600	200	-160
扩建	400	250	0
改造	300	150	80

2. 大中取大法

大中取大法又称乐观原则（Max-max Criterion），即先分别找出每个方案在各种自然状态下的最大收益值，再将各方案的最大收益值相比较，选出最大数值的方案作为决策方案。这种方法是从最好的情况出发，选择最有利的方案，属于冒险型决策。

按此标准，例5-2中新建方案是最佳方案。因为三个方案的三个最高收益值中，收益最大者为新建方案的600万元（见表5-9）。

3. 乐观系数法

乐观系数法又称折中准则。决策者根据市场情况和个人经验，预先确定一个乐观系数α（Optimism Coefficient）作为主观概率，然后选出每个方案的最大和最小损益值。用α乘以最大损益值，加上$(1-\alpha)$乘以最小损益值，作为该方案的期望收益，比较各方案的期望收益值，大者为最佳方案。α 一般取 0.667。例 5-2 设为 0.7。其计算过程和结果如表 5-10 所示。

表 5-10　乐观决策计算　　（单位：万元）

方　案	最高收益	最低收益	期望值（E）
新建	600	-160	$E=600\times0.7+(-160)\times(1-0.7)=372$
扩建	400	0	$E=400\times0.7=280$
改造	300	80	$E=300\times0.7+(1-0.7)\times80=234$

根据计算结果，决策应选择新建方案。若 $\alpha=0.4$，则情况就不同了。

新建方案 $E=600$ 万元 $\times0.4+(-160$ 万元$)\times(1-0.4)=144$ 万元

扩建方案 $E=400$ 万元 $\times0.4=160$ 万元

改造方案 $E=300$ 万元 $\times0.4+(1-0.4)\times80$ 万元 $=168$ 万元

这样一来，例 5-2 中的改造方案就成了最佳方案。可见乐观系数这个主观概率的大小是至关重要的。

4. 同等概率原则

同等概率原则又称拉普拉斯准则（Laplace Criterion）、机会均等原则。该原则认为在没有理由说明哪个事件有更多的发生机会时，只能认为它们发生的机会是均等的。这时各种自然状态的概率就是 $1/n$，以此概率计算各方案的期望值，比较后选择期望值大的方案作为决策方案。

例 5-2 有三种自然状态，所以每种自然状态的概率都是 1/3，如表 5-11 所示。

表 5-11　机会均等决策计算　　（单位：万元）

方　案	期望值（E）
新建	$E=600\times1/3+200\times1/3+(-160)\times1/3=213.3$
扩建	$E=400\times1/3+250\times1/3=216.6$
改造	$E=300\times1/3+150\times1/3+80\times1/3=176.6$

这种情况下，扩建方案的期望值大于其他方案，是最佳方案。

5. 最小最大后悔值法

最小最大后悔值法又称后悔值准则（Regret Criterion）、萨凡奇准则（Savage Criterion）、后悔值大中取小法。后悔值是指某种自然状态中各个方案的收益值同其中最大收益值之间的差额。首先计算各方案在各种自然状态下的后悔值（某方案在某种自然状态下的后悔值 = 该自然状态下的各方案的最大收益 - 该方案在该自然状态下的收益），并找出各方案的最大后悔值，然后进行比较，选择最大后悔值最小的方案作为所要的方案。

例 5-2 中如出现高需求，决策采用新建方案，五年可获利 600 万元，是最佳方案。如果决策采用扩建方案，只能获利 400 万元，由于未能采用最佳方案，将造成 200 万元的收益差额，这个差额称为后悔值。如果决策采用改造方案，将造成 300 万元的后悔值。每个方案都会有一个最大的后悔值，把它们选出来进行比较，哪个方案的最大后悔值小，那个方案就是最佳方案。表 5-12 中列示的是每个方案在各种状态下的后悔值及每个方案的最大后悔值。最大后悔值最小的那个方案为扩建生产线。

表 5-12 最小最大后悔值法决策计算 （单位：万元）

方 案	高 需 求	中 需 求	低 需 求	最大后悔值
新建	0	50	240	240
扩建	200	0	80	200 *
改造	300	100	0	300

实践中，通常综合采用五种方法多次决策，最终选用利用各种方法被选中次数最多的方案作为最终决策的结果。

（三）风险型决策方法

风险型决策有明确的目标，如获得最大利润；有可以选择的两个及以上的可行方案；有两种及以上的自然状态；不同方案在不同自然状态下的损益值可以计算出来；决策者能估算出不同自然状态出现的概率。因此决策者在决策时，无论采用哪个方案，都在承担一定的风险。风险型决策方法最常用的是决策树法。

决策树（Decision-making Tree）是以图解方式分别计算各个方案不同自然状态下的损益值，通过综合损益值比较，做出决策。决策树是将可行方案、影响因素用一张树形图表示。以决策点为出发点，引出若干方案分枝，每个方案分枝都代表一个可行方案。在各方案枝末端有一个自然状态节点，从状态节点引出若干概率分枝，每个概率分枝表示一种自然状态。在各概率分枝末梢，标注有损益值（见图 5-8）。

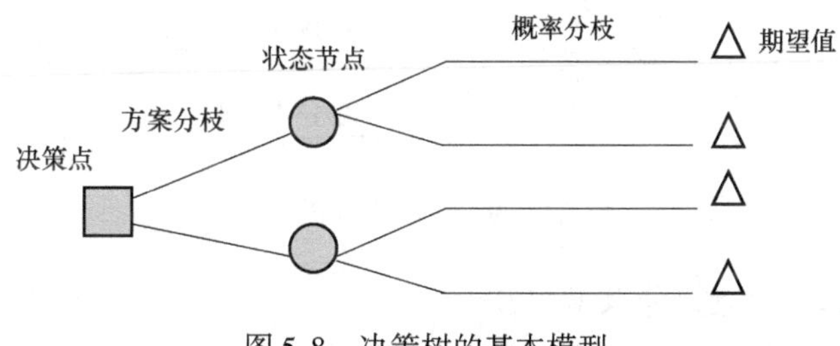

图 5-8 决策树的基本模型

运用决策树法进行决策的基本步骤可归纳如下：

（1）绘制决策树图形。在绘图前，应了解和确定有关决策问题的可行方案的数量、每一方案的自然状态及其发生的概率、每一方案在相应自然状态下的收益值。如遇多级决策，则要预先确定二级或三级决策点，然后按决策问题提出先后顺序，由左向右逐级展开方案分枝、状态节点和概率分枝。

（2）计算各方案的期望值。期望值的计算顺序要由右向左依次进行。利用收益值及其相应的概率，计算出每一方案的期望收益值，并将它标在相应的状态节点上。

（3）剪枝。剪枝也就是方案的选优过程。决策者按照决策标准的要求，从右向左依次评价，剪去劣势方案分枝，保存优势方案分枝，最后在决策树上就只留下一条贯穿始终的方案分枝，它所体现的方案就是决策者要选用的最合理的方案。

如果一个决策树只在树的根部有一决策点，则称为单级决策；若一个决策不仅在树的根部有决策点，而且在树的中间也有决策点，则称为多级决策。分别以一个例题来说明。

1. 单级决策举例

例 5-3：某公司拟对产品进行更新换代，经分析研究，有三个方案可供选择。

方案1：引进一条生产线，上新产品A，需追加投资700万元。未来五年如果销路好，每年可获利460万元；如果销路不好，每年将亏损80万元。根据市场预测，销路好的概率为0.7，销路不好的概率为0.3。

方案2：改造原来的生产线，上新产品B，需追加投资250万元，未来五年如果销路好，每年可获利200万元；如果销路不好，每年可获利30万元。根据市场预测，销路好的概率为0.8，销路不好的概率为0.2。

方案3：维持老产品的生产。如果销路好，仍可生产五年，每年可获利140万元；如果销路不好，只能维持三年，每年可获利40万元。根据市场预测，销路好的概率为0.6，销路不好的概率为0.4。

根据上述资料绘制决策树，并计算期望值。

第一步：画出决策树，见图5-9。

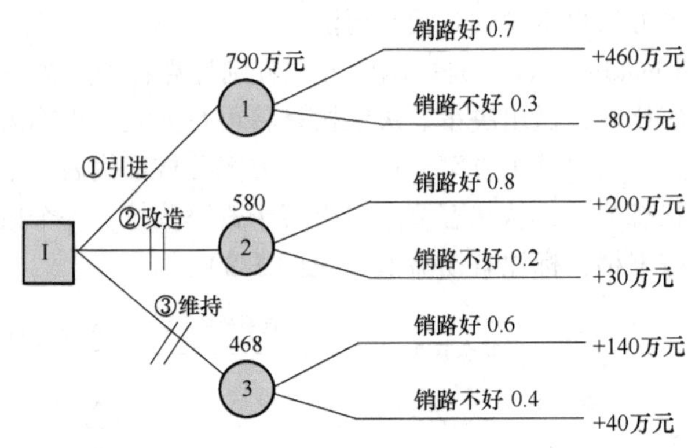

图5-9　单级决策树

第二步：比较三个方案的净收益（E）：

方案1：$E_1=1490$ 万元 -700 万元 $=790$ 万元

方案2：$E_2=830$ 万元 -250 万元 $=580$ 万元

方案3：$E_3=468$ 万元

第三步：剪枝。根据净收益的比较确定方案1最优，将其他两个方案剪掉。

2. 多级决策举例：

例5-4：某公司为满足某种新产品的市场需求，拟规划建设新厂。预计市场对这种新产品的需求量比较大，但也存在销路差的可能性。另一种可能是最初几年销路很好，几年后可能保持旺销，也可能需求量减少。公司面临几种选择：一种方案是建一座大厂，如果需求量很大，则产品可能获得很大收益；但如果需求量小，工厂会亏损。另一种方案是建一座小厂，在需求量小的情况下仍可收回投资，并获得一定的收益；但如果遇到需求量大的情况，则很快会让竞争对手占领市场，这样不仅失去了获得高收益的机会，还可能因竞争而使小厂原有的收益降低。还有一种方案是先建小厂，若适销期需求很大再扩建。这看似稳妥的方案也存在一定的问题。对同样的生产规模来说，两次投资的总和要大于一次投资；没能及时占领市场也会给竞争对手可乘之机，从而损失一部分收益。

方案1：建大厂。需投资300万元；销路好时每年可获利100万元，销路不好时亏损20万元；服务期限10年。

方案2：建小厂。需投资140万元；销路好时每年可获利40万元，销路不好时仍可获利30万元；服务期限10年。

方案3：先建小厂，3年后若销路好再扩建。扩建需追加投资200万元，服务7年，每年估计获利95万元。

根据市场预测，新产品销路好的概率为0.7，销路不好的概率为0.3。

第一步：画出决策树，如图5-10所示。

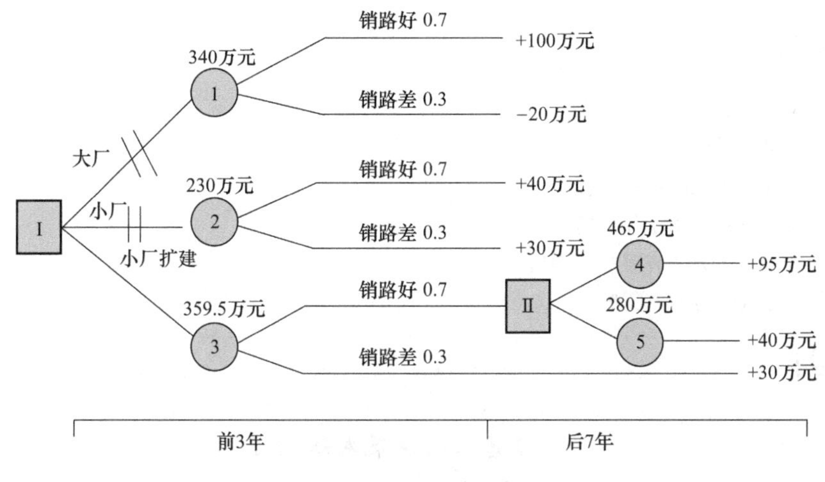

图5-10　多级决策树

第二步：计算期望值

点1收益期望值 = [0.7×100万元+0.3×(−20)万元]×10−300万元 = 340万元

点2收益期望值 = (0.7×40万元+0.3×30万元)×10−140万元 = 230万元

点4收益期望值 = 95万元×1.0×7−200万元 = 465万元

点5收益期望值 = 40万元×1.0×7 = 280万元

由于280万元 < 465万元，所以

点3收益期望值 = 0.7×40万元×3+0.7×465万元+0.3×30万元×10−140万元 = 359.5万元

因为230万元 < 340万元 < 359.5万元，所以选择方案三，先建小厂，3年后若销路好再扩建。

第三步：剪枝。

【本章小结】

1. 决策是指组织或个人为了解决某个问题或实现某种目标对未来一定时期内有关活动的方向、内容及方式进行选择或调整的过程。决策具有目标性、可行性、选择性、满意性、过程性等特征。

2. 决策按照不同的标准分为不同的类型。按照决策主体来区分，可将决策分为个体决策与群体决策。以决策的重要程度为标准，可将决策分为战略决策与战术决策。以决策涉及的时间长短，可将决策划分为长期决策和短期决策。按照决策涉及问题的性质，可将问题分为例行问题和例外问题，相应地把决策分为程序化决策和非程序化决策。按决策所处环境的可靠程度，可将决策分为确定型决策、风险型决策和不确定型决策。根据同一问题决策的次数，可将组织决策分成初始决策与追踪决策。

3. 决策的整个过程开始于识别问题或机会，确认决策标准，为决策标准分配权重，然后进入到开发、分析、选择备择方案，这些方案要能够解决问题。接下来是实施方案，最终评估决策结果。

4. 决策模式是决策系统中对决策过程的客观规律的表述，是决策者进行决策必须遵从的规律。实践中有几种代表性的决策模式，主要有传统的理性决策模式、有限理性决策模式、渐进决策模式、综合扫描决策模式以及直觉决策模式。

5. 在决策的过程中，由于决策对象和决策内容的不同，相应地产生各种不同的决策方法，归纳起来可以分为两大类：一类是定性决策方法；另一类是定量决策方法。

【复习思考题】

1. 理解决策的含义、特征。
2. 决策的类型有哪些？
3. 以一实例体会决策的基本过程。
4. 决策的模式分别适用于什么情况？
5. 决策的定性决策方法有哪些？举出实例。
6. 决策的定量决策方法有哪些？

【案例思考】

诺基亚的决策失误

路透社的一项调查数据显示，2012 年第一季度，三星售出 8800 万部手机，诺基亚手机在高低端市场均遇挑战，仅售出 8300 万部；三星全球手机销量首次超过诺基亚，从而结束了诺基亚长达 14 年的全球领先地位。1998 年诺基亚超越摩托罗拉成为世界最大的手机制造商时，三星才刚刚进入手机领域；而 14 年后，三星发展成为手机领域的“大佬”。

诺基亚塞班系统受 Android 和 iOS 挤压，市场份额日益减少，四年来诺基亚裁员行动从未停止过：2008 年裁减约 2300 人，2009 年 3 月裁员 1700 人，2011 年关闭了罗马尼亚工厂，裁掉 3500 人。2012 年 6 月，CEO 埃洛普宣布，为了实现在 2013 年年底前节省 30 亿欧元开支的目标，公司将会再裁掉 1 万名员工；随后，诺基亚关闭了位于芬兰萨罗的欧洲最后一家工厂。在诺基亚席卷全球的裁员潮中，中国区也难以幸免，原本四个大区合并成两个。2012 年 8 月和 9 月期间，诺基亚东莞工厂已集体解聘近百人。

截至 2012 年 10 月 16 日，诺基亚的市值不足 150 亿欧元，相比其 2007 年年底达到的 1100 亿欧元的峰值，缩水已超过 900 亿欧元。2012 年 4 月，国际三大评级机构之一的穆迪投资者服务公司表示，鉴于诺基亚公司 2012 年一季度手机销量大幅下滑，以及公司遭到更多手机制造商的“夹击”，穆迪已经将诺基亚公司的债务评级下调至垃圾级附近。

诺基亚 2008 ~ 2012 年的战略决策失误如下：

一是收购塞班公司，破坏了塞班操作系统已形成的强大生态系统平衡。2008 年 12 月，诺基亚把由众多手机厂商持有股份的塞班公司全资买下，想组建以诺基亚为核心的塞班联合组织，打造一个史上最强的智能手机操作平台。然而，自 2009 年年底开始，包括摩托罗拉、三星电子、LG、索尼爱立信等各大厂商担心自己的手机生产会被诺基亚所左右，纷纷宣布终止塞班平台研发，转而投向安卓领域。

二是过早宣布放弃塞班操作系统，使得塞班操作系统的生态系统顿然瓦解。2011 年 8

月 24 日，诺基亚宣布将放弃塞班名称，下一版本操作系统更名为诺基亚 Belle。在没有充分预测微软 WindowPhone 是否能够成气候之前，诺基亚就贸然放弃了自己苦心经营多年的塞班系统。而自从传出诺基亚要放弃塞班系统开始，塞班系统的生态系统便加速了瓦解步伐。

三是把谷歌作为其向互联网转型期的主要竞争对手，错过了利用安卓操作系统崛起的机会。三星却选择了另一条路：一方面与英特尔联合搞自己的手机操作系统 Tizen 开发以防不测，另一方面果断选择安卓平台，成为安卓平台的最大受益者，从而一举抢占了诺基亚稳坐了 14 年的全球手机销量冠军宝座。

四是未认识到谷歌与苹果操作系统崛起的真正原因，将抢回市场寄望于生产一款精致手机上。众所周知，智能手机的争夺不在于手机质量的比拼，更多的较量体现在操作平台和应用方面，而埃洛普却把诺基亚的翻身机会始终寄托在生产一款搭载 WindowsPhone 的精美手机上。

五是忽视了移动互联网时代的到来，把手机的主要功能依旧定格在通话上。诺基亚在 2G（第二代移动通信技术）时代稳固的地位，使其在智能手机开发上犹豫不决。它一直认为，手机的主要用途就是通话，却没有意识到，用户已开始逐渐利用手机查看电子邮件、寻找餐馆并更新社交媒体信息等。

六是放弃对 MeeGo 系统的投入，把命运全都交给了前途未卜的 WindowsPhone。如果押宝 WindowsPhone 一旦失败，诺基亚似乎已没有了紧急备份战略。

（资料来源：陆峰，中国经济导报，2012-10-16.）

问题讨论：

1. 诺基亚的决策有哪些类型？
2. 诺基亚决策失误的关键在哪些地方？
3. 诺基亚的决策失误给其他企业有什么启示？
4. 根据诺基亚的实际情况，给出你的决策建议。

第六章　计　　划

【学习目标】

1. 区别计划与计划工作。
2. 了解计划工作的性质。
3. 理解计划的积极作用与局限性。
4. 熟悉计划的制订程序。
5. 了解目标管理法。
6. 掌握滚动计划法、网络计划技术法。

【关键术语】

计划　计划工作的性质　计划的类型　计划工作的原理　计划的制订程序　战略计划　战术计划　滚动计划法　目标管理　网络计划技术

【结构框图】

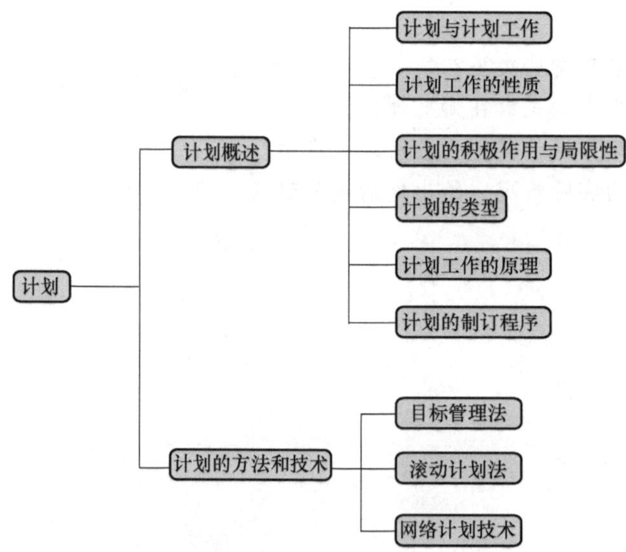

【引入案例】

福特的福克斯

福特公司在其21世纪的全球发展战略规划中，推向市场的第一个产品是福特的福克斯（Focus），这是一款四缸节油型中型房车，是为了取代已具有30年历史并销售了2000万辆的Escort。

福特 Focus 的目标是在世界市场上使该车型成为销售量的领先者，成为世界性的汽车。Focus 在欧洲和世界其他地方的销售非常理想，2000 年就在全球大约销售了 100 万辆。由这种销售量所带来的规模经济使福特公司可以以非常低的价格销售福特 Focus。福特 Focus 在 2001 年获得了《车与驾驶员》杂志第 19 届“十佳房车”评选大奖。高级舒适的座椅，宽敞的内部空间，漂亮的抛光漆，使福特 Focus 在市场中非常具有吸引力。

福特 Focus 是在四个不同的国家中进行生产和组装的，这四个生产地点是德国的萨尔路易斯、墨西哥的埃米希洛、西班牙的瓦伦西亚和美国密歇根的韦恩市。福特计划每年将生产超过 100 万辆 Focus，并在全球 100 多个国家销售。其设计与以前的车型是完全不同的。在设计过程中，福特公司所采用的关键战略是开发一种全球化平台，汽车 85% 的外壳金属设计仍然保留着全球标准化，但 15% 则根据当地消费者需要和口味进行调整，使 Focus 的风格与外形经过调整与修改后，适应当地市场的特殊需要与特征。其他的关键性设计特征是使用智能型空间。这种设计的一个主要目的是为驾驶员提供更多的空间。福特公司认为，Focus 车型的设计是从内部开始的，其结果是，福特 Focus 比其他中型房车提供了更多的内部空间。

（资料来源：王建国．管理案例分析 [M]．北京：北京大学出版社，2011.）

一项完善的计划是组织获得成功的关键。案例中，福特公司的新产品规划从设计、制造到市场定价全面展开。福特的 Focus 目标定位非常明确：在世界市场上使该车型成为销售量的领先者，成为世界性的汽车。为达到此目标，福特提出了“全球性思考，地区性行动”的战略举措。

计划是管理四大职能的首要职能，具有前瞻性和统筹的作用，是组织、领导和控制的依据与参照标准。本章主要讲述计划与计划工作的区别，计划工作的性质、计划的不同类型以及计划的制订程序最后，介绍三种计划的方法和技术。

第一节 计划概述

计划是管理的首要职能，组织、领导、控制这三项职能都以计划为依归。计划确定了组织的目标之后，组织、领导、控制工作等管理活动才有方向和标准，一系列管理活动才能有序进行。

一、计划与计划工作

计划一词从词性上看，既是名词，也是动词。作为名词的计划（Plan），是活动的结果。按照周三多的观点，计划是用文字和指标表述的、组织以及组织内的不同部门和不同成员在未来一定时期内关于行动方向、内容和方式安排的管理文件。而动词意义上的计划，通常也叫计划工作（Planning），才是真正意义上的计划职能。按照周三多的观点，计划是指为了实现决策所确定的目标，预先进行的行动安排。美国管理学家哈罗德·孔茨曾这样描述计划：“计划工作是一座桥梁，它把我们所处的这岸和我们要去的对岸连接起来，以克服这一天堑。”这个定义可以形象地体现计划工作的作用。计划工作的内容可用“5W2H”来表示，即决定做什么（What），讨论为什么做（Why），确定何时做（When）、何地做（Where）、何人做（Who），以及如何做（How）和做的成本（How Much）。

做什么即明确计划所要进行的活动内容及要求。例如一个企业的生产计划需要确定生产的品种、数量、进度安排，在按期、按质、按量完成订货合同的前提下，使生产能力尽量充分利用。为什么做即明确计划工作的原因和目的，并论证其可行性。何时做即规定计划中各项工作的开始和完成时间。何地做即规定计划的实施地点或场所，确定计划实施的空间。何人做即规定由哪些部门和人员负责实施计划。如何做即制订计划的措施以及相关的政策和规则，对资源进行合理分配和集中使用，对各种派生计划进行综合平衡等。除此之外，一个完整的计划还应包括控制标准和考核指标的制定，也就是确定做到什么程度才算完成计划，并预估计划所需花费的成本。

二、计划工作的性质

本书的框架中，计划在管理活动中起着承上启下的作用，一方面，计划工作是决策的逻辑延续，为决策所选择的目标活动的实施提供了组织保证；另一方面，计划工作又是组织、领导、控制等管理职能的基础，是组织内不同部门和人员行动的依据，考察计划的性质对正确制订计划具有重要的作用。

（一）目标性

每一个计划都是旨在促使组织总目标和一定时期目标的实现。计划工作是最明白地显示出管理基本特征的主要职能活动。

（二）首位性

计划工作相对于其他管理职能处于领先地位，它影响并贯穿于组织工作、领导工作和控制工作中，如图 6-1 所示。因此，管理者必须首先制订计划，然后才知道需要什么样的组织结构和什么素质的人员，如何最有效地去领导这些人员，以及采用什么样的控制。因此，如果要使所有其他管理职能发挥效用，必须首先制订好计划。

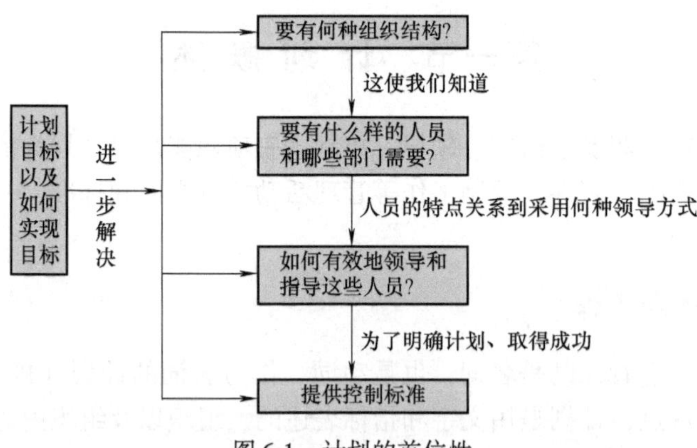

图 6-1　计划的首位性

（三）普遍性

虽然计划工作的特点和范围随着各级管理者职权的不同而不同，但计划工作是全体主管人员的一项共同职能。所有的管理者，无论是总经理还是班组长，都要从事计划工作。为了有效地做好计划工作，必须给予不同的管理者一定程度的自主权和制订计划的责任，否则，他们就不是真正的管理者了。

（四）效率性

计划工作的任务，不仅是要确保实现目标，而且是要从众多方案中选择最优的资源配置方案，以求合理利用资源和提高效率，就是既要“做正确的事”，又要“正确地做事”。计划工作的效率，是以实现企业的总目标和一定时期的目标所得到的利益，扣除为制定和执行计划所需要的费用和其他预计不到的损失之后的总额来测定的。效率这个概念的一般是指投入和产出之间的比率，但在这个概念中，不仅包括人们通常理解的按资金、工时或成本表示的投入产出比率，如资金利润率、劳动生产率和成本利润率等定量的客观指标，还包括组织成员个体和群体的动机和满意度等主观的评价标准。因此，只有能够实现收入大于支出，才能真正体现出计划的效率。许多管理者编制了费用大于所能获得收入的计划，例如，一家航空公司以费用超过收入的代价购买某种飞机，一些公司尽力设法推销市场不能接受的产品，为此付出高昂的代价，以致得不偿失。这都不符合计划的效率性要求。

（五）创新性

计划通常是针对需要解决的新问题和可能发生的新变化、新机会，因而它是一个创新的过程。计划有点类似于一项产品或一项工程的设计，它是对管理活动的设计。正如一种新产品的成功在于创新一样，成功的计划也依赖于创新。

三、计划的积极作用与局限性

计划工作对组织的重要意义通过其积极作用体现出来，但也可能限制组织的发展空间。

（一）计划的积极作用

1. 指明方向，协调活动

计划给出了管理者和非管理者努力的方向。当员工认识到组织的方向以及他们如何为达到目标做出贡献时，他们会自觉地协调他们的活动，相互合作，以及采取措施实现目标。没有统一的计划，部门和个人也许会工作在相互冲突的目标下，会降低组织效率。

2. 预测变化，降低不确定性

计划通过迫使管理者具有前瞻性来降低不确定性。尽管计划不能消除变化，但管理者可以通过预测变化、考虑这些变化的冲击和制定适当的措施来适应变化。计划还将阐明管理者所采取的行动的结果。

3. 减少活动的重复和资源浪费

当工作和活动围绕已经确立的计划进行时，资源浪费就会被减小到最低。进一步地，当手段和结果通过计划表达得很清晰时，无效的活动或者低效率的活动就会被减至最少。

4. 计划为控制设立标准

如果不通过计划来设定一个目标，就根本无法判定是否实现了目标，也无法进行控制。在计划工作中，管理者制定目标，并通过控制将实际的绩效与目标进行比较，发现存在的重要差异，以及采取必要的纠正活动。没有计划是不可能进行控制的。计划与控制的关系如图 6-2 所示。

（二）计划的局限性

计划工作的积极作用非常明显，但在实践中，有的学者或企业家认为在复杂多变的环境下，好的战略可以在没有计划的情况下产生，过于详细的计划反而会限制管理工作的创造性和灵活性，因而提出了对计划工作的质疑。

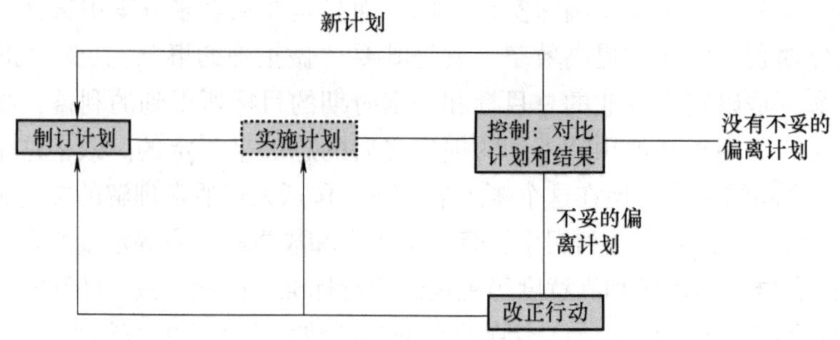

图 6-2　计划与控制的关系

1. 计划工作可能会降低灵活性

规范的计划会把目标确定在非常具体或特定的目标上，并有明确的时间表。目标一旦确定，在实现计划的期限内是不能随意改变的，而这会降低计划执行的灵活性。

2. 环境的变化是难以计划的

俗话说"计划赶不上变化快"，在今天动态多变的环境中，难以预知的变数给计划带来了极大的挑战，需要管理极具灵活性，而这就意味着不能限定在预定的计划上。

3. 计划不能替代直觉和创造性

对组织发展方向的确定和对机会的把握，常需要高层管理者的远见卓识，这通常要靠直觉和创造性；而计划的前提是假设趋势形式化，可能会阻碍组织的创造性发展。

4. 计划可能会限制管理者的关注点

计划会使管理者把注意力集中在今天的竞争而不是明天的生存上。计划通常假定有一种组织可以充分利用的趋势，可能不会太关注颠覆性的创新，这会限制组织未来的发展。

5. 计划会强化成功，也可能导致失败

计划会给组织成员带来一种安全感，使成员对计划有种盲目的信任，这可能会导致失败。因为环境的不确定性可能意味着需要改变甚至放弃原来成功的计划，而一旦改变就意味着计划的失败。

四、计划的类型

按照不同的标准，可以将计划区分为不同的类型。表 6-1 列出了按不同的标准划分的计划类型。

表 6-1　计划的类型

分类标准	类　型
职能空间	业务计划、财务计划、人力资源计划
时间期限	短期计划、中期计划、长期计划
计划内容的明确程度	具体性计划、指导性计划
综合性程度（广度）	战略计划、战术计划
不同表现形式	宗旨、目标、战略、政策、程序、规则、规划和预算

（一）按职能空间分类

按计划涉及的职能空间分类，可以将计划分为业务计划（Business Plan）、财务计划

（Financial Plan）及人力资源计划（Human Resources Plan）。

业务计划是组织的主要计划。如作为经济组织的企业，其业务计划包括产品开发、生产以及销售等内容。财务计划研究如何从资本提供和利用上促进业务活动的有效进行。人力资源计划则分析如何为业务规模的维持或扩大提供人力资源的保证。财务计划与人力资源计划是为业务计划服务的，也是围绕着业务计划而展开的。

（二）按时间期限分类

按时间期限的长短，可以将计划分为短期计划（Short-term Plan）、中期计划（Middle-term Plan）和长期计划（Long-term Plan）。长、中、短期计划只是一个相对的概念，没有规定明确的时间期限。习惯做法是将1年及其以内的计划称为短期计划，1～5年的计划称为中期计划，5年以上的计划称为长期计划。但是对一些环境变化很快、本身节奏很快的组织，其计划分类也可能一年计划是长期计划，季度计划是中期计划，月计划是短期计划。在这三种计划中，通常长期计划主要是方向性和长远性的计划，它主要回答的是组织的长远目标与发展方向以及大政方针问题，通常以工作纲领的形式出现。中期计划是根据长期计划制订的，它比长期计划具体，是考虑了组织内部与外部的条件与环境变化情况后制订的可执行计划。短期计划则比中期计划更加详细具体，它是指导组织具体活动的行动计划，一般是中期计划的分解与落实。

（三）按计划内容的明确程度分类

按计划内容的明确程度分类，可以将计划分为具体性计划（Specific Plans）和指导性计划（Directional Plans）。具体性计划具有明确规定的目标，例如，企业一位销售部经理计划使企业销售额在未来一年中增长20%，为此，他制定出明确的程序、预算分配方案以及日程进度表，这便是具体性计划。指导性计划只规定某些一般性的方针和行动原则，给予行动者较大自由处置权，它指出行动的重点但并不限定在具体的目标上，也不规定特定的行动方案。例如，一个旨在增加利润的具体性计划，可能要明确规定在未来一年中利润要增加10%；而指向性计划也许只提出未来一年中利润增加10%～15%。显然，具体性计划易于执行、考核及控制，指向性计划则更灵活。

（四）按综合性程度（广度）分类

按照计划的综合性程度（广度）分类，可将计划分为战略计划（Strategic Plans）和战术计划（Operational Plans）。战略计划是关于组织活动总体目标和战略方案的计划。其时间跨度长，涉及范围广；计划内容抽象、概括、不要求直接的可操作性；不具有既定的目标框架作为计划的着眼点和依据；计划方案往往是一次性的，很少能在将来得到重复使用；计划的前提条件多是不确定的，计划执行结果也往往带有较多不确定性。战术计划是有关组织活动具体如何运作的计划，对企业来说，就是指各项业务活动开展的作业计划。战术计划主要用来规定企业经营目标如何实现的具体实施方案和细节。如果说战略计划侧重于确定企业要做“什么事”（What）以及“为什么”（Why）要做这事，则战术计划是规定需由“何人”（Who）在“何时”（When）、“何地”（Where），通过“何种办法”（How），以及使用“多少资源”（How Much）来做这事。简单地说，战略计划的目的是确保企业“做正确的事”，而战术计划则旨在追求“正确地做事”。

（五）按不同表现形式分类

哈罗德·孔茨和海因茨·韦里克（Heinz Weihrich）从抽象到具体，按不同的表现形式，可以将计划分为宗旨、目标、战略、政策、程序、规则、规划和预算等。这几类计划的关系可描述为一个由上到下的等级层次，如图6-3所示。

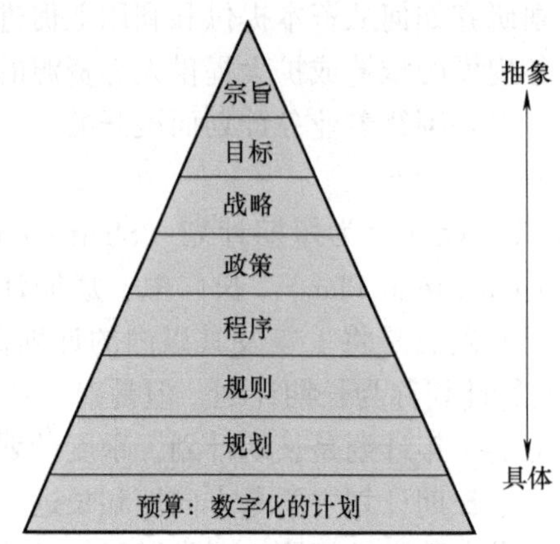

图6-3 计划的不同表现形式

1. 宗旨（Purpose）

任何组织都有其特定的宗旨。宗旨规定了组织生存的目的和使命，这种目的和使命反映社会对该组织的基本要求。例如，研究院所的宗旨是科学研究，大学的宗旨是教书育人和科学研究，医院的宗旨是治病救人，企业的宗旨是提供产品和服务。对于旨在为社会提供有经济价值的产品或服务而开展经营活动的企业组织说，其宗旨主要包括以下两方面：

（1）经营理念。经营理念，也称经营哲学，它为组织的经营活动规定了价值观、信念和指导原则，例如企业在经营过程中是否应该“利润唯上”，还是要兼顾社会责任等。

（2）使命。使命规定一个组织究竟从事的是什么事业，经营业务的范围多大，即组织应该干什么和不应该干什么。例如一家中型企业将它的使命表述为：“我们的业务是在世界范围内向非家用空调市场提供空调系统的部件和维修服务。”从该企业的使命陈述中可以看出，这家企业并不供应空调系统，也不介入家用的空调市场。经营成功的企业首先在于有明确的使命。例如，英特尔公司的使命是“在工艺技术和营业这两方面都成为并被承认是最好的，是领先的，是第一流的。”中国平安人寿保险公司的使命是“对客户负责，服务至上，诚信保障；对员工负责，生涯规划，安家乐业；对股东负责，资产增值，稳定回报；对社会负责，回馈社会，建设国家。”组织使命或经营范围的确定需要综合考虑各产业领域的潜力与前景，尤其是顾客需求变化产生的市场容量和结构的变化，以及在有关领域中成功经营所需要条件和关键要素与企业自身资源的匹配程度等各方面的因素。

2. 目标（Objective）

目标是在组织宗旨指导下，具体规定组织及其各个部门在一定时期要达到的具体成果。例如，教书育人和科学研究是一所大学的宗旨，因此一所大学会进一步具体化不同时期的目标和各院系的目标，比如最近五年培养多少人才、完成多少科研课题、发表多少学术论文等。

3. 战略（Strategy）

战略是指企业为实现其宗旨和目标而确定的组织行动方向和资源配置纲要。战略是指导全局和长远发展的方针，是要指明方向、重点和资源分配的优先次序，不是要具体地说明组织企业如何实现目标。

4. 政策（Policy）

政策是组织在决策或处理问题时，用来指导和沟通思想与行动的方针和明文规定。例如，某企业的一项人力资源目标是“在五年内大大提高职工的素质”，相应的人力资源政策是“在今后五年中仅招收学有专长的职工”。政策指明组织活动的方向、范围、界限，鼓励什么和限制什么，但其目的不是要约束下级使之不敢擅自决策，而是鼓励下级在规定的范围内自由处理问题，主动承担责任，将一定范围内的决策权授予下级。

5. 程序（Procedure）

程序规定了如何处理那些重复发生的例行问题的标准方法。程序是多种多样的，可以这样说，组织中所有重复发生的管理活动都应当有程序。例如，在组织的上层，主管部门应当有重大决策程序、预算审批程序、会议程序等；在组织的中层职能管理部门，应当有各自的业务管理程序。

程序还是一种经过优化的计划，它是对大量日常工作过程及工作方法的提炼和规范化。管理程序化水平是管理水平的重要标志，制定和贯彻各项管理工作的程序是组织的一项基础工作。

6. 规则（Rule）

规则是针对具体场合和具体情况允许或不允许采取某种特定行动的规定，即每一步骤工作时所应遵循或限制的原则和规章。它对人的行为具有最强大的约束力。例如“厂内禁止吸烟”就是一条规则。

规则不同于政策。政策的目的是指导行为，并给执行人员留有酌情处理的余地；而规则虽然也起指导行动的作用，但是在运用规则时，执行人员没有自行处理权。规则也不同于程序。规则指导行动但不说明时间顺序。可以把程序看作是一系列规则的总和，但规则可以是也可以不是一项程序的一部分。

7. 规划（Programme）

规划是为实现既定方针所必需的目标、政策、规则、程序、任务分配、执行步骤、使用的资源以及其他要素的复合体。组织的规划是综合性的、粗线条的、纲领性的计划。大的规划派生很多小的规划，它们之间互相依赖、互相影响。规划的范围可大可小，例如，我国为了实现社会经济的大发展，制订了五年规划；校园里的零售店也可以为了一个发展成超市的目标，制订一个改变商品布局的规划。

8. 预算（Budget）

预算是以数字形式表示预期行动结果的报告书，所以被称为数字化的计划。预算可以帮助组织的高层和各级管理部门的主管人员，从资金和现金收支的角度，全面、细致地了解组织经营管理活动的规模、重点和预期成果。例如，某企业的财务预算包括利税计划、流动资金计划、财务收支计划、财务收支明细计划表和成本计划等，其中财务收支明细计划表详细地列出企业各管理部门的主要收支项目的金额数量。预算是控制组织经营活动不可缺少的内容，是使组织的各级计划协调统一的重要手段。此外，预算也是一种重要的控制手段，是计划和控制工作的连接点——计划的数字化产生预算，而预算又将作为控制的衡量标准。

五、计划工作的原理

计划工作作为一种基本的管理职能活动，其依据的工作原理主要有：限定因素原理、许诺原理、灵活性原理和改变航道原理。

（一）限定因素原理

所谓限定因素，是指妨碍组织目标实现的因素。限定因素原理可以表述如下：主管人员越是能够了解对达到目标起主要限制作用的因素，就越能够有针对性地、有效地拟订各种行动方案。限定因素原理有时又被形象地称为“木桶原理”。其含义是木桶能盛多少水，取决于桶壁上最短的那块木板条。限定因素原理表明，主管人员在制订计划时，必须全力找出影响计划目标实现的主要限定因素或战略因素，有针对性地采取得力措施。这正是抓主要矛盾的思想。

（二）许诺原理

许诺原理可以表述为：任何一项计划都是对完成各项工作所做出的许诺，而许诺越大，实现许诺的时间就越长，实现许诺的可能性就越小。这一原理涉及计划期限的问题，即合理计划工作要确定一个未来的时期，这个时期的长短取决于实现决策中所许诺的任务所必需的时间。按照许诺原理，首先要合理确定计划期限。事实上，对于大多数情况来说，完成期限往往是计划中最严厉的要求。然后，每项计划的许诺不能太多，因为许诺（任务）越多，则计划时间越长。如果主管人员实现许诺所需的时间长度比他可正确预见的未来期限还要长，但他不能获得足够的资源，使计划具有足够的灵活性，那么他就应当果断地减少许诺，或是将他所许诺的期限缩短。

（三）灵活性原理

计划必须具有灵活性，即当出现意外情况时，有能力改变方向而不必花太大的代价。灵活性原理可以表述为：计划中体现的灵活性越大，由于未来意外事件引起损失的危险性就越小。必须指出，灵活性原理是指制订计划时要留有余地。例如，某项建筑工程的施工进度计划应该要求按照计划时间完成施工任务，但在制订施工进度计划时要考虑可能出现在雨季不能露天作业的情况，因而对完成任务时间的估计要留有余地。至于执行计划，一般不应有灵活性。例如执行一个生产作业计划必须严格准确，否则就会发生组装车间停工待料或在制品大量积压的现象。对主管人员来说，灵活性原理是计划工作中最主要的原理，在任务重计划期限长的情况下，灵活性便显出它的作用。为了确保计划本身具有灵活性，在制订计划时，应量力而行，不留缺口，但要留有余地。本身具有灵活性的计划又称为“弹性计划”，即能适应变化的计划。

（四）改变航道原理

改变航道原理可以表述为：计划的总目标不变，但实现目标的路径（即航道）可以因情况的变化而改变，一旦遇到障碍就可绕道而行。

计划制订出来后，计划工作者就要管理计划，促使计划的实施，而不能被计划所“管理”，不能被计划框住，必要时可以根据当时的实际情况做必要的检查和修订。因为未来情况随时都可能发生变化，制订出来的计划就不能一成不变。尽管在制订计划时预见了未来可能发生的情况，并制定出相应的应变措施，但由于不可能面面俱到，且计划往往赶不上变化，总有一些问题是不可能预见到的，因此要定期检查计划。如果情况已经发生变化，就要调整计划或重新制订计划。

改变航道原理与灵活性原理不同。灵活性原理是制订计划时使计划本身具有适应性，而改变航道原理是使计划执行过程中具有应变能力，为此，计划工作者就必须经常检查计划、重新调整、修订计划，以此实现预期的目标。

六、计划的制订程序

尽管计划的类型有多种，但任何计划工作的程序，即编制计划的步骤都是相似的，依次包括以下环节：确定目标；认清现在；研究过去；确定计划工作的前提条件；拟订和选择可行的行动方案；制订主要计划；制订派生计划；通过预算使计划数字化（即制定预算）。计划的制订程序如图 6-4 所示。

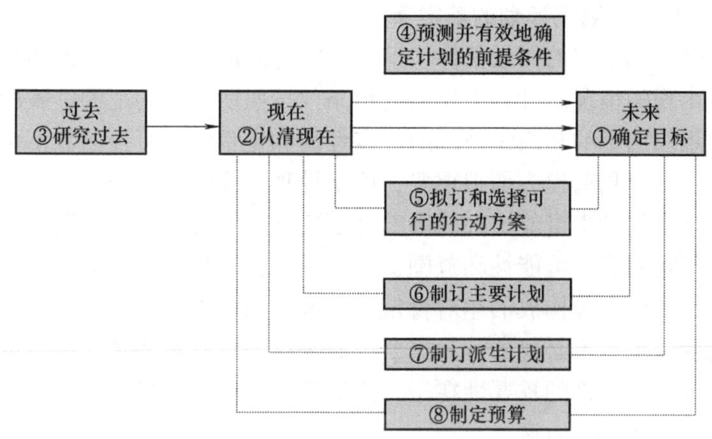

图 6-4　计划的制订程序

（一）确定目标

确定目标是决策工作的主要任务。按照哈罗德·孔茨的观点，计划是连接我们所处的现在和将要去的彼处的桥梁，因此需要先清楚将要去向何方，也即确立目标。在这一步，要说明基本的方针和要实现的目标，要强调目标应由哪个主体实现，以及如何通过战略、政策、程序、规则、规划和预算等去实现。确立了组织整体目标后，还需要按照组织—部门—个人的主线将组织目标层层分解，最终形成完整的目标结构，包括目标的时间结构和空间结构。该目标结构清楚地描述各层次目标间的协作关系。

阅读材料

爱丽丝的故事

“请你告诉我，我该走哪条路？”爱丽丝说。

“那要看你想去哪里？”猫说。

“去哪儿无所谓。”爱丽丝说。

“那么走哪条路也就无所谓了。”猫说。

（二）认清现在

目标明确了组织要去的“彼岸”，故第二步需要清楚组织所处的“此岸”，也即了解现在，其目的在于寻找实现目标的途径。认清现在即要清楚组织当前所处的环境的状态，具体来说需要综合考察环境中的各种因素，包括外部环境、自身、竞争对手当前以及随时间变化各个主体间的动态反应，能够清晰地认识组织所处环境中的机会或威胁，以及相对于竞争对手的优势或劣势所在，而且还需研究环境、自身、竞争对手随时间的变化而可能发生的变化。

（三）研究过去

尽管“现在”不一定在“过去的延长线”上，但毕竟“现在”是从“过去”走过来的。因此本步骤的目的在于寻找规律，以便得到启示和借鉴。寻找规律的方法可以采用归纳法和演绎法。归纳法即从个别到普遍的归纳；演绎法和归纳法正好相反，它把某一大前提应用于个别情况，并从中引出结论。

（四）预测并有效地确定计划的前提条件

前提条件就是计划工作的假设条件，即计划实施时的预期环境，也即从此岸到彼岸的过程中所有可能出现的情况。计划工作的前提条件按照所涉及的范围、表现方式以及控制程序等，可分为组织内部的和组织外部的、定性的和定量的、可控的和不可控的以及部分可控的。预测在确定计划前提方面很重要，确定计划工作的前提条件，实际上就是通过预测和假设，估计未来环境中可能出现的影响计划实施的不确定因素，以估计这些因素的变化、发展趋势和影响程度的可能性和范围，从而使制订计划的工作能够在由这些假设和预测结果，以及方针和政策等构成的相对肯定的范围和条件下进行。这些因素很多，全部做出预测是不可能的，也是不必要的，只需要把握关键的或有重要意义的假设条件。预测并有效地确定计划的前提条件的重要性在于，前提条件认识越清晰，计划工作越有效，组织成员认可后，计划工作越易协调。

（五）拟订和选择可行的行动方案

俗语说“条条大路通罗马”“殊途同归”，均反映了实现同一目标的方案可以有很多。拟订和选择可行的行动方案实际上包含了三个内容：拟订可行的行动方案、评估方案、选择方案。拟订可行的行动方案时，应尽力集思广益，充分利用组织内外的力量，寻求尽可能多的方案，除了追求数量多之外，对方案的创新性也有较高的要求，可以采用头脑风暴法、提喻法等。评估方案时要注意几点：一要仔细衡量或考察每一个方案的障碍因素；二要从组织整体效益的角度评估方案；三要综合考察可以用数字衡量的可量化因素和无形的非量化因素；四要动态地考察方案可能带来的后果，既包括方案可能带来的利益也要考虑计划可能带来的损失，尤其是潜在的、内在的、隐含的、间接的损失。评估时既要用定量法也要用定性法。在综合考察的基础上，最后要按照一定的原则或标准选择一个或几个较优的方案。

（六）制订主要计划

在第五步选择了可行性方案之后，将所选择的方案用计划的完整形式，即用文字正式表达出来，作为管理文件，即要清楚地描述“5W2H”。

（七）制订派生计划

派生计划即实现计划的关联计划或辅助计划，是总计划下的分计划。总计划要靠派生计划来保证和支持。例如，当一家航空公司决定需要一批新飞机开辟一条新航线时，这个计划还包含着要制订很多辅助计划，如采购和安置零部件的计划，建立维修设施的计划，雇用和培训人员的计划，以及办理保险的计划。

（八）制定预算

计划工作的最后一步是把计划转变成预算，使计划数字化。预算实质上是资源的分配计划。预算工作做好了，可以成为汇总和综合平衡各类计划的一种工具，使计划的各项指标体系更明确具体，也可以成为衡量计划完成进度的重要标准。

阅读材料

诸葛亮对环境的分析与计划

因屏人曰："汉室倾颓，奸臣窃命，主上蒙尘。孤不度德量力，欲信大义于天下；而智术浅短，遂用猖獗，至于今日。然志犹未已，君谓计将安出？"

亮答曰："自董卓以来，豪杰并起，跨州连郡者不可胜数。曹操比于袁绍，则名微而众寡。然操遂能克绍，以弱为强者，非惟天时，抑亦人谋也。今操已拥百万之众，挟天子而令诸侯，此诚不可与争锋。孙权据有江东，已历三世，国险而民附，贤能为之用，此可以为援而不可图也。荆州北据汉、沔，利尽南海，东连吴会，西通巴、蜀，此用武之国，而其主不能守，此殆天所以资将军，将军岂有意乎？益州险塞，沃野千里，天府之土，高祖因之以成帝业。刘璋暗弱，张鲁在北，民殷国富而不知存恤，智能之士思得明君。将军既帝室之胄，信义著于四海，总揽英雄，思贤如渴，若跨有荆、益，保其岩阻，西和诸戎，南抚夷越，外结好孙权，内修政理；天下有变，则命一上将将荆州之军以向宛、洛，将军身率益州之众出于秦川，百姓孰敢不箪食壶浆以迎将军者乎？诚如是，则霸业可成，汉室可兴矣。"

（资料来源：陈寿. 三国志·蜀志·诸葛亮传.）

第二节　计划的方法和技术

管理者可以使用多种计划方法和技术来帮助他们实现更高的效率和效益，如预算法、甘特图、负荷图、线性规划、目标管理法、滚动计划法和网络计划技术等。本节重点介绍目标管理法、滚动计划法和网络计划技术。

一、目标管理法

（一）目标管理概念和由来

目标管理（Management by Objectives，MBO）是指管理者与员工共同确定具体的绩效目标，然后定期评审工作进展情况，奖励基于实现目标方面的进展。

目标管理20世纪50年代中期出现于美国，以泰勒的科学管理和行为科学理论（特别是其中的参与管理）为基础。目标管理使组织的成员亲自参加工作目标的制定，实现"自我控制"，并努力完成工作目标。以明确的目标对员工评价和奖励，因而可以大大激发员工为完成组织目标而努力。这种管理制度在美国应用得非常广泛，而且特别适用于对主管人员的管理，所以被称为"管理中的管理"。1954年，德鲁克在《管理实践》一书中，首先提出了"目标管理和自我控制"。他认为，并不是有了工作才有目标，而是相反，有了目标才能确定每个人的工作。所以“企业的使命和任务必须转化为目标，如果一个领域没有目标，这个领域的工作必然被忽视。因此管理者应该通过目标对下级进行管理，当组织最高管理者确定了组织目标后，必须对其进行有效分解，转变成各个部门以及各个人的分目标，管理者根据分目标的完成情况对下级进行考核、评价和奖惩。”德鲁克的主张在企业界和管理学界产生了极大的影响，推动了目标管理的形成和推广。目标管理提出后便在美国迅速流行。时值第二次世界大战后西方经济由恢复转向迅速发展的时期，企业急需采用新的方法调动员工积极性以提高竞争能力，目标管理的出现可谓应运而生，逐渐被广泛应用，并很快为日本、西欧国家的企业所仿效，在世界管理界备受推崇。我国企业于20世纪80年代开始引进目标管理法，并取得了较好成效。

（二）目标管理法的基本思想

1. 组织的任务必须转化为目标

要完成任务，必须知道其目标是什么，必须什么时候完成，并把完成的结果作为考核员工工作绩效的依据。经理的成果必须从目标中引申出来，用成果的大小来衡量他们贡献的大小。

2. 目标管理是一种程序，提倡参与管理

目标是由实现目标的有关人员共同制定的，即由上级与下级在一起共同协商讨论确定目标。首先确定出总目标，然后对总目标进行分解，逐级展开，通过上下协商，制定出企业各部门、各车间直至每个员工的目标；用总目标指导分目标，用分目标保证总目标，形成一个“目标—手段”链。这样上下级来共同制定目标，并确定彼此的成果和责任。

3. 每个分目标都是总目标的要求，也都是对总目标的贡献

目标管理以整个组织的成果和成功为中心，注重成果第一，看重实际贡献。德鲁克在关于目标管理的论述中强调：“企业中每一个成员都有不同的贡献，但所有的贡献都必须是为着一个共同的目标。他们的努力必须全都朝着同一方向，他们的贡献必须互相衔接而形成一个整体。”采用传统的定性因素评价方法评价员工的表现，往往容易凭印象，或根据本人的思想和对某些问题的态度等，造成其结果不客观、不科学，起不到激励的作用。而实行目标管理，由于有了一套完善的目标考核体系，从而能够按员工的实际贡献大小如实评价。目标管理还力求组织目标与个人目标更密切地结合在一起，以增强员工在工作中的满足感。这对于调动员工的积极性、增强组织的凝聚力起到了很好的作用。

4. 强调自我管理、自我控制

德鲁克认为：“目标管理的主要贡献之一，就是它使得我们能用自我控制的管理来代替由别人统治的管理。”目标管理通过预先确定目标、适当授权和及时的信息反馈，推动各级管理人员及员工实行自我控制。它使管理人员能够控制他们自己的成绩，这种自我控制可以成为更强烈的动力，推动他们尽自己最大的力量把工作做好，而不仅仅是“过得去”就行了。目标管理的主旨在于，“用自我控制的管理”代替“压制性的管理”，它使管理人员能控制他们自己的成绩。

5. 对下级的考核、奖惩也依据分目标，不断反馈

对各级目标的完成情况，要定期检查和考核，并把检查和考核的结果作为奖惩的依据。检查、考核的方式要多样化，比如有自检、互检、成立专门的部门检查或评比、竞赛等形式。对最终结果，应该根据目标完成情况进行评价，并将评价结果及时反馈，以便能及时调整各自的行动，在评价过程中鼓励下级人员对照预先设立的目标来评价业绩，形成自我评价和自我发展的良好氛围，并创造一种激励的环境。将考核结果告知执行者，并将考核绩效和奖惩办法与升迁制度结合起来，以更好地发挥奖惩的激励作用。

6. 强调授权，促使权力下放

集权与分权的矛盾是组织的基本矛盾之一，唯恐失去控制是阻碍管理者大胆授权的主要原因之一。授权是管理者对自己和员工自信的表现。因为只有宽容而自信的管理者才不怕自己失去对组织的领导力，才敢于授权。充分授权是对员工的才华和能力的充分信任。在保持有效控制的前提下，推行目标管理，促使权力下放，就能更好地调动员工的想象力和创造力，发挥其主观能动性，把组织局面搞得更生动活泼，更有效率。

（三）目标管理法的过程

1. 制定目标

实行目标管理，首先要建立一套完整的目标体系。从组织的最高主管部门开始，然后由上而下地逐级确定目标。上下级的目标之间通常是一种“目的—手段”的关系，某一级的目标需要用一定的手段来实现，这些手段就成为下一级的次目标，按级顺推下去，直到做出每一层级的作业目标，从而构成一种锁链式的目标体系。首先要确定组织最高层目标，即在组织的宗旨或使命基础上确定组织的战略目标；其次，制定部门和员工的目标，一般由上下级一起工作来设置下属人员目标；最后，反复循环修订目标，对各项目标和评价标准达成一致。制定目标时，孔茨提供了一套衡量标准用以帮助目标制定者判断和改进工作：

1. 目标是不是概括了该职务的主要特点？
2. 所定目标数量是否太多？能否把有些目标合并？
3. 目标能否考核？即人们能否在计划期末知道他们是否已实现了目标？
4. 目标是否指明：①数量多少？②质量如何？③时间多久？④费用耗用多少？⑤如果是定性目标，能否可考核？
5. 目标能否激励人们争取去完成？是否现实可行？
6. 是否规定目标主次轻重？（顺序、重要程度等）
7. 这些目标是否还包括改进工作的目标和个人发展的目标？
8. 这些目标是否与别的经理和组织制定的目标相协调？是否与上级主管人员的、部门的、公司的目标相吻合？
9. 这些目标是否向需要知道的人传达了？
10. 短期目标和长期目标是否相吻合？
11. 据以拟定目标的设想是否都已清楚指明？
12. 目标是否已清楚或以文字表明了？
13. 目标是否适时地提供反馈信息，从而能采取一些必要的纠正措施？
14. 现有的资源和职权是否足以去实现这些目标？
15. 是否提供了机会，期望人们去实现这些目标，让他们提出自己的目标来？
16. 人们是否掌握了委派他负责的那些工作？

2. 组织实施

目标的实施是目标管理一个重大环节。首先要宣传鼓动，使有关人员对目标内容、意义、依据、实施步骤、有利条件和困难有透彻的了解，充分调动其积极性和主观能动性。其次应强调自控，鼓励各部门、各岗位以及员工对目标实施情况进行自控和自评，主动采取措施确保目标实施进度与质量。最后要协助指导，上级管理者通过信息反馈渠道或亲临现场，要帮助下级解决工作中出现的困难问题，当出现意外、不可预测事件严重影响组织目标实现时，也可以通过一定的程序修改原定的目标。

3. 检查和评价

目标管理的第三步就是检查和评价。对各级目标的完成情况要事先规定出期限，定期进行检查。检查的依据就是事先确定的目标。可灵活地采用自检、互检和成立专门的部门进行检查。对于最终结果，应当根据目标进行评价，并根据评价结果进行奖罚。达到预定的期限后，下级首先进行自我评估，提交书面报告；然后上下级一起考核目标完成情况，决定奖惩；同时讨论下一阶段目标，开始新循环。如果目标没有完成，应分析原因总结教训。目标管理考核评价应坚持标准，严格考评；实事求是，重在总结；奖惩结合，鼓励为主。

制定目标、组织实施、检查和评价是目标管理前后衔接、相辅相成的三个阶段，当所有的阶段完成后，目标管理将进入下一轮循环过程。

目标管理的程序如图 6-5 所示。

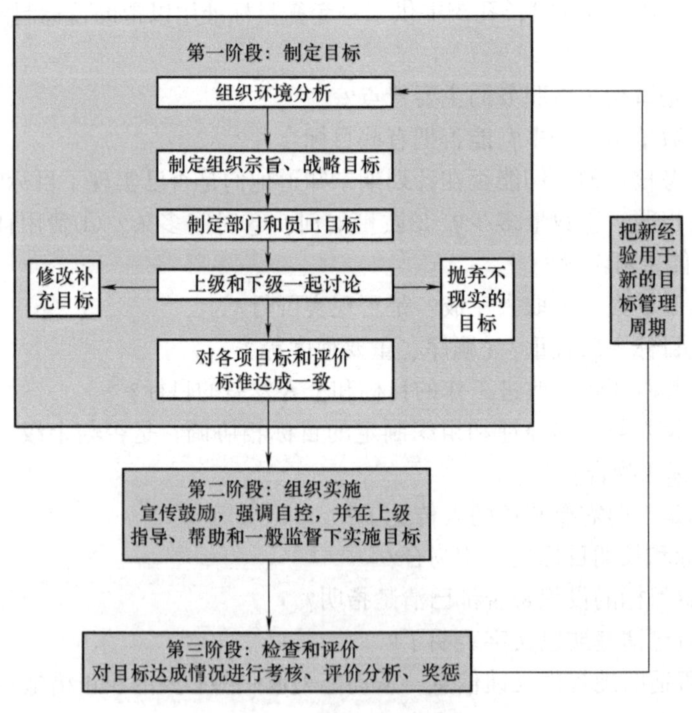

图 6-5　目标管理的程序

（四）对目标管理法的评价

目标管理法是全世界公认的重要管理方法，但实施中也出现了许多问题。因此必须客观分析其优点和缺点，了解其利弊。

1. 优点

（1）目标管理把组织成就和个人需要成功结合在一起。目标管理的倡导者德鲁克认为，古典管理学派偏重于以工作任务为中心，忽视人的需要这一面，而行为科学兴起，提出管理要以人为中心，工作中员工活动范围已有很大变化，员工要求参与管理。目标管理实行由员工参与制定目标、自我控制以及自上而下目标连锁，从而解决了以工作为中心及以人为中心的矛盾，既有利于实现组织成就，又能满足员工个人需要。

（2）目标管理是一种有效计划、组织、协调和控制的手段。目标管理通过上下协商制订计划，使计划变得切实可行，它使组织内部的权力分配更加合理，责任更加清楚；目标管理中形成的目标网络使各方面活动井然有序，相互协调，配合默契；明确的目标和及时的信息沟通使得控制更加有效。

（3）目标管理起到凝聚和激励作用。目标管理把全体工作人员的注意力都集中到实现组织总体目标上来，可以提高凝聚力，增强全局观念。目标管理强调自我控制、自我调节，通过目标和奖励，将个人利益和组织利益紧密联系在一起，员工不再只是听从命令、等待指示的盲从工作者，而是一个可以自我控制的、在一个领域内施展才华的积极工作者，因此，目标管理有助于调动员工的主动性、积极性，具有激励作用。

2. 缺点

（1）恰当的目标难以确定。由于组织环境的可变因素越来越多，变化越来越快，组织的内部活动也日益复杂，使组织活动的不确定性越来越大，再加上许多团队工作在技术上不可分解，这些都使目标难以定量化、具体化。

（2）目标管理易导致短期行为。几乎在所有实行目标管理的组织中，所确定的目标一般都是短期的，很少超过一年，常常是一季度或更短些。强调短期目标的弊病是显而易见的，因此，为防止短期目标所导致的短期行为，上级主管人员必须从长期目标的角度提出总目标和制定目标的指导方针。

（3）目标管理阻碍灵活性。目标管理要取得成效，就必须保持其明确性和确定性，如果目标经常改变，就难以说明它是经过深思熟虑和周密计划的结果，这样的目标是没有意义的。但是，计划是面向未来的，而未来存在许多不确定因素，这又使得必须根据已经变化了的计划工作前提对目标进行修正。然而修订一个目标体系与制定一个目标体系花费的精力相差无几，结果可能迫使主管人员不得不中途停止目标管理的过程。

虽然目标管理还存在着一些缺陷，但它在现代管理过程中起到了很大的作用。目前，目标管理这一方法正在由制造企业向商业、服务业以及各项事业单位展开。因此，一切企事业单位均可实行目标管理。目标管理的关键在于：组织领导人对实行目标管理的坚定信心；国家、集体和个人利益相结合；对目标的重视，目标一经制定，决不能放任自流和随意改动；实事求是，脚踏实地，认真执行，不搞形式。

阅读材料

马拉松运动员的秘密

山田本一是著名的马拉松运动员。他曾在1984年和1987年的国际马拉松比赛中，两次夺得世界冠军。记者问他凭什么取得如此惊人的成绩，山田本一总是回答："凭智慧战胜对手！"

大家都知道，马拉松比赛主要是运动员体力和耐力的较量，爆发力、速度和技巧都在其次。因此对山田本一的回答，许多人觉得他是在故弄玄虚。

10 年之后，这个谜底被揭开了。山田本一在自传中这样写道："每次比赛之前，我都要乘车把比赛的路线仔细地看一遍，并把沿途比较醒目的标志画下来。比如第一标志是银行，第二标志是一个古怪的大树，第三标志是一座高楼……这样一直画到赛程的结束。比赛开始后，我就奋力地向第一个目标冲去，到达第一个目标后，我又以同样的速度向第二个目标冲去。40 多公里的赛程，被我分解成几个小目标，跑起来就轻松多了。开始我把我的目标定在终点线的旗帜上，结果当我跑到十几公里的时候就疲惫不堪了，因为我被前面那段遥远的路吓到了。"

（资料来源：田戈．改变世界的 100 个管理故事［M］．北京：朝华出版社，2004.）

二、滚动计划法

（一）滚动计划法的基本思想

滚动计划法（Rolling-plan Method）是根据计划的执行情况和环境变化情况定期修订未来的计划，并逐期向前推移，使短期计划、中期计划和长期计划有机地结合起来。其编制方法是：在已编制出的计划的基础上，采用"近细远粗"的原则，每经过一段固定的时期（例如一年或一个季度，这段固定的时期被称为滚动期），便根据变化了的环境条件和计划的实际执行情况从确保实现计划目标出发对原计划进行调整，每次调整时，保持原计划期限不变，而将计划期顺序向前推进一个滚动期，这样就使短期计划、中期计划和长期计划有机结合起来。图 6-6 所示为一个公司 2015 年年底编制的五年期的滚动计划。

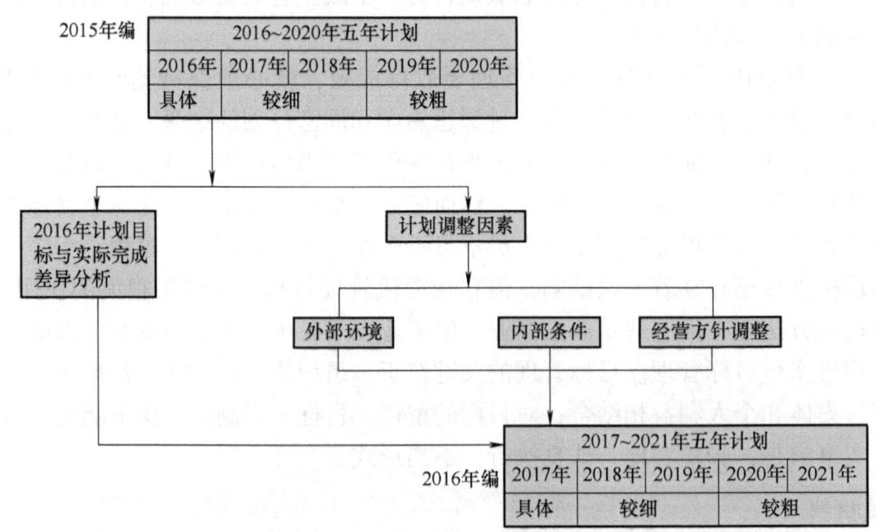

图 6-6　滚动计划法编制方法

（二）对滚动计划法的评价

虽然滚动计划法增加了编制计划工作的工作量，但在信息技术发达的今天，其优势尤其突出：①滚动计划法使计划更加切合实际，特别使战略计划的实施更加切合实际。由于战略计划的时间较长（通常在五年以上），对未来的环境变化也很难做出准确的估计和判断，计划时间越长，不确定性因素越多，计划实施难度也越大，滚动计划法相对缩短了计划时期，增加了计划的准确性和可操作性。②滚动计划法使长期计划、中期计划与短期计划相互衔接，短期计划内部各阶段相互衔接。因而，即使环境出现了大的变化，各期计划也能及时调整，保持基本一致。③滚动计划法大大加强了计划的弹性，提高了组织的应变能力和适应能力。

三、网络计划技术

网络计划技术是一种计划实施方法，特别适用于大型项目的计划安排（优化问题）。比如部门重整、重组、实施成本削减计划或者开发新产品，那就要求来自市场、制造和产品设计部门的输入，这样的计划要协调成百甚至上千的活动。其中一些活动必须同时进行，另一些活动只有在它的紧前活动完成以后才能开始。管理者如何对这些复杂的项目进行排序？这就要用到网络计划技术。

（一）网络计划技术的原理

网络计划技术是在关键路线（Critical Path Method，CPM）法和计划评审术（Program Evaluation and Review Technique，PERT）两种计划技术的基础上发展起来的。CPM 是美国杜邦公司和兰德公司在 1957 年为建造一座新的化工厂时研究发表的，采用该法后，第一年就为杜邦公司节约了 100 多万美元。PERT 是美国海军武器局特别规划室和洛克希德航空公司在 1958 年首先提出的，他们首先将该法用于制定在核潜艇上发射北极星导弹（Polaris Missile）的计划。该法的使用，使“北极星计划”比预定时间提前两年完成，节约了 10%～15%的成本。CPM 和 PERT 是独立发展的计划技术，两者之间有一些局部的不同，一般人们将它们合称为网络计划技术。这两种方法最主要的区别是 CPM 假定每项工作所需的时间是确定的，而 PERT 对各项工作所需时间基于概率估计是不确定的，因而这两种方法适用的侧重面不一样。CPM 适用于各项工作所需的时间和费用可以按照过去的经验或资料加以比较精确估计的场合，例如建筑业、造船业、设备的大修计划等；而 PERT 则适用于各项工作所需的时间没有过去的资料可以借鉴，而仅能做出估计的场合，例如一次性的开发研究、发展规划、新产品设计等。

网络计划技术的基本原理是利用网络图表达计划任务的进度及其组成的各项工作（工序）之间的相互关系；在此基础上进行网络分析，计算网络时间，找出关键工序和关键路线，利用时差，不断改善网络计划，求得工期、资源和成本的优化方案，并在计划付诸实施过程中进行有效的控制和监督，以保证合理地使用人力、物力和财力，实现预定的计划目标。

（二）开发网络计划的步骤

开发一个 CPM 或 PERT 网络，要求管理者识别完成项目所需的所有关键活动，按照发生的次序排列它们，估计每项活动的完成时间。这个网络计划的步骤如下：

（1）识别完成项目每一项必须从事的活动。每一项活动的完成导致一系列的事件或结果。

（2）决定事件完成的顺序。

（3）描绘活动从开始到结束的流程图，确定每项活动及其与其他活动的关系。用圆圈表示事件，用箭线表示活动。这一步的结果就称为网络流程图。

（4）计算每项活动的时间估计。这是对下述活动时间参数的加权平均：最佳时间估计（t_0），活动在理想条件下的持续时间；最大可能时间估计（t_m），正常条件下活动的持续时间；悲观时间估计（t_p），在最坏可能的条件下活动的持续时间。然后按照下列公式计算期望的活动时间（t_e）：$t_e=\frac{t_0+4t_m+t_p}{6}$。

（5）利用包含每项活动的时间估计的网络图，决定每项活动和整个项目开始和结束日期的进度计划。在关键路线上的任何延迟都要密切关注，因为它可能导致整个项目的延迟。

（三）网络图的构成

网络图（Network Diagram）又称箭线图（Arrow Diagram），是用来表示一个项目中各个工作环节的前后顺序关系的图形，主要由圆圈和箭线组成，形成网状图，所以称网络图。网络图实际上是计划的图解模型。网络图分为单代码网络图和双代码网络图两种，本书主要以双代码网络图为例。

1. 双代码网络图的基本要素

双代码网络图主要由以下内容构成：

（1）作业（或工序）→。作业（或工序）是一项有具体活动的过程，是网络图的重要组成部分。它代表了从一个事件到另一个事件的进展，是需要投入一定的人力、物力和财力，并经过一定时间后才能完成的任务、工序、工作等活动。在网络图中用带箭头的实线表示，另外，带箭头的虚线--►则表示不消耗资源，也不占用时间，通常称为虚作业或虚工序。

（2）事件节点○。节点和作业不同，它不消耗任何资源（包括时间），它在网络图中只起承上启下的作用，一个节点可以表示一项作业或几项作业的结束，同时它又可以表示另一项或几项作业的开始。在网络图中，它用圆圈及其内的编号表示，一项作业可用两个节点编号表示，如作业②→③。

另外，在网络图中有两个特殊的节点：起始节点和终止节点。起始节点只表示一项或几项作业的开始，不表示作业的结束，所以，从起始节点只有箭线出去，没有箭线进来；终止节点则相反，它只表示一项或几项作业的结束，不表示作业的开始，该节点只有箭线进来。

（3）松弛时间。单个活动在不影响整个项目完成工期的前提下可能被推迟完成的最大时间。

（4）路线。路线是在网络图中，由始点事项出发，沿箭线方向前进，连续不断地到达终点事项位置的一条通道。它用来说明计划活动从开始到结束的若干特征，即用来描绘计划活动中各项作业途径的路线。从起始节点到终止节点有很多条路线，每条路线上各个作业所需时间的总和就是这条路线的长度，其中最长的路线就是关键路线，关键路线上的作业为关键作业（关键工序），任何一个网络图中至少有一条关键路线。关键路线的长度决定了该网络图代表的项目的最短完工时间。确定了关键路线，就可确定关键作业，也就知道了影响整个项目最短工期的作业是哪些，抓住了这个“牛鼻子”，就可以有针对性地安排各项计划。

2. 排列作业

排列作业需要清楚每一项作业的紧前作业和其紧后作业。一项作业的紧前作业为该项作业开始之前必须先期完成的作业，一项作业的紧后作业为紧接在一项工作之后开始的作业。

3. 日程计划的确定

日程计划的确定需要确定每项作业的起止时间。

（1）作业最早可能开始时间 $ES_{i,j}$：紧前作业的最早开始时间 + 紧前作业进行时间，用□表示。

注意：第一个作业最早开始时间定为 0，当有多个紧前作业时，选最大值。

（2）作业最早可能结束时间 $EF_{i,j}$：本道作业的最早开始时间 + 本道作业的作业时间，用(　)表示。用公式表示为

$$EF_{i,j} = ES_{i,j} + t_{i,j}$$

（3）作业最迟结束时间 $LF_{i,j}$：不影响工期的前提下，为紧后作业的最迟结束时间 - 紧后作业的持续时间，用△表示，就是在不影响其紧后活动如期开始，该活动最迟必须结束的时间，取决于紧后作业。

注意：终点的最迟结束时间 = 最早结束时间；有多个紧后作业时，选最小值。

（4）作业最迟开始时间 $LS_{i,j}$：本道作业的最迟结束时间 - 本道作业的持续时间，用(　　)表示，用公式表示为 $LS_{i,j} = LF_{i,j} - t_{i,j}$。

（四）确定关键路线的方法

关键路线的路长决定了整个计划任务所需时间，关键路线上的工序成为关键工序，它们影响整个活动能否按时完成。关键路线通常在网络图中用红线或双横线标注出来。通常确定关键路线的方法有两种：一种是利用总时长；另一种是利用作业总时差。

（1）利用总时长。计算从始点开始到终点所有路线的时间长度，其中占用时间最长的工程路线（一条或几条），即关键路线。

（2）利用作业总时差。计算松弛时间（Relaxation Time），即在不影响工程总完工时间的情况下可以利用的机动时间。

$$\begin{aligned}
\text{松弛时间}(ST_{i,j}) &= \text{最迟结束时间} - \text{最早开始时间} - \text{作业时间} \\
&= \text{最迟结束时间} - (\text{最早开始时间} + \text{作业时间}) \\
&= \text{最迟结束时间} - \text{最早结束时间} \\
&= (\text{最迟结束时间} - \text{作业时间}) - \text{最早开始时间} \\
&= \text{最迟开始时间} - \text{最早开始时间}
\end{aligned}$$

关键路线上松弛时间为 0，即最早开始时间 = 最迟开始时间，且最早结束时间 = 最迟结束时间。

注意：虚工序虽然不占用时间，但可能有时间差（有松弛时间）。

绝大多数计划项目都是复杂的和包含大量活动的，下面通过一个简单的例子来看看网络计划技术的机理。

例 6-1：表 6-2 描述了建造办公楼项目中的主要事件，以及对每项活动期望时间的估计。图 6-7 描述了相应的 PERT 网络，图 6-7 中的数据是基于表 6-2 的数据。

表 6-2　建造办公楼的事件描述

事件/作业	描　　述	期望时间/周	紧前作业
A	批准设计和得到开工许可	10	—
B	挖地下车库	6	A
C	搭脚手架和外墙板	14	B
D	砌墙	6	C
E	安装窗户	3	C
F	吊装屋顶	3	C
G	内部布线	5	D、E、F
H	安装电梯	5	G
I	铺地板	4	D
J	上门和内装修	3	I、H
K	与大楼物业管理办理移交	1	J

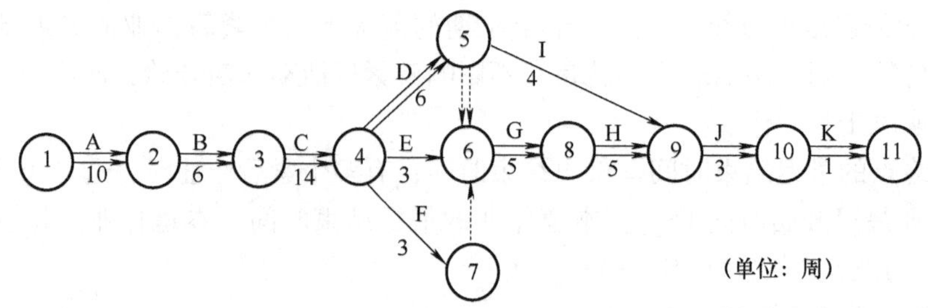

图 6-7　建造办公楼的 PERT 网络

计算每条路线的时间长度，依次为

A—B—C—D—I—J—K(44 周)

A—B—C—D—G—H—J—K(50 周)

A—B—C—E—G—H—J—K(47 周)

A—B—C—F—G—H—J—K(47 周)

PERT 网络表明，如果每项活动都按照计划进行，则整个项目的完成时间则为 50 周，这是通过沿着项目的关键路线（最长的一系列活动）A—B—C—D—G—H—J—K，把关键路线上各项活动的时间加起来得到的。关键路线上任何事件完成时间的延迟都会推迟整个项目的完成时间（也就是说，关键路线上的事件没有松弛时间）。对于铺地板这一事件（事件 I），如果花费了 6 周时间而不是 4 周时间，对于最后的完工日期没有什么影响。因为这个事件不处在关键路线上。但是如果花费 7 周而不是 6 周时间挖地下车库的话（事件 B），就会使整个项目的完工时间推迟。正是这种不同的影响，使得项目管理者在项目实施过程中需要不断重新回到进度计划上。如果管理者需要缩短 50 周的项目完成时间，就需要关注关键路线上的活动，看看它能不能完成得更快一些。这可以通过从其他的具有松弛时间的非关键路线活动中，抽调资源来支持关键路线上的活动而实现。

从例 6-1 中了解了确定关键路线的第一种方法，再以一实例例 6-2 了解第二种确定关键路线的方法。

例 6-2：表 6-3 中是一项工程的相关数据。作业（事件）名称用大写字母表示，作业时间估计值也列示出来了。请画出网络图，并找出关键路线。结果见图6-8。

表6-3 某工程的相关数据

序 号	作业序号	紧前作业	作业估计时间/天
1	A	—	2
2	B	—	2
3	C	—	2
4	D	A	3
5	E	A	4
6	G	B	7
7	H	B	6
8	I	D、E	4
9	J	C	10
10	K	H、J	3
11	L	G、K、I	4

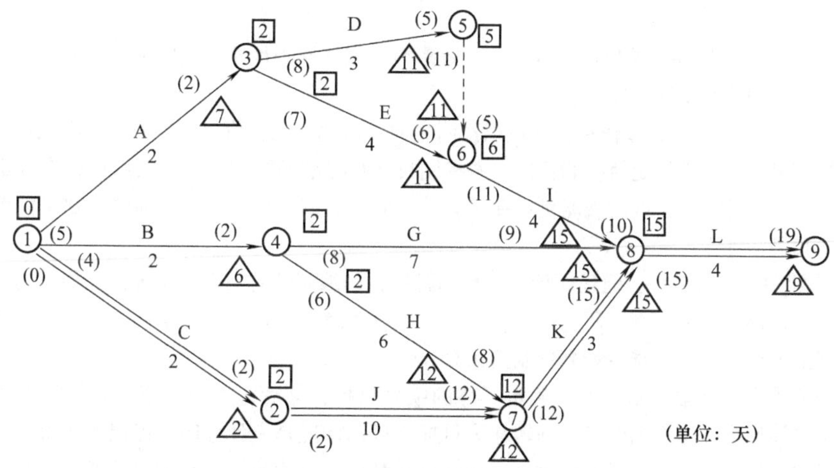

图6-8 某程的PERT网络

关键路线见图6-8中的双线标注，为C—J—K—L，工期为19天。

(五) 对网络计划技术法的评价

虽然网络计划技术的计算量比较大，但在计算机技术日益发达的情况下，这些计算都已经程序化了，因此网络计划技术法因具有突出的优势而被广泛应用。

1. 一目了然，整体把控

借助网络图可以清晰表明整个工程各个项目的时间先后顺序和相互关系，并能直白地标明完成任务的关键环节和关键路线。管理者在实施计划时可以一目了然，整体把控，统筹协调各项事件，既全盘考虑，又突出重点，可以有针对性地重点管理。

2. 优化工程的时间进度安排和资源的使用

网络计划技术可以根据关键路线的要求，调动非关键路线上的人力、物力、财力支持关键路线，从而实现综合平衡，达到节省资源和加快工程进度的双赢目的。

3. 预先评价达成最终目标的可能性

网络计划技术可以十分明晰地指出计划实施过程中的关键影响因素或困难点，以及困难点对整个任务可能产生的影响，使管理者可以提前做好预案，使风险降低到可控的程度之内。

4. 既可化整为零又可聚零为整，利于计划的组织和控制

尤其是对大型项目来说，可以把大型项目分解成一些子项目分别实施和控制，从而实现局部和整体的协调一致。

5. 操作简单，适用范围比较广泛

网络计划技术法的操作流程和原理均比较简单，可以把一些复杂的项目或工程简单化，而且各行各业的各种任务均可以采用网络计划技术法。

【本章小结】

1. 计划是用文字和指标表述的、组织以及组织内的不同部门和不同成员在未来一定时期内关于行动方向、内容和方式安排的管理文件。而动词意义上的计划，通常也叫计划工作（Planning），才是真正意义上的计划职能。按照周三多的观点，计划工作是指为了实现决策所确定的目标，预先进行的行动安排。

2. 计划工作具有目标性、首位性、普遍性、效率性、创新性等性质。其原理包括限定因素原理、许诺原理、灵活性原理和改变航道原理。

3. 计划具有十分重要的积极作用，它可以指明方向，协调活动；可以预测变化，降低不确定性；减少活动的重叠和浪费；计划设定目标和标准，并控制目标和标准的达成。但在实践中，有的学者或企业家认为在复杂多变的环境下，好的战略可以在没有计划的情况下产生，过于详细的计划反而会限制管理工作的创造性和灵活性。

4. 尽管计划的类型有多种，但任何计划工作的程序，即编制计划工作的步骤都是相似的，依次包括以下环节：确定目标；认清现在；研究过去；预测并有效地确定计划的前提条件；拟订和选择可行的行动方案；制订主要计划；制订派生计划；制定预算。

5. 目标管理是指管理者与员工共同确定具体的绩效目标，然后定期地评审实现目标方面的进展情况。其基本思想体现为：组织的任务必须转化为目标；目标管理是一种程序，提倡参与管理；每个分目标都是总目标的要求，也是对总目标的贡献；强调自我管理、自我控制；对下级的考核、奖惩也依据分目标，不断反馈；强调授权，促使权力下放。

6. 滚动计划法是根据计划的执行情况和环境变化情况定期修订未来的计划，并逐期向前推移，使短期计划、中期计划有机地结合起来。即在已编制出的计划的基础上，采用“近细远粗”的原则，每经过一段固定的时期，便根据变化了的环境条件和计划的实际执行情况，从确保实现计划目标出发对原计划进行调整，每次调整时，保持原计划期限不变，而将计划期顺序向前推进一个滚动期，这样就使短期计划、中期计划和长期计划有机结合起来。

7. 网络计划技术是利用网络图表达计划任务的进度及其组成的各项工作（工序）之间的相互关系；在此基础上进行网络分析，计算网络时间，找出关键工序和关键路线，利用时差，不断改善网络计划，求得工期、资源和成本的优化方案，并在计划付诸实施过程中进行有效的控制和监督，以保证合理地使用人力、物力和财力，实现预定的计划目标。虽然网络计划技术的计算量比较大，但在计算机技术日益发达的情况下，这些计算都已经程序化了，因此网络计划技术法因具有其突出的优势而被广泛应用。

【复习思考题】

1. 解释计划工作的首位性。
2. 简述计划工作的性质和计划的作用。
3. 简述计划工作程序。

4. 简述计划工作的原理。
5. 简述目标管理的基本思想、过程和优缺点。
6. 简述滚动计划法的基本思想和优势。
7. 简述网络计划技术法的编制过程。

【案例思考】

海尔集团创造的日清日高管理法

日清日高管理法，即 OEC 管理法，是海尔集团冰箱公司在管理实践中，不断创新、逐步提炼、总结形成的一种有效的企业内部经营管理体系。所谓 OEC，实际上是“Overall Every Control and Clear”的英文缩写，其含义是全方位地对每人、每天所做的每件事进行控制和清理，以做到“日清日毕，日清日高”。它由以下三个控制体系构成：

1. 日清目标体系

这是企业各项工作的指南和日常管理的重要依据，是管理体系中提纲挈领的部分。目标体系由集团公司（决策层）、部门和分厂（执行层）、车间（作业层）三个层次组成。第一步，集团公司制定总目标，每年 12 月份集团公司根据市场变化情况和本年度目标完成情况，制定下一年度的总目标，包括产量、质量、经济效益、生产率、管理、产品开发、企业发展等内容，确定每项内容的具体目标值、工作进度、完成期和承担的部门，据此制定年度方针目标展开实施对策表。第二步，将总目标逐项分解到各部门（分厂）。由各部门（分厂）再分解为月度目标和计划，列入 OEC 控制总台账，对其中重点项目在台账中细化单列，形成总目标的子系统。第三步，各部门（分厂）将子目标分解为各车间控制的项目，由各车间再分解为每个岗位、每个员工每天的工作项目和责任，列入工作控制台账。这样，就使得看似很大无从下手的大目标细化到每人每天的具体工作，变成了简单、清晰、易操作的小目标，构成一个层次分明、内容完整、责任明确的目标计划体系。

2. 日清控制体系

该控制体系包括纵向（生产作业现场）控制和横向（职能管理）控制。按照问题、发生地点、发生时间、责任者、原因、问题多少、损失大小、解决措施、安全事项九个因素进行控制。生产作业现场日清的主要对象是质量、工艺、设备、物耗、生产计划、文明生产、劳动纪律七个项目。由管理人员进行巡回检查，每两个小时将检查结果记录在相应的七张日清表中，同时将各项结果综合评价后，填写日清栏考评意见，一起公布于各车间日清管理栏内。每个员工对照七个方面的标准和要求将自检结果填入“三 E”（每人、每天、每件事三个英文单词的第一个字母 E）卡，日清工作记录卡交班长考核确认。各职能管理部门按照阅读目标和计划实施控制，每天将实际完成值分别与目标值、上期完成值相比较，记录在日清控制表上，同时找出薄弱的环节和存在的问题列入重点控制项目，并分析原因，及时向有关单位发出纠偏单。对纠偏情况进行跟踪检查，每天记录在现场日清记录表上，对临时性的工作填写工作活页，随时进行控制，纳入例行管理。日清的目标是：使月度目标和工作项目处于受控状态，对出现的问题及时进行分析，提出整改措施，确定责任，严格进行考核。

3. 激励机制

对管理人员每天按日清实际完成值与目标值、上期完成值对比，对超过、持平、下降分别给予 A、B、C 三个等级的评价。每天日清考核中，对发现问题者当场给予红券并予以奖励，对责任者发给黄券予以处罚，并记入“三 E”卡，月终发工资时兑现。

除此之外，还多方面建立激励机制。一是完善用人机制，通过公司招聘、竞争上岗，充分挖掘人才；二是实行“三工并存，动态转换”的用工制度，即设置优秀员工、合格员工、试用员工三个等级，依据考核标准有升有降；三是为管理人员设置海尔金、银、铜奖，为工人设置海尔希望奖、合理化建议奖以及信得过班组奖、自主管理班组奖。

问题讨论：

1. 结合本案例说明目标管理的程序，以及目标管理和控制的关系。
2. 目标管理在推行过程中，影响其效果的因素主要有哪些？

第七章　组　　织

【学习目标】

1. 了解组织的含义。
2. 明确组织设计的原则和内容。
3. 理解管理幅度及影响其大小的因素。
4. 了解组织中职权分配的途径。
5. 掌握组织设计的影响因素及组织结构的类型。
6. 了解组织变革的含义及影响因素。
7. 区分组织变革的征兆和类型。
8. 了解组织变革的程序和模式。
9. 掌握组织变革的阻力及消除阻力的策略。

【关键术语】

组织结构　组织设计　部门化　管理幅度　管理层次　制度分权 授权　直线职权　参谋职权　职能职权　集权　分权　直线制　职能制　直线职能制　事业部制　矩阵制　多维立体型组织结构　网络型　集团控股型　无界限　组织变革

【结构框图】

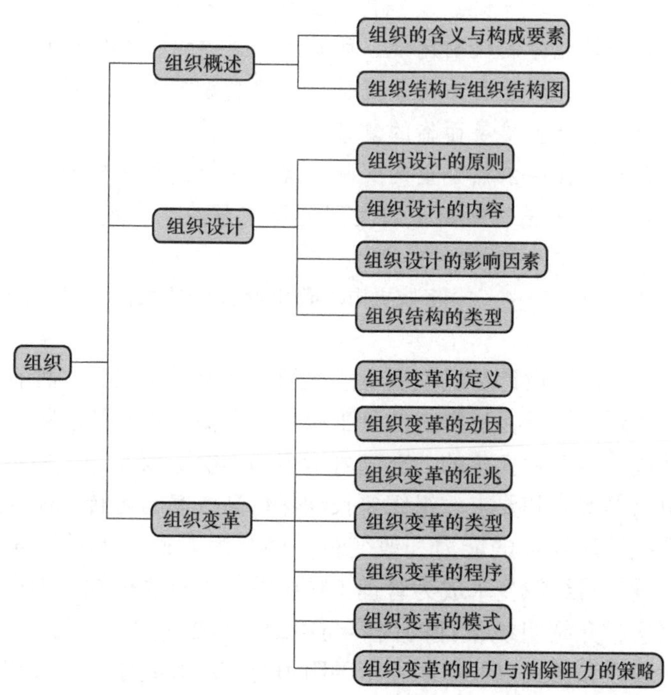

【引入案例】

关于国务院机构改革

2013 年 3 月 14 日，十二届全国人大一次会议表决通过了《国务院机构改革和职能转变方案》。这次国务院机构改革，重点围绕转变职能和理顺职责关系，稳步推进大部门制改革。

为进一步理顺部门职责关系，最大限度地整合分散在国务院不同部门相同或相似的职责，这次改革提出了三个方面的整合重点：①按照同一件事由一个部门负责的原则，将房屋登记、林地登记、草原登记、土地登记的职责，城镇职工基本医疗保险、城镇居民基本医疗保险、新型农村合作医疗的职责，分别整合由一个部门承担。②整合业务相同或相近的检验、检测、认证机构，解决这些机构过于分散、活力不强的问题。③整合分散在不同部门管理的资源。整合工程建设项目招标投标、土地使用权和矿业权出让、国有产权交易、政府采购等平台，建立统一规范的公共资源交易平台。推动建立统一的信用信息平台，逐步纳入金融、工商登记、税收缴纳、社保缴费、交通违章等信用信息。对其他职责交叉、分散问题，也要求按照上述原则整合解决。

（1）实行铁路政企分开。

（2）组建国家卫生和计划生育委员会。

（3）组建国家食品药品监督管理总局。

（4）组建国家新闻出版广电总局。

（5）重新组建国家海洋局。

（6）重新组建国家能源局。

这次国务院机构改革，一方面，充分利用当前各种有利条件，对一些事关社会主义市场经济体制完善，事关社会体制机制建设，而且有广泛共识、条件比较成熟的，坚定地推进改革。像铁路政企分开、调整食品药品安全监管体制等方面，就要取得实质性进展。另一方面，充分考虑经济、社会发展面临的复杂形势和各种风险挑战，特别是当时经济下行压力较大、维护社会稳定任务依然繁重的实际情况，保持国务院机构的总体相对稳定。对有些长期存在、社会高度关注的问题，通过职能调整解决，或适时通过必要的机构调整解决。

（资料来源：新华网，2013. 3. 14：《国务院机构改革和职能转变方案》）

组织工作的核心是组织设计与组织变革。组织设计着眼于建立一种有效的组织结构框架，对组织成员在实现组织目标过程中的分工协作关系做出正式的、规范的安排。但当今组织面临的外部环境是动态和变化的，充满着诸多的不确定因素，这种不确定性对组织的生存不断地提出更高的挑战和要求。组织要长期保持高效率的运转，需要进行相应的组织变革，通过提高组织适应环境的能力和改变员工的行为方式，从而获得长久的发展。因此，如何进行组织设计与组织变革成为管理工作中的一项重要挑战。本章重点分析组织设计的原则与影响因素，介绍组织设计的内容与组织结构的基本类型，探讨组织变革的动因、征兆、类型、程序和模式以及组织变革的阻力与策略等问题。在介绍这些内容之前先了解一下什么是组织。

第一节　组织概述

在进行组织设计之前首先应该弄清楚什么是组织、组织的构成要素有哪些、什么是组织结构，以及组织结构以什么样的形式体现出来？

一、组织的含义与构成要素

了解组织的含义与构成要素，能够使组织的管理者明确组织职能的内容和特点，在管理活动中能够突出组织工作的重点，有助于管理者设计科学合理有效的组织结构。

（一）组织的含义

管理学中的“组织”有名词和动词两层含义。

1. 作为名词的组织

作为名词，组织是指为了实现某些特定目标经由分工与合作及不同层次的权力和责任制度而构成的人的集合。也就是说，作为名词的组织是指一种实体。这个定义包含以下三个特征：

（1）组织要有共同的目标。目标是组织存在的前提，只有组织的目标被组织成员认可和接受，才会有组织成员之间的协作活动。由于组织中每个成员的价值观、理解能力和思维方式都有其自身的独特性，因此其对组织目标的理解往往会存在差异，组织中主管人员的重要作用就是将组织目标与员工个人目标统一起来，使员工的个人目标能融入组织目标中，提升组织的凝聚力和战斗力。

（2）组织要有分工与合作。组织成员要按照一定的原则进行组织结构设计和部门划分，每个部门从事一种或几种特定的工作，同时，各个部门之间又要协调配合，这样才能高效率地实现组织目标。

（3）组织要有明确的权责结构。完成任何一项工作都需要具有完成该项工作所必需的权力，因此组织在要求每个部门甚至每个员工承担相应职责的同时，也要赋予其与职责对等的权力。同时，权责结构要让组织成员了解其具有明确的正式信息联系渠道，以保证组织信息准确、快捷、高效流通。

2. 作为动词的组织

在管理学的研究中，作为动词，组织是指管理的组织职能。组织职能是指为有效实现组织目标，建立组织结构、配备人员，使组织协调运行的一系列活动。作为动词的组织是指一种活动。组织职能包括以下内容：

（1）设计并建立组织结构。明确实现组织目标所需要的各项业务活动，将这些活动按照一定的原则与方式进行组合与分类，形成可以管理的、职能各异的部门和单位。

（2）设计并建立职权关系体系。明确各部门和单位的管理者的相应职权，建立起正式的职权线。同时，进行正确授权与适度分权。

（3）人员配备与人力资源开发。为各部门和单位的各个职位配备适当的人员以及对组织人员的取得、配置和利用进行人力资源管理与开发工作。

（4）组织运作与协调。设计并建立组织制度规范体系与信息沟通模式，从纵横两个方面对组织结构进行协调和整合，使得组织结构中上下左右各部门相互配合，以保证组织高效运转。

（5）组织变革。组织应根据内外部环境的变化，自觉、及时地调整并完善自身结构与功能，提高生存与发展能力以更好实现自身目标。

本书下面的阐述中，很容易根据上下文区分“组织”所代表的含义，不过应指出的是，组织活动，也就是动词的“组织”需要以名词的“组织”为载体，两者是一体的，不可分割的。

（二）组织的构成要素

组织要素是构成组织系统的各个部分或成分，是组织的最基本单位。组织要素决定了组织的结构、功能、属性和特点。区分和研究组织要素及它们之间的相互关系，有利于对组织成员、组织内的类群及其相互关系进行调节和预测。组织作为一个有活力、能动的有机整体，其构成要素分为有形要素和无形要素两大类。

1. 有形要素

组织的有形要素包括人员、职位、职责、职权和生存条件等。

（1）人员。这是组织构成的核心要素。实现组织的目标，必须有一定数量的成员，但人们要成为某个组织的成员，必须通过一定的进入程序或手续。这种进入程序或手续形成组织的边界，强化成员对组织的归属感和认同感，明确组织与其成员各自的权利和义务。

（2）职位。职位即岗位，它是指在一个特定的组织中，在一个特定的时间内，由一个特定的人所担负的一个或数个任务。简单地讲，职位是指组织的某个成员需要完成的一个或一组任务。

（3）职责。职责是指任职者所负责的工作范围和承担的工作任务以及相应的责任，包括完成效果等。

（4）职权。职权是指组织设计中赋予某一职位做出决策、指导他人工作及发布命令的权力。职权与组织中的某一职位有关，是一种职位权力，而与任职者没有任何关系。成员一旦离职就不再享有该职位的任何权力，而职权仍保留在该职位中，并被给予新的任职者。

（5）生存条件。一个组织的生存和发展离不开必要的物质条件，这些条件包括组织运行所需的资金、场所、交通工具和通信工具等。

2. 无形要素

组织的无形要素包括共同的目标、协作意愿和信息沟通等。

（1）共同的目标。这种共同的目标既为组织运营和协调所需，又能为组织成员所理解和接受，同时又必须随环境条件的变化而做适当的变更。

（2）协作意愿。协作意愿是指组织成员对组织共同目标做出贡献的意愿。若组织内无协作意愿，组织目标将无法达成。

（3）信息沟通。信息沟通是组织运行的基础，组织的共同目标和协作意愿只有通过信息沟通才能得以实现。

阅读材料

天鹅、狗鱼和虾

有一天，天鹅、狗鱼和虾一起想拉动一辆装满东西的货车。三个家伙套上车索，拼命用力拉，可车子还是拉不动。这是什么原因呢？其实车上装的东西并不算重，按照三个家伙的力气足以拉动这辆货车，但三个家伙的目标和努力方向不一致，天鹅拼命向云里冲，虾尽是向后倒拖，狗鱼直向水里拉，所以尽管三个家伙都付出了很大的努力，但没有任何绩效。

管理启示：对于任何一个正式组织来说，有形要素和无形要素都是其存在的必要条件，尤其是无形要素，缺少任何一个，组织都将趋于解体。组织内员工之间的工作不协调，就会产生强大的内耗，既浪费了资源，又不能达成目标。管理者的智慧所在，就是要妥善分配员工的工作，并协调他们之间的合作，使员工的个人目标与组织目标相一致。

二、组织结构与组织结构图

组织结构描述了组织的框架体系，决定了组织的形状。组织结构是对组织的部门结构、层次结构和职权结构的划分，通常用组织结构图来刻画组织的结构。

（一）组织结构

组织的高效率运转，首先要求有设计合理的组织结构。组织结构描述了组织的框架体系，它是指组织成员为实现组织目标，在工作中进行分工协作，通过职务、职责、职权及相互关系构成的结构体系。组织结构是组织的骨架，就像人由骨骼确定体型一样，组织是由其结构来决定其形状的。组织结构是组织的流程运转、部门设置及职能规划等最基本的结构依据。

组织结构包括纵向和横向两大系统。其中，横向系统体现了平行结构或人员之间的分工协作关系；纵向系统体现了组织上下垂直结构或人员之间的领导隶属关系。合理的组织结构是发挥组织功能、保障组织运行效率和秩序的载体。

组织结构包括部门结构、层次结构和职权结构。其中，部门结构是各管理或业务部门的构成，即组织的横向结构；层次结构是各管理层次的构成，即组织的纵向结构；职权结构是各层次、各部门在权力和责任方面的分工及相互关系。组织结构分析需要分析上述各种结构是否合理有效。

（二）组织结构图

组织结构图表示了组织结构的状态以及各种管理职务或部门在组织结构中的地位和相互关系。组织结构图由方框、直线（箭线）和虚线构成。基本的组织结构图如图 7-1 所示。

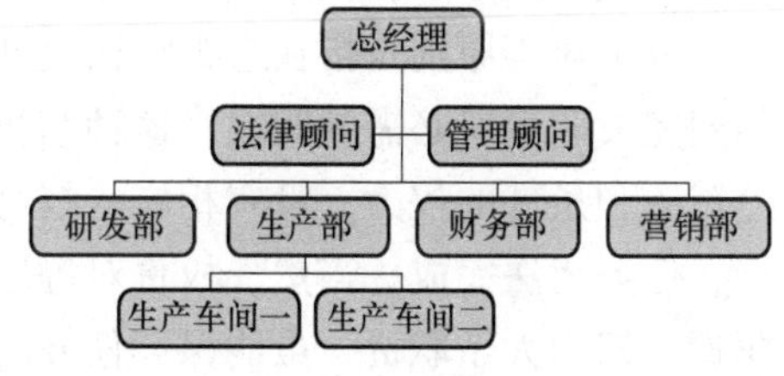

图 7-1　组织结构图

图 7-1 中的方框表示各种管理职务或相应的部门，其位置高低表明该职务或部门的层次和等级。

直线（箭线）表示权力的指向或部门之间的关系。通过直线（箭线）将各方框连接，标明了各职务或部门在组织结构中的地位以及它们之间的相互关系。

虚线表示这个部门可能是一个项目部门，在特殊情况下才会组成和启用。比如有的组织设置“战略委员会”，其实并没有一个专门的部门存在，只是在年终或年初等需要的时候，临时召集高管讨论组织战略，并不是常态部门。也可能这个部门是组织的一个建议性部门，虽是组织的常设部门，但与组织的隶属关系并不强，如法律顾问、管理顾问部门等，该部门人员一般是外聘的，有事或有流程涉及时才会用到这个部门。还有可能这个部门是项目工作组，是临时组建的，一个项目完工，马上就要更名成另一个项目的名称，特别是在房地产和创作设计的组织中较常见。

通常，组织结构图是由上而下绘制的，组织结构改进时，也往往自上而下重新划分各个部门。但是，设计一个全新的组织结构却需要从最基层开始，也就是说，组织设计是自下而上进行的。

第二节 组 织 设 计

一、组织设计的原则

组织所处的环境、采用的技术、制订的战略和发展的阶段不同，所需的职务和部门及其相互关系也不同，但任何组织在进行组织设计（Organizational Design）时都必须遵守一些共同的原则。

（一）因事设职、因职用人原则

组织设计的根本目的就是保证组织目标的实现，使目标活动的每项内容都落实到具体的岗位和部门，既要“事事有人做”，也要“人人有事做”。因此，组织设计中，要根据工作的特点和需要因事设职、因职用人。任何组织都是由人组成的，进行组织结构设计时也要充分考虑和重视人的因素。“因职用人”并非是让人去被动适应职位的要求，而是在其职位上积极为人创造充分发挥才能的平台和机会。

（二）分工协作原则

组织内的分工包括纵向分工和横向分工。纵向分工是将组织划分为不同的层次，横向分工是将组织划分为不同的职能部门。组织结构应该能充分反映不同层次和不同部门的分工以及相互之间的协调，做到明确分工，合理协作。一般而言，分工越细，效率越高，但协调工作量越大，协调难度越大；分工太粗，效率会降低，容易产生推诿现象。因此，在组织设计中应根据需要和可能合理确定分工。

（三）权责对等原则

权责对等原则是指在组织结构设计时，不仅要明确各个部门和职位的职责，还要赋予他们完成职责所必需的职权，这种职权表现为取得和利用一定的人力、物力、财力和信息等资源和条件的权力。没有相应的权力，或权力范围小于工作的要求，可能使责任无法履行、任务无法完成。当然，权责对等原则也意味着赋予某个部门和职位的权力不能超过其职责。权力大于职责，虽能保证任务的完成，但可能会造成权力滥用，以及有些工作权力交叉、权责不用反而无人负责的现象。

（四）统一指挥原则

“统一指挥原则”指的是组织中的任何成员只能接受一个上司的领导。但是，在管理实践中，这条原则常常会遭到破坏，出现“多头领导”现象。“多头领导”现象可能是由“越权指挥”或“越级指挥”造成的。如图7-2所示，当B对F直接发布指令时就形成了“越权指挥”，当A直接向G发布指令时就形成了“越级指挥”。一个人若同时接受两个上司的领导，常常会无所适从，从而导致工作混乱。

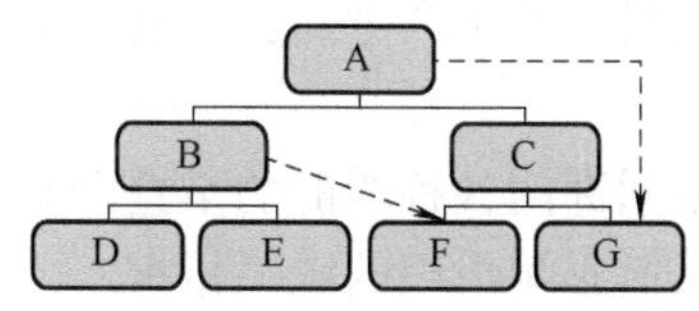

图7-2　“越权指挥”与“越级指挥”

二、组织设计的内容

组织设计的实质是通过对劳动的分工，将不同的组织成员安排在不同的部门和岗位中。劳动分工包括横向和纵向两个方面。横向分工就是根据不同标准将劳动分解成不同岗位和部门的任务，其结果就是部门的设计，或称之为部门化（Departmentalization）。纵向分工就是根据管理幅度（Management Range）的限制，确定管理系统的层次，并根据各管理层次（Management Layers）在管理系统中的位置，规定管理人员的职责和权限。纵向分工是责任分配基础上的管理权限的相对集中或分散。

（一）横向组织设计——部门设计

部门设计是指为了实现组织目标按照一定的方式将组织的工作予以划分和组合，形成易于管理的组织单位，如部、处、科、室、组等。它是在劳动横向分工的基础上进行的。分工的标准不同，所形成的管理部门以及各部门之间的相互关系也不同。组织设计中常用的划分部门的标准有职能、产品、区域、顾客及流程等。

1. 职能部门化

职能部门化是根据业务活动的相似性来设立管理部门。研发、生产、营销及财务被认为是组织的基本职能，除了这些基本职能外，组织还需要一些保证生产经营顺利开展的辅助性职能，如人事、公关、法务等。职能是划分活动类型、设立部门的最自然、最方便、最符合逻辑的标准，因此，职能部门化也是一种传统的、普遍的部门组织形式。

职能部门化的优点在于：①具有专业化分工的优势。各部门管理人员可以专心致志地从事自己的职能工作。②有利于维护组织的统一性。各职能部门都在最高主管的领导下从事相互依存的整体活动的一部分，因此有利于维护最高行政指挥的权威。③有利于部门间工作人员的培训和交流。

职能部门化的缺点在于：①难以区分不同产品对组织的贡献。例如，各种产品的原料采购、生产制造和销售等都集中在同一个部门进行，不利于对不同产品带来的利润进行考核，不利于产品结构调整。②不利于高级管理人才的培养。这是由于各部门负责人长期只从事某职能部门的工作，不熟悉其他部门的工作以及本部门与其他部门的关系，缺乏总体眼光。③不利于组织整体目标的实现。由于活动的业务和性质不同，各职能部门可能只注重依据自己的准则来行动，局部观点严重，可能使本来相互依存的部门之间的活动不协调。

2. 产品部门化

产品部门化是根据组织生产的产品或提供的服务的类别进行部门设置，即对某大类产品开展产供销一条龙管理，是开展多元化战略的组织经常采用的部门划分方法。

产品部门化的优点在于：可以使组织将多元化经营与专业化经营结合起来；有利于区分不同产品对组织的贡献从而及时调整生产方向；有利于促进组织内部竞争；有利于高层管理人员的培养。

产品部门化的缺点在于：不同部门各种职能的重叠会导致管理成本上升；各个部门主管可能过分强调本部门利益，从而影响组织的统一指挥。

3. 区域部门化

区域部门化是根据地理因素设置管理部门，把不同地区的经营业务划分给不同的部门经理。组织活动在地理上的分散带来的交通和信息沟通困难，以及社会文化环境的差异是区域部门化的主要理由。区域部门化比较适合用户在较大区域分布的情况，如跨国公司。区域部门化的优缺点与产品部门化类似。

4. 顾客部门化

顾客部门化是按照顾客的类型进行部门设置。对于从事商业服务类的组织，按照顾客类型划分部门可以提高服务效率。例如，银行为了向顾客提供专业化服务，设置商业信贷部、农业信贷部和个人信贷部；大型律师事务所按照企业顾客和私人顾客进行部门设置。

顾客部门化的优点是：按照不同顾客群的特殊需要提供专业化服务，提高了针对性，增加了顾客满意度。

顾客部门化的缺点是：如果顾客划分不当，可能会忽视某一群体顾客；可能造成管理成本上升，因为只有当某一部门顾客达到一定规模时才比较经济。

5. 其他部门化

（1）过程部门化，即按照生产过程或工艺流程设置部门。例如，机械制造企业按照生产过程划分为铸工车间、锻工车间、机加工车间、装配车间等。过程部门化有利于提高各部门的生产效率，但部门间协作较困难。

（2）人数部门化，即单纯按照人数多少来划分部门。例如，军队的师、团、营、连的划分，是最原始、最简单的划分方法。

（3）时间部门化。这是正常工作日不能满足工作需要时所采用的一种部门划分方法。例如三班制、轮班制的工作情形可以进行时间部门化，如夜班值班室等。

（4）设备部门化，即按照设备的类型划分部门。例如医院的放射科、心电图室、脑电图室、超声波室等。

部门划分应遵循的总的原则是分工协作原则。上述对部门划分的方法只是为了理论研究的方便，在实际工作中，任何组织都很少根据唯一的标准来划分部门，往往同时利用两个或两个以上的部门划分方式，形成综合式的组织结构。例如高校的教务处、科研处、财务处、人事处是按照职能划分部门，而各学院的设置又是按照产品划分部门。值得注意的是，部门设置中出现了一些新趋势：一是顾客部门化越来越受到重视，二是采用跨越传统部门界限的团队形式更受组织青睐。

（二）纵向组织设计——管理层次设计

管理人员不可能对每一个员工进行直接管理，组织内部必须要划分管理层次，以便逐级管理。组织如何建立有效的管理层次，影响因素很多，其中最重要的影响因素就是管理幅度。

1. 管理幅度、管理层次及二者关系

管理幅度是指主管能够直接有效地指挥和监督下属的数量。组织的最高主管因受到时间和精力的限制，需要委托一定数量的人分担其管理工作，委托的结果是减少了他必须直接从事的业务工作量，但同时增加了协调受委托人之间关系的工作量。基于同样的理由，最高主管的受委托人也需要将其工作再委托给另一些人，以此类推下去，直到受委托人能够直接安排和协调组织成员的具体业务活动。整个组织便形成了由最高主管到一线员工之间的不同的管理层次，简言之，管理层次就是组织中纵向管理机构的级数。

显然，管理层次受到组织规模和管理幅度的影响。在管理幅度一定的情况下，它与组织规模呈正比：组织规模越大，包括的成员越多，管理层次越多。在组织规模一定的情况下，它与管理幅度呈反比：管理幅度越大，管理层次越少。

在组织规模一定的条件下，管理岗位和相应的管理费用与管理层次呈正比，管理层次越多，管理岗位越多，相应的管理费用也就越高。以某个拟成立的公司的组织规模设计为例，根据该公司的业务计划和生产能力，需要设置4096个一线工作岗位。在不同管理幅度下（4、8、16）的管理岗位的数量如图7-3所示。

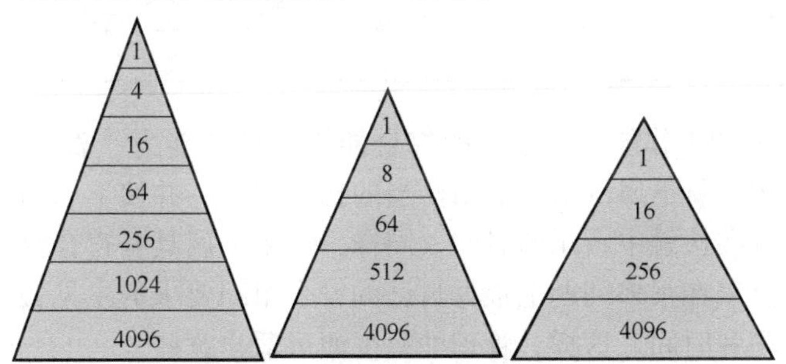

图7-3　某公司组织规模设计

当管理幅度为4时，管理层次为7，需要管理人员数量为1365人；当管理幅度为8时，管理层次为5，需要管理人员数量为585人；当管理幅度升为16时，管理层次减少为4，缩减了3个管理层次，管理人员数量减少为273人。可见，扩大管理幅度对于节约组织的经营管理成本具有明显的效果。

但是，组织也不能随心所欲地扩大管理幅度。因为随着下属人数的增加，管理工作的复杂程度大大增加。管理学者格兰丘纳斯（V. A. Graicunas）论证了下属人数与人际关系数之间的关系。他将管理人员需要关注和协调的人际关系归纳为三种类型：①直接关系，即主管人员直接单独与其直属下级的关系；②群体关系，即主管人员与其直属下级之间各种可能的组合关系；③交叉关系，即下属人员彼此之间的联系。根据这三种类型，格兰丘纳斯推导出下属人数与人际关系数之间的关系如下所示：

$$N = n(2^{n-1} + n - 1)$$

式中，n表示下属人数；N表示人际关系数。

上述公式表明当管理者直接领导的下属数量呈算术级数增长时，其所要协调的人际关系数量按几何级数增长。因此，组织在设定管理幅度时不能单纯考虑下属人数，应该充分

考虑其所涉及的人际关系数。

2. 管理幅度的影响因素

由于在组织规模一定的情况下，管理层次的多少取决于管理幅度的大小，因此，后者成为矛盾的主要方面。那么，多大的管理幅度才是合适的呢？

事实上，合适的管理幅度并没有一个统一的数量标准。在同样获得成功的组织中，每位主管直接有效管辖的下属数量往往是不同的。有效的管理幅度受到诸多因素的影响，组织应根据这些因素结合组织实际情况进行确定。管理幅度的影响因素如表 7-1 所示。

表 7-1 管理幅度的影响因素

管理幅度的影响因素
• 主管与下属的工作能力
• 工作内容与性质： 主管所处的管理层次 下属工作的相似性 计划的完善程度 非管理事务的多少
• 工作条件： 助手的配备情况 信息手段配备情况 工作地点的相似性
• 组织环境

（1）主管与下属的工作能力。主管的综合能力、理解能力、表达能力强，则可以迅速地把握问题的关键，就下属的请示提出恰当的指导建议，并使下属明确地理解，从而可以缩短与每一位下属在接触中占用的时间。同样，如果下属具备符合要求的能力，受过良好的系统培训，则可以在很多问题上根据自己的符合组织要求的主见去解决，从而可以减少向上司请示的频率和时间。这样，管理的幅度便可适当宽些。

（2）工作内容与性质。

1）主管所处的管理层次。主管的工作在于决策和用人。处在管理系统中的不同层次，决策与用人的比重各不相同。决策的工作量越大，主管用于指导、协调下属的时间就越少，而越接近组织的高层，主管人员的决策职能越重要，所以其管理幅度要较中层和基层管理人员小。

2）下属工作的相似性。下属从事的工作内容和性质相近，则对每人工作的指导和建议也大体相同。这种情况下，同一主管对较多下属的指挥和监督是不会有什么困难的。

3）计划的完善程度。下属如果单纯地执行计划，且计划本身制订得详尽周到，下属对计划的目的和要求明确，那么，主管对下属指导所需的时间就不多；相反，如果下属不仅要执行计划，而且要将计划进一步分解，或计划本身不完善，那么，对下属指导、解释的工作量就会相应增加，从而减小有效管理幅度。

4）非管理事务的多少。主管作为组织不同层次的代表，往往必须占用相当多的时间去进行一些非管理性事务。这种现象对管理幅度也会产生消极的影响。

（3）工作条件。

1）助手的配备情况。如果有关下属的所有问题，不分轻重缓急，都要主管去亲自处理，那么，必然要花费他大量的时间，他能直接领导的下属数量也会受到进一步的限制。如果给主管准备了必要的助手，由助手去和下属进行一般的联络，并直接处理一些明显的次要问题，则可以大大减少主管的工作量，增加其管理幅度。

2）信息手段的配备情况。掌握信息是进行管理的前提。利用先进的技术去收集、处理、传输信息，不仅可帮助主管更早、更全面地了解下属的工作情况，从而可以及时地提出忠告和建议，而且可使下属了解更多的与自己工作有关的信息，从而更能自如、自主地处理分内的事务。这显然有利于扩大主管的管理幅度。

3）工作地点的相近性。下属的工作岗位在地理上的分散，会增加沟通困难，从而会影响主管直属部下的数量。

（4）组织环境。组织环境稳定与否会影响组织活动内容和政策的调整频度与幅度。环境变化越快，变化程度越大，组织中遇到的新问题越多，上级能用于指导下属工作的时间和精力就越少，因为他必须花更多的时间去关注环境的变化，考虑应变的措施。另外，环境越不稳定，组织中出现的新问题越多，下属向上级的请示就越有必要、越经常，各层主管人员的管理幅度也将因此受到限制。

3. 组织结构的基本形态

管理层次与管理幅度的反比关系决定了两种基本的组织结构形态：高耸结构形态和扁平结构形态。表 7-2 对高耸结构形态和扁平结构形态的特点、优点、缺点及适用条件进行了比较。

表 7-2　两种结构形态的比较

	高耸结构形态	扁平结构形态
特点	• 高度的劳动分工和职能分工 • 严格的层级关系 • 固定的职责 • 明确的指挥链 • 高度的正规化 • 狭窄的管理幅度 • 集权化 • 追求稳定运行中的效率	• 跨职能团队 • 跨层级团队 • 不断调整的职责 • 信息自由流动 • 低度正规化 • 宽泛的管理幅度 • 分权化 • 强调创新与灵活性
优点	• 具有高度的权威性和统一性 • 决策和行动比较迅速	• 管理层次少，便于信息交流 • 有利于发挥下级人员的才干 • 灵活而有弹性 • 所需管理人员少，管理费用低
缺点	• 不便于纵向联络沟通 • 缺乏灵活性和适应性 • 所需管理人员多，管理费用高	• 不便于进行有效的监督与控制 • 容易突出下属的特权和部门利益
适用条件	• 环境相对稳定和确定 • 组织可以近于封闭的方式来运作 • 任务明确且持久，决策可以程序化 • 技术相对统一而稳定 • 按常规活动，以效率为主要目标 • 组织规模相对较大	• 环境相对不稳定和不确定 • 组织必须充分对外开放 • 任务多样化且不断变化，使用探索式决策过程 • 技术复杂而多变 • 许多非常规活动，需要较强的创造和革新能力 • 组织规模相对较小

（1）高耸结构形态。高耸结构形态是指在组织规模一定的条件下，管理幅度较小、管理层次较多的一种组织结构形态。高耸结构注重对任务进行高度的劳动分工和职能分工，具有严格的结构层次和固定的职责，同时制定出许多程序、规则和标准，以客观的不受个人情感影响的方式挑选符合职务规范要求的合格的任职人员；具有明确的指挥链，对工作进行严密的层级控制，强调高度的正规化，有正式的沟通渠道，决策常采用集权形式。它追求的主要目标是稳定运行中的效率。高耸结构形态由于具有以上特点，也被称为机械式、刚性或正规式结构形态。

高耸结构属于集权型组织，具有高度的权威性和统一性，决策和行动比较迅速。其优缺点及适用条件如表 7-2 所示。

（2）扁平结构形态。扁平结构形态是指在组织规模一定的条件下，管理幅度较大、管理层次较少的一种组织结构形态。与高耸结构形成鲜明对照的是，扁平结构是一种低复杂性、低正规化和分权化的组织。一方面，它保持着较宽的管理跨度，层次少、扁平式的结构使员工能够对问题做出灵活反应；另一方面，作为一种灵活、松散的结构，不具有标准化的工作和规则条例，信息自由流动，关注的是人性化和跨职能、跨层级的团队合作。扁平结构形态也被称为适应性、弹性或有机式组织结构形态。

扁平结构的优缺点及适用条件见表 7-2。

高耸结构和扁平结构代表着一个连续统一体的两个极端。它们之间实际上存在无数的中间过渡状态，可以有多种变异，或者表现为多种不同的具体形式。在现实中，组织应根据外部环境、组织战略等条件选择适宜的组织结构形态。

（三）组织的职权体系设计

组织在进行职权体系设计时，首先，应明确组织职权的分配途径，以及不同分配途径的特点以及它们之间的关系；其次，应该了解组织职权的类型，各种职权是如何形成的以及在组织的管理活动中分别发挥什么样的作用；最后，应了解集权与分权的优缺点，组织中的哪些权力适合集中、哪些权力适合分散。明确上述问题有助于管理者灵活运用各种途径对组织各种职权进行合理设置与分配，并指导管理者正确处理组织的集权与分权问题。

1. 职权的分配途径

职权的分配可以通过两种途径来实现：制度分权（Institutional Decentralization）与授权（Authorization）。制度分权，即组织设计中的权力分配，是在组织设计时，考虑到组织规模和组织活动的特征，在工作分析、岗位形成和部门设计的基础上，根据各管理岗位工作任务的要求，规定必要的职责和权限。而授权则是担任一定管理职务的领导者在实际工作中，为充分利用专门人才的知识和技能，或在出现新增业务的情况下，将部分解决问题、处理新增业务的权力委任给某个或某些下属。制度分权与授权的结果虽然相同，都是使较低层次的管理人员行使较多的决策权，即权力的分散化，然而实际上，这两者是有重要区别的，如表 7-3 所示。

表 7-3　制度分权与授权的区别

制度分权	授　权
• 对组织中各岗位职权关系的一种再设计，是在组织设计或变革过程中实现的，具有一定的必然性	• 往往与管理者及其下属能力、业务情况相联系，因此具有很大的随机性

（续）

制度分权	授　权
• 将权力分配给某个职位。权力的性质、应用范围和程度需根据整个组织结构的要求来确定	• 将权力委任给某个下属。委任何种权力、委任后如何控制既要考虑工作要求，又要根据下属的工作能力
• 相对稳定，除非组织结构变革，否则制度分权不会被收回	• 可以是长期的，也可以是临时的，授权者可以随时收回权力
• 组织设计中的纵向分工	• 管理者的领导艺术

作为分权的两种途径，制度分权与授权是互相补充的。组织设计中难以规定每项职权的运用，难以预料每个管理岗位上工作人员的能力，同时也难以预测每个管理部门可能出现的新问题，因此，需要各层次管理者通过授权来进行补充。不仅如此，授权在现代管理中发挥着越来越重要的作用，例如，授权可以使管理者从繁杂的日常事务中解脱出来，集中精力处理重大问题；有利于调动下属工作积极性，增强其责任心，提高工作效率；有利于培养管理人员；有利于发挥下属的专长，弥补授权者能力的不足等。

阅读材料

聪明的男孩

有一个聪明的男孩，一次跟妈妈到杂货店买东西。店老板看到孩子很可爱，就打开一盒糖果，让小男孩自己抓一把，但小男孩却没动。老板认为男孩不好意思，就亲自抓了一把糖果放进男孩的口袋。

回家后，妈妈好奇地问他："你为什么不自己抓糖果而要老板亲自给你抓?"小男孩回答道："因为我的手比较小，老板的手比较大，所以他拿的一定比我拿的多!"这是一个多么聪明的孩子啊！他知道自己的能力有限，知道如何借助别人的力量来达到自己的目的。

管理启示：真正的领导人，不一定自己能力有多强，只要善于放权，就能团结比自己更强的力量，从而提升自己的身价。相反，许多能力很强的人却因为过于完美主义，事必躬亲，认为什么人都不如自己，最后只能做最好的骨干员工，成不了优秀的领导人。

授权的过程包括：明确职责、授予职权、确立责任以及监督与考评。授权的目的是完成任务、实现目标。在授权时首先要明确下达的任务和所要实现的目标，以及相应的要求和完成期限等；然后授予相应的权力，以确保任务的完成；并对受权者的工作进行适当的监督与控制；最后对授权效果与工作绩效进行考核与评价。

值得注意的是，在授权过程中，职权和职责是可以下授的，但是责任是不能下授的，应遵循"责任不能委派"原则。原因在于，若授权者无须对该工作成果负责，那么授权者的岗位也就失去了存在的意义。事实上，任何上级管理者都不能因为已经授权下属人员去执行某项工作，就不再对该项工作完成的情况负责任。从下级管理者或作业人员的角度来看，由于其职责是上级指派的，职权也是上级授予的，因而必须向其上级汇报完成工作的情况并接受相应的惩罚。从上级管理者的角度来看，他授权下级执行某些职责，并不意味着他对该项职责的落实情况就不再负有任何责任。实际上，授权的对象是他确定的，而且在授权下去的工作执行过程中，他还负有检查、监督的义务。上级管理者责无旁贷地要对下级的工作结果负责。对上级管理者来说，不论某项任务是由自己还是授权他人去执行，其最终责任都是不可下授的。

现实中，授权也经常出现问题或面临一些障碍。例如，有一些管理者不善于规划，授权工作做得不充分；也有一些管理者担心下属工作表现过于出色而威胁到自己的地位；有些下属不愿意接受授权，担心工作失败后受到斥责或者完成任务的回报不足，或者他们只是不愿意承担风险等。对于这些问题，首先，管理者应该充分认识到授权的价值。随着下属的逐渐成长，他们能够对组织做出重大贡献，管理者应当意识到下属的成就是下属努力和管理者培训的共同结果，从而在授权过程中做到信任下属，放心授权。其次，管理者必须与下属做好沟通，使下属认识到领导的授权是对其工作能力的肯定与信任，勇于接受领导的授权有利于提升其自身素质和能力、促进其更快地成长。管理者也要让下属充分理解自己的职责，以保证授权取得理想的效果。

2. 职权的类型

组织内的各种权力按照性质不同，分为三种类型：直线职权、参谋职权和职能职权。其中，直线职权与参谋职权是由制度分权形成的，而职能职权是由授权形成的。三种职权被组织内不同的人所拥有，并在管理中起着不同的作用。

（1）直线职权。直线职权（Line authority）是指组织不同管理层次上的主管人员所拥有的指挥、命令、监督其下属工作的权力，是一种由上而下的垂直指向的职权关系。显然，每一管理层的主管人员都具有这种职权，只不过每一管理层次的功能不同，其职权的大小及范围不同而已。直线职权是一种决策和行动的权力。主管人员在指挥下属工作的同时，也要接受其上级主管的指挥，并向上级主管负责，由此形成组织的最高层主管到基层员工的层层传递的直线指挥链。

（2）参谋职权。所谓参谋职权（Staff Authority）是指组织内各级专业管理者所具有的向直线主管人员提供信息、咨询和建议，支持与协助直线主管工作的权力。拥有参谋职权的管理人员一般不单独做出决策和向下一级管理层次发布命令，他们的主要任务是向同层次直线主管提供各种专业知识和服务，进行某些专项研究，并提出对策建议。参谋职权是进行思考、筹划和建议的权力。

（3）职能职权。职能职权（Function Authority）是由直线主管的授权而产生的。在纯粹参谋的情形下，参谋人员所具有的仅仅是辅助性职权，并无指挥权。但是，随着管理活动的日益复杂，主管人员仅依靠参谋的建议还很难做出最后的决定，为了改善和提高管理效率，主管人员就可能将职权关系做某些变动，把一部分原属自己的直线职权授予参谋人员或某个部门的主管人员，这便产生了职能职权。例如，经过总经理授权，作为参谋的人事部门拟定人事管理制度，并直接向直线组织发布指令，这并不是人事部门所固有的权力，而是由直线主管授权而产生的职能职权。

需要指出的是，虽然在理论上，直线职权、参谋职权与职能职权各自拥有自己的权力，但在实践中，经常出现直线职权与参谋职权发生矛盾、影响组织效率的情况，直线专权与参谋越权可能会造成指挥不灵、多头命令等不良后果。在组织管理中，要谨慎处理各种职权相互协调配合的问题，尽可能地为各类职权做出明确的规定与限制，减少矛盾的发生。

3. 职权的分布

职权在组织中的分布可以是集中的也可以是分散化的。一般用集权与分权代表职权在组织中的集中或分散程度。

(1) 集权、分权的定义及特点。集权（Centralization）是指决策权在组织系统中较高层次的一定程度的集中。集权的特点是：①经营决策权大多数集中在高层领导手中；②对下级的控制较多；③统一经营；④统一核算。集权的优点是有利于集中领导、统一指挥，提高职能部门的管理专业化水平和工作效率；缺点是限制了中下层人员积极性的发挥，延长了信息沟通的渠道，使组织缺乏对环境的灵活应变性，降低决策的质量。

分权（Decentralization）是指决策权在组织系统中较低管理层次的一定程度的分散。分权的特点是：①中下层有较多的决策权；②上级的控制较少；③在统一规划下可以自主经营；④实行独立核算。分权可以减轻高层主管的决策负担，有利于培养综合型管理人才。但是，权力的分散往往受到两方面限制：①分权可能破坏组织政策的统一性，使组织面临失控的风险。如果各层次、各部门都从局部利益出发制定规则与措施，最终可能损害组织的整体利益。②分权要求基层管理人员应具备相应的素质和能力。如果基层管理人员不能够正确、有效地运用决策权，分权将取得适得其反的结果。

阅读材料

子贱放权

孔子的学生子贱奉命担任某地方的官吏。他到任以后，时常弹琴自娱，不管政事，可是他所管辖的地方却被他治理得井井有条，民兴业旺。这使那位卸任的官吏百思不得其解，因为他每天即使起早摸黑，从早忙到晚，也没有把这个地方治理好。于是他请教子贱："为什么你能治理得这么好？"子贱回答说："你只靠自己的力量去进行，所以十分辛苦；而我却是借助别人的力量来完成任务。"

管理启示：管理者，要管头管脚——统筹全局，但不能从头管到脚——事事参与。现代组织中有些管理者，喜欢把一切事情揽在自己身上，事必躬亲，管这管那，从来不放心把一件事交给手下人去做。这样使得他整天忙忙碌碌不说，还会被大小事务搞得焦头烂额。其实，一个聪明的管理者，应该是"子贱二世"，能正确地利用下属的力量，发挥团队协作的精神。这样不仅能使团队很快成熟起来，同时也能减轻管理者的负担。

(2) 集权与分权程度的判断标准。一般而言，没有绝对的集权，也没有绝对的分权，集权与分权是相对的概念。在现实的社会组织中，可能是集权的程度高一些，也可能是分权的程度高一些。衡量一个组织的集权或分权的程度，主要有下列几项标准：

1) 决策的数量。组织中较低管理层次做出的决策数目越多或频度越大，则分权的程度就越高，反之则集权程度越高。

2) 决策的范围。组织中较低管理层次决策的范围越广，涉及的内容越多，则分权程度越高；反之则集权程度越高。

3) 决策的重要性。组织中较低管理层次做出的决策越重要，影响面越广，则分权的程度越高；反之则集权程度越高。

4) 对决策控制的程度。组织中较低管理层次做出的决策，上级要求审核的程度越低，分权程度越高；如果上级对下级的决策根本不要求审核，则分权的程度最大；如果做出决策之后必须立即向上级报告，则分权的程度降低；如果必须请示上级之后才能做出决策，则分权的程度就更低。下级在做决策时需要请示或照会的人越少，其分权程度就越大。

(3) 集权与分权程度的影响因素。集权与分权的程度，应该随条件的变化而变化。哪些权力宜集中、哪些权力宜分散，在什么情况下应该集权多一些、在什么情况下应该分权多一些，这是一个组织在决策集权与分权程度时需要重点考虑的问题。对一个组织来说，其集权或分权的程度，应综合考虑各种因素。表 7-4 列出了集权与分权的影响因素，并分别分析了适合集权与分权的情况。

表 7-4　集权与分权的影响因素及各自的适合情况

影 响 因 素	适合集权的情况	适合分权的情况
• 外部环境稳定性	• 外部环境比较稳定	• 外部环境不稳定
• 经营活动性质	• 单一经营，经营活动常规化	• 多元经营，经营活动灵活
• 组织规模	• 规模较小	• 规模较大
• 生命周期	• 投入期和衰退期	• 成长期与成熟期
• 空间分布	• 空间分布集中	• 空间分布较分散
• 决策的重要性	• 影响面较大，涉及较高的费用	• 影响面不大，涉及较低的费用
• 管理层素质	• 缺乏优秀的各级管理人员	• 各级管理人员素质较高
• 领导风格	• 自信、独裁的领导者	• 民主型领导者

三、组织设计的影响因素

在进行组织结构设计时，不得不考虑一些因素的影响，如外部环境、组织战略、技术因素和组织发展阶段等，这些因素直接影响和制约着组织结构的构成，进而影响到组织未来的生存和发展。

(一) 外部环境

组织作为存在于一定社会环境中的开放系统，需要不断地与环境交换信息和资源才能生存和发展，所以必然会受到各种环境因素的影响。不确定性是组织外部环境的主要特点。环境的不确定性具体取决于环境的复杂性和环境的变动性。复杂性是指环境由多个不同质的要素构成，随着环境复杂性程度提高，组织就要设置更多的部门和职位来负责外部联系，并配备更多的综合人员来协调各部门的工作，组织结构的复杂性就随之提高，组织的集权化程度就会降低；环境的变动性取决于环境构成要素的变化以及这种变化的可预见程度，环境变化越快、越难以预见，管理者获取资源时面临的问题就越多，为加快决策和沟通的速度，往往需要给组织结构增加弹性，即“有机化”组织结构将具有更高的效率。

外部环境是组织无法控制的，组织只能调整自身结构来适应不同的环境。在相对稳定、简单的环境中，等级关系严格、规章制度详细刻板、职责分工明确、工作程序固定的“集权式”和“机械式”组织具有很高的运作效率。而在动荡、复杂的环境中，强调合作与横向沟通、等级关系和权责界限相对模糊、具有更多灵活性的“分权式”和“有机式”组织更有利于组织快速对环境变化做出反应。

如果把稳定程度和复杂程度作为衡量环境因素的两个变量，可以将外部环境分为四种类型，如图7-4所示。

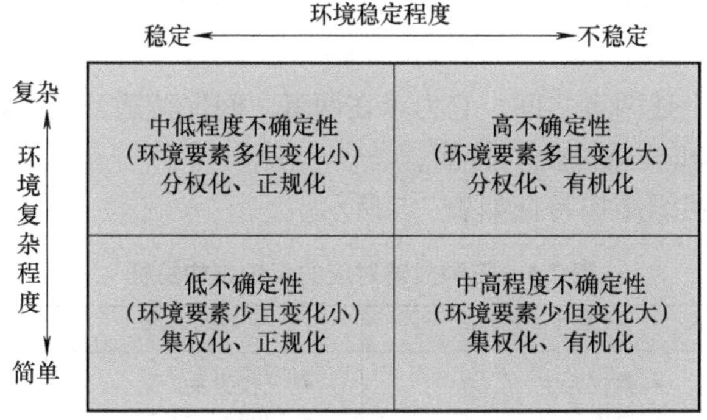

图7-4 环境不确定性与组织结构特征的关系

（1）当组织的外部环境因素较少且变化不大时（低不确定性），组织可以采用“集权化”与“正规化”的组织结构，主要依靠工作过程标准化来协调各项活动。适合的组织如发电企业、集装箱制造企业等。

（2）当外部环境因素较多但变化不大时（中低程度不确定性），组织可以采用“分权化”和“正规化”的组织结构。适合的组织如汽车制造企业、医院、银行等。

（3）当组织环境因素较少但变化较大时（中高程度不确定性），组织可以采用“集权化”和“有机化”的组织结构。适合的组织如玩具、服装和计算机等行业。

（4）当组织环境因素较多且变化较大时（高不确定性），组织要采用“分权化”和“有机化”的组织结构。适合的组织如电子、家电、零售、餐饮、旅游等行业的企业。

总之，环境要素比较复杂，适宜采用分权化组织结构；环境要素比较简单，适宜采用集权化组织结构。环境要素比较稳定，适宜采用正规化组织结构；环境要素变化较大，适宜采用有机化组织结构。

（二）组织战略

著名管理学家钱德勒认为：战略决定结构。组织结构是组织实现其经营战略的主要工具，不同的战略要求有不同的组织结构。组织结构必须服从组织战略的要求。战略选择在两个层次上影响组织结构：一是不同类型的战略要求开展不同的业务活动，从而影响管理职务的设计；二是战略重点的改变，会引起组织工作重点的改变，从而引起各部门和职务在组织中重要程度的改变，因此要求对各部门和各职务之间的关系做出相应的调整。

组织战略有多种类型划分方法，按组织对竞争的方式和态度分，组织战略可以分为保守型战略、风险型战略和分析型战略。

保守型战略的组织领导认为，组织面临的环境是较为稳定的，需求不再有大的增长和变化。战略目标为致力保持该产业已经取得的市场份额，集中精力改善组织内部生产条件，提高效率，降低成本。采取这种保守型战略，保持生产经营的稳定和提高效率便成为组织的首要任务，在组织设计上会强调生产和管理的规范化程度，以及用严密的控制来保证生产和工作的效率。因此，“机械式”结构应是这类组织的组织结构的基本特征。

风险型战略的领导认为，环境复杂多变，市场需求快速增长且变化很快，机遇与挑战并存。组织必须不断开发新产品，开拓新市场，学习新的经营管理方法。为了满足组织不断开拓和创新的需要，在组织设计上就不能像保守型组织那样以规范化和控制为目标，而应以保证组织创新需要和部门间协调为目标，因此，“有机式”组织结构应是这类组织的组织结构的基本特征。

分析型战略介于上述两者之间，它力求在两者之间保持适当的平衡，所以其组织结构设计兼具“机械化”和“柔性化”特征。

三种战略对应的组织结构特征如表 7-5 所示。

表 7-5　三种战略对应的组织结构特征

组织结构特征	保守型战略	风险型战略	分析型战略
集权和分权	• 集权为主	• 分权为主	• 集权与分权适当结合
计划管理	• 严格	• 粗泛	• 有严格也有粗泛
高层管理人员构成	• 工程师、成本专家	• 营销、研发专家	• 联合组成
信息沟通	• 纵向为主	• 横向为主	• 有纵向也有横向

（三）技术因素

技术不仅影响组织活动的效果和效率，而且会作用于组织活动的内容划分、职务设置，会对工作人员的素质提出要求。查尔斯·佩罗（Charles Perrow）提供了一种技术分类的方法，并分析了技术与组织结构的关系。他将任务多变性和问题可分析性作为衡量技术因素的两个变量。其中，任务多变性是指组织成员在工作中遇到的例外问题数量的多少；问题可分析性是指组织成员遇到的例外问题是否可以系统分析。根据这两个变量，查尔斯·佩罗构建了一个矩阵（见图 7-5），该矩阵的四个象限分别代表四类技术：常规技术、工程技术、手艺技术和非常规技术。技术越是常规化，组织规范化和集中化程度就应越高，采用刚性的机械式组织结构的效率就越高；反之，技术越是非常规化，组织规范化和集中化程度就应越低，这时，采用柔性有机式组织结构的效率也就越高。

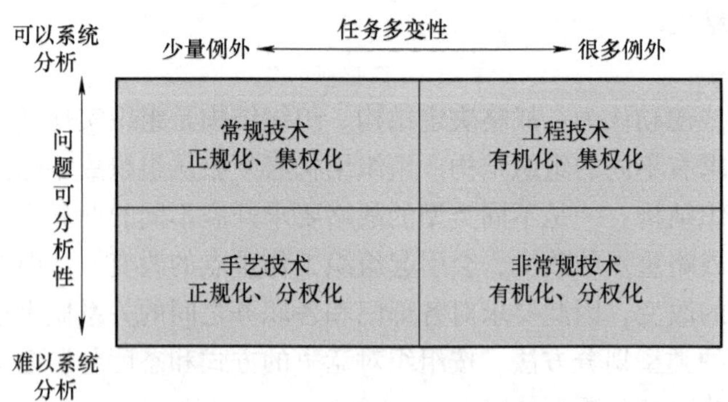

图 7-5　技术与组织结构的关系

对于常规技术而言，只有少量的例外，问题也易于分析。组织可以采用“正规化”和“集权化”的结构。生产钢铁和汽车或提炼石油的大量生产过程，就属于这一类。

对于工程技术而言，虽有大量的例外，但可以用一种理性的、系统的方法进行分析处理，组织可以采用“有机化”和“集权化”的结构。桥梁建造属于这一类。

对于手艺技术而言，例外较少，且可分析性也较小，工作必须依靠直觉和经验进行灵活处理。组织可以采用“正规化”和“分权化”的结构。服装设计、烹饪等技术属于这一类。

对于非常规技术而言，存在诸多例外且问题难以系统分析。相应地，组织可以采用“有机化”和“分权化”的结构。比如航天业务就属于这类技术。

总之，例外问题越少，适宜采用正规化组织结构；例外问题越多，适宜采用有机化组织结构。问题可以系统分析的，适宜采用集权化组织结构；问题难以系统分析的，适宜采用分权化组织结构。

（四）组织发展阶段

美国学者对美国100多家制造企业的研究表明，组织规模与不同的发展阶段对于组织结构的选择有明显的影响。随着组织不断成长、规模不断扩大，其内部的部门、层次、职位的数目也会增加。当组织走向老化或处于生命周期的衰退阶段时，组织可能出于开源节流的目的而减少部门、层次或职位。

美国学者J. 托马斯·坎农（J. Thomas Cannon）提出了组织发展五阶段理论。该理论认为组织的发展过程中要经历“创业”“职能发展”“分权”“参谋激增”和“再集权阶段”，并指出在不同的发展阶段，要求有与之相适应的组织结构形态。

（1）创业阶段。在这个阶段，决策主要由高层管理者个人做出，组织结构相当不正规，对协调只有最低限度的要求，组织内部的信息沟通主要建立在非正式沟通的基础上。

（2）职能发展阶段。这时决策越来越多地由其他管理者做出，而最高管理者亲自决策的数量越来越少，组织结构建立在职能专业化的基础上，各职能间的协调需要增加，信息沟通变得更重要，也更困难。

（3）分权阶段。组织采用分权的方法来对付职能结构引起的种种问题，组织结构以产品或地区事业部为基础来建立。但随之而来出现了新的问题，各事业部成了内部的不同利益集团，组织资源转移用于开发新产品的活性减少，总公司与各事业部的许多重复性劳动使管理费用增加，高层管理者感到对各事业部失去控制。

（4）参谋激增阶段。为了加强对各事业部的控制，公司一级的行政主管增加了许多参谋助手。而参谋的增加又会导致他们与直线的矛盾，影响组织中的命令统一。

（5）再集权阶段。分权与参谋激增阶段所产生的问题可能又使公司高层主管再度高度集中决策权力。同时，信息处理的计算机化也使再集权成为可能。

四、组织结构的类型

从组织结构的发展历程来看，可以将组织结构划分成三大类型：传统组织结构、现代组织结构和新兴组织结构。

（一）传统组织结构类型

传统组织结构包括三种类型：直线制、职能制和直线职能制组织结构。

1. 直线制组织结构

直线制组织结构（Line Structure）是最早出现也是最简单的一种组织结构形式。其主要特点是：组织中的一切生产经营活动均由各级主管人员直接进行指挥和管理，各级主管人员对所属部门的一切问题负责，组织中不设职能机构，每个下属只接受一个上级的指令，并只能向一个直接上级报告。其组织结构如图7-6所示。

直线制组织结构的优点是：结构简单，权力集中，责任分明，命令统一，决策迅速，管理费用低。缺点是：对管理工作没有进行专业化分工，因此要求各级主管人员精明能干，具有多种管理专业知识和生产技能知识，能亲自处理各种业务。

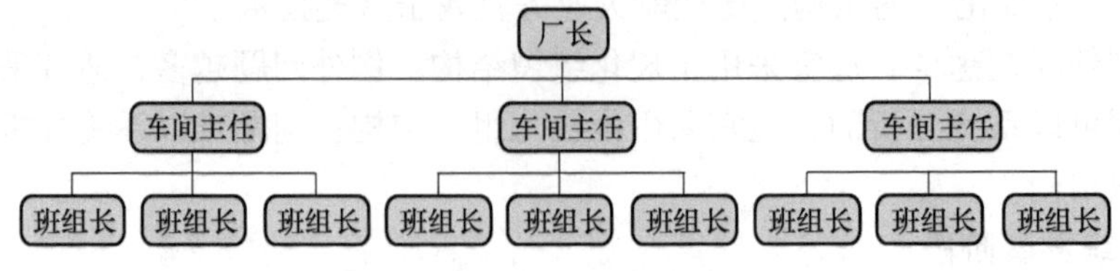

图 7-6　直线制组织结构

直线制组织结构对于所有者和经营者合一，正处在创业阶段的小企业或规模较小、生产较为简单的组织较为适宜。当组织规模较大的情况下，所有管理职能都集中由一人承担，往往会由于个人的知识与能力有限而感到难于应付，顾此失彼，可能产生较多问题。

2. 职能制组织结构

职能制组织结构（Function Structure）是在泰勒提出的职能工长制基础上演化而来的。职能制组织结构采用专业分工的职能管理者代替直线制的全能管理者，在各级单位除了设置主管负责人外，还设立了一些职能机构，这些职能机构在各自负责的业务范围内向直线系统直接下达命令和指示。例如，组织最高负责人将人力资源管理工作交给人力资源部门负责，将财务工作交给财务部门负责，人力资源部门和财务部门关于人力资源和财务方面的事务可以对下级直线部门发布命令。下级直线部门除了要接受上级主管部门的指挥外，还要接受上级职能部门在其专业领域内的指挥。其组织结构如图 7-7 所示。

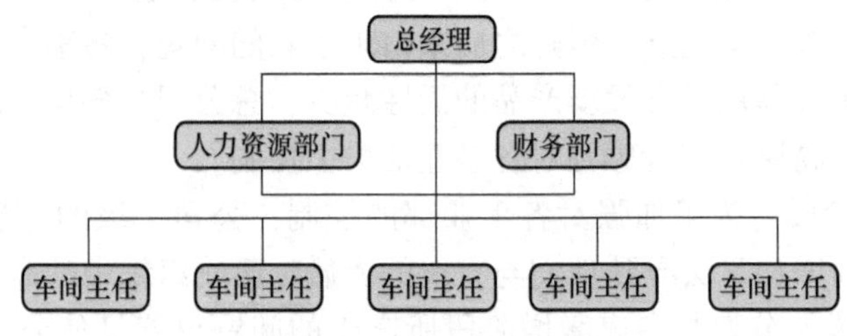

图 7-7　职能制组织结构

职能制组织结构适应了现代社会组织活动复杂、专业分工细密的特点，各职能管理者能充分发挥本职能部门的专业特长，对下级部门的工作进行更为具体的指导；职能部门作用发挥得当，可以减轻直线领导者的工作负担，弥补各级直线主管管理能力的不足。但是，这种组织结构不利于组织集中管理，形成了多头领导现象，破坏了统一指挥原则，“上头千条线，下边一根针”。有时各职能部门的要求可能相互冲突，造成下级人员无所适从。如果直线与职能部门矛盾较多，容易导致组织内部管理秩序混乱。由于这种组织结构存在明显的缺陷，并没有在实践中得到应用，只是其管理职能专业化的优点被借鉴，形成了直线职能制组织结构。

3. 直线职能制组织结构

直线职能制组织结构（Line-function Structure）是对职能制组织结构的改进。它把组织管理机构和人员分为两类：一类是直线领导机构和人员，按照命令统一原则对各级部门行使指挥权；另一类是职能机构和人员，按专业化原则从事组织的各项职能管理工作。直线职能制结构也可以称为直线参谋制，因为这种组织结构是以直线制为基础的，在保证统一指挥的原则下，增加了各级为直线主管出谋划策但不进行指挥和下达命令的参谋部门。

直线职能制组织结构的权力高度集中于最高层，实行等级化的集中控制。把直线主管的统一指挥原则与职能部门的专业化分工相结合，在组织中形成了纵向的直线指挥系统和横向的职能管理系统。各级直线主管都配有一定的职能机构，但职能机构只能对同层次直线主管提供专业化服务和参谋的作用，没有指挥下一级直线主管的权力。其组织结构如图 7-8 所示。

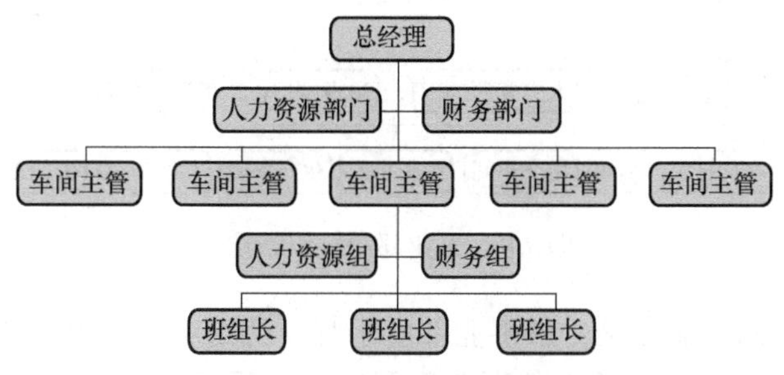

图 7-8　直线职能制组织结构

直线职能制组织结构的优点是：分工细密，责任明确，各部门职责界限明显，专业效率高；稳定性较高，在外部环境变化不大的情况下，宜于发挥组织的集团效率。直线职能制组织结构的缺点是：由于权力高度集中在最高层，组织中的职能部门之间、直线与职能之间的矛盾都需要最高领导者协调，最高领导者协调工作量大，影响组织管理效率；不利于培养综合型管理人才；按职能分工的组织通常弹性不足，对环境变化的反应比较迟钝。

直线职能制组织结构是当前国内各种组织中最常用的一种组织结构，尤其适用于处于较为稳定环境中的中小组织。但该结构并不适合规模较大或从事多元化经营的组织。

（二）现代组织结构类型

现代组织结构主要包括事业部制、矩阵制和多维立体型等结构形式。

1. 事业部制组织结构

事业部制组织结构（Multidivisional Structure）是由通用汽车公司总裁斯隆于 1924 年创建的适合大型组织的分权型组织结构形式。事业部制组织结构按地区或产品将组织业务划分为若干个自主经营、独立核算、具有独立的产品或市场的事业部。

采用事业部制组织结构的组织把政策制定与行政管理分开，政策管制集权化，业务运营分权化。总公司是组织的最高决策管理机构，负责对组织总体战略做出决策，制定各种资源在各事业部的分配方案；各事业部在不违反组织总体战略的前提下，拥有运营决策自主权，在产、供、销、研方面可以充分发挥自己的主观能动性。各个事业部相当于一个完整的“小公司”，是一个相对独立的“利润中心”，各个事业部内部一般采取直线职能制结构。在事业部组织结构中，总公司是投资决策中心，事业部是利润中心，事业部下属生产单位是成本中心。其组织结构如图 7-9 所示。

事业部制组织结构的优点是：可以使组织最高领导人摆脱日常事务，集中精力解决组织长远发展问题，有利于公司的扩张与长远发展；各事业部具有相对独立的自主权和经济利益，有利于调动各事业部的积极性、主动性与创造性；每个事业部都能够根据市场需求及其变化自主安排生产经营活动，从而具有较强的适应性；便于考核、比较各事业部的业绩与贡献，促进各事业部之间有效竞争，从而促进公司良性发展；各事业部拥有高度的经营自主权，有利于培养综合能力较强的高级管理人才。

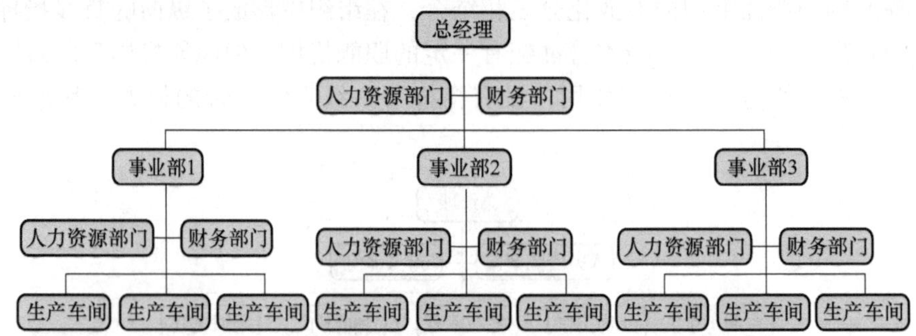

图 7-9　事业部制组织结构

事业部制组织结构的缺点是：各事业部由于有自己相对独立的经济利益，容易出现本位主义现象，忽视公司集体效益；各事业部职能部门重叠，管理人员较多，管理成本较高；各个事业部要求具有熟悉全面业务、综合能力较强的管理人员担任主管。

事业部制组织结构适用于规模较大、产品种类丰富、地域广泛的大型组织。在事业部制组织结构的基础上，20 世纪 70 年代，在美国和日本的一些大公司又出现了一种新的组织结构形式——超事业部制组织结构。它是在总公司的最高管理层与各事业部之间增加一级管理机构，专门负责统辖和协调各事业部之间的活动，使领导方式在分权的基础上又适当集中。它的优点是可以集中几个事业部的力量共同研究和开发新产品，可以更好地协调各事业部的活动，从而增强组织活动的灵活性。

2. 矩阵制组织结构

矩阵制组织结构（Matrix Structure）是在直线职能制垂直指挥链系统的基础上，再增设一种横向指挥链系统而形成的具有双重关系的组织结构。矩阵制组织结构既有按职能划分的垂直领导系统，又有按产品（项目）划分的横向领导关系的结构，克服了直线职能制横向联系差、缺乏弹性的缺点。其组织结构如图 7-10 所示。

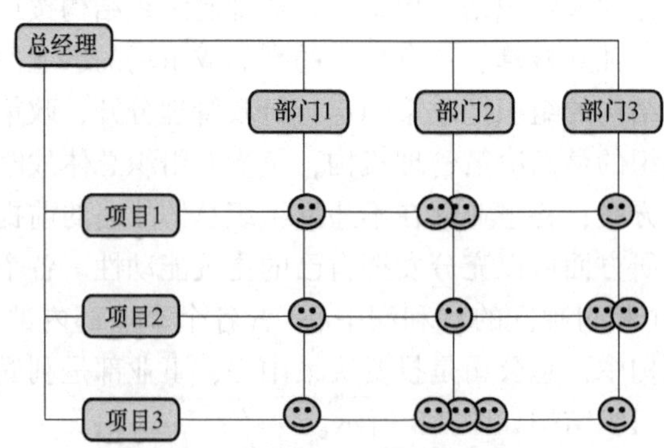

图 7-10　矩阵制组织结构

组织为了完成某一项目，从各职能部门调集专业人员组成项目组，配备项目经理来领导他们的工作。从各职能部门抽调的人员在行政关系上仍隶属于原来所在的职能部门，但工作过程中要接受部门主管和项目经理的指挥。项目完成后，项目组便解散，项目组成员回到原来所属部门。

矩阵制组织结构的优点是：加强了横向联系，克服了职能部门之间相互脱节、各自为政的现象；资源利用率高，组织灵活性和应变能力强；由于在同一个项目小组中，有关各职能部门都参与了活动，所以便于从各个专业角度集思广益，激发创造性，有利于解决制约组织发展的重大问题。

矩阵制组织结构的缺点是：双重职权关系违背了统一指挥原则，纵向、横向的双重领导处理不当会造成扯皮现象；由于项目成员经常变动，容易产生临时观念，不易树立责任心。

矩阵制组织结构适用于经营范围广、产品品种多、临时性的、复杂的重大工程项目组织。在一些重大攻关课题项目中，矩阵制组织结构应用也较为广泛，如组织的重大技术改造项目和管理体制改革项目等。

3. 多维立体型组织结构

多维立体型组织结构（Multi-dimensional Structure）是由美国道科宁化学工业公司于1967年首创的。它是矩阵型和事业部制组织结构的综合发展，又称为多维组织。这种结构形式由三方面的管理系统组成：一是按产品（项目或服务）划分的部门（事业部），即产品利润中心；二是按职能如市场研究、生产、技术、质量管理等划分的部门，即职能利润中心；三是按地区划分的管理机构，即地区利润中心。在矩阵制结构（即二维平面）基础上，构建起产品利润中心、地区利润中心和专业成本中心的三维立体结构。其组织结构如图7-11所示。

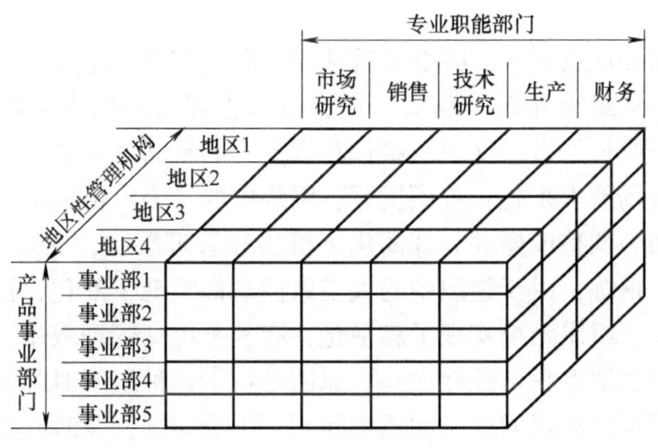

图7-11 多维立体组织结构

在这种组织结构形式下，每一系统都不能单独做出决定，必须由三方代表，通过共同的协调才能采取行动。因此，多维立体组织能够促使各部门从组织整体的角度来考虑问题，从而减少了产品、职能和地区各部门之间的矛盾。即使三者间有摩擦，也比较容易统一和协调。这种组织结构形式的最大特点是有利于形成群策群力、信息共享、共同决策的协作关系。

虽然多维立体组织的细分结构比较复杂，但每个结构层面仍然是二维制结构，而且多维制结构未改变矩阵制结构的基本特征——多重领导和各部门配合，只是增加了组织系统的多重性，因而其基础结构形式仍然是矩阵制，或者说它只是矩阵制结构的扩展形式。

这种组织结构形式适用于跨国公司或规模巨大的跨地区公司。例如，2014 年，华为公司业务组织架构逐步调整为基于客户、产品和区域三个维度的组织架构。公司设立面向三个客户群的业务群，以适应不同客户群的商业规律和经营特点，进一步为客户提供创新、差异化、领先的解决方案。公司新成立信息和通信技术（ICT）融合的产品与解决方案组织，以适应 ICT 行业技术融合趋势，构筑产品和解决方案竞争力，充分发挥公司多产品组合的竞争优势，创造更好的用户体验。区域组织是公司的区域经营中心，负责位于区域的各项资源、能力的建设和有效利用。

（三）新兴组织结构类型

新兴组织结构主要包括网络型、集团控股型和无边界组织等形态。

1. 网络型组织结构

网络型组织结构（Network Structure）是一种以知识经济和信息时代为背景，主要采用业务外包形式的组织结构。网络型组织只有很精干的中心机构，以契约关系的建立和维持为基础，依靠外部机构进行制造、销售或其他重要的业务经营活动。被联系在这一结构中的各经营单位之间并没有正式的资本所有关系和行政隶属关系，只是通过相对松散的契约纽带，依靠一种互惠互利、相互协作、相互信任和支持的机制来进行密切的合作。网络型组织结构（见图 7-12）中的虚线代表了各机构之间的合同关系。

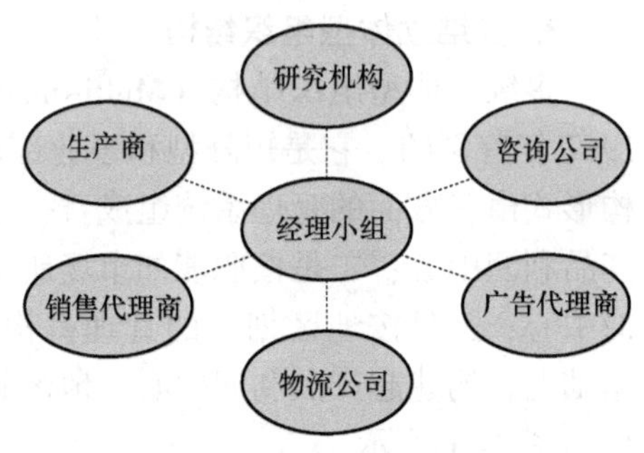

图 7-12　网络型组织结构

网络型组织结构的优点有：①降低管理成本，提高管理效益。在网络型组织结构中，组织的大部分职能是从组织外部“购买”的，这给管理当局提供了高度的灵活性，使它可以集中精力做它最擅长的事。②组织结构具有更大的灵活性和柔性，以项目为中心的合作可以更好地结合市场需求来整合各项资源，网络中的各个价值链部分也可以根据市场需求变动情况随时增加、调整或撤并。③简化了机构和管理层次，实现了充分授权式管理。这种组织结构简单、精练，由于组织中的大多数活动都实现了外包，而这些活动更多地靠电子商务来协调处理，组织结构实现了扁平化，有利于提高管理效率。

网络型组织结构的缺点是可控性太差。原因是：①这种组织对外部资源依赖太大，一旦组织所依存的外部资源出现问题，如质量问题、提价问题、及时交货问题等，组织将陷入非常被动的境地。②外部合作组织都是临时的，如果组织的某一合作单位因故退出且不可替代，组织将面临解体的危险。另外，组织需要面对如何保护技术创新、专利设计等知识产权问题。

网络型结构比较适合于诸如玩具和服装制造企业等组织，因为这些行业需要对时尚的变化做出迅速反应。网络组织也适合于那些制造活动需要低廉劳动力的公司，他们可以与低价供应商签订合同，制造所需产品。

2. 集团控股型组织结构

集团控股型组织结构（Group Holding Structure）是一些大公司超越组织内部边界范

围，在非相关领域开展多种经营，对各业务经营单位不进行直接管理和控制，只在资本参与的基础上具有产权管理关系形成的分权式的组织结构形式。

通过组织之间控股、参股与协作，形成由母公司、子公司、关联公司和协作公司共同组成的企业集团，企业集团中的各个公司均具有独立的法人资格，靠不同的纽带联系在一起。其中，母公司与子公司和关联公司之间以资本（产权）为纽带，而母公司与协作公司之间是以合同或协议的方式联系在一起，它们之间并非产权关系。对相关企业持有股权的大公司称为母公司（又称为集团公司），母公司在子公司的持股比例超过 50% 为绝对控股；持股比例虽不足 50% 但作为最大股东对组织经营决策具有实质性影响时，为相对控股；持股比例很低，对组织的生产经营影响不大时，为一般参股。

在集团控股型组织结构中，持有其他企业股权的母公司是集团的核心层；被母公司绝对或相对控股的企业为子公司，构成企业集团的紧密层；母公司一般参股企业为关联公司，构成企业集团的半紧密层；与母公司保持稳定协作关系的组织构成企业集团的松散层。其组织结构如图 7-13 所示。

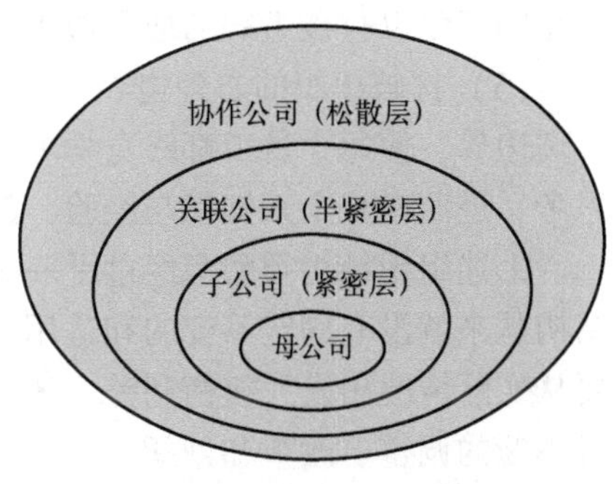

图 7-13　集团控股型组织结构

母公司与其持股的企业之间不是上下级的行政管理关系，而是出资人对被持股企业的产权管理关系。母公司作为大股东，对子公司进行产权管理控制的主要手段是：母公司凭借其所掌握的股权向子公司派遣产权代表和董事、监事，通过这些人员在子公司股东会、董事会中发挥积极作用而影响子公司的经营决策。

3. 无边界组织结构

无边界组织结构（No Boundary Structure）是由美国通用电气公司董事长杰克·韦尔奇（Jack Welch）提出的。

传统组织结构一般包括五种边界：垂直边界、水平边界、外部边界、地理边界、心理边界。垂直边界是指企业内部的层次和职业等级，水平边界是分割职能部门及规则的围墙，外部边界是企业与顾客、供应商、管制机构等外部环境之间的隔离，地理边界是区分文化、国家和市场的界限，心理边界是组织内部成员和外部利益相关者对组织的价值观、认知、感受和评价等认识的心理界线。

无边界组织是打破组织的各种边界而形成的新的组织。它并不意味着组织原先各界限的完全消失，而是将传统组织中的边界模糊化，形成像“隔膜”一样的新边界，通过组织协调，提高整个组织信息的传递、扩散和渗透能力，实现信息、经验与技能的对称分布和共享，达到激励创新和提高工作效率的目的。无界限组织结构具有以下特点：

（1）打破组织的垂直边界，实现组织的扁平化。建立跨层级的小组、决策参与制度和全方位业绩评价体系。跨层级小组成员包括高级经理、中层管理者、监督人员和一线工作人员等。决策参与制度是指一个组织重大决策的参与者不仅包括高级管理人员，也包括一些普通的组织成员。全方位业绩评价体系是指对组织成员工作业绩的评价，由同层级的人员、上级人员和下级人员组成。

（2）打破组织的水平边界，组建多功能团队，用跨职能部门小组代替职能部门。跨职能部门小组是围绕一种产品或一项服务的整个生产经营过程来安排各项活动，而不是按照局部的职能来组织各项活动。另外，可以实行不同职能领域之间的人员的横向转移和轮换，可能会将一些组织成员由“专才”变为“通才”。

（3）打破组织的外部边界，实现组织集群化、虚拟化经营。这是指通过供应链管理、组织战略联盟、实行虚拟化经营等方式突破组织与外部环境之间的界限，将组织外部的围墙推倒，让组织与供应商、顾客、竞争者、政府管制机构、社区等外部环境融合成为一个创造价值的系统，真正做到为顾客服务。

（4）打破组织的地理边界，实现跨国运营。无边界组织通过建立全球化组织、雇用具有全球背景的高级管理人员，与不同国家的组织之间相互学习，制定全球化的战略和本土化的策略以打破组织的地理边界，慢慢与当地的文化相融合。

（5）打破组织的心理边界，创建学习型组织。学习型组织打破了传统的官僚组织的心理边界，使每个员工都终身学习，并将学习到的知识与其他员工共享。每个员工都系统思考，进而增强个人知识与经验，改变整个组织行为以强化组织的变革和创新能力。

上述组织结构类型都经过了一定的理论抽象，也各有优缺点以及适用条件，而且组织结构从来就没有固定不变的和适用于所有组织的最佳模式。在进行组织结构设计时，一定要从实际情况出发，权衡利弊，慎重选择，且要根据外部环境的变化和组织自身的发展进行不断的调整、改革和创新。

第三节　组 织 变 革

世界上唯一不变的只有变化本身。无论组织设计得如何完美，在运行了一段时间以后都必须进行变革。组织变革应该成为组织发展过程中的一项经常性的活动。大至一项重大制度的改变，小至一项工作流程的变动，都可以成为组织变革的组成部分。组织的发展离不开组织变革。内外部环境的变化，组织资源的不断整合与变动，都给组织带来了机遇与挑战，能否抓住时机顺利推进组织变革是衡量管理工作有效性的重要标志。

一、组织变革的定义

组织变革（Organizational Change）是指运用行为科学和相关管理方法，对组织的权力结构、组织规模、沟通渠道、角色设定、组织与其他组织之间的关系，以及对组织成员的观念、态度和行为，成员之间的合作精神等进行有目的的、系统的调整和革新，以适应组织所处的内外环境、技术特征和组织任务等方面的变化，提高组织效能。

根据美国商务部相关调查，美国每年新生 50 万户企业，1 年内倒闭 40%，5 年内倒闭 80%，10 年内倒闭 96%。欧洲和日本企业的平均寿命为 12.5 年。在北京中关村，6000 多户企业活过 8 年的不超过 3%，每年新增 60%，但同时平均每年倒闭 60%。一组对于美、日企业如何看待未来的研究显示：20 世纪 70 年代，认为企业不需要改变、企业可以进行阶段性改变和企业需要持续不断改变的企业的比例分别为 60%、35% 和 5%，到 20 世纪 90 年代则分别为 1%、24% 和 75%。杰克 · 韦尔奇曾经说过，如果组织变革的速度比环境变化还要慢，那么这个组织将走向末路。在瞬息万变的环境中，组织只有根据外部环境和自身情况不断进行变革，才能不断突破生存和发展的瓶颈，立于不败之地。

二、组织变革的动因

组织变革的动因即促使或导致组织变革的因素。由于组织变革是组织结构的再设计，因此组织结构设计的影响因素也是组织变革的影响因素。具体而言，组织变革的影响因素包括外部环境因素和内部环境因素。

（一）外部环境因素

1. 政治经济环境的变化

政治、经济政策的调整、经济体制的改变以及市场需求的变化等，都会给组织带来机遇和挑战，引起组织内部深层次的调整和变革。

2. 技术进步的影响

工艺技术、信息技术和管理技术的发展日新月异，新产品、新工艺、新技术和新方法层出不穷，对组织的固有运行机制构成了强有力的挑战。例如，通信和网络技术的发展，计算机使用的普及，使组织结构越来越扁平化和团队化；自动化生产设备和先进的生产工艺有效地提高了劳动生产率；管理技术随着管理实践的积累不断推陈出新，组织再造、学习型组织、六西格玛等新型管理方法给全球组织带来了翻天覆地的变化。

3. 价值观念的影响

随着社会的发展和全球化生产经营的展开，社会和个人的价值观念不断随之调整，消费偏好不断发生改变，产品生命周期不断缩短，组织之间的竞争越来越激烈，竞争的方式也越来越多样化。这一系列变化表明组织生存空间在发生着前所未有的变化，组织要想适应未来竞争的要求，就必须在竞争观念上顺势调整，转变经营方向和经营方式，才能在激烈的竞争中立于不败之地。

4. 资源变化的影响

组织发展所依赖的环境资源对组织具有重要的作用，如原材料、资金、能源、人力资源、专利使用权等。组织必须克服对环境资源的过度依赖，同时要根据资源的变化情况进行相应调整。

阅读材料

不拉马的士兵

一位年轻有为的炮兵军官上任伊始，到下属部队视察操练情况，他在几个部队都发现了相同的情况：在操练中，总有一名士兵自始至终站在大炮的炮管下面纹丝不动。军官不解，询问原因，得到的答案是：操练条例就是这样要求的。军官回去后反复查阅了军事文献，终于发现：长期以来，炮兵的操练条例仍因循的是非机械化时代的规则，在那个时代，大炮是由马车运载到前线的，当时站在炮管下士兵的任务是负责拉住马的缰绳，以便在大炮发射后调整由于后坐力产生的距离偏差，减少再次瞄准所需的时间。现在大炮的自动化和机械化程度很高，已经不再需要这样一个角色了，但操练条例没有及时调整，因此才出现了“不拉马的士兵”。军官的这一发现使他获得了国防部的嘉奖。

管理启示：这则故事反映了组织设计工作的优化过程，即组织变革问题。组织是动态发展的，其工作流程和组织结构必须随着外部环境的变化而不断变革，管理者应当根据实际动态情况对人员数量和分工及时做出相应的调整。否则，队伍中就会出现既占用资源又无效率的“不拉马的士兵”。如果队伍中有人滥竽充数，给组织带来的不仅仅是经济利益的损失，而且会导致其他人员的心理不平衡，最终导致组织工作效率和士气的整体下降。

（二）内部环境因素

1. 组织战略的调整

当组织重新制定战略后，组织的目标和内部活动就必须有所改变以适应这一变化。表7-6列示了部分组织经营战略与组织结构之间的对应关系。

表7-6　经营战略与组织结构之间的关系

经营战略	组织结构
单一经营	直线制、直线职能制
基于项目的经营活动	矩阵制
快速应变的经营活动	网络结构
一主多副型多种产品经营	附有独立核算单位的直线职能制
相关型产品多种经营	产品事业部制
非相关型产品多种经营	集团控股型

2. 新技术、新设备引进

新技术、新设备的引进可能会使新的部门应运而生，要对员工的工作进行重新设计，同时还要为新部门员工进行如何操作新设备、使用新技术的培训以及引导员工在其工作小组内形成新的协作方式。

3. 组织员工态度的改变

当组织信息沟通不畅，内部不协调，部门间职责重叠、互相扯皮、推诿责任，组织内耗加剧，职工缺乏责任感、积极性低落时，说明组织的主要制度不能有效运转或运转效率低下，组织成员的积极性无法充分发挥出来，组织必须及时进行变革才能阻止组织效率进一步下降。组织应通过对部门体系、权责体系的调整，使组织沟通渠道畅通、各部门职责明确，以提高组织机能的绩效。

三、组织变革的征兆

对于管理者而言，应当在何种情况下维护组织的稳定、在何种情况下促进组织的变革，是一个重要的问题。一般而言，组织的变革大都不是突发性的，有先兆可循。组织变革的时机选择就在于判断组织成长的阶段所面临的危机的征兆。通常，如果出现了以下几种情况，就必须要认真思考组织的变革问题。

（一）频繁的决策失误

从表面来看，决策失误是由多种原因造成的，包括环境的快速变化、市场需求的改变、领导者的决策失误等。但如果出现频繁的决策失误，根本的原因还是在于组织没有形成一套能够保障决策质量的科学的决策程序，没能够在组织的信息收集、决策结构和体制上给予保证。很可能是由于组织结构不合理、权责不清晰、命令链混乱等造成决策的频繁失误。但是，偶然的决策失误并不是变革组织的理由。在变革之前，首先应当在变革的成本、组织目前的效率和决策失误的后果之间认真权衡，然后才能做出是否进行组织变革的决定。

（二）组织成员间沟通不灵

有效的沟通可以使组织的分工和协作都处于高效状态。但如果出现等级链或信息链混乱、沟通手段不当、管理幅度或管理层次过大或过小，越权管理或越级管理等情况，就会导致信息沟通不畅，产生不必要的摩擦和误会。这时就需要考虑组织变革以理顺等级链关系、畅通信息沟通渠道、规范各类职权关系。

（三）管理绩效长期不理想

组织结构合理、信息畅通、权责明确是产生良好管理效益的基础。如果管理系统中长期存在经营不善，职工士气低落，不满情绪增加，管理人员离职率增加，员工旷工率增加，病、事假率增加等现象，可能也要考虑进行组织变革了。

（四）缺乏创新

即使一个管理系统处于正常的运营状况下，如果长期没有创新，也需要变革。因为创新是组织保持生命力的根源，没有创新，组织就会停滞不前，会僵化和丧失生命力。只有不断地拥有突破性的战略预见、超前的行动措施和创造性的新成果，组织才能保持旺盛的生命力。

四、组织变革的类型

依据不同的标准，组织变革可以划分为不同的类型。

（一）依据组织变革的侧重点划分

按照组织变革的侧重点不同，可以将变革分为战略性变革、结构性变革、流程主导性变革和以人为中心的变革。

1. 战略性变革

战略性变革是组织对其长期发展战略或使命所做的变革，如果组织决定进行业务收缩，就必须考虑如何剥离关联业务；如果组织决定进行战略扩张，就必须考虑购并的对象和方式，以及组织文化重构等问题。

2. 结构性变革

结构性变革是指组织需要根据环境的变化适时对组织的结构进行变革，并重新在组织内进行权力和责任的分配，使组织变得更为柔性灵活、利于合作。

3. 流程主导性变革

流程主导性变革是指组织紧密围绕其关键目标和核心，充分应用现代信息技术对业务流程进行重新构造。这种变革对组织结构、组织文化、用户服务、质量、成本等各个方面都会产生重大影响。

4. 以人为中心的变革

组织中人的因素最为重要，组织如若不能改变人的观念和态度，组织变革就无从谈起。以人为中心的变革是指组织必须通过对员工的培训、教育等引导，使他们能够在观念、态度和行为方面与组织保持一致。

（二）依据变革的程度与速度划分

按照变革的程度与速度不同，可以将变革分为激进式变革和渐进式变革。

1. 激进式变革

激进式变革力求在短时间内，对组织进行大幅度的全面调整，以求彻底打破初态组织模式并迅速建立目的态组织模式。激进式变革是一种能够以较快的速度达到目的态的变革方式，这种变革对组织进行的调整是大幅度的、全面的，并且变革过程非常快。激进式变革的关键是建立新的吸引点，如新的经营目标、新的市场定位、新的激励约束机制等，但激进式变革会导致组织的平稳性差，严重的时候会导致组织崩溃。

2. 渐进式变革

渐进式变革则是通过对组织进行小幅度的局部调整，力求通过一个渐进的过程，实现初态组织模式向目的态组织模式的转变。这种方式的变革对组织产生的震动较小，而且可以经常性地、局部地进行调整，直至达到目的态。这种变革方式的不利之处在于容易产生路径依赖，导致组织长期不能摆脱旧机制的束缚。

在组织的内外部环境发生重大变化时，组织有必要采取激进式变革以适应环境的变化，但是激进式变革不宜过于频繁，否则会影响组织的稳定性，甚至导致组织的毁灭。因而在两次激进式变革之间的更长的时间里，组织应当进行渐进式变革。

另外，还可以按照组织所处的经营环境状况不同，将变革分为主动性变革和被动性变革。

五、组织变革的程序

组织变革的程序可以分为以下几个步骤：

（一）诊断组织现状，发现变革征兆

组织变革的第一步就是要对组织现状进行全面的诊断，通过有针对性的诊断从组织内外部信息中发现对自己有利和不利的因素。更主要的是从各种征兆中找出导致组织绩效下滑的具体原因，并确立需要进行整改的具体部门和人员。

（二）分析变革因素，制定改革方案

组织诊断任务完成后，要对组织变革的具体因素进行分析，如职能设置是否合理，指挥链中分权程度如何，员工参与变革的积极性怎样，流程中的业务衔接是否紧密等。明确问题后，提出相应的改革方案。改革方案要具有一定的弹性、科学性和切实可行性，也可以提出几套不同的方案应对可能出现的不同情况。

（三）选择正确方案，实施变革计划

选择正确的实施方案，制订具体的改革计划并贯彻实施。组织在选择具体方案时要充分考虑到改革的深度和难度、改革的影响程度以及员工的可接受程度和参与程度等，做到有计划、有步骤、有控制地进行改革。

（四）评价变革效果，及时进行反馈

组织变革是一个包括诸多复杂变量的转换过程，涉及的因素很多，可能达不到预期的效果。因此，变革结束后，管理者要对变革的结果进行总结和评价，并及时反馈新的信息。对于没有取得理想效果的改革措施，应给予必要的分析和评价，然后做出取舍。

六、组织变革的模式

组织变革模型中常用的是勒温（Kurt Lewin）的变革模型。勒温（1951）提出一个包

含解冻、变革、再冻结三个步骤的有计划的组织变革模型，用以解释和指导如何发动、管理和稳定变革过程。

（一）解冻

解冻，即变革前的心理准备阶段。这一步骤的焦点在于阐释变革的动机，鼓励员工改变原有的行为模式和工作态度，采取新的适应组织战略发展的行为与态度。为了做到这一点，一方面，需要对旧的行为与态度加以否定；另一方面，要使干部员工认识到变革的紧迫性。可以采用比较评估的办法，把本单位的总体情况、经营指标和业绩水平与其他优秀单位或竞争对手一一比较，找出差距和解冻的依据，帮助干部员工“解冻”现有态度和行为，使他们迫切要求变革，愿意接受新的工作模式。此外，应注意创造一种开放的氛围和心理上的安全感，减少变革的心理障碍，提高变革成功的信心。

（二）变革

变革，即变革过程中的行为转换阶段。变革是一个学习过程，需要给干部员工提供新信息、新行为模式和新的视角，指明变革方向，实施变革，进而形成新的行为和态度。这一步骤中，应该注意为新的工作态度和行为树立榜样，可以采用角色模范、导师指导、专家演讲、群体培训等多种途径。勒温认为，变革是个认知的过程，它通过获得新的概念和信息得以完成。

（三）再冻结

再冻结，即变革后的行为强化阶段。在再冻结阶段，利用必要的强化手段使新的态度与行为固定下来，使组织变革处于稳定状态。为了确保组织变革的稳定性，需要注意使干部员工有机会尝试和检验新的态度与行为，并及时给予正面的强化；同时，加强群体变革行为的稳定性，促使形成稳定持久的群体行为规范。

七、组织变革的阻力与消除阻力的策略

许多组织变革都以失败告终，主要原因并不是员工能力不够或组织资源不足，而是组织变革遭到抵制。事实上，对组织变革的抵制不可避免，但如果管理得当，总是可以消除抵制变革的阻力，保证变革的成功。

（一）组织变革的阻力

组织变革所遇到的阻力，其产生的原因可能是传统的价值观念和组织惯性，也有一部分来自于对组织变革不确定性后果的担忧，集中表现为来自个人的阻力和来自团体的阻力。

1. 来自个人的阻力

（1）心理上的影响。变革意味着原有的平衡系统被打破，要求成员调整已经习惯了的工作方式，而且变革意味着要承担一定的风险。对未来不确定性的担忧、对失败风险的惧怕、对绩效差距拉大的恐慌以及对公平竞争环境的担忧，都可能造成人们心理上的倾斜，进而产生心理上的变革阻力。另外，平均主义思想、延误风险的保守心理、因循守旧的习惯心理等也都会阻碍和抵制变革。

（2）利益上的影响。变革从结果上看可能会威胁到某些人的利益，如机构的撤并、管理层级的减少都会对组织成员造成压力和紧张感。过去熟悉的职业环境已经形成，而变革要求人们调整不合理和落后的知识结构，更新过去的管理理念、工作方式等，这些新要

求都可能会使员工面临失去权力的威胁。

2. 来自团体的阻力

（1）组织结构变动的影响。组织结构变革可能会打破过去固有的管理层级和职能机构，并采取新的措施对责权利重新做出调整和安排，这就必然要触及某些团体的利益和权力。如果变革与这些团体的目标不一致，团体就会采取抵制和不合作的态度，以维持原状。

（2）人际关系调整的影响。组织变革意味着组织固有的关系结构的改变，组织成员之间的关系也要随之做出调整。非正式团体的存在使得这种新旧关系的调整需要一个较长的过程。在这种新关系结构未被确立之前，组织成员之间很难磨合一致，一旦发生利益冲突就会对变革的目标和结构产生怀疑和动摇，特别是一部分能力有限的员工将在变革中处于相对不利的地位。随着利益差距的拉大，这些人必然会对组织的变革产生抵触情绪。

（二）消除组织变革阻力的策略

1. 教育和沟通

通过与员工进行沟通，帮助他们了解变革的理由，减少变革的阻力，让员工有较长时间的思想准备并参与到组织变革的决策过程中。这种策略假定阻力的根源在于信息失真，或者沟通不良。如果员工了解到全部事实，消除了错误认识，那么阻力就会自然减退。具体可以通过个别会谈、备忘录、小组讨论或报告会等方式进行。教育和沟通的方式能够分享资源，不仅能够增强员工的认同感，而且可以在群体成员中形成一种感觉，即他们在组织变革中起着重要的作用。但这种方法需要组织投入较多的时间和精力，特别是当变革触动到许多员工时。

2. 鼓励员工参与

鼓励员工参与变革并分享变革的利益，在尽量保护员工原有利益的同时，提高津贴，增加福利，缩短工作时间。在变革之前，也应该把那些持有反对意见的人吸收到决策过程中来，因为一个人要是参与了变革的决策，他就不会成为阻力，而且参与程度越大，对变革的支持程度越高。但是这种方法也比较费时。

3. 促进与支持

组织可以通过提供一系列支持性措施来减少阻力。如果员工对变革的恐惧和忧虑很强，那么可以为员工提供心理咨询和治疗、新技能培训或短期带薪休假等来帮助员工克服恐惧和忧虑心理。组织需要安排充足的时间来完成变革，因为组织成员需要时间来适应新的制度，排除障碍。如果领导没有耐心，加快速度推行改革，则对下级会产生一种压迫感，产生新的抵制。

4. 谈判

各种利益群体之间开展谈判，寻找各自能够接受的方案。必要时要有一定的妥协，为变革的抵制方提供一些优惠政策，以争取他们的协作。

总之，无论是个人还是组织都有可能对变革形成阻力，变革成功的关键在于尽可能消除阻碍变革的各种因素，缩小反对变革的力量，使变革的阻力尽可能降低，必要时还可以运用行政的力量保证组织变革的顺利进行。

【本章小结】

1. 管理学中的组织有名词和动词两层含义。作为名词，组织是指为了实现某些特定目标经由分工与合作及不同层次的权力和责任制度而构成的人的集合。作为动词，组织是指管理的组织职能，即为有效实现组织目标，建立组织结构、配备人员，使组织协调运行的一系列活动。

2. 组织设计应遵循以下原则：因事设职、因职用人；分工协作；权责对等；统一指挥。组织设计的内容包括横向组织设计、纵向组织设计与职权体系设计。横向组织设计即组织部门设计，纵向组织设计即管理层次设计，根据管理幅度的限制，确定管理系统的层次。

3. 管理幅度是指主管能够直接有效地指挥和监督下属的数量。管理层次就是组织中纵向管理机构的级数。管理层次受到组织规模和管理幅度的影响。影响管理幅度的因素主要有：主管与下属的工作能力、工作内容与性质、工作条件和组织环境。管理层次与管理幅度的反比关系决定了两种基本的组织结构形态：高耸结构形态和扁平结构形态。

4. 职权的分配可以通过两种途径来实现：组织设计中的权力分配（制度分权）与主管人员在工作中的授权。组织内的各种权力按照性质不同，分为三种类型：直线职权、参谋职权和职能职权。衡量一个组织的集权或分权程度的标准包括：决策的数量、决策的范围、决策的重要性和对决策控制的程度。外部环境稳定性、经营活动性质、组织规模、生命周期、空间分布、决策的重要性、管理层素质和领导风格是影响集权和分权程度的因素。

5. 组织设计的影响因素包括外部环境、组织战略、技术因素和组织发展阶段。组织结构的类型包括直线制、职能制、直线职能制、事业部制、矩阵制、多维立体型、网络型、集团控股型和无边界组织结构等形式。

6. 组织变革是指运用行为科学和相关管理方法，对组织的权力结构、组织规模、沟通渠道、角色设定、组织与其他组织之间的关系，以及对组织成员的观念、态度和行为，成员之间的合作精神等进行有目的的、系统的调整和革新，以适应组织所处的内外环境、技术特征和组织任务等方面的变化，提高组织效能。组织变革的影响因素可以分为外部环境因素和内部环境因素两部分。外部环境因素由政治经济、技术进步、价值观念和资源变化环境等组成。内部环境因素包括组织战略的调整、新技术或新设备引进，以及组织员工态度的改变等。

7. 频繁的决策失误、组织成员间沟通不灵、管理绩效长期不理想、缺乏创新，都是组织变革的征兆。按照组织变革的侧重点不同，可以将变革分为战略性变革、结构性变革、流程主导性变革和以人为中心的变革；按照变革的程度与速度不同，可以将变革分为激进式变革和渐进式变革。

8. 组织变革的程序可以分为以下几个步骤：诊断组织现状，发现变革征兆；分析变革因素，制定改革方案；选择正确方案，实施变革计划；评价变革效果，及时进行反馈。勒温提出的组织变革模式包含解冻、变革、再冻结三个步骤。

9. 组织变革的阻力可能来自个人，也可能来自团体。来自个人的阻力包括：心理上的影响和利益上的影响。来自团体的阻力包括：组织结构变动的影响和人际关系调整的影响。消除组织变革阻力的策略包括：教育和沟通、鼓励员工参与、促进与支持以及谈判等。

【复习思考题】

1. 组织设计应遵循哪些原则？应考虑哪些因素？
2. 组织设计的内容包括哪些方面？
3. 管理幅度的影响因素有哪些？简述管理幅度与管理层次之间的关系。
4. 组织基本的结构形态有哪两种类型？这两种结构形态有何特点？
5. 组织中权力分散的途径有哪些？
6. 组织中存在哪三类职权？如何处理它们之间的关系？
7. 衡量一个组织的集权或分权程度的标准是什么？
8. 集权和分权的影响因素有哪些？
9. 组织结构的类型有哪些？它们的优缺点及适用条件分别是什么？

10. 组织变革的征兆有哪些？简述勒温的组织变革模型。
11. 组织变革可能会遇到哪些阻力？如何克服这些阻力？

【案例思考】

一对孪生企业的不同组织模式

1. 基本情况介绍

1965 年，美国一家大型技术产品公司清理电子产品业务，将属下制造和装配印刷电路板的两个电子厂卖给了不同的投资者。

其中一家工厂位于欧梅格市内，更换所有者后取名为欧梅格电子公司（这里简称为 A 公司）。A 公司保留了原管理队伍，任命原厂长泰康为公司总经理。A 公司年销售额达 1000 万美元，员工有 550 人。A 公司的总经理泰康把公司的高效益归功于对员工实行严密的控制。他解释说，他保留着工厂原隶属于技术产品公司时形成的基本组织结构，这种结构对于大批量制造印刷电路板及随后进行的装配具有很高的效率。泰康相信，要不是市场需求量这么大，他的竞争对手就不可能生存下来。A 公司具有详细的组织结构图和职务说明书，对每个部门和员工的工作进行细密的专业化分工，并规定有明确的职责范围。A 公司的员工一般都对工作感到满意，不过，一些管理人员已提出了扩大工作自主权的要求。

另一家工厂地处该市郊区，改名为阿克米电子公司（这里简称 B 公司）。B 公司选用了该厂原有的部分管理人员，并聘请了一电子研究所所长罗奇担任公司总经理之职。B 公司年销售额为 800 万美元，有 480 名员工。B 公司设有同 A 公司相似的管理部门，但总经理罗奇并不相信组织结构图的功用。他认为，公司的规模并不大，像组织结构图这类东西只能在专家之间制造人为的障碍，而这些专家是需要在一起工作的。罗奇很关心员工的满足感，希望每个人都把自己看作组织的一员，熟悉整个组织的活动。罗奇强调部门之间的工作协调，但他不提倡人们在沟通中用书面文件，也不对人们的工作做出死规定。技术部的一个新成员说："我刚来这里时，不知道自己该干些什么。今天我同技术人员一起工作，明天我又帮助装运部门设计包装盒。工作的头几个月乱哄哄的，但我对公司整个活动有了比较真实的了解。"

A 公司通常能赚得更多利润，这引起了 B 公司管理人员的嫉妒。A 公司和 B 公司经常为争取同一项生产合同而展开竞争。作为电子产品协作厂，两家公司都得益于 20 世纪 70 年代初期电子行业的兴旺发展，同时也都期待着将来的扩大与繁荣。

2. 协作合同竞争及内部管理过程

1976 年，美国电子行业微型化的步伐在加快，市场对晶体管的需求直线下降。

同年 7 月，有家大型复印机厂正想为其新试制的复印机中的存储器找个电路板协作厂。A 公司和 B 公司在地理位置上都很靠近这家复印机厂，因此，都想以具有竞争力的出价获得该协作生产合同。A 公司的出价稍低于 B 公司，但两家公司都被要求试生产 100 件样品。这项协作合同预计有 500 ~ 700 万美元的订货额，而且时间紧迫，要求 A 公司和 B 公司最多只能用两周的时间订出装配计划，并准备第二天就开始正式生产。

3. 结果

A 公司生产的 100 件存储器中有 10 件质量不合格，B 公司的所有样品都通过了复印机厂的检验。A 公司本来就拖延了交货日期，后来因返修不合格产品，又进一步拖延了些日子。尽管如此，复印机厂还是把 1976 年下半年的生产协作任务交由 A 公司和 B 公司共同来承担，而没有把整批订货全部给其中某一家。不过，复印机厂在协作合同中附加了两个条件：一是保证产品无缺陷；二是降低产品成本。在执行合同过程中，A 公司通过广泛的努力，使单位产品成本降低了 20%。这样，A 公司就从 1977 年开始赢得了复印机厂存储器的全面生产协作任务。

问题讨论：

1. A 与 B 公司各采用了什么样的组织结构？对公司产生了怎样的影响？

2. 试比较 A、B 公司组织结构的优劣。

（资料来源：杨跃之．管理学原理［M］．北京：人民邮电出版社，2012.）

第八章　领　　导

【学习目标】

1. 掌握领导的含义。
2. 理解领导的本质、领导者与管理者的区别。
3. 了解领导者应具备的特质。
4. 了解领导特质理论与领导行为理论。
5. 理解菲德勒的权变理论涉及的主要模型。
6. 了解领导者—成员交换理论，区别交易型、变革型领导者，对比魅力型、愿景型领导者。

【关键术语】

领导　领导者　管理者　强制性影响力　自然性影响力　制度权力　法定性权力　奖赏性权力　惩罚性权力　专长性权力　感召性权力　领导特质理论　领导行为理论　独裁型风格　民主型风格　放任型风格　定规维度　关怀维度　管理方格理论　权变理论　菲德勒权变模型　“最难共事者”问卷　领导者—成员关系　任务结构　职位权力　领导情境理论　成熟度　路径—目标模型　领导者—成员交换理论　交易型领导　变革型领导　魅力型领导　愿景型领导

【结构框图】

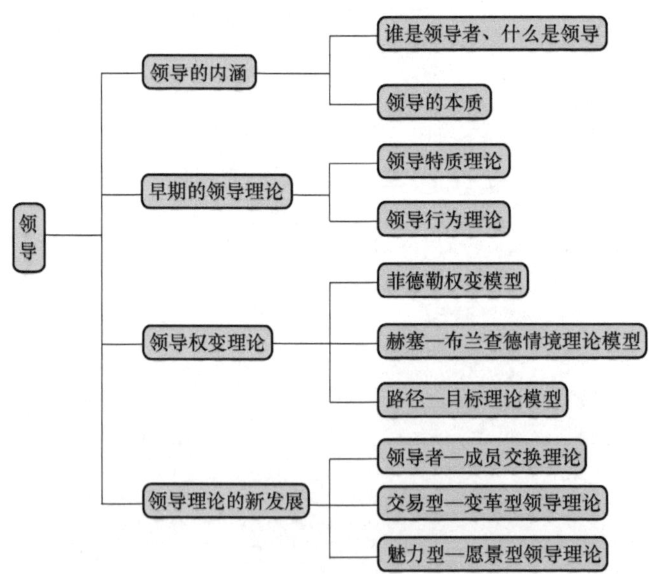

【引入案例】

雅芳公司首席执行官钟彬娴

个人能让组织的业绩发生改变吗？雅芳公司总裁兼首席执行官钟彬娴用自己的行动证

明这是完全可以的。钟彬娴1994年加入雅芳公司，此前曾在Neiman Marcus和Bloomingdale等零售企业工作过。她在雅芳的第一项任务是创建一个全球品牌。她做到了。钟彬娴合并规范了公司的标识、包装和广告，把它们统一成一个新形象。她大力推行现在的公司口号："为女性的公司"。基于她在改善雅芳市场营销方面获得的成功，1999年公司董事会任命她为总裁兼首席执行官。

钟彬娴就任总裁时公司正陷入极大的困境中。"雅芳小姐"的好日子似乎已经随风逝去了。继续签约做雅芳销售代表的女性越来越少，公司的销售额也在不断下滑。然而，上任仅仅四周以后，钟彬娴就推行了一个破天荒的计划：雅芳要开发全新的产品线，要发展重量级的产品，要开始在零售店里销售雅芳产品——这些是长期以来从没做过的事情。为了能使具有重量级的产品尽快投放市场，她将雅芳的研究与开发预算增加了46%。这促成了再生素产品（一种抗衰老的护肤品）项目的启动，并且最终大获成功。另外，维生素和治疗油这些新产品线也获得了成功。她还把雅芳供应商的数量从300家减少到75家，仅这一项每年就为公司节省了6000万美元。可能最为重要的还是，钟彬娴为"雅芳小姐"的称号注入了新的生命。为重新组建公司的销售队伍，她建立了多层级的营销方案，如果现任销售人员可以发展新的销售代表签约，则会获得奖励。一位纽约东洛克威地区的"雅芳小姐"，在18个月的时间里就发展了350名新代表。

两年之后，在钟彬娴的领导下，雅芳的业绩有了巨大改观。销售增长率从每年的1.5%上升为6%，营业利润从4%增长为7%，公司的股票也上涨了70%。

（资料来源：斯蒂芬P罗宾斯．组织行为学：第10版［M］．孙健敏，李原，译．北京：中国人民大学出版社，2005.）

雅芳的钟彬娴证明了有效的领导者可以扭转局势。本章中，我们通过四种观点来看看是哪些因素造就了有效的领导者。在阐述这些观点之前，先来澄清一下领导这一术语的含义。

第一节 领导的内涵

一、谁是领导者、什么是领导

关于领导的描述有两种——名词性和动词性。名词性的领导是指领导者，从广义上说，领导者包含两类人：一类是有职位的，也就是正式任命的，有合法权力；另一类是没有职位的，是群体中自然产生的，没有职位和职权。也就是说**领导者**可以是上级任命的，也可以是从群体中自发产生出来的，领导者可以运用正式权力之外的活动来影响他人。

所有的管理者都是领导者吗？从理论上说，所有的管理者都应该是领导者。但是未必所有的领导者都必须具备有效管理者应具备的能力或技能，也就是说，领导者未必也是管理者。在管理学中，我们把**领导者**（Leader）定义为那些能够影响他人并拥有管理职权的人。

动词性的领导是指领导者的行为，即指导和影响群体或组织成员的思想和行为，使其为实现群体或组织目标而做出努力和贡献的过程或艺术。

二、领导的本质

领导的本质是影响力。所谓影响力是指领导者在与下属人员的交往活动中影响和改变他们心理及行为的能力。领导者的影响力有大小之分，不同领导者由于权力、经历（经验）、个人能力、个人魅力、领导艺术、领导方法等不同，影响下属的能力也有区别。领导者的影响力有两种类型：①强制性影响力，又叫权力性影响力或职位影响力，它使人产生服从感、敬畏感、敬重感；②自然性影响力，又叫非权力性影响力或个人影响力，它使人产生敬爱感、信赖感、敬佩感、亲切感。两种类型影响力的区别见表 8-1。

表 8-1　两种影响力的区别

强制性影响力	自然性影响力
法定职位权力	个人因素
受时空限制，不因人而异	不受时空限制，因人而异
行政命令	人格感召
必须服从	自觉自愿接受
慑服	信服
强制性影响力	内在感召力

阅读材料

德蕾莎修女的影响力

德蕾莎修女（1910. 8. 27—1997. 9. 5），是世界著名的天主教慈善工作者。12 岁时，她立志当修女。19 岁时她进入修道院，被命名为德蕾莎修女。后来她被派往印度，之后就再没有离开那里。1952 年夏，为帮穷人找到爱与尊严，她在印度加尔各答建立“垂死者之家”。

她 18 岁时，自己都居无定所，而她每天做的事，就是推着小车在垃圾堆里、水沟里、教堂门口、公共建筑的台阶上，捡回那些奄奄一息的病人、被遗弃的婴孩、垂死的老人，然后到处去找吃的喂他们，找药给他们治病，求医生来帮助他们……

1979 年，德蕾莎修女获得诺贝尔和平奖。她身穿一件只值 1 美元的印度纱丽走上了领奖台。不论是和总统会面还是帮助穷人，她都穿着这件衣服，她没有别的衣服。

当她知道诺贝尔奖颁奖大会的宴席要花 7000 美元时，她恳求大会主席取消宴席。她说：“你们用这些钱只宴请 135 人，而这笔钱够 15000 人吃一天。”宴会被取消了，修女拿到这笔钱，同时还拿到了 40 万元瑞币的捐款。

她创建的仁爱传教修女会有 4 亿多美元的资产。

她在全世界的 127 个国家有 600 多个分支机构。她用最快的速度、最高的效率在全世界发展慈善机构。仅在 1960 年一年内，她就在印度建起了 26 所收容中心和儿童之家。

但是她的总部只有两个修女和一台老式打字机。她的办公室里只有一个桌子，一把椅子，她接待全世界的来访者总是在她的工作岗位上：平民窟、弃婴院、临终医院、麻风病院、收容院、艾滋病收容所……在她那里服务的有银行家、大企业家、政治家、大学生、演员、模特、富家小姐、美国加州州长……

后来科索沃战争爆发，德蕾莎去问负责战争的指挥官，说战区里的妇女儿童都逃不出来，指挥官跟她这样讲："修女啊，我想停火，对方不停啊，没有办法。"德蕾莎说："那么，只好我去了！"德蕾莎走进战区，双方一听说德蕾莎修女在战区，就立刻停火，当她把战区里的妇女儿童带出后，两边又打起来了。

这个消息后来传到了联合国。联合国秘书长安南听到后赞叹道："这件事连我也做不到。"

领导者的影响力从何而来？来自于领导者的权力。领导者权力分为两种类型：制度权力和个人权力。制度权力（行政性权力）来自于职位的权力，是由上级或组织所赋予的，并由法律、制度、文件等明文规定，它随职务变动而变动。个人权力不是由领导者职位产生的，而是产生于领导者自身的某些特殊条件。它不随职务消失而消失。具体分类见图 8-1。

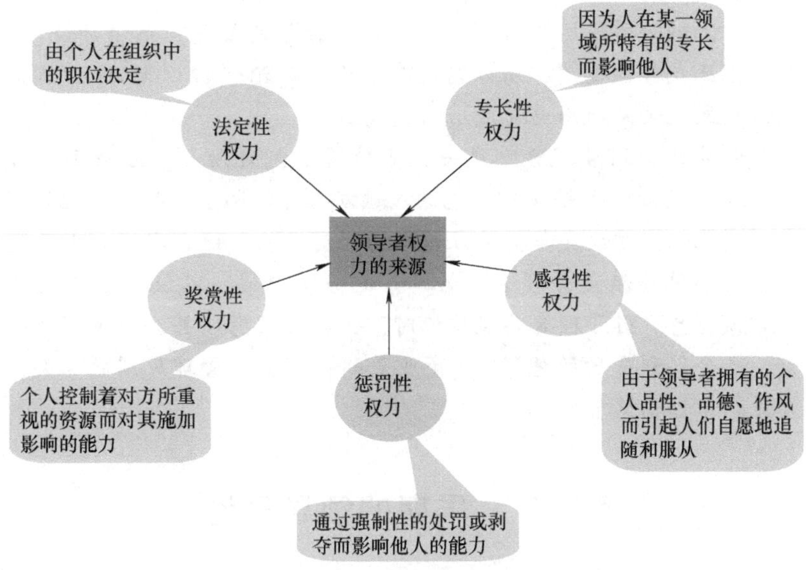

图 8-1 领导者权力的来源

制度权力包括：①法定性权力，即按组织的有关制度规定的正式权力，被组织制度、法律、传统习惯或常识所认可。它通常与职位联系在一起。因此又叫职务权力或职位权力。一个人被组织正式赋予了某种职务，就意味着有这种权力，它随职务的接受而开始，以职务的免除而终结。职务越高权力越大。法定性权力主要由决策权、指挥权、人事权等构成。②奖赏性权力，即提供奖金、提薪、表扬、升职和其他任何令人愉悦的东西的权力。这种权力源于被领导者期望奖励的心理。③惩罚性权力（强制权），即通过精神、感情或物质上的威胁，强迫下级服从的权力。它源于被领导者的恐惧心理，行使时往往会引起愤恨、不满，甚至报复行动，因此必须谨慎对待。

个人权力包括：①专长性权力（专家权），即基于专业技术、特殊技能或知识的权力。如果一个人拥有对工作群体至关重要的知识、技能、经验或专业技术，那么他的专长性权力就会得到提升。②感召性权力。它是建立在超然感人的个人素质之上的，某种素质吸引了欣赏它、希望拥有它的追随者，从而激起人们的忠诚和极大的热忱。

阅读材料

有力领导者：杰克·韦尔奇，通用电气的前任 CEO

当杰克·韦尔奇在2001 年年底退休时，也宣告了通用电气（GE）一个时代的结束。在韦尔奇的领导下，通用电气成为年销售额1700 亿美元，经营业务包括电灯泡、塑料、飞机发动机、医学影像仪器、保险和金融服务等的综合性企业。他建立起来的著名工业巨人通用电气公司是全球第九大公司和第二大盈利公司。同时，超级 CEO 韦尔奇已成为最具传奇色彩并在任何时候都被广泛效仿的商业领导者之一。

通用电气的成功来自于两个战略。第一，韦尔奇鼓励企业走多元化道路，而不是坚持“核心”业务。第二，他通过鼓励快速思考和企业家行为减少了官僚性障碍。例如，任何人都可以召开用来解决问题的会议，不需主管在场。当参与者有一个计划时，他可以告诉自己上司，上司必须现场给出“是”或是“否”的答复。韦尔奇说：“让整个公司变得不死板、不正式非常重要，而以前没有多少人谈论到它。”但这种非正式的 Just-do-it（想做就做）文化却是通用电气成功的关键。

韦尔奇的领导才能如何展现呢？第一，他精通如何激励人。他每年亲自检查公司3000 名高级管理者的绩效，且给工作出色的人颁发上百份奖金。另外，他还经常给员工和经理写便条感谢他们，建议变革，关注员工的家庭危机。他也在通用电气的培训中心讲课、演讲，倾听和笼络精英管理者。第二，他坚持坦诚，不仅要求经理主管人员这样，他自己也坦诚相待。当管理者实现目标时，他会表示感谢并给予金钱奖励。如果管理者业绩不好，也会得到严厉的惩罚。《商业周刊》说，在管理风靡的今天，通用电气给我们的启示是：个性仍然重要。

第二节　早期的领导理论

人们开始组成群体以实现目标以来，领导问题就是一个大问题。不过，直到 20 世纪初，研究者才真正开始研究“领导”，“领导学”才形成一门科学，才出现专门的领导理论。这些早期的领导理论分为两种类型：一是着重研究领导者自身的理论——领导特质理论；二是着重研究领导者与下属相互作用的理论——领导行为理论。

一、领导特质理论

玛格丽特·撒切尔夫人曾任英国首相，她总是因为自己的领导风格而令人注目。人们常常这样描述她：自信，铁腕，坚决果断，雷厉风行……这些特点均指的是特质。无论是撒切尔首相的忠实拥护者还是批判者，都认同她的这些品质。其实，当他们这样描述她时，他们也都成了特质理论的拥护者。

长久以来，舆论界一直是特质理论的忠实信徒，他们对于领导者与非领导者的区分重在强调个人的特质和特点。他们把诸如撒切尔夫人、南非的曼德拉、苹果公司的创建人之

—乔布斯、美国运通公司的总裁查诺德、GE 的前 CEO 杰克·韦尔奇、海尔的 CEO 张瑞敏等人称为领导者，并用魅力、热情、勇气等词汇描述他们。其实，并不单单舆论界持有这种观点。从 20 世纪初到 20 世纪 40 年代，管理学研究的重点之一是领导者的特征，并在此基础上形成了领导特质理论（Trait Theories），也有人将其称为伟人理论。按照领导特质理论的观点，一个人之所以成为领导者，是由于他具有与众不同的优秀品质和特殊能力，这些优秀品质和特殊能力与成功的领导密切关联，构成了领导者的特质。如果能够找出这些特质，人们就可以用这些特质来挑选和考核领导者。

美国俄亥俄州立大学的拉尔夫·斯托格迪尔（Ralph M. Stogdill）曾经整理了 1904～1947 年之间有关领导者特质的 120 篇文献，并发现一些特质与领导有效性相关，如智力、毅力、自信、主动精神、关心下级人员的需要、勇于承担责任，以及占据支配和控制地位（有知名度和社会地位）等。1974 年，斯托格迪尔再次对 20 世纪 50～70 年代间的 163 篇文献进行分析，发现除上述特质外，还有一些特质不能忽视，如面对复杂的情况善于应变、注意外部环境的动向、有雄心、渴望取得成就、果断、善于与人共事、当机立断、忠诚可靠、充满活力、能承受压力等。另外，还有一些技巧也在领导者身上存在，如聪明灵活、观点清楚、有创新意识、有交际手段、口才流利、明确团体目标与任务、有组织能力、有说服力、容易相处等。斯托格迪尔的研究表明，有一些特质在领导人身上显然比在其追随者身上表现强烈得多。其归纳的主要特征或品质如表 8-2 所示。

表 8-2 斯托格迪尔关于领导特质的观点

项 目	特征或品质
五种身体特征	精力、外貌、身高、年龄、体重
两种社会性特征	社会经济地位、学历
四种智力与才干特征	果断性、说话流利、知识广博、判断分析能力
十六种个性特征	适应性、进取性、自信、热心、独立性、外向、机警、支配、有主见、急性、慢性、见解独到、情绪稳定、作风民主、不随波逐流、智慧
六种与工作有关的特征	责任感、事业心、毅力、首创性、追求成功的干劲、对人的关心
九种社交特征	能力、合作、声誉、人际关系、老练程度、正直、诚实、权力的需要、与人共事的技巧

美国普林斯顿大学的威廉·鲍莫尔（William J. Baumol）提出了作为一个领导者应具备的十个条件：①合作精神——能赢得人们的合作，愿意与其他人一起工作，对人不是压服而是说服和感召。②决策能力——依据事实而非想象来进行决策，有高瞻远瞩的能力。③组织能力——善于组织人力、物力和财力。④精于授权——能抓住大事，把小事分给下属去完成。⑤善于应变——权宜通达，灵活进取而不是抱残守缺、墨守成规。⑥敢于创新——对新事物、新环境、新观念有敏锐的接受能力。⑦勇于负责——对上下级以及整个社会抱有高度责任心。⑧敢担风险——敢于承担改变企业现状时遇到的风险，并有创造新局面的雄心和信心。⑨尊重他人——重视和采纳别人的合理化意见。⑩品德高尚——在品德上为社会和企业员工所敬仰。

埃德温·吉赛利（Edwin E. Ghiselli）还对 13 种可能影响领导效率的个人特征按重要性进行了排序（见表 8-3）。他发现，影响领导效率最重要的因素有指挥能力、事业心和成就欲、才智、自我实现欲、自信、决断能力等。他还发现，领导者的智力极高或极低都会削弱领导效果。换言之，领导者的智力水平同下属的水平不应该过于悬殊。

表 8-3 个性特征排序

重要程度	重要性价值	个性特征
重要	100	指挥能力（A）
	76	事业心和成就欲（M）
	64	才智（A）
	63	自我实现欲（M）
	62	自信（A）
	61	决断能力（A）
	54	承担风险（M）
	47	与下属关系亲近（A）
次重要	34	首创精神（A）
	20	对金钱的需要（M）
	10	权力需求高（M）
	5	成熟程度（A）
不重要	0	性别（A）

注：表中 A 表示个性品质，M 表示激励品质。

尽管上述研究者付出了相当大的努力，但结果表明不可能有这样一套特质总能把领导者与非领导者区分开来。

不过，而后一些试图找出与领导力高度相关的特质的研究较为成功。研究者发现六项特质与有效的领导有关，它们是：内在驱动力、领导愿望、诚实与正直、自信、智慧、工作相关知识。

（1）内在驱动力。领导者非常努力，有着较高的成就愿望。他们进取心强、精力充沛，对自己所从事的活动坚持不懈、永不放弃，并有高度的主动性。

（2）领导愿望。领导者有强烈的愿望去影响和统率别人，乐于承担责任。

（3）诚实与正直。领导者通过真诚无欺、言行一致的表现来与下属之间建立相互信赖的关系。

（4）自信。为了让下属相信自己的目标和决策的正确性，管理者必须表现出高度的自信。

（5）智慧。领导者需要具备足够的智慧来收集、整理和解释大量信息，并能够确立目标、解决问题和做出正确的决策。

（6）工作相关知识。有效的领导者对有关企业、行业和技术的知识十分熟悉，广博的知识能够使他们做出睿智的决策，并能认识到这些决策的意义。

研究者而后认定，仅仅依靠特质并不能充分解释有效的领导，完全基于特质的解释忽视了领导者与下属相互关系以及情境因素。具备恰当的特质只能使个体更有可能成为有效的领导者。因此，从 20 世纪 40 年代末至 60 年代中叶，有关领导的研究集中在探讨领导者偏好的行为风格上。领导者想知道，有效的领导者在“做”上，也就是说在行为或风格方面，有哪些独特之处。

二、领导行为理论

前面的特质理论如果研究成功，就只需要按各种条件要求选择“正确”的人来承担组织中的正式领导职位即可；但是，如果行为研究找到了决定领导力的关键行为因素，就可以把人们培养成为领导者。领导行为理论认为，一个领导者是否成功，最主要的不是领导者个人的性格特征，而是领导者采用什么领导方式、形成怎样的领导风格、领导者具体怎么做。关于这些问题，主要有四种研究成果。

（一）艾奥瓦大学的研究

艾奥瓦大学的研究探索了三种领导风格（见图 8-2）：①独裁型风格指的是这样的领导者：他们倾向于集权管理，采用命令方式告知下属使用什么样的工作方法，做单边决策，限制员工参与。②民主型风格指的是这样的领导者：他们倾向于决策时考虑员工的利益，实施授权管理，鼓励员工参与有关工作方法和工作目标的决策，把反馈当作指导员工工作的机会。③放任型风格指的是这样的领导者：他们总体来说给群体充分的自由，让他们自己做出决策，并按照他们认为合适的做法完成工作。

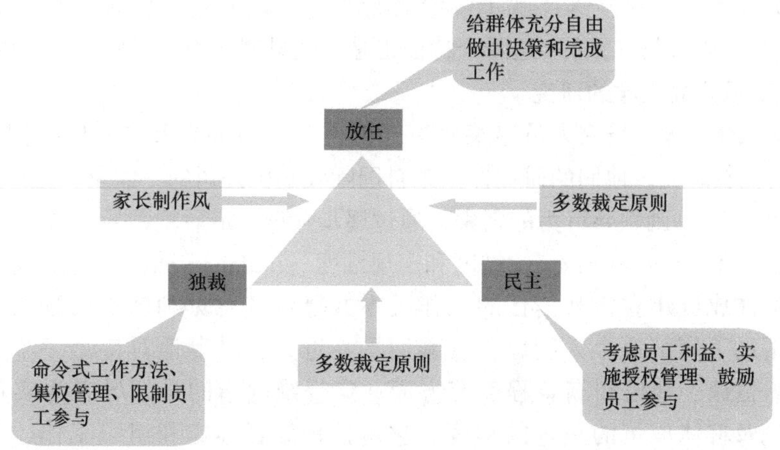

图 8-2　艾奥瓦大学关于领导方式的研究

勒温及其同事对哪种风格最有效进行了研究，结果表明，民主型风格更有利于良好的工作质量和工作数量。但后来有关独裁型和民主型的研究得到的结果并不一致：有时民主型风格比独裁型风格会带来更高的工作绩效；但另一些时候，民主型风格导致的工作绩效更低或二者之间没有区别。不过，如果使用下属的工作满意感作为测量指标，得到的结果更趋于一致。总体来说，相比独裁型领导者，民主型领导者所领导的群体中，下属有更高的满意感。

阅读材料

三个领导，三种风格

吴君在公司给张总经理做秘书。张总经理可谓日理万机，因为公司的大小事情都必须向他汇报，得到他的指示才能行事。尽管如此，吴君感到工作还是比较轻松。因为任何事情他只是需要交给总经理，再把总经理的答复转给相关负责人，就算完成任务了。

可是好景不长，因为张总经理每天太过奔波劳累，终于病倒了。

这时，王总经理上任了。王总对吴君无论大小事宜都要请示提出了批评，让他学会分清轻重缓急，有些事情可以根据他的判断，直接交给其他副总经理处理。这样，王总经理有更多的时间考虑公司长远目标，然后召开高层领导者会议进行研讨决策。自王总经理上任以来，公司出台了新的发展战略、市场定位以及多项规章制度，业绩也有了很大的提高。同时，吴君也很忙碌，有时需要跑很多部门去协调工作，但让他觉得学到了很多东西，也充实了不少。因为业绩突出，王总经理干了一年就被调到总公司去了。

之后来了李总经理。相对于张总经理的事必躬亲以及王总经理的有张有弛，李总经理就要随意多了。他到任之后，先是了解了一下公司的总体情况，感到非常满意，就对下面的经理说："公司目前的运营一切顺利。我看大家都做得比较到位，总经理嘛，关键时刻把把关就可以了，不是很重要的事情你们就看着办吧。"这样一来，吴君享受到了自工作以来没有过的轻松，因为一周也没有几件事情要找李总经理。

现在领导者面对着一个两难困境。他们是应该关注于取得更高的工作业绩呢，还是应该关心员工更高的满意度？这反映了领导者行为当中两个基本特征：关心工作的完成（任务）与关心群体成员（人）。这两个特征也是其他早期行为研究中的核心内容。

（二）俄亥俄州立大学的研究

美国俄亥俄州立大学研究人员弗莱西曼（E. A. Fleishman）和他的同事们也在进行关于领导方式的比较研究。他们的研究样本来自国际收割机公司的一家货车生产厂，研究人员列出了1000多种刻画领导行为的因素，通过逐步筛选，最后把领导方式分为两个维度，即领导方式的关怀（Consideration）维度和定规维度（Initiating Structure）。关怀维度指的是领导者与群体成员建立相互信任的工作关系并尊重其意见和感受的程度。高关怀特点的领导者帮助下属解决个人问题，友善而平易近人，平等地对待每一个成员，关怀下属的生活、健康、地位和满意程度等方面。定规维度指的是领导者为实现目标而定义自己的角色及群体成员的角色的程度。它包括领导者界定和组织工作、工作关系以及目标的行为。

根据这样的分类，领导者可以分为四种基本类型，即高关怀—高定规、高关怀—低定规、低关怀—高定规和低关怀—低定规，如图8-3所示。

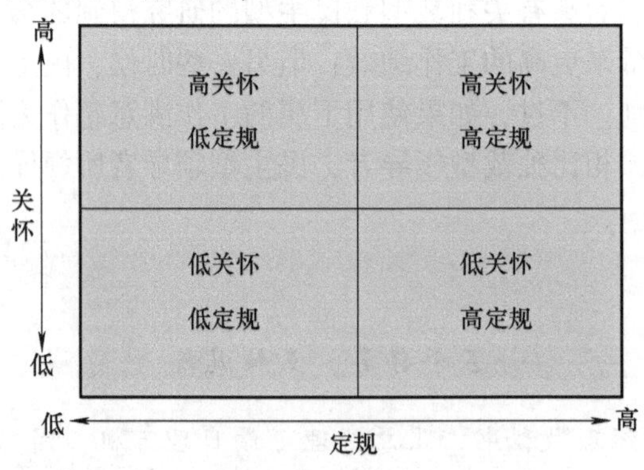

图8-3　俄亥俄州立大学的领导行为四分法

研究发现，一个在定规和关怀方面均高的领导者（高—高型）常常比其他三种类型的领导者更能使下属达到高的绩效和高的满意度。不过，高—高风格也并不总能产生积极的效果。研究者发现了足够的例外情况表明在领导理论中还需加入情境因素。

(三) 密歇根大学的研究

与俄亥俄州立大学的研究几乎同时进行，密歇根大学的研究也希望识别与工作绩效相关的领导行为特征。密歇根大学的李克特（Rensis Likert）及其同事也发现了两种不同的领导方式，他们将其称为“生产导向”和“员工导向”。生产导向的领导者关心工作岗位的技术和任务方面，主要关心的是群体工作任务的完成情况，并把群体成员视为实现目标的手段和工具。员工导向型领导者关心员工，并有意识地培养与高绩效的工作群体相关的人文因素，即重视人际关系。他们总会考虑下属的需要，并接纳群体成员的个人差异。

研究者得出结论，员工导向型领导者与高的群体生产率和高满意度成正相关，而生产导向型领导者则与低的群体生产率和低满意度相关。

(四) 管理方格论

美国得克萨斯大学的布莱克（R. Blake）和穆顿（S. Mouton）于1964年提出关于培养领导方式的管理方格（Managerial Grid）论。这一理论充分概括了上述两项研究所提炼的维度。管理方格划分出81种领导风格，但真正有代表性的是其中五种。

如图8-4所示，横坐标表示对生产的关心程度，纵坐标对员工的关心程度，纵横坐标各分为9级，领导方式总是纵横坐标的交叉。

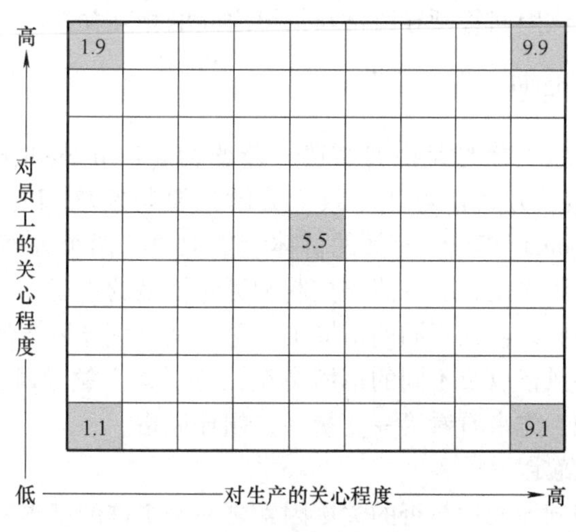

图8-4 领导方格图

（1）1.1型，称贫乏型领导，既对员工不关心，也对生产不关心。他们以最低限度的努力完成必需的工作，从而维持组织成员的身份。

（2）1.9型，也称乡村俱乐部型领导。他们对员工的需要关怀备至，创造了一个舒适、友好的组织氛围和工作基调。

（3）9.1型，称任务型领导。由于工作条件的安排从而使工作实现高效运作，使人的因素的干预降到最低。

（4）9.9型，称团队型领导。工作由具有奉献精神的员工完成，由于组织目标的“共同利益关系”而形成了相互信赖，带来了信任和尊重的关系。

（5）5.5型，称中间型领导。无论是生产还是人际关系的协调都过得去，在必须完成的工作与维持令人满意的士气水平之间保持平衡，使组织绩效得以实现。

这一理论的意义在于评价领导者的两个尺度：作为领导者，既要关心员工，又要完成生产；只有关心员工，调动员工的积极性和创造性才能更好地完成生产任务；要把生产放在第一位，首先把人放在第一位，最终达到9.9型领导状态。

人们越来越明确地认识到，对领导者成功与否的预测要比仅仅分离出一些领导者特质和行为偏好更为复杂。由于这些方面的研究缺乏一致性的结果，人们开始注意情境因素的影响。领导者风格与有效性之间的关系表明，X风格在A条件下恰当可行，Y风格则更适合于条件B，Z风格适合于条件C。但是，这些情境到底是什么呢？不仅要知道领导者的有效性取决于情境因素，而且还能分离出这些情境因素或权变变量。

第三节　领导权变理论

领导权变理论是20世纪60年代以来在西方国家处于主导地位的理论。该理论认为，领导者的有效性不仅取决于他的素质或行为，而且受环境因素的影响。领导行为须与环境相适应，随环境的变化而变化。这一节将介绍三种权变理论：菲德勒权变模型，赫塞—布兰查德的情境理论、路径—目标理论模型。在每一个模型中，首先考察领导风格，然后对情境进行界定，最后，试图回答领导风格与情境之间的相互关系。

一、菲德勒权变模型

第一个综合的领导权变模型是由弗雷德·菲德勒（Fred Fiedler）提出的。他经过长期的研究认为，任何领导方式都可能有效，关键是要与情境相对应。菲德勒权变模型（Fiedler Contingency Model）指出，有效的群体绩效取决于两个方面的恰当匹配：一种因素是领导风格；另一种因素是领导者能够控制和影响情境的程度。

该模型基于这样的假设：在不同的情境中，总有某种领导风格最为有效。这一理论的关键在于首先界定领导风格以及不同的情境类型，然后建立领导风格与情境的恰当匹配。为了理解菲德勒的模型，先来看看第一变量——领导风格。

（一）领导风格的确定

菲德勒认为，影响领导成功与否的关键因素之一是个体的基本领导风格。他进一步指出个体风格属于两类之一：任务取向或关系取向。为了测量领导风格，菲德勒设计了一种“最难共事者”问卷（Least-preferred Coworker（LPC）Questionnaire），如表8-4所示。

表8-4　菲德勒的LPC问卷

快　乐——	8	7	6	5	4	3	2	1	——不快乐
友　善——	8	7	6	5	4	3	2	1	——不友善
拒　绝——	1	2	3	4	5	6	7	8	——接　纳
有　益——	8	7	6	5	4	3	2	1	——无　益
不热情——	1	2	3	4	5	6	7	8	——热　情
紧　张——	1	2	3	4	5	6	7	8	——轻　松

（续）

疏 远——	1	2	3	4	5	6	7	8	——亲 密
冷 漠——	1	2	3	4	5	6	7	8	——热 心
合 作——	8	7	6	5	4	3	2	1	——不合作
助 人——	8	7	6	5	4	3	2	1	——敌 意
无 聊——	1	2	3	4	5	6	7	8	——有 趣
好 争——	1	2	3	4	5	6	7	8	——融 洽
自 信——	8	7	6	5	4	3	2	1	——犹 豫
高 效——	8	7	6	5	4	3	2	1	——低 效
郁 闷——	1	2	3	4	5	6	7	8	——开 朗
开 放——	8	7	6	5	4	3	2	1	——防 备

该问卷的主要内容是询问领导者对最不愿意与自己合作的同事（LPC）的评价。这一问卷包括16组对照形容词，例如快乐——不快乐、冷漠——热心、无聊——有趣、友善——不友善等。菲德勒让作答者回想一下自己共过事的所有同事，然后在这16组形容词中按1~8级（8代表这组词中的褒义词，1代表与之相对的贬义词）对其进行评估，并根据每个同事在这16组形容词中的总得分来找出一个最难共事者。

菲德勒相信，在LPC问卷的回答基础上，可以判断出人们最基本的领导风格。如果领导者大多用相对褒义的词语（换句话说，一个“高”LPC分数——分数为64或以上）来描述与自己的最难共事的同事，那么说明该领导乐于与同事形成良好的人际关系，其领导风格可以描述为关系取向。与此相反，如果领导者打分较低，为57或更低，那么表明该领导者主要对生产率和完成工作任务感兴趣，其领导风格可以描述为任务取向。菲德勒也承认一小部分人（大约16%）介于两者之间，并不具有一种泾渭分明的领导风格。还有一点需要强调，菲德勒认为一个人的领导风格是固定不变的，也就是说，如果你是关系型领导者，那你将永远是关系型领导者；任务型领导者也是如此。

（二）领导情境的评估

用LPC问卷评估了个体的基本领导风格之后，接下来需要评估情境，并将领导者与情境进行匹配。菲德勒的研究揭示了确定情境因素的三项权变维度，分别是：

（1）领导者—成员关系（Leader-member Relations）：员工对其领导者信任、信赖和尊重的程度。评价为好或差。

（2）任务结构（Task Structure）：工作任务的规范化和程序化程度。评价为高或低。

（3）职位权力（Position Power）：领导者运用权力活动（如雇用、解雇、处分、晋升和加薪）施加影响的程度。评价为强或弱。

菲德勒根据这三项变量对每一种领导情境进行评估，把三种变量汇总起来得到八种可能的情境，每个领导者都可以从中找到自己所在的情境（见图8-5）。其中Ⅰ、Ⅱ、Ⅲ类情境对领导者非常有利，Ⅳ、Ⅴ和Ⅵ类情境在一定程度上对领导者有利，Ⅶ、Ⅷ情境对领导者非常不利。

（三）领导风格与领导情境的匹配

为了确定领导效果的具体权变情况，菲德勒研究了1200个群体，针对八种情境类型中的每一种，均对比了关系取向和任务取向两种领导风格，得出了以下结论：任务取向的领导者在非常有利的情境下和非常不利的情境下效果更好，关系取向的领导者则在中间情境下干得更好（纵轴代表工作绩效，横轴代表工作情境）。

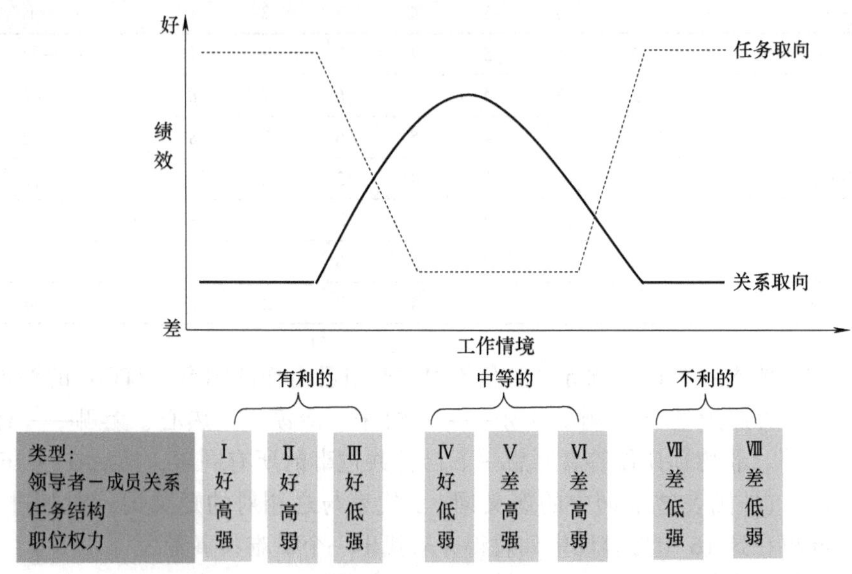

图 8-5　菲德勒权变模型

菲德勒假设：个体的领导风格是稳定不变的。因此，提高领导者的有效性实际上只有两条途径：①选择领导者以适应情境。例如，如果群体所处的情境被评估为十分不利，而目前又是一个关系取向的领导者进行领导，那么替换成一个任务导向的领导者则能提高群体绩效；②改变情境以适应领导者。这可以通过改变领导者—成员关系、重新建构任务或提高/降低领导者可控制的权力（如加薪、晋职和处分活动）而做到。

对菲德勒权变模型的研究表明，这一模型的应用取得了一定的结果，但该模型也存在一定的欠缺：①假定“个体不能改变自己的领导风格”并不符合实际情况，有效的领导者完全能够改变自己的风格以适应具体环境的需要。②该模型太多的权变变量对实践者来说也过于复杂、困难，实践当中通常很难确定领导者—成员关系有多好，任务的结构化有多高，以及领导者拥有的职权有多大。

不过，尽管存在一定的缺陷，但菲德勒模型表明，有效的领导风格需要考虑情境因素。

二、赫塞—布兰查德情境理论模型

这一理论是由美国管理学者保罗·赫塞（Paul Heresy）和肯尼斯·布兰查德（Kenneth Blanchard）于20世纪60年代提出的。他们认为，成功的领导是通过选择恰当的领导方式而实现的，选择的过程根据下属的成熟度而定。

（一）下属的成熟度

领导有效性取决于下属的活动，因为下属可能接纳也可能拒绝领导。无论领导者怎么做，其效果都取决于下属的活动。

根据赫塞和布兰查德的看法，**成熟度**（Maturity）指的是：个体能够并愿意完成某项具体任务的程度。它包括工作成熟度（Job Maturity）和心理成熟度（Psychological Maturity）。工作成熟度是下属完成任务时具有的相关技能和技术知识水平。心理成熟度是下属的自信心和自尊心。高成熟度的下属既有能力又有信心。

图 8-6 模型的下半部分定义了下属成熟度的四种情况：

M_1：这些人对于承担某种工作任务既无能力又不情愿。他们既不胜任工作又不能被信任。

M_2：这些人缺乏能力，但却愿意从事必要的工作任务。他们有积极性，但目前尚缺乏必要的技能。

M_3：这些人有能力却不愿意干领导期望他们做的工作。

M_4：这些人既有能力又愿意干领导期望他们做的工作。

（二）领导风格

情境领导理论使用的两个领导维度是任务行为和关系行为，每一维度有低和高两个水平，从而组合成四种领导风格（见图 8-6 上半部分）。

告知 S_1（高任务—低关系）：领导者界定角色，明确告诉下属干什么、怎么干以及何时何地去干。

推销 S_2（高任务—高关系）：领导者同时提供指导性行为与支持性行为。

参与 S_3（低任务—高关系）：领导者与下属共同决策，领导者的主要角色是提供便利条件与沟通。

授权 S_4（低任务—低关系）：领导者提供极少的指示性行为与支持性行为。

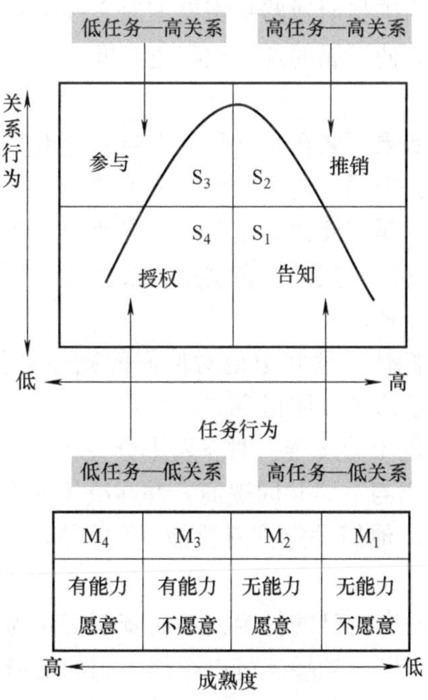

图 8-6 赫塞—布兰查德情境理论模型

（三）领导风格与下属成熟度的匹配

情境理论着重强调的是，领导者与下属的关系如同家长与孩子的关系。当孩子越来越成熟并能承担责任时，家长需要逐渐放松控制。领导也是一样，当下属的成熟度越来越高时，领导者不但要不断降低对他们活动的控制，还要不断减少关系行为。情境理论指出，如果下属既无能力又不愿意承担一项任务，领导者需要提供清晰和具体的指令，即告知型；如果下属没有能力但愿意，则领导者既要表现出高度的任务行为以弥补下属能力的缺乏，又要表现出高关系行为以使下属“领会”领导者的意图，即推销型；如果下属有能力但不愿意，则领导者需要运用支持与参与风格，即参与型；如果下属既愿意又有能力，则领导者不需要做太多的工作，即授权型。

情境理论被管理技术专家们广为推崇，“财富 500 强”企业中超过 400 家在它们的领导培训方案中引入该理论，而且每年来自各类组织中有超过 100 万名管理者也都在学习这一理论。因为该理论具有一种直觉上的感染力。它承认下属的重要性，而且“领导者可以弥补下属能力和动机方面的欠缺”的观点也有其逻辑基础。但是，不少研究努力试图对该理论进行检验和支持，结果却不尽如人意。可能的解释包括：该模型本身存在模糊性和不一致性，以及有检验方法可能有问题。

三、路径—目标理论模型

路径—目标理论（Path-goal Theory）是罗伯特·豪斯（Robert House）发展的一种领导权变理论。其核心在于，领导者的工作是帮助下属实现他们的目标，并提供必要的指导和支持以确保他们各自的目标与群体或组织的总体目标相一致。“路径—目标”来自这样的信念：有效的领导者通过明确指明道路来帮助下属实现工作目标，并为他们清除前进路途中的各种障碍和危险，从而使下属的这一旅行更为顺利。

（一）领导风格

路径—目标理论认为，如果下属在某种程度上将领导者行为视为获得当前满足的源泉或是获得未来满足的手段时，则领导者的行为就是可接受的。在以下条件下，领导者的行为具有激励作用：①它使得下属需要的满足取决于有效的工作绩效；②它提供了获得有效业绩所必需的辅助、指导、支持和奖励。在这里，根据领导行为，豪斯确定了四种领导者类型，即四种不同风格的领导者。

（1）指示型领导者。他们让下属知道他对他们的期望是什么，以及他们完成工作的时间安排，并对如何完成任务给予具体指令。

（2）支持型领导者。他们十分友善，对下属十分关怀。

（3）参与型领导者。他们与下属共同磋商，并在决策前充分考虑他们的建议。

（4）成就导向型领导者。他们设定富有挑战性的目标，并期望下属发挥出自己的最佳水平。

菲德勒认为领导者无法改变自己的行为，然而豪斯则认为领导者是弹性灵活的。换句话说，路径—目标理论假定，同一领导者可以根据不同的情境表现出任何一种领导风格。

（二）领导情境

路径—目标理论提出了两大类情境变量作为影响领导行为和结果之间关系的中间变量：①领导者无法控制的环境变量，主要包括任务结构、正式职权系统、工作群体等因素；②下属个人特点中的一部分内容，如控制点、过去的经验、感知能力等。要使下属取得较高的工作绩效，环境因素决定了需要什么样的领导行为类型，下属的个人特点决定了个体对于环境和领导行为如何解释。这一理论指出，当环境内容与领导者行为彼此重复时，或领导者行为与下属特点不一致时，效果均不佳。

（三）领导风格与领导情境的关系

路径—目标理论虽然不能确定最佳的领导方式是什么，但是，它告诉我们，领导者应根据下属的特征和环境的变量来具体选择较为合适的领导风格（见图 8-7），以便通过指明实现目标的途径来帮助下属实现他们的目标。

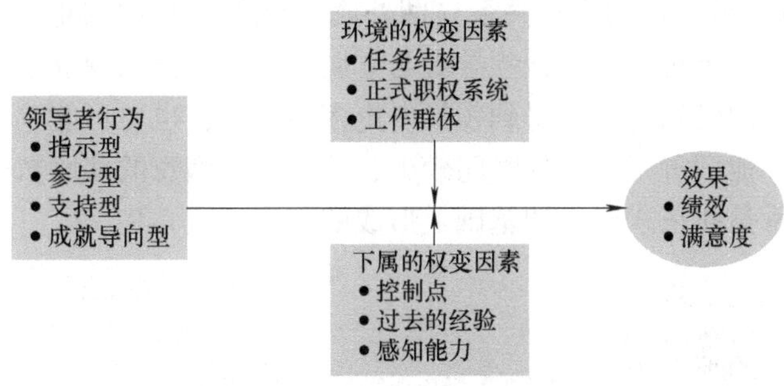

图 8-7　路径—目标模型

例如，下面这些假设是基于路径—目标理论提出的：

- 与具有高度结构化和安排完好的任务相比，当任务不明或压力过大时，指示型领导会带来更高的满意度。
- 当下属完成结构化任务时，支持型领导会带来更高的员工绩效和满意度。
- 对于感知能力强或经验丰富的下属来说，指示型领导可能被视为累赘多余。
- 组织中的正式职权关系越明确、越官僚化，领导者越应展现支持型行为，降低指示型行为。
- 当工作群体内部存在着实质的冲突时，指示型领导会带来更高的工作满意度。
- 内控型下属对参与型领导更为满意。
- 外控型下属对指示型领导更为满意。
- 当任务结构不清时，成就导向型领导会提高下属的期待水平，使他们坚信努力必会带来成功的工作绩效。

研究证据总体上支持了该理论背后的逻辑性。也就是说，当领导者弥补了员工或工作环境方面的不足，则可能会对员工的绩效或满意度起到积极的影响。但是，当任务本身十分明确或员工有能力和经验完成工作而无须干预时，如果领导者还要花费时间解释工作任务，则下属会把这种指示型行为视为多余甚至是冒犯。

第四节　领导理论的新发展

当代的领导理论都有哪些？本节主要讨论三种观点：领导者—成员交换理论；交易型—变革型领导理论；魅力型—愿景型领导理论。

一、领导者—成员交换理论

人们经常会发现有这样的群体：领导者拥有一些“亲信”，而这些亲信组成了该领导者的“小圈子”。这就是领导者—成员交换理论的前提。领导者—成员交换（Leader-member Exchange，LMX）理论是由葛伦（又译：乔治·格里奥）（George Graeo）和尤尔-比恩（Uhl-Bien）在 1976 年首先提出的，他们在垂直二元联结（Vertical Dyad Link，VDL）模型的研究过程中，通过纯理论的推导，得到了这样一个结论：领导者对待下属的方式是有差别的；组织成员关系的集合中往往会包括一小部分高质量的交换关系（圈内成员之间），和大部分低质量的交换关系（圈外成员与圈内成员之间）。

这一理论指出，由于时间压力，领导者与下属中的少部分人建立了特殊关系。这些个体成为圈内人士，他们受到信任，得到领导者更多的关照，也更可能享有特权；而其他下属则成为圈外人士，他们占用领导的时间较少，获得令人满意的奖励机会也较少，他们的领导者——成员关系是在正式权力的基础上形成的，可见图 8-8。

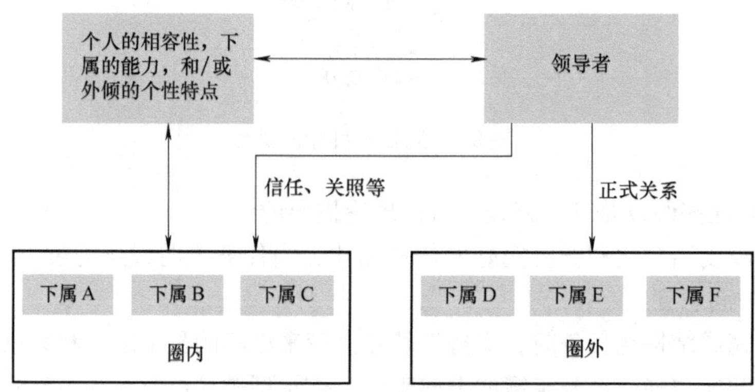

图 8-8　领导者—成员交换关系理论

领导者—成员交换理论认为，在领导者与某一下属发生相互作用的初期，领导者就暗自将其划入圈内或圈外，并且这种关系会相对稳固，不随时间的推移而改变。但要想使领导者—成员交换关系保持完整，领导者和下属都必须“投资于”这种关系。

目前尚不清楚领导者到底如何将某人划入圈内或圈外，但有证据表明，领导者倾向于将具有以下特点的人员归入圈内：态度或个性特点与领导者相似，或相比于圈外人士有更高的能力，或至少是老关系等。属于圈内的下级能得到领导者更多的赏识，绩效等级评价更高，领导者也更满意，离职率也更低。

二、交易型—变革型领导理论

交易型领导（Transactional Leadership）由贺兰德（Hollander）于 1978 年提出。贺兰德认为领导行为是发生在特定情境之下时，领导者和被领导者相互满足的交易过程，即领导者借由明确的任务及角色的需求来引导与激励部属完成组织目标。交易型领导的特征是强调交换，在领导者与下属之间存在着一种契约式的交易。在交换中，领导者给下属提供报酬、实物奖励、晋升机会、荣誉等，以满足下属的需要与愿望；而下属则以服从领导者的命令指挥，完成其所交给的任务作为回报。

政治社会学家詹姆斯·伯恩斯（James Burns）认为，这种领导的效果要视领导者与下属之间的心理契约的状况而定。交易型领导建立在一个人在组织中的与位置相关的官僚制权威和合法性基础上。它强调任务目标、工作标准和产出，往往关注任务的完成和员工的顺从，更多地依靠组织的奖励和惩罚手段来影响员工。

随后，在伯恩斯的经典著作《领导》（*Leadership*）中，他提出了变革型领导（Transformational Leadership）。在书中，伯恩斯将变革型领导定义为领导者通过让员工意识到所承担任务的重要意义和责任，激发下属的高层次需要或扩展下属的需要和愿望，使下属把团队、组织的利益视为超越个人利益的更大利益。Bass 等人最初将变革型领导划分为六个维度，后来又归纳为三个关键性因素，Avolio 在其基础上将变革型领导行为的方式概括为四个方面：理想化影响力（Idealized Influence）、鼓舞性激励（Inspirational Motivation）、智力激发（Intellectual Stimulation）、个性化关怀（Individualized Consideration）。具备这些因素的领导者通常具有强烈的价值观和理想，他们能成功地激励员工超越个人利益，为了团队的伟大目标而相互合作、共同奋斗。

变革型领导理论把领导者和下属的角色相互联系起来，并试图在领导者与下属之间创造出一种能提高双方动力和品德水平的过程。拥有变革型领导力的领导者通过自身的行为表率和对下属需求的关心来优化组织内的成员互动，同时通过对组织愿景的共同创造和宣扬，在组织内营造起变革的氛围，在富有效率地实现组织目标的过程中推动组织的适应性变革。

大量的证据表明变革型领导优于交易型领导，如变革型领导者比交易型领导者更有效果、工作绩效更高、更容易获得晋升，而且人际交往意识更强。此外，还有证据表明，变革型领导与更高的生产率、员工满意率、创造性、目标实现程度、下属的状态、公司中的企业家精神以及更低的员工离职率存在显著的相关关系。

三、魅力型—愿景型领导理论

魅力型领导者（charismatic leader）是指具有自信并且信任下属，对下属有高度期望，有理想化的愿望，以及个性化风格明显的领导者。

对魅力型领导者的特质，有许多不同的研究结果，也有许多种不同的概括方式。综合他们的观点，可以将魅力型领导者的最主要特质概括为以下六个方面：有对未来的美好设想；高度自信；精力充沛、充满热情、自我激励；善于言辞；愿意冒个人风险；对环境敏感。

愿景型领导（visionary leader ship）指的是这样一种能力，即创造并清晰传达一个可行、可信、吸引人、能够改善当前状况的未来愿景。这个愿景如果正确地界定和实施，将具有非常大的感染力和激励作用，能够聚集各方的技能、才干和资源，使人们实现长远的目标。

一个组织的愿景应当提供令人信服的明确的图景，该图景会引起人们的情绪共鸣，并且激发人们的热情来实现组织的目标。组织的愿景应当能够激发成员的独特灵感，提供新的做事方式，而且这种做事方式明显更利于本组织及其成员。清晰、明确并具有生动形象的愿景更容易被人们理解和接受。例如马云的愿景是“让天下没有难做的生意”，这个愿景向阿里巴巴注入了强大的推动力。

【本章小结】

1. 领导者是能够影响他人并拥有管理职权的人。领导是领导者所做的事情，或者更具体地说，它是带领并影响某个群体以实现目标的一个过程。管理者应当成为领导者，因为领导是管理四项基本职能之一。

2. 领导的本质是影响力，即领导者在与下属人员的交往活动中影响和改变他们心理及行为的能力。领导的影响力来源于领导者的权力。领导者权力分为两种类型：制度权力和个人权力。制度权力包括合法性权力、奖赏性权力和惩罚性权力。个人权力包括专长性权力和感召性权力。

3. 早期的领导理论主要有领导特质理论和领导行为理论。领导特质理论的基本观点是领导者具有与众不同的优秀品质和特殊能力，并对多种特征进行了概括，认为需要据此找到“正确”的人来担任领导。领导行为理论则认为，一个领导者成功与否主要取决于他采用什么样的领导方式、领导风格。

4. 领导权变理论认为，领导者的有效性不仅取决于他的素质或行为，而且受环境影响。主要的三种权变理论是菲德勒权变模型、赫塞—布兰查德情境理论模型和路径—目标模型。这些理论阐述了面对不同情境、不同下属、环境来选择适合的领导风格。

5. 当代领导理论主要有三种：领导者—成员交换理论认为领导者会划分圈内和圈外，认为圈内的成员具有更高的绩效水平、更低的离职率和更高的工作满意度。

交易型领导者的特征是强调交换，在交换中，领导者给下属提供报酬、实物奖励、晋升机会、荣誉等，以满足下属的需要与愿望；而下属则以服从领导者的命令指挥，完成其所交给的任务作为回报。变革型领导者通过让员工意识到所承担任务的重要意义和责任，激发下属的高层次需要或扩展下属的需要和愿望，使下属把团队、组织的利益视为更大的政治利益，从而超越个人利益。

魅力型领导者有对未来的美好设想；高度自信；精力充沛、充满热情、自我激励；善于言辞；愿意冒个人风险；对环境敏感。愿景型领导者创造并清晰传达一个可行、可信、吸引人、能够改善当前状况的未来愿景。

【复习思考题】

1. 领导和管理是一回事吗？
2. 领导的本质是什么？
3. 艾奥瓦大学的领导行为理论的研究发现是什么？
4. 俄亥俄州立大学领导行为理论的研究发现是什么？
5. 密歇根大学领导行为理论的研究发现是什么？
6. 管理方格理论的研究发现是什么？
7. 菲德勒的权变理论中的情境因素是什么？
8. 根据菲德勒的模型：什么时候任务取向的领导者更有效？什么时候关系取向的领导者更有效？
9. 在情境理论中，下属成熟度对领导风格的选择有什么影响？
10. 解释在路径—目标理论中路径与目标的意义。
11. 如何运用路径—目标理论解释领导？
12. 什么是领导者—成员交换理论？它对领导者所持的观点是什么？
13. 交易型领导者和变革型领导者有什么不同？魅力型领导者和愿景型领导者呢？

【案例思考】

成长中的领导者

杰出的领导者对组织有多重要？如果你去询问3M公司首席执行官乔治·巴克利

(George Buckley)，他会告诉你，领导者是极其重要的。但是他也会告诉你，杰出的领导者并不是凭空而来的。一家公司需要培养拥有技巧和能力的领导者来帮助公司生存和茁壮成长。就像一支取得良好战绩的成功的棒球队会拥有一套行之有效的队员发展计划一样，3M也有自己的培养系统（Farm System）。不一样的是，它的培养系统是为培养公司领导者而设计的。

3M的领导力开发计划是如此卓有成效，以至于2010年它在《商业周刊》“最具领导力公司20强”榜单中位列第三，并且被《首席执行官》（*Chief Executive*）杂志和合意咨询集团（Hay Consulting Group）称赞在开发和培养未来领袖方面独占鳌头。3M公司的领导计划究竟有哪些内容？公司的前任首席执行官（吉姆·麦克纳尼（Jim McNerney），后任波音公司的首席执行官）以及他的最高管理团队花了18个月为该公司开发了一套新的领导模型。经历了无数次头脑风暴会议以及多次激烈的争论后，该团队最终对六项“领导特质”达成一致意见，他们认为这些特质对公司在执行战略和承担责任等方面变得更加得心应手具有至关重要的作用。这六大特质包括以下几种能力：规划路径；鼓励和激发他人；展现出道德、正直和规范；传播结果；积极进取；机智创新。如今在巴克利的指导下，该公司更加努力地争取培养出拥有这六种特质的优秀领导者。

当被问及自己对领导有什么看法时，巴克利说他认为领导者有别于管理者，“一个领导者更多是在做和灵感有关的事，而管理者更多地关注过程”。他认为培养领导者的关键在于关注那些可以发展的东西——比如战略性思维。巴克利还认为领导者在组织中不应该晋升太快。他们需要时间来经历失败以及从失败到成功的过程。

最后，当被问及他个人的领导风格时，巴克利回答说：“对我而言，获得成功的最好方法就是让更优秀的人来为我工作。有这样一种精神上的自信对领导者来说是极为重要的。你尊重这样的人，因为你尊敬他们所做的事情。建立了尊重，你就建立了信任。不管听起来如何，这确实是有效的。”

问题讨论：

1. 对于巴克利有关领导者和管理者的陈述，你持何种看法？你是否同意？为什么？

2. 你在这个案例中发现了哪些领导模型/理论/事项？请列出并加以具体描述。

3. 认真考虑该公司认为至关重要的这六种领导特质。你认为其中每一种领导特质包含什么内容？请予以解释。请讨论这些领导特质如何开发和测量。

4. 这个案例在领导方面使你得到了什么启示？

（资料来源：斯蒂芬P罗宾斯．管理学：第11版［M］．李原，孙健敏，黄小勇，译．北京：人民大学出版社，2012．）

第九章　激　　励

【学习目标】

1. 了解激励的过程。
2. 理解需要层次理论、双因素理论。
3. 理解如何通过目标激励员工。
4. 区别强化理论与目标设置理论。
5. 理解公平理论中激励的含义。
6. 理解期望理论中的关键联系。
7. 掌握有效激励员工的各种措施。

【关键术语】

激励　需要层次理论　生理需要　安全需要　社交需要　尊重需要　自我实现需要　激励因素　保健因素　成就需要　权力需要　归属需要　效价　期望理论　目标设置理论　绝对报酬　相对报酬　公平理论　强化理论　正强化　负强化　惩罚　忽视　工作特征模型　技能多样性　任务完整性　任务重要性　工作自主性　任务反馈性

【结构框图】

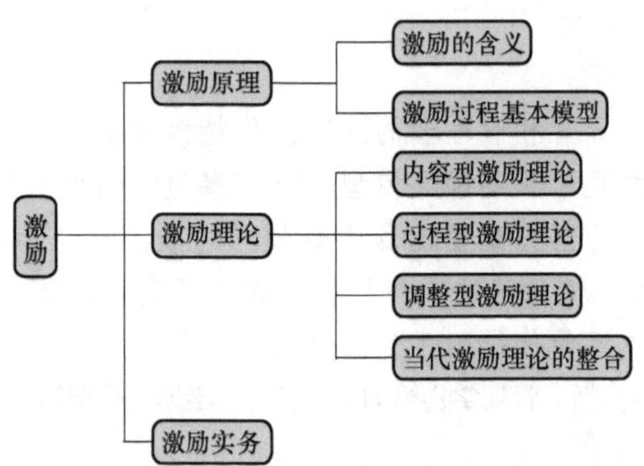

【引入案例】

猎狗的故事

一条猎狗将兔子赶出了窝，一直追赶他，追了很久仍没有捉到。牧羊狗看到此种情景，讥笑猎狗说："你们两个之间小的反而跑得快。"猎狗回答说："你不知道我们两个的跑是完全不同的！我仅仅为了一顿饭而跑，他却是为了性命而跑呀！"

这话被猎人听到了，猎人想：猎狗说得对啊，那我要想得到更多的猎物，得想个好法子。于是，猎人又买来几条猎狗，凡是能够在打猎中捉到兔子的，就可以得到几根骨头，捉不到的就没有骨头吃。这一招果然有用，猎狗们纷纷去努力追兔子，因为谁都不愿意看着别人有骨头吃，自己没得吃。

就这样过了一段时间，问题又出现了。大兔子非常难捉到，小兔子好捉，但捉到大兔子得到的奖赏和捉到小兔子得到的骨头差不多。猎狗们善于观察发现了这个窍门，专门去捉小兔子。猎人经过思考后，决定不将分得骨头的数量与是否捉到兔子挂钩，而是采用每过一段时间，就统计一次猎狗捉到兔子的总重量，按照重量来评价猎狗，决定一段时间内的待遇。于是猎狗们捉到兔子的数量和重量都增加了。猎人很开心。

但是过了一段时间，猎人发现，猎狗们捉兔子的数量又少了，而且越有经验的猎狗，捉兔子的数量下降得就越厉害。于是猎人又去问猎狗。猎狗说："我们把最好的时间都奉献给了您，主人，但是随着时间的推移我们会老，当我们捉不到兔子的时候，您还会给我们骨头吃吗?"

猎人分析与汇总了所有猎狗捉到兔子的数量与重量，规定如果捉到的兔子超过了一定的数量后，即使捉不到兔子，每顿饭也可以得到一定数量的骨头。猎狗们都很高兴，大家都努力去达到猎人规定的数量。

一段时间过后，终于有一些猎狗达到了猎人规定的数量。这时，其中有一只猎狗说："我们这么努力，只得到几根骨头，而我们捉的猎物远远超过了这几根骨头。我们为什么不能给自己捉兔子呢？"于是，有些猎狗离开了猎人，自己捉兔子去了……

如果你是猎人，你该怎么办?

一个社会组织的成败、其效能的发挥，在很大程度上取决于组织成员的努力工作和效忠职守的程度。所以，管理者的最大责任就在于能想方设法激励其每个组织成员的工作积极性，最大限度地调动他们的工作潜力。成功的管理者应该像猎人一样，能够使员工尽最大努力认真工作，了解员工如何受到激励及为什么会被激励，并且选择最合适的激励方式来满足员工的需要。

第一节 激励原理

如何激发人的积极性，是管理学的关键问题，这是因为在组织中对人的行为进行管理的目标，就是要弄清在怎样的条件下，人会更愿意按时工作，会更愿意留在所分配的岗位上，会工作得更有效率。每个人都需要激励，如果管理人员不知道如何激励人，便不能胜任这个工作。所以对激励的研究已经成为组织行为学家和管理学家的重要研究课题。

一、激励的含义

就字面讲，激励就是激发鼓励之意，也就是调动人的积极性，发挥其潜能。管理学意义上的激励是指通过外部刺激（例如，设立适当的奖酬机制），借助必要的信息沟通，激发人的需求或动机，以便引导、维持、同化或使之出现有利于组织目标的行为。

从以上定义中可以看出组成激励的三要素，体现为图 9-1。

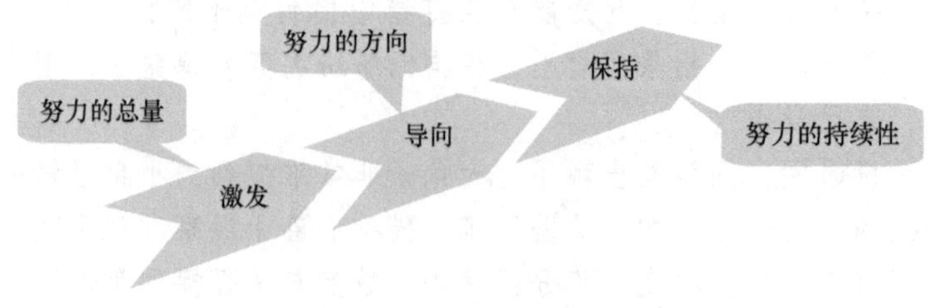

图 9-1　激励三要素

（1）激发：激发人的活力，导致一定力度的某种行为出现，即努力的总量。

（2）导向：将人的行为引导到组织希望的目标或方向，即努力的方向。

（3）保持：使激发出的行为得到保持与延续，即努力的持续性。

二、激励过程基本模型

心理学家普遍认为，人类的一切行为都是由于受到激励而产生的。人的行为的始点是需要。所谓需要就是人们对某种事物或目标的渴求和欲望。当人的需要未得到满足时，心理上会产生一种不安和紧张状态，这种状态会促成一种导向某种行为的内在驱动力，这就是动机。动机促使人们采取某些具体的行动，以期达到能够满足这些需要的奖励目标。如果人的行为达到了目标，就会得到满足，从而产生新的需要。新的需要产生后，又会引发新的行为，如此周而复始。如果人的行为没有达到目标，就会受到挫折，即需要仍未满足，这样也会开始新的循环，具体见图 9-2。

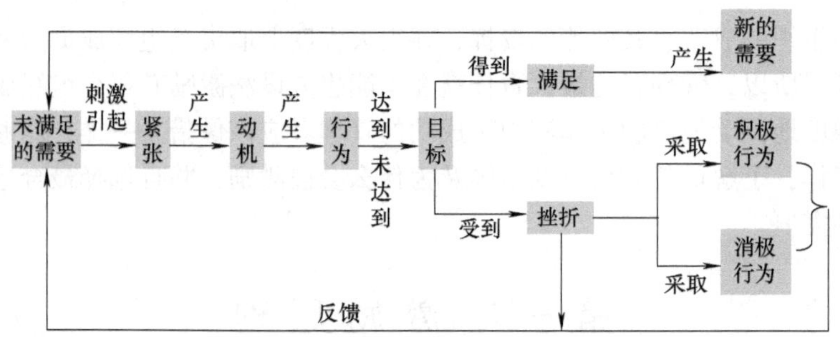

图 9-2　一种简单的激励模型

例如，一个人发现自己很饿（需要），这迫使他去寻找食物（动机），他做了一个三明治并吃了它（行为）。这一过程产生满足（报酬）并告诉他，三明治可以缓解饥饿，将来饿的时候还可以这样做。

管理者应了解职工有什么需要，哪些是最紧迫的需要，什么可以激发出职工的需要，用什么来刺激员工使其需要转化为动机、动机转化为行为。员工行为不仅利于实现个人目标，而且要有利于实现组织目标。组织靠什么来找出这个结合点？

第二节　激 励 理 论

自 20 世纪二三十年代以来，国外许多管理学家、心理学家和社会学家从不同角度对怎样激励人的问题进行了大量的研究，并提出了许多激励理论。对这些理论可以从不同角度进行归纳和分类。比较流行的分类方法是按其激励过程的不同阶段把激励理论分为三大类型：内容型激励理论、过程型激励理论、调整型激励理论。

一、内容型激励理论

内容型激励理论主要研究行为产生的原因、如何激发需要、引导行为、实现目标。内容激励理论有马斯洛的需要层次理论、赫茨伯格的双因素理论、麦克利兰的三种需要理论。

（一）马斯洛的需要层次理论

马斯洛（A. H. Maslow，1908—1970）的“需要层次理论”（Hierarchy of Needs Theory）于1943年正式提出。其理论内容主要包括三个方面。

1. 人类的需要分为五个层次

马斯洛认为人类的需要是分层次的，由低到高共有五种基本的需要（见图9-3）。

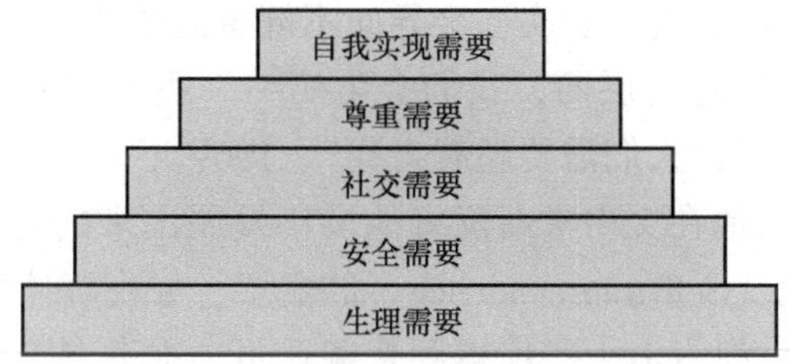

图9-3　马斯洛的需要层次理论

（1）生理需要（Physiological Needs）。这是人类最原始、最低级而又最迫切、最基本的需要，包括饥、渴、住等和其他生理机能的需要。这些需要一旦不能得到满足，人类的生存就成了问题。正如马斯洛本人所指出：“如果一个人所有的需要不能得到满足，这个人就会被生理需要所支配，而其他需要都要退到隐蔽的地位。对一个处于极端饥饿状态的人来说，除了食物，他没有别的兴趣。在这种极端的情况下，写诗的愿望、获得一辆汽车的愿望、对美国历史的兴趣、对一双新鞋的渴望，则统统被忘记或退到第二位。这个人做梦也会梦见食物，看见的只是食物，渴望的也是食物，充饥成为独一无二的目标……”

（2）安全需要（Safety Needs）。这包括：保护自己不受物理上的侵害，如防止意外事故等；保证经济上的安全：保障不失业，保障老有所养；环境安全，即安全的工作和生活环境，和平、安全良好的社会。

（3）社交需要（Social Needs）。这包括爱和归属的需要。爱的需要，即人都希望伙伴之间、同事之间的关系融洽，保持友谊和忠诚，人人都希望爱别人，也渴望得到别人的爱。归属的需要，即人有一种归属感，都有一种要求归属于一个集团或群体的感情，希望成为其中的一员，并得到相互关心和照顾。

（4）尊重需要（Esteem Needs）。这包括自尊和他尊。自尊：一个人希望在各种不同的情境中，自己有实力，能胜任，充满信心，能独立自主，有自尊心。他尊：一个人希望有地位，有威望，受到别人尊重、信赖以及高度评价。

（5）自我实现需要（Self-actualization Needs）。这是指实现个人的理想、抱负、发挥个人能力的需要。也就是说，人必须干称职的工作，是什么样的角色应该干什么样的事情。

2. 五种需要是按次序逐级上升的

当低一级的需要获得基本满足以后，追求高一级的需要就成了驱动行为的动力。而且，人都潜藏着这五种不同层次的需要，但在不同时期，表现出来的各种需要的迫切程度是不同的，人类最迫切的需要才是人行动的主要原因和动力。

3. 需要层次理论的核心是自我实现

人最本质的需要就是以最有效和最完善的方式表现自己的潜力，唯此才能使人得到高峰体验。按照马斯洛的观点，如果想激励某人，就必须了解这个人目前处在哪个需要层次上，并重点满足这个层次上的需要。

但在1959年以后，受东方文化的影响，马斯洛发现人类天性中还有一种固有的精神维度，那就是作为最高需要层次的精神的自我超越。

马斯洛感到五层需要的层次架构不够完整，自我实现并不能成为人的终极目标。他越来越意识到，一味强调自我实现的层次，会导向不健康的个人主义，甚至于自我中心的倾向。他说过："缺乏个人超越的层面，我们会生病……我们需要'比我们更大的'东西……人们需要超越自我实现，人们需要超越自我"。1969年，马斯洛在他去世前发表了一篇重要的文章《Z理论》，他在文中重新反省他多年发展出来的需要理论，并增加了第六个需要层次，即**自我超越**（Self-transcendence）的需要，如高峰体验、灵性成长等。

马斯洛的理论在20世纪六七十年代得到普遍认可，尤其是在管理实践中，这要归功于该理论直观的逻辑性和易于理解的内容。但他的理论缺乏实证研究的支持，而仅有的几项验证其效度的研究也缺乏说服力。

（二）赫茨伯格的双因素理论

赫茨伯格（F. Herzberg）的激励—保健理论（Motivation-hygiene Theory）指出，内部因素与工作满意和动机有关，外部因素与工作不满意有关。他相信个人与工作的关系是一项基本的关系，而个人对工作的态度决定了任务的成败。为此，20世纪50年代末期，赫茨伯格在一些工厂企业里进行调查研究，他设计了许多问题，如"什么时候你对工作特别不满意""什么时候你对工作特别满意""满意和不满意的原因是什么"，等等，向一批会计师、工程师征求意见。调查结果见图9-4。

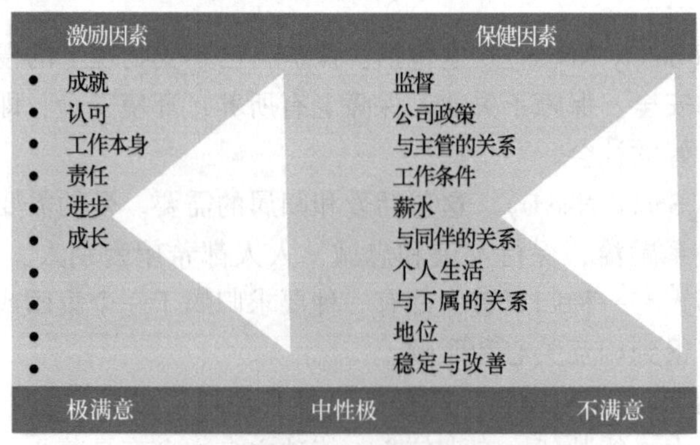

图9-4　赫茨伯格的激励—保健理论

1. 赫茨伯格区分了激励和保健两种因素

对调查资料分析后，赫茨伯格发现，使职工感到不满意的因素与使职工感到满意的因素是不同的。前者往往是由外界的工作环境引起的，如公司政策、监督、人际关系、工作条件、稳定与改善等，赫茨伯格把这些因素称为**保健因素**（Hygiene Factors）。后者通常是由工作本身产生的，如成就、认可、责任、工作本身、进步和成长等，这些因素称为**激励因素**（Motivation Factors）。

2. 修正了传统的“满意—不满意”的对立面

赫茨伯格还指出，与传统看法不同，调查数据表明满意的对立面不是不满意。也就是说，消除了工作中不满意因素并不必定能让工作令人满意。赫茨伯格提出了二维连续体的存在：“满意”的对立面是“没有满意”，“不满意”的对立面是“没有不满意”，如图 9-5 所示。

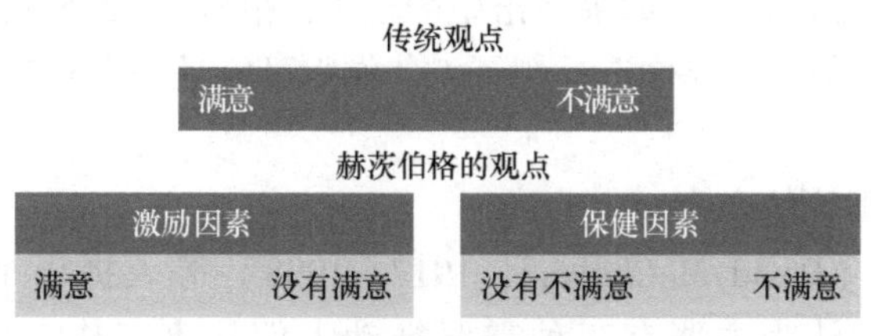

图 9-5 满意—不满意观的对比

按照赫茨伯格的观点，导致工作满意的因素和导致工作不满意的因素差别很大，管理者试图在工作中消除不满意因素只能给工作场所带来和平，而未必具有激励作用。这些保健因素只能安抚员工，不能激励员工。当它们得到充分改善时，人们便没有了不满意感，但也不会因此而感到满意（或受到激励）。要想真正激励员工努力工作，必须注重激励因素，这些内在因素才会增加员工的工作满意感。

赫茨伯格的理论在 20 世纪 60 年代中期到 80 年代初一直有着广泛的影响，对该理论的批判主要是针对操作程序和方法论方面。虽然一些批评家指出他的理论过于简单化，但它对当前的工作设计依然有着重大的影响，尤其是在工作丰富化方面。本章稍后会详细讨论。

阅读材料

友谊卡片公司的激励

1986 年，Tina Irwin 创立了友谊卡片公司，她打算利用自己的商品设计特长来制造和销售贺卡。1993 年，Tina 的公司仅拥有员工 12 名时，但年均利润已超过 10 万美元。

Tina 决定让员工共享公司的成功。她宣布，在即将来临的 6、7、8 三个月中，友谊卡片公司星期五也成为休息日。这样，所有员工将有三天的周末时间，而与此同时，他们仍得到与五天工作制一样的薪水。

三天周末制实施一个月后，一位 Tina 最信赖的员工向她坦白，他更愿意得到加薪而不是额外的休息时间，而且他相信另有几位员工与他的想法相同。

Tina 十分惊讶。她的大多数员工不到 30 岁，年均收入为 35000 美元已超过本镇从事相似工作员工收入的 20%。对于她自己来说，如果年收入已达 35000 美元，再让她在钱和休闲之间进行选择的话，她毫无疑问将选择后者，她以为员工也会如此。不过 Tina 十分开朗，在接下来的大会上她召集了所有员工：

"你们是希望得到夏季的四天工作制呢还是希望得到 4000 美元的奖金？多少人赞成继续实行四天工作制？"——六只手举了起来。

"多少人更愿意得到奖金？"——另外六只手举了起来。

(三) 麦克利兰的"三种"需要理论

假设在你面前放着一个沙包和五个靶子，你的任务是用沙包击中靶子。靶子离你的距离一个比一个远，因此一个比一个更难击中。靶子 A 可以轻而易举地被击中，因为它只有一步之遥。如果你击中，会得到 2 美元。靶子 B 稍远一些，约有 80% 的人能击中，报酬是 4 美元。靶子 C 约有一半人会击中，报酬是 8 美元。很少有人击中靶子 D，但如果击中的话，报酬是 16 美元。最后，如果你击中靶子 E，报酬为 32 美元，但几乎没有人做得到。你会选择哪一个靶子？如果你选择靶子 C，你很可能是一个有较高成就需要的人。为什么？

1. "三种"需要理论的内容

大卫·麦克利兰（David McClelland，1917—1998）等人提出了"三种"需要理论（Three-needs Theory），认为主要有三种需要推动人们从事工作，它们是：①**成就需要**（Need for Achievement，nAch），达到标准、追求卓越、争取成功的需要；②**权力需要**（Need for Power，nPow），渴望影响或控制他人、为他人负责以及拥有高于他人职权的权威；③**归属需要**（Need for Affiliation，nAff），建立友好、亲密的人际关系的需要。

高成就需要者对于获得成功有着强烈的冲动，他们追求的是个人成就感而不是成功之后的奖赏。他们渴望把事情做得比以前更完美、更有效。麦克利兰通过对成就需要的研究发现，高成就需要者的特征是：①他们总想把事情做得更好。他们寻求具有下列特点的环境：个人有权力自己做主找到解决问题的方法，能够迅速获得有关自己工作绩效的反馈，从中判断自己是否有进步。②工作目标具有适度挑战性。高成就者不是赌徒，他们不喜欢靠撞大运获得成功。他们喜欢接受困难的挑战，并为自己的成功或失败承担责任，而不是将结果归因于运气或其他人的行为。③喜欢的是中等难度水平的任务。他们回避那些自己觉得特别容易或特别困难的工作任务，当高成就者感觉到一项任务成功的可能性为 0.5 时，也就是说，他们预计胜负成败的机会各半时，他们的工作成绩最好。他们不喜欢偶然性过高的赌博，因为从偶然的成功中他们得不到任何成就满足感。同样，他们也不喜欢偶然性过低（成功概率过高）的任务，因为那样对他们的技能水平不具有任何挑战性。他们喜欢那些需要经过一定努力才能实现的目标。

权力需要指的是影响和控制其他人的欲望。高权力需要者热衷于"掌管"，努力对他人施加影响，喜欢处于竞争性和地位取向的情境中。他们倾向于更关心威望和赢得对他人的影响，而不是有效的绩效。

第三种需要是归属需要。研究者对这种需要的关注最少。高归属需要的人追求友爱，喜欢合作性而非竞争性的环境，渴望相互理解程度很高的关系。

2. 三种需要与工作绩效的关系

通过学者大量的研究，可以对三种需要与工作绩效的关系做出下列推断和预测：

（1）高成就需要者更喜欢具有个人责任感、可以获得工作反馈和中等冒险程度的工作环境。如果在环境中具备这些特征，高成就需要者的工作积极性就会极高。例如，不少证据表明，高成就需要者在以下创业活动中更有建树：经营自己的公司，或在大企业中管理一个独立的工作单元。

（2）高成就需要者未必是一个优秀的管理者，而优秀的管理人员也未必非要有高成就需要。原因在于高成就需要者关注自己的成就，而作为一名优秀的管理者，应该重视的是帮助他人实现自己的目标。

（3）归属需要和权力需要与管理的成功密切相关。最优秀的管理者拥有高权力需要和低归属需要。也有种观点认为，一个人在组织中的位置越高，权力需要就越强。

（4）通过培训可以激发员工的成就需要。培训教师可以指导个体从成就、胜利和成功的角度来思考问题，然后指导他们在具有个人责任、清晰反馈和适度冒险性的环境中，采取高成就需要的方式行动。所以，如果工作需要高成就需要者，管理者可以通过招聘来挑选高成就需要者，也可以通过培训来开发已有人员的成就需要。

二、过程型激励理论

过程型激励理论主要研究动机形成及行为目标选择等激励过程，包括弗罗姆的期望理论、洛克的目标设置理论和亚当斯的公平理论。

（一）弗罗姆的期望理论

1964 年，美国心理学家弗罗姆（Victor H. Vroom）首先提出了**期望理论**（Expectancy Theory）。它是研究目标与激励之间规律的一种理论。期望理论的基础是，人之所以能够从事某项工作并达成组织目标，是因为这些工作和组织目标会帮助他们达成自己的目标，满足自己某方面的需要。

期望理论认为，当人们预期某种行为能带给个体某种特定的结果，而且这种结果对个体具有吸引力时，个体就倾向于采取这种行为。它包括以下三项变量或三种联系（见图 9-6）。

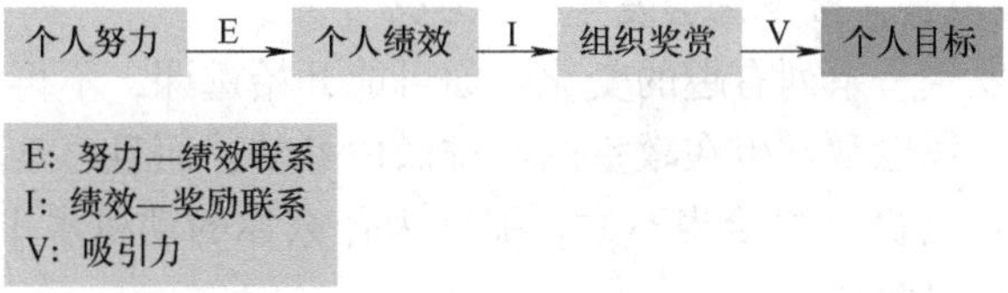

个人努力 —E→ 个人绩效 —I→ 组织奖赏 —V→ 个人目标

E：努力—绩效联系
I：绩效—奖励联系
V：吸引力

图 9-6 期望理论模型

E：期望或努力—绩效联系。人总是希望通过一定的努力能够实现预期的目标。如果个人主观认为通过自己的努力实现预期目标的概率较高，就会有信心，就可能激发出较强的工作力量。反之，则可能失去内在动力，导致工作消极。

I：手段或绩效—奖励联系。人总是希望取得成绩后能够得到奖励。如果他认为取得绩效后能够获得合理的奖励，就有可能产生工作热情。

V：效价或奖励的吸引力。人总是希望自身所获得的奖励能满足自己某方面的需要，但对于不同的人，采用同一种办法给予奖励能满足的需要程度不同，能激发出来的工作动力也就不同。

期望理论把个人是否受到激励具体分解为以下四个小问题：

（1）个人对结果的期待，即员工感到这份工作能给他带来什么样的结果。这些结果可能是积极的，如薪酬、人身安全、同事友谊、信任、福利待遇、发挥自身潜能和才干的机会等；也可能是消极的，如疲劳、挫折、焦虑、过度的监督与约束、失业威胁等。问题的关键是员工能知觉到什么结果，无论他的知觉是否准确。

（2）个人对效价的评价，即这些结果或奖赏对他的吸引力有多大，他们的评价是积极的、消极的还是中立的。显然这一问题与个人有关，它取决于员工的态度、个性及需要。如果一个员工发现某种奖赏对他有吸引力，也就是说，他的评价是积极的，那么他将努力去实现它而不是放弃它。如果另一个员工的评价消极，则他倾向于放弃这项工作。

（3）个人对为获得所想要的结果应该采取行动的理解，即为了得到这种奖赏，员工需要采取什么样的行为。只有当员工清晰、明确地知道为了达到这一结果需要做什么时，这一奖赏才会对员工的工作绩效产生影响。

（4）对采取这些行动的难度、成功的可能性或概率的预估，即员工怎样看待这次工作机会，在衡量了自己的技术和能力这些决定成败的控制变量后，他们认为自己工作成功的可能性有多大。

下面以一堂课为例看看如何运用期望理论来解释激励问题。

大多数学生希望老师告诉他们这门课程对他们的期望是什么，他们想知道考试和作业会是什么样的，何时需要完成，每项作业和考试占最终分数的权重多大。他们还会想到在这门课上的努力程度（准时上课、记笔记、完成作业、课外学习等活动）应该与自己的最后得分有关。

假设你对某门课程很感兴趣，上课五周后这门课程有次考试。你为此进行了精心准备，并花了大量时间阅读书籍和笔记。过去，当你这么刻苦地学习时，成绩至少也 80 分以上。你之所以这样努力得高分，是因为你相信这对你将来毕业时找到一份好工作或考取研究生十分重要。

然而，当你拿到成绩时却惊呆了，52 分！全班平均 70 分，10% 的学生 90 分以上，及格线为 60 分。你很沮丧，接下来会发生什么呢？

你的行为可能会发生一系列有趣的变化：你可能开始逃课，不再花太多的时间学习这门课了。即使上课时，你也常常坐在教室的后排做白日梦，而且总是笔记空空。此时，说你对这门课缺乏“学习动机”再恰当不过。那么为什么你的动机水平会发生这样的变化？让我们通过期望理论加以解释。

用图 9-6 可以解释这一情境：你努力学习这门功课和用功准备这次考试（个人努力），是为了能够正确回答考试中的问题（个人绩效）。正确回答考试中的问题能获得高分（组织奖励），而对于你获得一份安全、体面、各方面都不错的工作十分重要（个人目标）。

在这里奖赏结果（高分）的吸引力是很强的。但是，绩效—奖励之间的联系呢，你觉得这次考试的分数能否真实地反映了你的知识水平？换句话说，你认为这次考试的分数是否公平衡量了你的知识水平？如果回答肯定，那么绩效—奖励之间的联系很强；如果回答否定，那么学习动机的减弱至少有部分原因在于你相信这次考试没有公平地衡量绩效水平。

另一个导致动机削弱的原因可能在于努力—绩效之间的联系。考完试后你发现虽然进行了大量准备，但还是不能通过考试，这让你觉得努力的价值变得很低（或者说你做了许多无用功)，因此你的动机水平和努力程度都会降低。

让我们总结一下期望理论的核心内容。这一理论的关键在于要弄清个人目标与三种联系，即努力与绩效的联系、绩效与奖励的联系、奖励与个人目标的联系。其核心内容是：

(1) 期望理论强调报酬和奖励，我们需要确信组织给个体提供的奖励正是他们需要的。

(2) 期望理论认为没有一种普遍适用的原理能解释员工的激励问题，因此，作为管理者面对的压力是，他们必须知道为什么员工会对某种结果感兴趣。

(3) 期望理论注重被期望的行为。可是员工知道对他们的期望是什么吗？如何评估这些期望行为？

(4) 期望理论关心的是人们的知觉，而与客观实际情况无关，个体对工作绩效、奖励、目标满足的知觉（而不是客观情况本身）决定了他们的动机水平（努力程度）。

(二) 洛克（Edwin Locke）的目标设置理论

在完成一项复杂的作业或重要的小组报告之前，老师是否会告诉你“只要尽力而为就行”？在这个十分模糊的阐述中，“尽力而为”意味着什么？如果老师告诉你小组报告得93分这门功课才能得A，你的成绩是否会更高一些？在高中的英语课上，如果你的父母明确要求你“英语课上所有成绩必须85分以上”，而不是仅仅要求你“尽力而为”，你的成绩是否会更高一些？洛克的目标设置理论（Goal-setting Theory）针对这些问题进行研究，它将论证工作目标的具体化、挑战性以及反馈信息对工作成绩有着十分重要的影响。

大量证据支持了目标设置理论的观点：具体的目标会提高工作成绩；困难的目标一旦被人们接受，将会比容易的目标引发更高的工作绩效。

为了实现目标而工作的愿望是工作动机的主要源泉之一。有关目标设置的研究表明，作为激励力量，设置具体而有挑战性的目标具有优势。这种目标比泛泛的目标诸如“尽力而为”能产生更好的效果。目标的具体化本身具有内在推动力。例如，当联邦快递公司的货车驾驶员答应每周在多伦多—布法罗—纽约之间进行十次往返，他就有了一个要实现的具体目标。可以这样说，如果其他条件同等，那么有具体目标的运输公司驾驶员会比没有目标或仅仅泛泛的“尽力而为”目标的驾驶员干得更好。

目标设置理论和成就动机中的研究结果似乎存在一定的矛盾。成就动机理论认为，中等挑战性的目标将激发成就动机，但是目标设置理论则认为困难的目标具有最大的激励作用。这两种说法是否矛盾呢？答案是否定的。对这一问题的解释包括两个方面：①目标设置理论针对普通大众，而成就动机的结论仅仅针对高成就需要者。②目标设置理论适用于那些接受工作目标并做出承诺的人。只有当人们接受了困难的目标，它才会带来更高的工作绩效。

如果员工有机会参与目标的设置工作，他们是否会更加努力？目前还不能说让员工参与目标设置过程总会得到理想的结果。但是当管理者预计员工在接受困难任务时会有一定的抵触时，让员工参与目标设置比给员工分派目标的效果要好。目标设置理论认为，参与目标设置最主要的优点在于它提高了目标的可接受性，使得人们愿意为实现目标而努力。

最后，目标设置理论认为，如果人们可以获得反馈以了解在实现目标的过程中自己的工作水平如何，人们会干得更好。因为反馈有助于他们了解自己所做的与自己想做的是否存在差异。也就是说，反馈可以指导行为。但反馈的效果也不尽相同，自发的反馈，即员工可以监控自己的工作过程，比来自外部的反馈更具激励作用。

目标设置理论中是否存在一些权变因素？还是说困难而且具体的目标总会带来更高的业绩水平呢？除了反馈之外，人们还发现其他三个因素也会影响目标与绩效之间的关系，它们是：目标承诺、自我效能、民族文化。目标设置理论的前提条件是个体对目标的承诺，假定个体既不会降低目标也不会放弃目标。当目标是公开的、个体是内控型、目标是自我设定的而不是分派而来的时，这种承诺最可能发生。自我效能感指的是个体对于自己能否完成任务的信念。自我效能感水平越高，个体越自信能够成功完成任务。因此，在困难情境中，低自我效能者更可能减少甚至干脆放弃他们的努力，而高自我效能者会加倍努力迎接挑战。另外，高自我效能者面对消极反馈反而激发了努力和积极性，低自我效能者面对消极反馈时会降低努力水平。最后，目标设置理论受到文化的限制。在北美国家中，这种理论很容易为人们接受，因为其主要思想脉络与北美文化相一致。它假定下属具备合理的独立性（在权力距离上得分不太高），管理者和员工会寻求有挑战性的目标（在不确定性规避上得分低），无论管理者还是下属都十分看中工作绩效（生活数量得分高）。而在没有类似文化特点的国家，这种通过目标设置来提高员工绩效的情况就不太可能出现。

图 9-7 总结了目标、激励、绩效之间的联系。目标设置理论的总体理论是：愿望——对具体而且困难目标的清晰阐述——是一种有力的激励力量。在适当条件下，它会导致更高的工作业绩。但是，并无证据表明目标与工作满意度的提高有关。

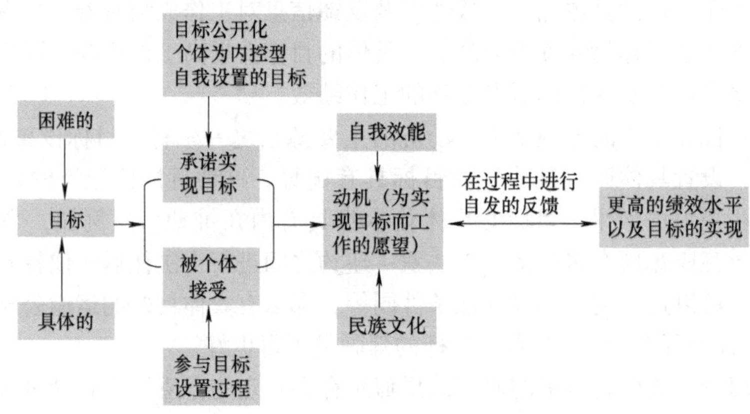

图 9-7　目标设置理论

（三）亚当斯的公平理论

当你每门课程考试完之后，你会关注什么？你是否很想知道你同桌或同宿舍其他人的成绩？大多数人都会这么想。人们倾向于和他人进行比较。如果你大学刚毕业就有人给你一份年薪 10 万元的工作，你可能会兴奋不已，有积极的工作热情，随时准备迎接各种工作任务，当然你对自己的收入也十分满意。可是，假如工作了一个月后，你发现你的同事——另一位也是最近毕业、与你同龄、教育背景与工作经历都和你相当的同事，年薪却是 12 万元时，你会做何反应？你可能会很失望。虽然对于一个刚毕业的大学生来说，10 万元的绝对收入已经相当可观（你自己也深知这一点），但突然间它的意义不大了。你现在关注的是相对收入，你会考虑这样是否公平。**公平这一概念指的是，与其他以类似方式做出行为的人相比，个体是否得到了同等对待**。大量证据表明，员工会将自己的付出与他人的付出与所得进行比较，如果由此产生了不公平感，将影响到这个人以后付出努力的程度。由此产生了公平理论。

公平理论（Equity Theory）由J. 斯达西·亚当斯（J. Stacey Adams）发展起来。这一理论认为员工首先把自己在工作情境中得到的结果（所得）与自己的努力（付出）进行比较，然后再将自己的所得—付出比与相关他人的所得—付出比进行比较。如果员工感觉到自己的比率与他人的比率是等同的，则为公平状态，也就是说，他觉得自己处在公平的环境中；如果感到二者的比率不相同，则产生了不公平感，也就是说，他认为自己的报酬过低或过高。

人们是怎样确定奖酬是否公平的呢？亚当斯提出了公平关系的方程式：

$$O_p/I_p = O_o/I_o$$

式中　O_p——一个人对他自己所获结果（所得奖酬）的感觉；

I_p——这个人对自己所做投入的感觉；

O_o——这个人对某个作为比较对象的别人所获结果（所得奖酬）的感觉；

I_o——这个人对某个作为比较对象的别人所做投入的感觉。

这个公式产生三种情况，见表9-1。

表9-1　员工对奖酬是否公平的三种评价

感知到的比率比较	员工的评价
$O_p/I_p = O_o/I_o$	公平
$O_p/I_p > O_o/I_o$	对别人不公平，因此自己心安理得
$O_p/I_p < O_o/I_o$	不公平

对亚当斯的公平理论有以下几点要补充说明：

（1）实际上，结果变量O不一定总是正值。（O可以表示奖酬与代价）

（2）工作投入I也分为积极和消极两种。（如帮忙与帮倒忙）

（3）亚当斯理论的建立以双方机会相等为前提，即比较的双方有平等的竞争机会，否则谈结果平等就失去意义。

（4）分配标准的选择与分配程序自身的公正性与合理性应引起足够重视。（特别要保证其透明性和公开性）

（5）做分配公平性分析后，常常做归因推断。那怎么归因呢？感到公平时，多归为内因，其中归于具体的内源性个人因素（如勤奋、能力等）多于抽象的个人因素（如运气好）；感到不公平时，则多归于外因，其中归于具体因素（如领导品德、能力等）的多于抽象因素。

（6）资源分配者在事前是否做过一定的承诺（或明或暗）。如果不符期望，不公平感会更强烈。

当感到不公平时，人们会采取行动来改变这种状态。有以下几种可能：

（1）从实际上扩大自己所获、增大对方贡献或减少对方所获、减少自己贡献，如出废品、怠工、缺勤、浪费原材料或降低设备保养质量等。

（2）从心理上改变对这些变量的认识，如设想自己获得某种较虚的额外奖励，或贬低对方所获价值。

(3) 改变参照对象，以“比上不足，比下有余”来安慰自己。

(4) 退出比较，辞职另谋高就。

近来，公正的含义有所扩展，从分配公平延伸到程序公平。**分配公平**（Distributive Justice）是指个人间可见的报酬和分配的公平。**程序公平**（Procedural Justice）是指用来确定报酬分配的程序的公平。研究表明，分配公平比程序公平对员工的工作满意度影响更大，程序公平更容易影响员工的组织承诺、对上司的信任和流动意图。因此，作为管理者应该考虑把分配的决策过程公开化，应该遵循一致和无偏的程序，以及其他类似措施增加员工的程序公平感。通过增加程序公平感，即使员工对薪水、晋升和其他报酬不满意，他们也可能以积极的态度看待上司和组织。

公平理论表明，对大多数员工来说，动机不仅受到绝对报酬的影响，而且受到相对报酬的影响。但是，该理论中还有一些关键问题不够明了。例如：员工怎样处理相互矛盾的公平性信息；当工会指出，某个员工群体的收入过高而管理层却认为这样做有利于改善工作时，员工如何评价这种做法是否公平；员工怎样界定投入和产出；他们怎样把自己的投入和产出中的各个成分进行累加并分配权重，最后得出一个总体结果；这些因素是否随时间的推移而变化，又会怎样变化。尽管公平理论仍然存在诸多问题，但它却为研究员工的激励问题提供了很多新的方向。

三、调整型激励理论

调整型激励理论是调整与转化人的行为以实现激励目标的理论，主要包括强化理论和工作设计理论。

（一）强化理论

1. 强化理论的基本观点

强化理论（Reinforcement Theory）认为行为是其结果的函数。当行为结果有利于个体时，这种行为就可能重复出现，行为的频率就会增加。这种状况就叫强化。凡能影响行为频率的刺激物，称为**强化物**（Reinforcer）。

强化理论不考虑诸如目标、期望、需要等因素，而只关注个体采取某种行动后会带来什么后果。按照 B. F. 斯金纳（B. F. Skinner）的观点：无论是人还是动物，为了达到某种目的，都会采取一定的行为。这种行为将作用于环境并产生一定的结果，当行为结果对他或它有利时，这种行为就会重复出现；反之，当行为的结果不利时，这种行为就会减弱或消退。这就是环境对行为强化的结果。所以强化理论着重研究“人的行为结果对行为的反作用”。

2. 强化的基本方式

(1) 正强化（给予奖励）：奖励那些组织需要（符合组织目标）的行为，从而加强这种行为，使其重复出现。强化手段包括经济的（提薪、奖金）和非经济的（晋升、表扬、在职培训等）。

(2) 负强化（避免不愉快）：它通过对什么样的行为不符合组织要求以及如果发生将给予何种处罚的规定，对员工的行为形成一种约束力。这种约束的作用使组织所希望的行为得到强化，其实质是事前的规避，是“没有表扬也没有责备”。

(3) 惩罚（运用消极结果）：当员工出现一些不符合组织目标的行为时，采取惩罚的方法，可以约束这些行为少发生或不再发生。惩罚的手段包括经济方面的和非经济方面的（减薪、批评、处分）。

（4）忽视（不给回报）：对已经出现不符合要求的行为进行“冷处理”，达到“无为而治”的效果。

忽视与惩罚具有相似性，都可能使组织所不希望的行为弱化下来。但忽视的“弱化过程”不需要管理者的干预，所以常称为“自然消退”。

3. 强化程序

强化程序分为连续强化和间断强化。

连续强化指的是每一次理想行为出现时，都给予强化。比如，对一个长期以来很少准点上班的员工，每次他准时上班，主管就会表扬他这种好行为。如果不是对每一次理想行为都给予强化，就是所谓间断强化。当然，为了保证理想行为能够重复，强化的次数也应该足够和充分。间断强化的用途可以拿老虎机的原理做比喻：在赌场中，即使人们知道自己不可能总有回报，他们仍然继续赌下去。间断强化的付出只要能够维持投币行为继续重复就足够了。研究结果表明，与连续方式相比，个体在间断强化中更倾向于不愿意放弃活动。

间断强化又分为比率强化和间距强化两种。比率强化取决于被试者做出反应的次数，当某一具体行为重复了一定次数后个体才得到强化。间距强化则取决于离上次强化所经历的时间，个体在第一次恰当的行为之后要再经历一段时间才会得到强化。

在固定比率强化中，当个体的反应积累到一个固定数目后，便给予奖励。比如，计件付酬方式就是固定比率强化，员工在自己生产的产品件数基础上得到奖励。假设一个制衣工厂的工人每缝制 10 根拉链可得 10 元，则强化（在这个例子是金钱）取决于衣服拉链的固定数目，每缝制 10 根拉链，这名工人就可得到 10 元。

当奖励根据个体行为的差异而发生变化时，这种方式称为可变比率强化。销售人员拿佣金就是这种强化的例子。有时对于潜在的用户，他们只需要两个电话就能做成一笔买卖；有时，他们可能要打 20 次甚至更多的电话才能谈成一笔交易。奖励与销售人员打电话的数目之间的关系是不定的。

员工会在每周、每半月、每月或其他预定时间间隔基础上拿到工资，这种奖励方式就是基于固定时距的间距强化。

如果根据时间分配奖励，但强化物却是不可预测的，这种方式称为可变时距类型。例如，老师在新课开始时，就告诉大家这学期将会有一系列随堂考试（但具体的考试次数学生并不知道），这些测验的成绩占总分的 20%。这位教师运用的就是可变时距强化。同样，公司总部的审计部门对各公司进行不事先通知的随机视察也属于可变时距强化。

4. 强化程序与行为

连续强化程序容易导致过早的满足感，强化物一旦消失，原来被强化的行为倾向迅速衰退。这种强化方式适合于新出现的、不稳定的或低频率的行为。间断强化程序不容易过早产生满足感，这种强化方式适合于稳定的或高频的反应。可变强化与固定强化相比能带来更高的绩效水平。

（二）工作设计理论

管理者主要感兴趣的是如何激励员工从事工作，所以应该思考采用什么办法设计工作使之具有激励作用。仔细考察组织是什么以及组织的运作方式，不难发现它由成千上万个不同的任务组成。这些任务又可以聚合成各岗位上的工作。工作设计指的是将各种任务组合起来构成全部工作的方法。在组织中人们承担的工作不应该是随意产生的，管理者应该仔细考虑对工作的设计。这种工作设计能反映出环境变化、组织技术、技艺和能力、员工偏好的要求等。如果在工作中能够牢记这些因素，则会激发员工充分发挥其工作潜能。管理者在设计具有激励作用的工作时可以采用什么方法呢？

1. 工作扩大化

工作设计的目的是使工作越来越细化和专业化。但是，当工作高度细化时，工作变得越来越单调，越来越枯燥。此时，工作本身如何激励员工就成为一个相当大的难题。因此，很多组织开始寻求其他工作设计办法。克服工作细化缺陷的最初努力是通过扩大工作范围而横向拓展工作。工作范围指的是在一个工作中所要求的任务数量，以及这些任务被重复的频率。例如，一名牙科保健医生的工作可以扩大到包括牙齿清洁、寻找病例、治疗结束时填写病历、清洁和保管食品。这种工作设计类型称为工作扩大化。

工作扩大化的努力只是关注于增加任务完成的数目，其效果并不尽如人意。正如一名经历过工作扩大化的员工提出："以前我只有一件讨厌的工作要做，真要感谢工作扩大化，现在我有三件讨厌的工作要做了！"不过，有一项研究考察了知识扩大化活动（在一个工作中所使用的知识范围得到扩大）对员工的影响，发现了积极效果，诸如满意度更高、客户服务状况改善、差错率降低等。

2. 工作丰富化

另外一种具有激励作用的工作设计方法是，增加计划和评估责任而使工作纵向拓展，即工作丰富化。这种丰富化增加了工作深度，即员工对自己工作的控制程度。换句话说，传统上认为由管理者所做的工作现在授权给员工做了。在工作丰富的基础上，工人在完成任务时应当拥有更大的自主权、独立性和责任感。这些任务还应该提供反馈机制，使个体能够评估和修正自己的业绩水平。例如，在具有丰富化特点的工作中，牙科保健医生除了负责牙齿清洁之外，还要安排患者的门诊时间并在治疗之后追访患者。工作丰富化看上去有助于改善工作的质量、员工的积极性和满意感，但还缺乏足够的论证。

3. 工作特征模型

尽管很多组织都采纳过工作扩大化及工作丰富化方案并尝试过二者的结合运用，但它们都不能提供有关工作分析的构想框架，也不能对管理者设计具有激励作用的工作提供指导。由此管理者设计出工作特征模型，提供了解决这方面问题的框架。工作特征模型提出五种主要的工作特点，并指出了这些特点之间的关系，以及它们对员工生产率、积极性和满意度的影响。

根据工作特征模型，任何工作都可以从以下五个核心维度来描述：

- 技能多样性：一项工作中要求员工使用各种技能和才干以完成不同类型活动的程度。
- 任务完整性：一项工作在多大程度上需要作为一个整体来完成——从工作的开始到完成并取得明显的成果。
- 任务重要性：一项工作在多大程度上影响其他人的工作和生活。
- 工作自主性：一项工作在多大程度上允许自由、独立，以及在具体工作中个人制订计划和执行计划时的自主范围。

- 任务反馈性：员工在完成任务的过程中，可以直接而明确地获得有关自己工作绩效信息的程度。

图9-8 描述了这一模型。模型中，如果前三个维度（技能多样性、任务完整性、任务重要性）组合在一起，可以使工作富有意义。也就是说，如果在一项工作中存在这三个特点，员工会觉得他的工作是重要的、有价值的和有意义的；如果员工拥有工作自主权，他会感到自己对结果承担责任；如果给员工的工作提供反馈，员工会了解到自己工作活动的实际结果。

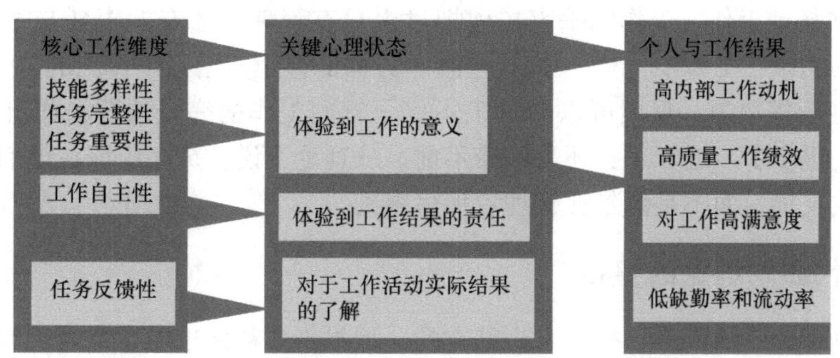

图9-8 工作特征模型

工作特征模型表明，一项工作若能使员工体验到工作的意义、体验到工作结果的责任、了解工作活动的实际结果，则员工的积极性越强、工作成绩越好、满意度越高，缺勤率及离职可能性也越低。正如模型中表明的，工作各维度与效果之间的联系受个体成长需要（自尊和自我实现的愿望）的影响。这意味着，相对于低成长需要的个体而言，当工作中包括核心维度时，高成就需要的个体有更强的心理体验，并做出更积极的回应。从这一点可以理解有关工作丰富化研究当中得到的不一致的结果：在工作丰富化的基础上，低成长需要的个体并不会有更高的工作业绩和满意度。

工作特征模型为管理者进行工作设计提供了具体的建议（见图9-9）。这些建议具体说明了哪些类型的变化最有可能导致这五种核心工作维度的改善。

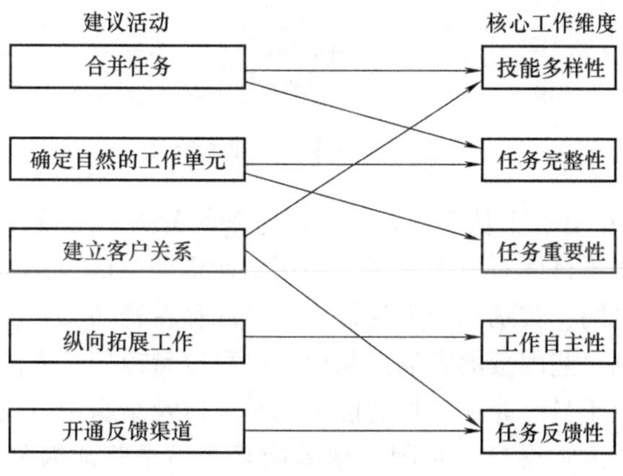

图9-9 工作设计的建议活动

（1）合并任务。管理者应该把现有的任务碎片重新组合起来，构成新的更大的工作模块，以增加技能多样性和任务完整性。

（2）确定自然的工作单元。管理者应该把工作设计成为完整的、具有意义的整体，以提高员工对工作的“拥有感”，让员工感到自己的工作意义重大，而不是无关紧要和枯燥乏味的。

（3）建立客户关系。客户是员工做出的产品或服务的外在或内在的使用者。只要有可能，管理者就应该让员工与客户建立直接联系，以提高技能多样性、工作自主性，并增加反馈信息。

（4）纵向拓展工作。工作的垂直拓展把过去只有管理者才有的责任与控制权交给了员工。它尤其缩小了工作中“做”与“控制”方面的差距，增强了员工的自主性。

（5）开通反馈渠道。反馈可以使员工不仅了解到工作的完成情况，而且了解到自己的工作业绩是进步了、退步了，还是停滞不前。从理论上说，员工应该在他们工作的同时直接获得绩效反馈，而不是偶尔在管理者那里得到。

四、当代激励理论的整合

当代激励理论中的许多思想是互为补充的，如果将各种理论融会贯通，就可以更完整地理解激励。图9-10中的模型就是一个整合的激励模型，其基础是期望理论。下面从该图的左侧开始介绍这个模型。

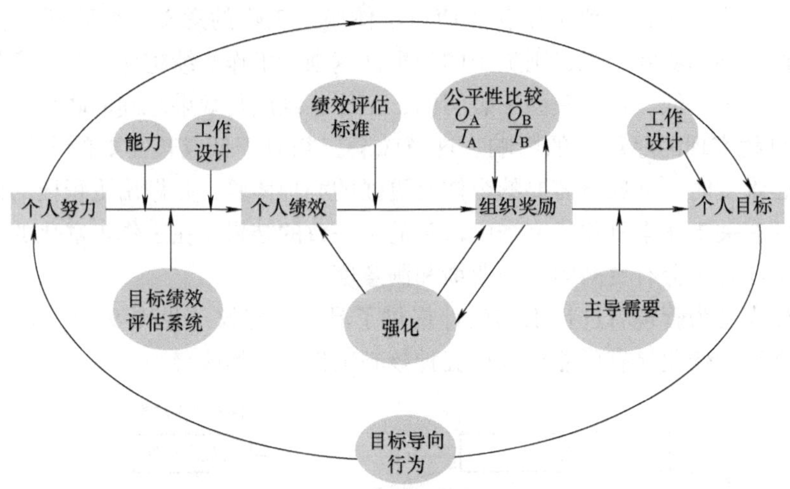

图9-10　当代激励理论的整合

“个人努力”方框中有一个从个人目标延伸过来的箭头。与目标设置理论的观点相一致，目标—努力链表明了目标对行为的指导作用。期望理论认为，如果个体认为努力与绩效之间、绩效与奖励之间、奖励与个人目标满足之间存在密切关系，他就会努力工作。反过来，每种联系又受到一些因素的影响。从模型中可以看出，个人的绩效水平不仅取决于自己的努力，而且取决于自己完成工作的能力水平，以及组织中有没有一个公正、客观的绩效评估系统。如果个人觉得自己是因为绩效因素而不是其他因素（如资历、个人爱好或其他标准）而受到奖励，那么绩效—奖励因素是强有力的。期望理论中的最后一个联系是奖励—目标联系。在这方面，传统的需求理论发挥了重要作用。当个人由于工作绩效而获得的奖励满足了与其个人目标相一致的主导需求时，就会表现出与需求满足程度相对应的工作积极性。

模型中还包括强化理论，它通过组织提供的奖励对个人绩效的强化而体现出来。如果管理者设计的奖励系统在员工看来是致力于奖励出色的工作绩效，那么这种奖励就会进一步强化和激励良好的绩效水平。奖励（报酬）在公平理论中也具有重要作用。个人经常会将自己的努力（付出）与得到的奖励（所得）的比率与其他相应人员的相应比率进行对比，若觉得存在不公平，则会影响个体的努力程度。

最后，还可以从该模型中发现工作特征模型。任务本身的特征（工作设计）从两个方面影响工作动机：①如果围绕这五个工作维度进行工作设计，则可能会提高实际的工作绩效，因为工作本身的特征会激发个人的工作积极性。也就是说，这些工作维度增强了努力—绩效的联系。②围绕这五个核心维度进行的工作设计，还可以增强员工对自己工作中核心因素的控制。也就是说，当工作可以提供自主性、信息反馈或类似特征时，将有助于满足该员工的个人目标，因为他们希望对自己的工作拥有更高的控制权。

第三节　激励实务

根据以上激励理论，在采取实际激励措施时应做到以下几点：

一、认清个体差异

几乎所有的激励理论都承认员工并不是完全相同的，他们在需要、态度、个性及其他重要的个人变量上各不相同，对不同的人应有不同的激励。

二、进行人与工作的匹配

大量研究证据表明，当个体与工作合理匹配时能够起到激励作用。例如，高成就需要者应该从事这样的工作：能让他们参与设置目标的、难度中等程度的挑战性工作，能有工作的自主权，能得到反馈。还要记住的是，不是每一个人都会由于工作自主性、多样性和责任感而产生工作积极性。

三、运用目标，确保个体认为目标是可实现的

目标设置理论告诉我们，管理者应确保员工拥有困难而具体的目标，并对他们工作的完成情况提供反馈。目标是应该由管理者分派，还是应该由员工参与设定？这一问题的答案取决于管理者对目标能否被接受的估计以及对组织文化的了解。如果管理者预期这一目标会抵触，那么让个人参与目标设置的做法会增加目标的可接受性。如果参与做法与组织文化相抵触，则应由管理者分派目标。

无论目标实际上能否达到，如果员工认为自己无法实现目标，他们就会降低努力的程度。因为他们会想“再怎么努力也是毫无意义”。因此管理者必须保证员工充满自信，让他们感到只要努力，就可以实现绩效目标。

四、个别化奖励

每个员工的需要不同，因此对某人有效的强化措施并不一定适合其他人。管理者应当充分了解员工的差异，并对他们实施个别化奖励。管理者能够支配的奖励办法包括加薪、晋升、表扬、提供理想的工作任务、使工作有自主性、在工作中拥有参与权。

五、奖励与绩效挂钩

管理者必须使奖励与绩效相联系，如果不对绩效因素进行奖励，则会强化那些非绩效因素。当员工达到了特定目标时，就给予奖励。管理者应该想办法增加奖励的透明度，以充分发挥它的激励作用。

六、检查体制是否公平

员工应当感到自己的付出与所得是对等的。简单地说，就是员工在经验、能力、努力及其他方面的付出有明显的差异，就应当使他们在收入、职责和其他所得方面也应有差异。不过应该注意，对某人来说的公平感可能对其他人来说并不具有公平感，所以理想的奖励系统应当对每项工作中各项投入与奖励所占的比重进行评估，做到奖励适度。

七、培训和职业生涯规划

在现代社会中，培训也是一项重要的激励措施。员工的需要是不断上升的，为了满足这些需要，员工每时每刻要进行学习、“充电”，如果员工能得到组织的有效培训，他们就会努力工作。另外，如果组织能够提供员工发展需要的各种通道，并对员工的职业发展提供咨询和帮助，那么员工的积极性也会得到很大的提高。

八、具有激励作用的工作设计

管理者最感兴趣的是如何激励员工从事工作，所以企业应该思考采用什么办法设计工作使之具有激励作用。当员工认识到，他所看重的工作（通过技能多样性、任务完整性、任务重要性而体会到工作的意义）自己干得很好（通过工作自主性体验到责任感），就会得到内在的奖赏。

九、不要忽视物质奖励的作用

管理者可能很容易沉浸在设置目标、创造工作的趣味性、提供参与机会这些因素上，而忘记了物质奖励的作用。在工作业绩基础上进行的加薪、计件奖金及其他报酬奖在决定工作积极性上起着重要作用。一篇研究综述考察了 80 篇有关激励方式对员工生产率影响的论文，得到的结论再次证实：仅仅依靠目标设定这一项因素，员工的生产率平均可以提高 16%；对工作进行重新设计以使工作更丰富化，会带来 8% ~16% 的提高；让员工参与决策的做法可使生产率水平提高不到 1%；以物质奖励作为刺激物可以使生产率平均提高 30%。这里并不是要管理者把物质奖励作为唯一的激励工具，只是阐述一个明显的事实：如果物质奖励这种刺激手段被取消，那么人们就可能不会去工作，但是取消了其他因素，如目标、丰富化的工作或参与决策，却不会导致这种情况。

“运用之妙，存乎一心”。根据实际工作状况，采取灵活的激励措施，是学习本章的要意。这里有很大的创新空间。

【本章小结】

1. 马斯洛的需求层次理论认为，每个人都有五个层次的需要（生理需要、安全需要、社会需要，尊重需要、自我实现需要），随着需要被实质性地满足，人的需要从低级到高级过渡。一旦某种需要获得实质性的满足，它就不再具有激励作用。

赫茨伯格认为激励员工的因素是与工作满意度相关的内在因素，而与工作满意度相关的外部因素仅仅使员工停止不满意。

三种需要理论认为三种后天的（不是先天的）需要是工作中的主要激励因素：成就需要；权力需要；归属需要。

2. 期望理论认为，如果预期某种行为能给自己带来某种特定的结果，而且这种结果对自己具有吸引力，人们往往就会采取这种行为。期望是努力—绩效联系；手段是绩效—奖励联系；效价是奖励的吸引力。

目标设置理论认为具体的目标会提高工作绩效，困难的目标一旦被人们接受，将会比容易的目标带来更高的工作绩效。目标设置理论的关键点在于为实现目标而付出努力的意愿是工作动机的主要来源；具体的困难的目标能够比普通目标带来更高水平的工作成果；与给员工安排目标相比，让员工参与目标设置更为可取；来自工作中的反馈可以指导和激励员工，尤其是自我反馈；有些权变因素，如对目标的承诺、自我效能、民族文化，也会影响目标设置。

公平理论关注员工如何比较自己与相关人员的付出—所得比率。如果感觉存在不公平，员工就会采取行动来改变它。与程序公平相比，分配公平对员工满意度的影响更大。

3. 强化理论认为行为是其结果的函数。为了激励员工，管理者可以使用正强化来强化组织希望的行为，而不是处罚不合组织目标的行为。

工作扩大化指的是通过增加工作任务或提高任务重复的频率将工作范围横向拓展。工作丰富化指的是纵向拓展工作深度以使员工更好地掌控自己的工作。工作特征模型提供了五种主要的工作维度（技能多样性、任务完整性、任务重要性、工作自主性、任务反馈性）来帮助设计具有激励作用的工作。

4. 为了有效激励员工，可以采取的措施有：认清个体差异；进行人与工作的匹配；运用目标，确保个体认为目标是可实现的；个别化奖励；奖励与绩效挂钩；检查体制是否公平、培训和职业生涯规划；具有激励作用的工作设计；不要忽视物质奖励的作用。

【复习思考题】

1. 说明激励的过程及动因。
2. 简述马斯洛的需要层次理论。
3. 描述赫茨伯格的双因素理论。
4. 谈谈如何运用目标设置理论解释员工的工作积极性。
5. 简要说明期望理论的主要内容。
6 简要说明公平理论的主要内容。
7. 简述强化理论的主要内容。
8. 运用工作特征模型进行工作设计的建议活动是什么？
9. 有哪些具体的激励实务？
10. 大多数人必须为谋生而工作，工作是人们生活中的核心部分。为什么管理者还要如此担心员工的激励问题？

【案例思考】

想从工作中获得什么？

谷歌每天有3000多名职位申请者。这也难怪，公司里每两周有一次按摩，有洗衣间、游泳池、温泉，还有应有尽有的各种免费美食，作为一个员工，还想要什么呢？听起来这是一份很理想的工作，难道不是吗？但即便如此，谷歌公司还是有许多员工通过他们的离职决定来表明所有这些津贴福利（以上所列仅为一部分）并不足以把员工留住。正如一位分析员所说："没错，谷歌的利润丰厚；没错，公司有很多聪明人；没错，那是一个工作的好去处，为什么还有那么多人想离开呢？"

在《财富》杂志评出的"最佳雇主"榜单中，谷歌连续四年位居前五名，其中有两年位居榜首。谷歌高管之所以决定为员工提供丰厚的福利待遇，出于以下几个原因：在残酷的市场竞争中吸引最优秀的员工；帮助员工处理耗时的个人琐事以节省工作时间；让员工感觉受到重视；使员工长期保持谷歌人身份（谷歌员工的称呼）。但大量的谷歌人还是跳槽或者放弃诱人的福利而选择自己创业。

例如，肖恩·纳普（Sean Knapp）和他的两个同事，俾斯麦·利普（Bismarck Lepe）和贝尔萨·利普（Belsasar Lepe）兄弟产生了一个关于如何处理网络视频的构想。他们就离开了谷歌。或者正如一个人所描述的："他们把自己从天堂里驱逐出来，开始自己创业。"当这三人组合离开公司时，谷歌很想把他们以及他们的计划留下来。于是谷歌给了他们一张空白支票。但这三个人意识到他们将负责所有艰苦的工作而最终坐享其成的却是谷歌，所以他们带着创业的激情断然离开了。

如果这仅仅是个偶然，那么很快会被人忘记，但事实并不是。其他充满天赋的谷歌员工也做过同样的选择。事实上，有那么多人已经离开谷歌以至于他们成立了一个非正式的前谷歌人企业家校友俱乐部。

问题讨论：

1. 你对该公司的工作环境做何评价？
2. 谷歌为其员工投入很多，但还是不足以留住某些优秀员工。运用你学习的各种动机理论来谈谈这种情况在员工激励方面给你的启示。
3. 你认为谷歌在激励员工方面面临的最大挑战是什么？
4. 如果你正在管理一个谷歌员工团队，你将怎样保持他们的积极性？

（资料来源：斯蒂芬P罗宾斯．管理学：第11版［M］．李原，孙健敏，黄小勇，译．北京：人民大学出版社，2012.）

第十章　沟　　通

【学习目标】

1. 理解沟通的含义及其必须具备的条件。
2. 理解沟通过程的每一部分与良好沟通之间的相互关系。
3. 了解管理者可选择的沟通媒介及其优缺点。
4. 掌握组织沟通的相关内容，领会每一部分在组织沟通中的作用。
5. 掌握沟通技巧。

【关键术语】

沟通　沟通的过程　语言沟通　非语言沟通　沟通媒介　组织沟通　沟通网络

【结构框图】

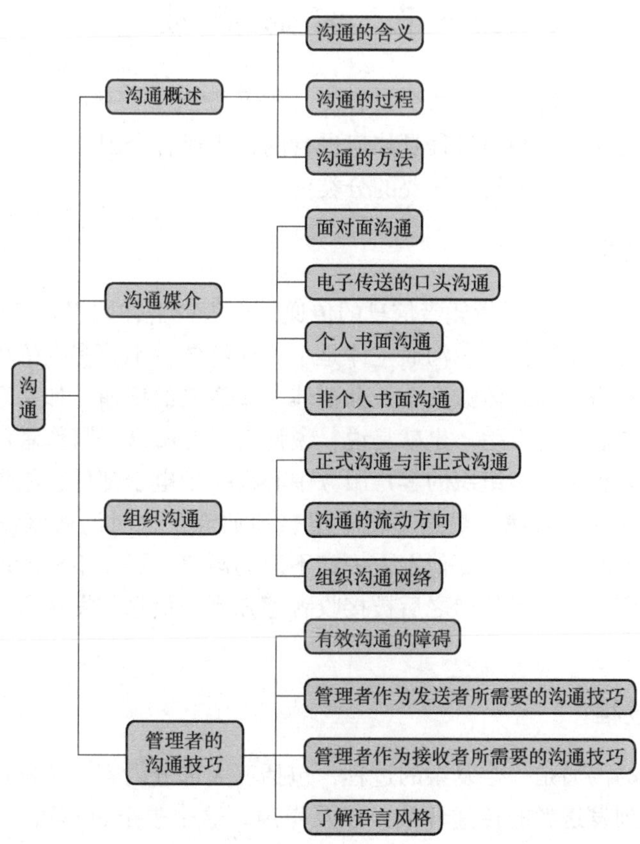

【引入案例】

朗讯公司的沟通挑战

总部位于美国新泽西州默里希尔的朗讯公司（Lucent Technologies）致力于设计和提供新一代通信网络发展所需的系统、服务和软件。公司拥有30000多名员工，他们遍布世界各地，因此公司的管理者很难与这些员工保持及时沟通。但是，在这个日新月异的行业中，沟通能够使员工了解公司面对的挑战和发展需求，这对于员工的个人发展和公司的整体发展而言都是至关重要的。作为一名全球性的组织，员工在不同的时区内工作和生活，在一周的7天内，每天都有员工工作。为了使员工及时掌握组织面临的新挑战和组织的发展需求，朗讯科技应当采取哪些措施呢？组织应当怎样应用科技与员工进行有效沟通？

（资料来源：加里·德斯勒，简·菲利普斯．现代管理学［M］．丰俊功，李庚，马学亮译．北京：清华大学出版社，2010：491.）

著名管理大师彼得·德鲁克明确把沟通作为管理的一项基本职能。无论是计划的制订、工作的组织、人事的管理、部门间的协调、与外界的交流，都离不开沟通。管理离不开沟通，沟通渗透于管理的各个方面。

第一节　沟通概述

沟通是一个信息交流过程。在这个过程中，涉及发送者、接收者、媒介等各个部分。本节主要介绍沟通的含义，沟通过程是如何进行的，沟通各个因素之间的逻辑关系，并从发送者编码的角度，对沟通进行了简要的分类。

一、沟通的含义

沟通（Communication）是指凭借信息的传递，个人或群体取得相互理解的过程。

沟通的定义中有三个要件：①沟通主体是个人或群体。不管多么依赖于电子技术，沟通都是一种人为的努力，其主体涉及个人和群体。②意义的传递。如果意义或想法没有被传递到，则意味着沟通没有发生。也就是说，说话者没有听众、写作者没有读者都不能构成沟通。如果一个人想给一个组织的客户服务中心发一个电子邮件，结果他却被无休止的自动信息和菜单选项来回折腾，最终不得不沮丧地放弃，这时沟通就没有发生。③被理解。如果写给一个人的信使用的是他本人一窍不通的语言，那么不经翻译就无法称之为沟通。完美的沟通，应该是经过传递之后被接收者感知到的信息与发送者发出的信息完全一致，没有错会。

二、沟通的过程

管理学意义上的沟通是一个复杂的过程，包括三大部分内容：从发送者到接收者的传递环节、从接收者到发送者的传递环节，以及噪声。这个复杂过程可以用图10-1简要反映出来。

第一部分是从发送者到接收者的传送阶段。在传送阶段，信息在两个或两个以上的个人或群体之间共享。其中，发送者是想要与他人分享信息的个人或者群体，他确定所要沟通的信息（思想 1)，并将其编译成符号或者语言，这个过程叫作编码（Encoding)；通道(Channel）简单地说就是媒介，比如电话、信件、便笺，或者会议等，通过这些途径，编码后的信息就能传送给接收者。接收者是信息要传达到的个人或者群体，接收者翻译或理解信息的意思，这个过程称为解码（Decoding)；思想 2 指的是接收者理解信息的内容。由于发送者编码和传递能力的差异，以及接收者接收和解码水平的不同，思想 1 和思想 2 经常存有差异。

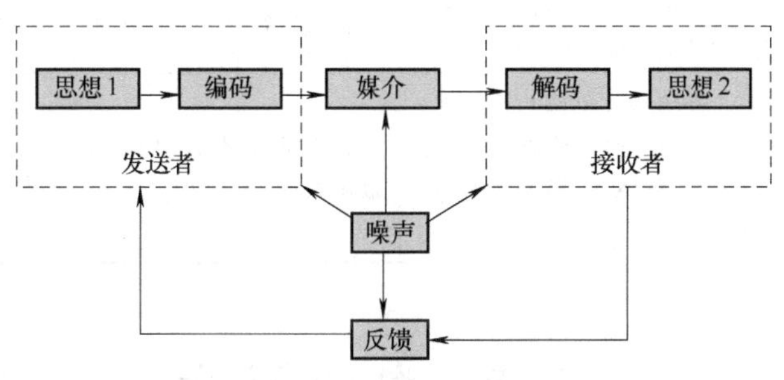

图 10-1 沟通的过程

第二部分是从接收者到发送者的过程。这个过程也叫反馈，是指把信息返回给发送者，并对信息是否被理解进行核实。这样，发送者通过反馈就能了解他想传递的信息是否被对方准确无误地接受，也就是思想 1 能否与思想 2 完全一致。

第三部分是噪声。所谓噪声指的是信息传递过程中的干扰因素，它存在于沟通过程的各个环节，并有可能造成信息的失真。典型的噪声包括难以辨认的字迹、接收者的疏忽大意，以及生产现场中设备的背景噪声，甚至语言和文化等造成理解差异的因素。

阅读材料

“说”的艺术

有一天，甲乙两个猎人每人打了两只野兔回家。甲的妻子看见了冷冷地说：“就打到了两只吗?”甲听到了，心里埋怨道：“你以为很容易打到吗?”第二天，他故意两手空空回家，让女人知道打猎是很不容易的事。

乙所遇到的情景正好相反，他的妻子看到他带回两只野兔，惊讶地说：“你竟然打到两只?!”乙听了心中大喜，洋洋自得地说：“两只算什么!”第二天，他带回了四只野兔。

故事说明，一副冷漠的面孔和一张缺乏热情的嘴是最令人失望的，它会挫伤人的工作积极性；而出自内心的真诚赞扬，却给人带来快乐，会提高职工的劳动积极性。

三、沟通的方法

按照编码的方法不同，沟通可以划分为语言沟通和非语言沟通。其中语言沟通又可以分为书面沟通和口头沟通，非语言沟通又可以分为身体语言沟通（包括各种身体动作、服饰仪态)、副语言沟通（包括语音、语调、重音、停顿等）和物体的操纵（如红绿灯、图形、警铃等)。这些沟通方法的特点比较见表10-1。

表10-1　各种沟通方法的特点比较

沟通方式	举　例	优　点	缺　点
口头沟通	交谈、讲座、讨论会、打电话	快速传递、快速反应、信息量很大	传递中经过的层次越多，信息失真越严重，核实越困难
书面沟通	报告、备忘录、信件、文件、内部期刊、布告	持久、有形、可以核实	效率低、缺乏反馈
非语言沟通	声、光信号（红绿灯、警铃、旗语、图形、服饰标志)、体态（手势、肢体动作、表情)、语调	信息意义十分明确，内涵丰富	传送距离有限，界线含糊，只可意会、不可言传

第二节　沟通媒介

要想成为有效的沟通者，管理者应当为他们发出的每条信息选择恰当的沟通媒介。在为信息选择沟通媒介时，除了考虑成本等因素外，管理者主要应考虑三个因素：①信息充分性，即一个沟通媒介能承载的信息量以及媒介使接收者正确理解的程度；②沟通所需要的时间，即沟通速度的快慢；③对于书面记录和电子记录的需要。

一、面对面沟通

面对面沟通是信息充分性程度最高的沟通媒介。面对面沟通既可以使管理者利用语言沟通，也可以使他们理解彼此的非语言信息。有时候一个专注或者疑虑的表情远胜于千言万语，管理者可以立即对于这些非语言信息做出反应。面对面沟通还可以使管理者迅速收到反馈信息，进而使疑惑、含糊不清和误解及时得到澄清。为此，对于一些重要的、个人的或者容易产生误解的信息，管理者花时间进行面对面沟通是值得的。

信息技术的进步为管理者提供了与面对面沟通相近的新型沟通媒介。许多组织使用视频会议的方式来获取面对面交流的优势。在视频会议中，两个或者更多地方的管理者们可以通过大电视或可视屏幕互相交流，他们不但能够听到对方说话，还能够看到对方的表情，与此同时还可以节约时间和成本，因为不同地方的管理者不必再通过千里迢迢的旅行来会面。

除此之外，视频会议还有其他一些好处。美国贺卡公司的管理者发现，使用视频会议时决策会更快一些，因为更多的管理者能够参与到决策制定的过程中，从而在这个会议之外需要另外与之磋商的管理者人数减少了。惠普公司的管理者也发现，同样出于上述原因，视频会议能够使新产品开发时间缩短30%。一些管理者发现，用视频会议代替面对面会议，能缩短20%～30%的会议时间。

为了进一步利用视频会议，IBM和TelePort公司联合设计推出了虚拟餐厅。在这个虚拟餐厅里，高层管理者可以和其他地方的管理者共进工作餐。一个地方的管理者围着一张被大电视屏幕一分为二的大圆桌坐在一起，通过电视屏幕，他们可以看到另一方的管理伙伴（真人大小）围坐在桌子的另一侧，吃着同样的饭菜。即使这些管理者相隔千山万水，他们也能一边用餐，一边谈论关心的事务。

二、电子传送的口头沟通

电子传送的口头沟通主要是通过电话线进行的口头交流，其信息充分性程度排在第二位，仅次于面对面沟通。因为尽管电话沟通时，管理者无法看到对方的肢体语言和面部表情，只能够感受到信息传递时对方的语调、强调的重点和态度。

三、个人书面沟通

个人书面沟通，如便笺和信函，其信息充分性程度排在电子传送的口头沟通之后。它寄给特定的人，这样能够确保接收者认真阅读所接收到的信息，而且发信人可以以一种最便于收信人理解的方式写出信息。另外，个人书面沟通可以满足书面记录的要求。如同语音邮件一样，个人书面沟通无法让收信人对问题立即做出回答。

电子邮件也属于这种类型的沟通媒介，因为发送者和接收者之间也是通过个人信函的方式进行沟通的，只不过这些语言是出现在电子屏幕上，而不是写在纸上，而且这种沟通媒介使沟通所需时间大大缩短。电子邮件作为沟通媒介日益普及，使得许多职员和管理者变成了远程办公者——他们仍然是组织的雇员，但却在家里办公。

四、非个人书面沟通

非个人书面沟通的信息充分性程度最低，很适合于向大量接收者发布信息的情况，因为这种信息不是发给特定的接收者，也不太能得到反馈，所以管理者必须确保发布的信息用词清晰，以使所有的接收者都能理解。适合用非个人书面沟通的信息包括组织的规则、章程、政策、有新闻价值的信息、程序改革通告、机器使用说明书、顾客要求等。如同个人书面沟通一样，非个人书面沟通也能够使用电子手段传递，为发布这些信息而留下的书面或者电子记录对一些员工来说是无价之宝。

第三节　组织沟通

组织沟通（Organizational Communication）是指组织中的两位或多位员工之间或团体之间进行的信息交换。本节介绍组织沟通中的几个重要方面：①从沟通是否按照规章制度来分析的正式沟通和非正式沟通；②从沟通的流动方向来分析的下行沟通、上行沟通、横向沟通和斜向沟通；③从沟通模式角度来分析的组织沟通网络。

一、正式沟通与非正式沟通

正式沟通（Formal Communication）是指在规定的指挥链或组织安排内发生的沟通。例如，要求一名员工完成某项工作任务时，这就是正式沟通；又如，不同部门管理者间的公函来往、组织内部的文件传达、召开会议、上下级之间的定期情报交流，都属于正式沟通。正式沟通效果好，比较严肃，约束力强，易于保密，可以使信息沟通保持权威性。重要的信息和文件的传达、组织的决策等，一般都采用这种方式。正式沟通的缺点在于，因依靠组织系统层层传递，所以很刻板，沟通速度很慢；此外也存在信息失真或扭曲的可能。

非正式沟通（Informal Communication）指的是不被组织的层级结构所限定的组织沟通。因此，非正式沟通的沟通对象、时间及内容等各方面，都是未经计划和难以辨别的。非正式沟通是由组织成员的感情和动机上的需要而形成的。例如团体成员私下交换看法、朋友聚会、传播小道消息等都属于非正式沟通。非正式沟通形式不拘，直接明了，速度很快，容易及时了解到正式沟通难以提供的“内幕新闻”。但是非正式沟通难以控制，传递的信息可能不确切，易于失真、曲解；而且，它可能导致形成小集团、小圈子，影响人心稳定和团体的凝聚力。在美国，常常把这种沟通途径形象地称为“葡萄藤”（Grapevine），以形容非正式沟通不拘形式、难于控制，并且传播属“加速度”，像“葡萄藤”一样盘根错节，到处蔓延。

二、沟通的流动方向

从信息在组织中流动的方向来看，沟通可以分为下行沟通、上行沟通、横向沟通和斜向沟通，具体见图10-2。

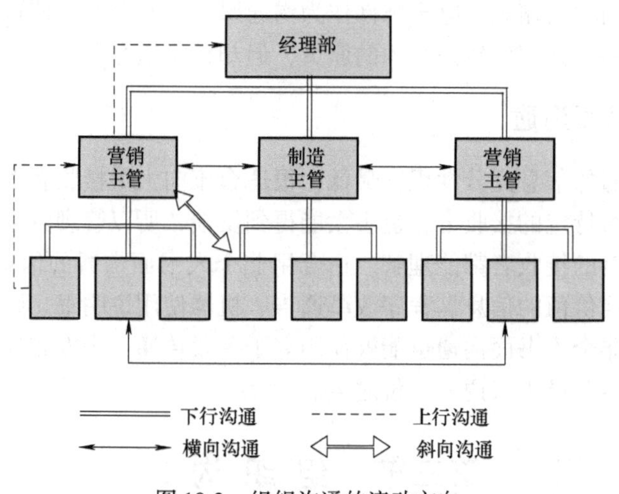

图10-2　组织沟通的流动方向

下行沟通（Downward Communication）是从管理者流向下属员工的沟通。它是传统组织中最主要的沟通流向，譬如，以命令的方式传达上级组织或上级所决定的政策、计划、规定之类的信息，颁发某些资料供下属使用等。下行沟通可以使下级主管部门和团体成员及时了解组织的目标和领导意图，增加员工对所在团体的向心力与归属感；还可以协调组织内部各个层次的活动，加强组织原则和纪律性，使组织机器正常地运转下去。但是，如果组织结构包括多个层次，下行沟通往往使下行信息发生扭曲，甚至遗失，而且过程缓慢。

上行沟通（Upward Communication）是从下属员工流向管理者的沟通。也就是说，它是团体成员和基层管理人员通过一定的渠道与管理决策层所进行的信息交流。它有两种表达形式：①层层传递，即依据一定的组织原则和组织程式逐级向上反映；②越级反映。有时某些上级主管采取所谓“门户开放”政策（Open-door Police），使下级人员可以不经组织层次向上报告，例如意见箱、建议制度，以及由组织举办的征求意见座谈会或态度调查等。上行沟通主要是指下属依据规定向上级提出正式的书面或口头报告。上行沟通可以使员工直接向领导反映自己的意见，使员工获得一定程度的心理满足；管理者也可以利用这种方式了解组织的经营状况，与下属形成良好的关系，提高管理水平。但是在沟通过程中，下属会因级别不同造成心理距离，形成一些心理障碍；会因为害怕“穿小鞋”，受打击报复，不愿反映意见；同时，上行沟通也会因为层层过滤，导致信息曲解，出现适得其反的结局。

横向沟通（Lateral Communication）指的是在同一组织层级的员工之间发生的沟通。也就是说，它是沿着组织结构中的横线进行的信息传递，包括同一层面上的管理者或员工进行的跨部门、跨职能的沟通。横向沟通中，不存在上下级关系，沟通双方均为同一层面的同事。例如，高层管理人员之间的信息沟通、中层管理人员之间的信息沟通、一般员工在工作和思想上的信息沟通。横向沟通可以使办事程式化、手续简化，节省时间，提高工作效率；可以使组织各个部门之间相互了解，有助于培养整体观念和合作精神，克服本位主义倾向；可以增加职工之间的互谅互让，培养员工之间的友谊，满足员工的社会需要，使员工提高工作兴趣，改善工作态度。当然，横向沟通也会产生一定的消极作用，譬如横向沟通头绪过多，信息量大，易于造成混乱；横向沟通尤其是个体之间的沟通也可能成为员工发牢骚、传播小道消息的一条途径，造成涣散团体士气的消极影响。

斜向沟通（Diagonal Communication）是横跨不同工作领域和组织层级的沟通。也就是说，它是组织中不同级别且无隶属关系的部门员工之间的沟通。跨职能项目研究小组由来自不同部门、不同职位的成员构成，在这种项目小组内，斜向沟通是非常普遍的。由于所具有的效率和速度，斜向沟通对组织大有裨益。譬如，为了研发新产品或解决遇到的难题，组织内各部门的员工会相互沟通，交流意见，斜向沟通使他们突破了层级关系和部门关系的束缚；斜向沟通还会使不同部门之间建立联系，使信息在整个组织范围内传播。正是由于以上好处，几乎所有的成功管理者都会利用这种沟通网络来快速与员工取得联系。

值得一提的是，各种信息技术和互联网的出现和发展，促进了横向沟通和斜向沟通的发展，比如组织内部网，组织员工可以在组织创建的内部网上发布问题，也可以帮助其他员工解决他们遇到的问题。如果不利用高科技手段，员工之间的这种沟通很难实现。

三、组织沟通网络

信息在整个组织内以及在个体和团队中流动的渠道叫作沟通网络。前面说过，组织中沟通可以分为正式沟通和非正式沟通，信息在这两种沟通形式中的流动通道或途径是不相同的。

（一）正式沟通网络形态

正式沟通中，组织可以建立四种类型的沟通网络：轮式沟通网络、链式沟通网络、环式沟通网络和全通道式沟通网络。最基本的沟通网络见图 10-3。

1. 链式沟通网络

在这种沟通网络中，成员们按照事先设定的顺序依次进行互相沟通，信息逐级传递，居于两端的人只能与内侧的一个成员联系，居中的人则可分别与两人沟通信息。在这个沟通形态中，信息经层层传递、筛选，容易失真，各个信息传递者所接受的信息差异很大，平均满意程度有较大差别。此外，这个形态还可表示组织中主管人员和下级部属之间的组织系统，属控制型结构。链式沟通网络常见于任务有先后次序并且相互依赖的群体中，比如一条流水线。由于群体之间的相互作用有限性，链式沟通网络在团队中不大出现。

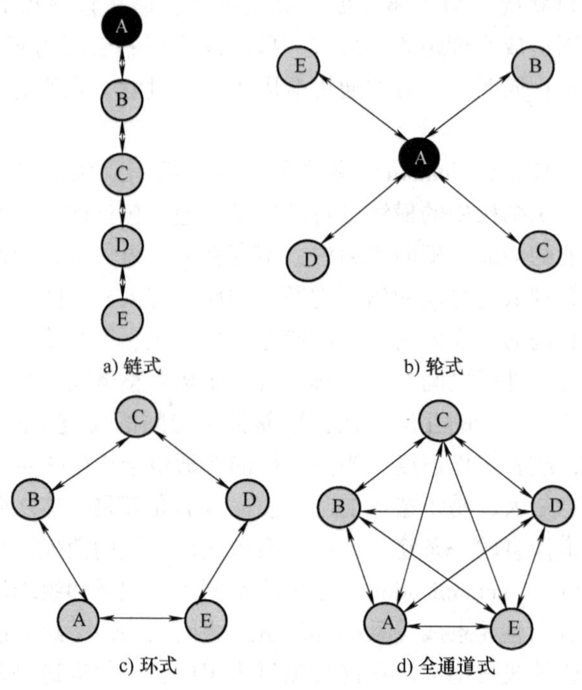

图 10-3　正式沟通网络形态

注：图中实心圆圈代表中心人物。

2. 轮式沟通网络

在这种沟通网络中，其中一个成员是各种信息的汇集点和传递中心，所有成员都是通过与中心成员沟通来完成群体目标的。轮式沟通网络的特点是：集中化程度高，传递速度快，解决问题的速度快；中心人员的预测程度高；沟通的渠道很少，组织成员的满意度低，士气低落。轮式沟通网络在承担着共同任务的相互依赖的群体中比较常见。例如，在一个需要向同一位调度员报告工作的出租车驾驶员群体中，每个驾驶员都需要与调度员进行沟通，但驾驶员之间却不需要沟通。轮式沟通网络是加强组织控制、争时间、抢速度的一个有效方法。同链式沟通网络一样，由于群体之间的相互作用有限性，轮式沟通网络在团队中不大出现。

3. 环式沟通网络

该形态可以看成是一个链式形态的封闭式控制结构，表示环上各节点成员之间依次联络和沟通。其中每个人都可以同时与两侧的人沟通信息。例如，在办公场所，甚至开会时围坐在一起的人们进行沟通。在这个沟通网络中，组织的集中化程度和领导人的预测程度都很低。组织中成员具有比较一致的满意度，组织士气高昂。同链式沟通网络和轮式沟通网络一样，由于群体之间的相互作用有限性，环式沟通网络在团队中不大出现。

4. 全通道式沟通网络

全通道式沟通网络常见于团队中，它体现了高水平沟通的特点，其中每个成员之间都有一定的联系，彼此了解，没有明显的中心人物。例如，高层管理团队、跨职能团队、自我管理工作团队中经常会有全通道式沟通网络。此网络中，组织的集中度和主管人员的预测程度均很低。由于沟通渠道很多，组织成员的平均满意度高且差异小，所以士气高昂，合作气氛浓厚。这种沟通网络对于解决复杂问题、增强组织合作精神、提高士气均有很大作用。但是，由于这种网络沟通渠道太多，易造成混乱，且又费时，影响工作效率。

（二）非正式沟通网络形态

在自然状况下，犹如“葡萄藤”一样的非正式沟通有四种形态，如图 10-4 所示。

依照最常见至最少见的顺序，非正式沟通的形态依次是：①集群（Cluster）连锁，即在沟通过程中，可能有几个中心人物，由他们转告若干人，而且有某种程度的弹性。如图 10-4a 中的 A 和 D 两人就是中心人物，代表两个集群的转播站。②密语连锁（Gossip Chain）。即在沟通过程中，由一人告诉所有其他人，犹如他有独家新闻，如图 10-4b 中的 A。③随机（Probability）连锁，即在沟通过程中，碰到什么人就转告什么人，并无一定的中心人物或选择性，如图 10-4c 所示。④单线连锁。即在沟通过程中，由一人转告另一人，另一人也只再转告一个人，这种情况极为少见，如图 10-4d 所示。

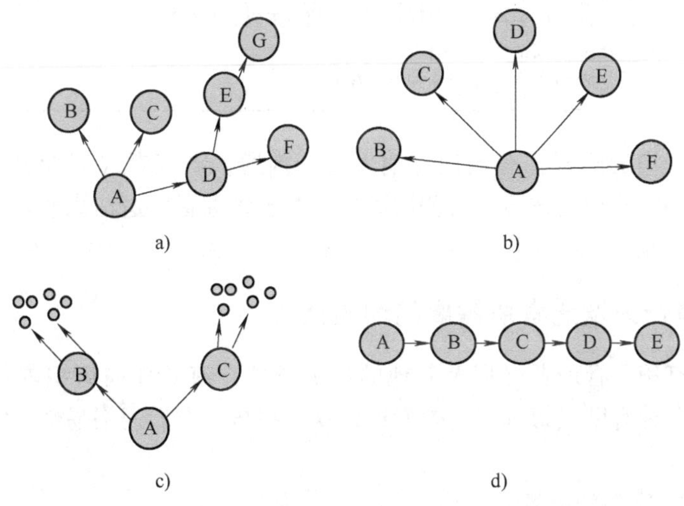

图 10-4 非正式沟通（葡萄藤）的形态

第四节 管理者的沟通技巧

在沟通过程的讨论中，提到过沟通过程中会遇到噪声，从而造成信息的失真，并提出了哪些因素能够导致信息的失真。组织中的管理者应当清楚这些经常发生的沟通障碍，并利用沟通技巧克服之。

一、有效沟通的障碍

妨碍信息沟通的任何因素都可称为有效沟通的障碍。这些障碍存在于沟通过程的各个环节，并有可能造成信息的失真。比如，模棱两可的语言、难以辨认的字迹、不同的文化背景等都影响有效沟通。按照沟通的过程，典型的沟通障碍分成三大类，见表10-2。

表10-2　典型的沟通障碍

沟通环节	沟通障碍
发送者	表达能力不佳，词不达意，或者逻辑混乱、艰深晦涩 语言风格与接收者存在差异 知识经验与接收者存在差异 只要别人听自己的 对接收者的反应不灵敏 信息过滤，对要传递的信息进行了部分保留
信息传递	信息遗失 外界干扰，如在发动机轰鸣的环境下交谈 媒介选择不当，如用口头的方式布置一个意义重大、内容庞杂的促销计划 物质条件限制，如无计算机或网络，则无法快速发送信息
接收者	选择性知觉，如只听自己喜欢的部分，忽视其他内容 信息过滤，根据自己的理解和需要对信息加以“过滤” 没有听清，或精力不集中 与发送者的文化、经验等方面存在差异

为了克服这些沟通障碍，有效地与他人进行沟通，管理者（以及其他的组织成员）必须掌握或培养一定的沟通技巧。有些沟通技巧对于管理者发送信息非常重要，另一些则对接收信息非常重要。

二、管理者作为发送者所需要的沟通技巧

组织的效率有赖于管理者（以及其他的组织成员）有效地向组织内外的人员发送信息。下面归纳了七种有助于管理者有效发送信息的技巧，它们通俗易懂，能使沟通过程的传送阶段富有成效：

- 发送清晰而完整的信息。
- 将信息编码成接收者易于理解的符号。
- 选择恰当的信息传递媒介。
- 选择易于接收者监控的媒介。
- 避免信息过滤和信息失真。
- 确保信息中包含反馈机制。
- 提供准确的信息，避免谣言的传播。

1. 发送清晰而完整的信息

管理者需要学习如何发送清晰而完整的信息。如果信息易于被接收者理解和领会，则信息是清晰的。如果信息包含了发送者和接收者达成共识所需要的全部信息，则信息是完

整的。为了确保信息既清晰又完整，管理者必须学会预测接收者将如何理解信息，并对信息进行调整，以消除潜在的误会和混淆。

2. 将信息编码成接收者易于理解的符号

管理者在对信息进行编码时，必须使用接收者能够理解的符号或语言。例如，当用英语给使用汉语的接收者发送信息时，尽量使用常见的词汇，避免用一些冷僻词汇，以免接收者在进行翻译时不知所云。另外，管理者在进行编码时，还需注意“行话”的使用。行话（Jargon）是同一职业、群体或组织内的成员为方便沟通而发明的特殊语言，它不能用来与非同一职业、群体或组织的成员进行沟通。

3. 选择恰当的信息传递媒介

当使用语言沟通时，管理者可以从多种沟通媒介中加以选择，包括面对面沟通、书面信函、便笺、简报、电话交谈、电子邮件、视频会议等。在对这些媒介进行选择时，管理者要考虑所需要的信息充分性程度、时间限制、是否需要留有记录等。要选择一个恰当的沟通媒介，主要考虑的应当是信息的性质：它是否是私人性质的、是否相当重要、是否是非常规的、是否会引起误解、是否需要做进一步澄清。例如，如果回答全部是“是”，那么选择面对面沟通是最好的。

4. 选择易于接收者监控的媒介

在选择沟通媒介时，管理者需要考虑的一个因素是：这个沟通媒介是否在接收者的监控之下。管理者所关注的沟通媒介是各不相同的。许多管理者发送信息时，往往选择他们常用的或者最方便的媒介，但这样做常常会导致无效沟通。一些不喜欢电话交谈和面对面沟通的管理者或许喜欢电子邮件，他们每天发出许多电子邮件，并且每隔几小时就要检查一下邮箱。而那些喜欢与他人进行个别沟通或者电话交流的管理者，或许有电子邮箱，但他们很少使用电子邮件，也就很少检查电子邮箱。因此，了解接收者喜欢的沟通媒介并进行恰当的选择，有助于接收者真正接收并注意到这些信息。

在选择沟通媒介时，管理者需要考虑的另一个因素是：是否有接收者对一些信息的解码能力受到限制。例如，盲人无法阅读书面信息，但可能使用电话沟通；耳聋的员工无法使用普通电话进行有效沟通，使用传真和电子邮件更合适。

5. 避免信息过滤和信息失真

当信息发送者错误地认为接收者不需要或者不想接收某项信息时，他们可能会保留部分信息，这就导致了信息过滤（Filtering）。信息过滤可能会发生于组织的每一个层级以及垂直和水平的沟通中。例如，在垂直沟通中，普通员工在向基层管理者传递信息时，可能会对信息进行过滤；而基层管理者在向中层管理者传递信息时，再一次进行过滤；当中层管理者向高层管理者传递信息时还会再进行一次过滤；尤其是当信息包含一些坏消息时，下属担心受到责骂，更容易出现这种信息过滤。

当信息经过多次传递之后，其意思很容易发生转变，这事就出现了信息失真（Information Distortion）。由于错误地编码和解码或者缺乏反馈，一些信息失真的情况就可能产生。然而，另一些信息失真则是故意的：发送者可能会改变一些信息，使他们自己或者他们所在的群体看起来表现良好，以便得到更好的对待。

管理者自身应当避免出现信息过滤或信息失真。为此，应该在整个组织中建立起彼此信任的关系。信任下属的管理者不会保留信息，会向下属提供清晰完整的信息；信任管理者的下属相信自己会受到公平的对待，不会受到无端的责备。

6. 确保信息中包含反馈机制

反馈对于有效沟通来说十分必要。所以，发送信息时，管理者要建立起沟通的反馈机制。管理者既可以在信息中提出反馈的要求，也可以说明将在何时或者通过何种方式确认信息已被收到并理解。当管理者通过信件、便条或传真进行沟通时，可以要求接收者通过同样的方式回复，或者通过电话回复。通过建立这些沟通中的反馈机制，管理者才能够确保自己发现的信息被收到和被理解。

7. 提供准确的信息，避免谣言的传播

谣言（Rumors）是组织成员很感兴趣但没有确切来源的非官方信息。谣言一旦出现，就会很快传播，并且通常涉及组织成员认为重要的、有趣的或者好玩的话题。然而，当谣言是虚假的、恶意的或者缺乏根据时，会误导组织成员或者对个别员工和组织造成伤害。管理者应该向员工及时提供事关他们切身利益的准确信息，这样才能制止谣言的传播和误导。

三、管理者作为接收者所需要的沟通技巧

管理者不仅要发送信息，也要接收信息。所以，管理者必须具备或学会有效接收者的沟通技巧：

- 集中注意力。
- 成为好的倾听者。
- 移情。

1. 集中注意力

管理者充当多种角色，承担着多种任务，他们经常超负荷工作，必须同时思考多种事情。因为要应对不同的事情，管理者有时对接收到的信息无法给予足够的注意。然而，要进行有效管理，无论多忙，管理者都要对接收到的信息给予足够的重视。当和下属讨论一个项目，有效管理者会把注意力放在要讨论的项目上，而不是放在马上要与自己的上司召开的会议上。同样，当管理者阅读书面材料时，应该集中注意力理解所读的东西，而不是分神考虑其他的事情。

2. 成为好的倾听者

要成为好的倾听者，管理者（包括组织内的其他成员）需要做以下几件事情：①管理者不要随便打断别人说话，这样，讲话者的思路才不会被打乱，才能获得完整的信息；②管理者要与讲话者保持眼睛接触，使讲话者知道他在认真地倾听，这样做也有助于管理者关注所听的事情；③在接收到信息后，管理者要对模糊不清的或混淆的地方提出疑问；④听完之后，管理者应该用自己的语言解释或者重复信息内容，指出讲话者发送的信息中重要的、复杂的或者有歧义的地方，这些反馈要素是成功沟通的关键。

像大多数人一样，管理者也喜欢别人听自己讲，而不是自己听别人讲。然而，要成为一个良好的沟通者，很重要的一部分就是要成为一个好的倾听者，这也是作为接收者的管理者在面对面沟通和电话沟通中的基本技巧。

3. 移情

当接收者试图从发送者的角度而不是只从自己的观点出发来理解信息时，接收者便做

到了移情。也就是说，当管理者作为接收者时，要正确地理解发送者发送编码的含义，还应当从发送者的处境来考虑问题，所谓“换位思考”，就能更好地理解发送者的感受。

四、了解语言风格

了解语言风格的差异也是管理者重要的沟通技巧。语言学家德博拉·坦嫩（Deborah Tannen）将语言风格描述为个人特有的讲话方式。语言风格的因素包括声调、语速、声量、停顿、率直或者含蓄、遣词造句、提问方式、玩笑和其他的讲话方式。当语言风格不同，而人们又没有了解这些差异时往往会导致沟通无效。而现实中，人们总是很少思考自己的语言风格，想当然地认为他人的语言风格也和自己一样，为此导致语言风格差异成为沟通障碍的来源。在跨文化环境中以及不同性别的人中，语言风格的差异更为显著。管理者不应该期望或者试图改变人们的语言风格，相反，为了做到有效管理，管理者应该努力了解语言风格的差异。

【本章小结】

1. 沟通是信息凭借一定的符号载体，在个人或群体间从发送者到接收者进行传递，并获取理解的过程。良好的沟通必须达到两个条件：①信息必须传递到接收者，否则意味着沟通没有发生；②信息必须被接收者正确理解，即信息发送者欲表达的思想与接收者接收到信息以后理解的含义要完全一致。

2. 沟通过程始于有信息需要传递的发送者。信息被转化成信号形式（编码）并通过通道传递给接收者，接收者再将信息解码。为了保证信息的准确性，接收者应向发送者提供反馈，以检查自己是否理解了所接收的信息。

3. 要想成为有效的沟通者，管理者必须为他们发出的每条信息选择恰当的沟通媒介。沟通媒介包括面对面沟通、电子传送的口头沟通、个人书面沟通、非个人书面沟通。不同的沟通媒介具有不同的特点，选择沟通媒介时除了考虑成本等因素外，还应考虑信息充分性、沟通速度以及是否需要留有记录等。

4. 按照不同的标准，沟通可以划分成不同的种类：①从沟通是否按照规章制度来分析的正式沟通和非正式沟通；②从沟通的流动方向来分析的下行沟通、上行沟通、横向沟通和斜向沟通；③从沟通模式角度来分析的组织沟通网络。

5. 沟通过程中会遇到噪声，从而造成信息的失真。这些噪声产生在沟通中的各个环节。为了有效地进行沟通，管理者必须掌握相关的沟通技巧。作为信息发送者，管理者发出的信息应该清晰而完整，将信息编码成接收者易于理解的符号，选择恰当的信息传递媒介，选择易于接收者监控的媒介，避免信息过滤和信息失真，确保信息中包含反馈机制，提供准确的信息，避免谣言的传播。而作为信息接收者，管理者应当集中注意力，成为好的倾听者，并能移情。除此之外，了解语言风格差异也是管理者重要的沟通技巧。

【复习思考题】

1. 有人认为，良好的沟通是双方达成协议。你是否同意？为什么？

2. “沟通不是太难的事，我们每天不是都在沟通吗？”你是否同意该说法？说出你的理由。

3. “只有我想要沟通的时候才会有沟通。”这样的说法你是否同意？理由是什么？

4. “请注意我们做的是什么，而非我们说的是什么？”请问，这种态度在组织中是否为一项好的态度？

5. 如何看待组织中的“小道消息”？

6. 在组织的正式沟通中，下行沟通和上行沟通经常会遇到哪些障碍？你认为该如何克服？

7. 如何诊断无效沟通？能否列举出某组织因无效沟通而出现的问题？

8. 当一个下属从上司那里接收下列类型的信息时，你认为采用哪种（或哪几种）媒介比较合适？①晋升；②不予晋升；③下属提交的报告中有一个错误；④额外的工作责任；⑤来年组织的假期安排。对你的选择加以解释。

9. 管理者应当具有哪些沟通技巧？

【案例思考】

谁来发号施令

Brighton 橱柜公司总裁 John Branner 已接到了公司上一季营运的财务报表。在翻阅过这些报表之后，John 认为公司的采购部门在原材料方面，如夹板、嵌板、薄板等的花费太高。他立即打电话给制造副总裁 Joe Scott，告诉他这种看法。

图 10-5 是 Brighton 橱柜公司的局部组织结构。

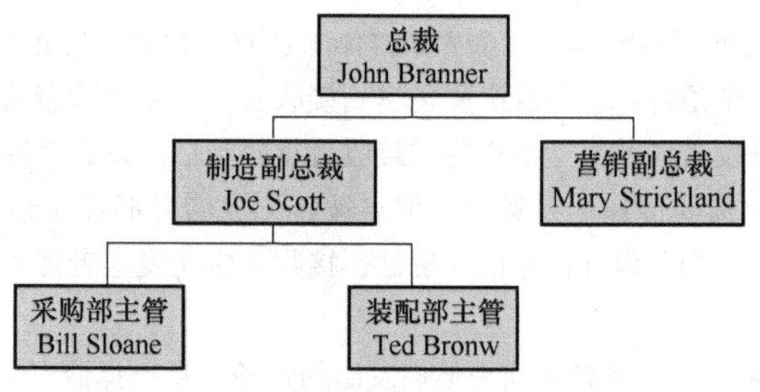

图 10-5　Brighton 橱柜公司的局部组织结构

后来，Joe 打电话给采购部主管 Bill Sloane，告诉他说："Branner 先生推翻了上一季有关原材料的成本估算，你得好好地预算一下，这一季，他打算把成本降低。"

Bill 挂掉电话，就自行算出本部门的预算，并查知每块夹板已上涨到 6.75 美元。由于 Bill 已接到指令要缩减成本，所以他就决定这么做：两天之后，Bill 找到了一家夹板供应商，约定以每块 5.95 美元的价格订了两周的货。在交货后，果然如他所料，这些夹板的品质较差，但还能用。Bill 就决定继续购买这些较便宜的夹板。

一个月后，装配部主管 Ted Bronw 和 Bill 洽谈，问道："Bill，夹板到底是怎么一回事？当我们用钉子和 U 形钉把一块块夹板钉在一起时，突然间都裂开了。"

Bill 答道："Ted，Branner 先生指示我要缩减成本。我不知道除了购买质地较差的夹板之外，还能有什么其他的办法。这是唯一的选择啦。"

事情并没有得到解决，就这样过了一季。该季的财务报表显示，在销售与利润方面的业绩已经滑落，根据预测与前几年的情况来看，利润与销售业绩应该较高才对。此时，John Branner 立即打电话给营销副总裁 Mary Strickland，请他到办公室来，并要求解释。Mary 说道："我们已经失去了几家客户，他们认为我们的竞争者能提供给他们更好的产品。我已经调查过这种情况，并发现我们的橱柜在装配时很容易裂开，这是因为我们现在使用了质地较差的夹板。为此，我曾与 Joe Scott 谈过。他告诉我，你指示他要缩减成本，而购买质地较差的夹板，是缩减成本的唯一方法。"

Branner立即指令Joe开始购买所必需品质的夹板。其后，Joe通知了Bill。几天后，Bill请求Joe再给予为期三周的时间，继续提供这些质地较差的夹板来加工。Joe大声吼道："那是你的问题。"很显然，他曾被Branner深深地责备过。

在打过几次电话之后，Bill决定只采用给Brighton优良报价的公司的夹板。

三天之后，Bill被请到Joe办公室，Joe问道："Bill，是谁准你以这个价格购进的?"Bill答道："没有准许，是我自己决定的，那是我所能找到的最佳交易啦。""好的，Bill，像你这样，那我们公司就不用维持多久啦！不要让这件事情再发生!"

问题讨论：

1. 请问，这个问题是如何发生的?
2. 请说明本案中沟通失败的原因。
3. 请问，Bill该负这个责任吗？还有谁该负这次责任?
4. 你认为应如何避免这个问题的发生?

（资料来源：Rue，Byars. 管理学：技巧与应用［M］. 贺力行，裴文，杨振隆，译. ［出版地不详］：前程企业管理有限公司，1988：120.）

第十一章　控　　制

【学习目标】

1. 掌握控制的性质和重要性。
2. 掌握控制的四个步骤。
3. 掌握测量实际绩效的四种方法。
4. 掌握控制的类型。
5. 了解常用的控制工具。

【关键术语】

控制　控制过程　反馈控制　现场控制　前馈控制

【结构框图】

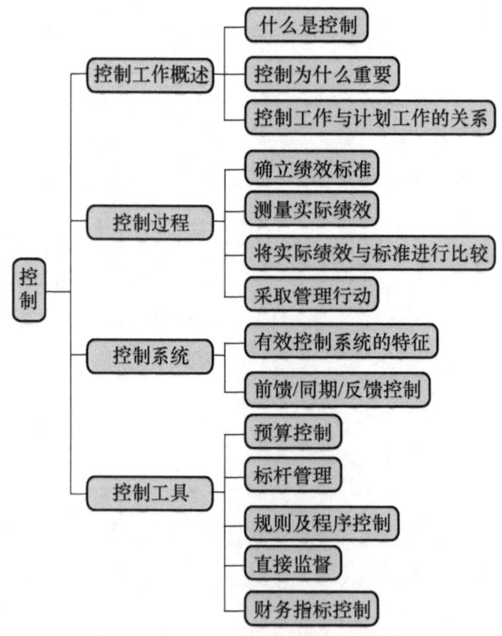

【引入案例】

电子监控

在美国，越来越多的老板利用科技手段监控员工的工作。但是一项对工作场所隐私权的调查发现，组织和员工对于电子监控的认识存在巨大差异。员工认为，老板之所以会运用电子监控手段监控他们的工作是源于对他们的不信任。而人力资源专家对此的看法是，组织之所以会运用电子监控手段监控员工的行为，主要是为了防止计算机病毒入侵，防止计算机黑客干扰组织运营，保护组织的绝密信息，了解员工的工作问题以便及时纠正。在有电子监控的组织，员工在工作时对于互联网的使用变得异常谨慎，因为他们认为自己的一举一动都在组织的监控之下。越来越多的组织开始采取措施，阻止员工在上班时间使用即时通信工具以及登录个人电子邮件账户，以保护组织的绝密信息。

此项调查发现，与员工相比，人力资源专家更倾向于这一观点：如果员工在工作场所、工作时间使用手机，组织就有权利进行监控；组织有权利搜查员工的办公桌和办公室。但是，最后人力资源专家和员工在这一点达成共识：组织没有权利阅读员工的邮件、监听员工的电话、无缘无故地搜查员工的办公桌和办公室。美国很多州通过了相关法律，禁止组织监控员工的电子邮件或计算机的使用情况，除非员工事先得到了通知。

（资料来源：加里·德斯勒，简·菲利普斯．现代管理学［M］．丰俊功，李庚，马学亮，译．北京：清华大学出版社，2010.）

上例中老板利用科技手段监控员工的工作，从控制的角度来看，是为了保证员工的工作能实现计划的要求。控制工作的目的就是为管理者提供一种指导和激励下属朝着实现组织目标方向努力的手段，提供有关组织及其成员目标完成情况的具体反馈。如果说，组织工作为一个组织提供了支撑机体的骨架和肌肉，那么控制工作则为之提供了神经和知觉，因此控制工作是管理活动中最为敏感、也最为复杂的一项职能。这一章将探讨控制工作的实质，描述控制工作的过程，讨论管理者用来控制组织成员的三种控制类型等。本章学习结束之后，读者将能够正确评价管理者所使用的多种控制系统，并且能够理解为什么建立起一套适宜的控制系统对于提高组织及其成员的绩效至关重要。

第一节 控制工作概述

控制工作是管理职能中的最后一个职能，主要任务是使组织的实际工作绩效符合计划的要求，因此控制工作与计划工作有着非常密切的关系。本节主要介绍控制工作的含义、作用，及其与计划工作的相互关系。

一、什么是控制

什么是控制（Controlling）？控制就是监控、比较和纠正工作绩效的过程。也就是说，控制工作是将实际绩效与事先设定的标准或者目标相比较，并采取相关措施或者行动，纠正两者之间产生的偏差。但是，控制并不意味着只在事情发生之后才对其做出反应，它还意味着将组织保持在正常的运行轨道，并预测可能发生的事情，避免该项问题日趋严重。因此，有效的控制可保证组织的各项活动圆满完成，最终实现组织目标。所以，控制系统越完善，管理者实现组织目标就越容易。

二、控制为什么重要

一切活动都能按照计划要求顺利进行是所有组织的基本要求。然而，尽管创建一种合适的组织结构可以帮助人们有效率地实现目标，而且还可以通过有效的领导来激励员工，但是所有这些都不能保证组织所有活动的进展都如同计划的那样，也不能够保证组织目标能够得以实现。因此控制对于一个组织来说非常重要，管理者只有通过控制职能，才能了解组织目标是否实现以及没有实现的原因。总的来说，控制职能的价值体现在以下三个方面：

（1）控制有利于计划目标的最终实现。如前所述，计划为组织全体员工指明了具体目标和行动方向，但是并不能保证实现这些目标，“再完美的计划也会出错。”有效的管理者会采取后续措施，以保证员工行为已经完成目标或者正在逐步实现目标。这些后续措施就是有效的控制系统，控制系统包含了管理者用来评价组织生产产品和服务的效率尺度，没有控制系统，管理者无法知道他们的组织表现如何，以及如何改进自己的绩效；有效的管理者往往会创建一个控制系统对产品和服务的质量进行长期监督，从而能够持续地改进他们的产品和服务质量，始终如一地为顾客提供高质量的产品和服务，不断提升组织的竞争力。可见，控制工作是实现计划目标的重要高保证。

（2）控制有助于授权效果的更好发挥。授权不仅有助于充分调动员工的积极性，而且还可以鼓励员工创新，对一个组织的发展具有积极的作用。但是，许多管理者不愿意向自己的员工授权，因为他们害怕如果发生什么差错，将由他们来承担责任。一种有效的控制系统能够对员工绩效提供相关信息和反馈，从而使发生潜在问题的概率降至最低，有助于管理者更多地利用授权。

（3）控制有助于保护组织及其资产。目前，一个组织面临的环境既复杂又多变，而且有许多还会给组织带来重大威胁，譬如自然灾害、供应链中断等。在这类事件发生时，管理者必须保护组织的资产。全面的控制措施和应急计划有助于确保这类事件对组织的消极影响降低到最低程度。

三、控制工作与计划工作的关系

从控制定义可以看出，控制工作与计划工作具有密切的关系。首先，计划为控制提供标准，控制为计划的实现提供保证。当代最伟大的管理学家之一孔茨曾有一个形象的比喻：计划与控制是一把剪刀的两刃，缺少任何一刃，剪刀也就没用了。其次，有些计划本身已经具有控制作用，如政策、规则、程序、预算、工作进度表。再次，计划越明确、全面、完整，控制的依据就越充分。最后，广义的控制职能实际上包含了对计划的修正。

第二节　控 制 过 程

控制过程包括四个步骤：确立绩效标准；测量实际绩效；将实际绩效与标准进行比较；采取管理行动。

一、确立绩效标准

在控制过程的第一步，管理者需要确定绩效标准、目标或者指标，以便在将来对组织整体或组织某个部分（比如一个事业部、一个职能部门或者一名员工）的业绩进行评价。控制标准是人们检查和衡量实际工作及其结果（包括预测结果、阶段结果和最终结果）的规范，是由一系列计划目标构成的。控制标准是进行控制的基础，没有一套完整的标准，衡量绩效或纠正偏差就失去了客观依据。

控制标准的确定应当注意以下几点：①控制标准制定的依据是计划。管理者在计划过程中制定的那些具体目标和政策、程序、规则等，可以直接作为控制标准。②制定控制标准时不能只关注某一因素。管理者必须审慎地制定和选择控制标准，不能够只注重某一方面而忽略其他方面，比如仅注重效率而忽视了效果，或者仅注重了结果而忽视了过程等，导致管理目标难以实现。③绝大多数活动和工作的结果都可以用数量标准来衡量。不过，当无法制定定量标准时，管理者应当制定主观的控制标准，尽管主观标准有各种局限性，但总比没有标准要好。

阅读材料

海豚的行为控制

为训练海豚跳出水面，当它做出这样的动作时，训练员就会给它一条鱼作为奖励。次数多了，海豚的脑神经就会把“跳出水面”与“有鱼吃”联系起来。为了吃鱼，海豚就会经常跳出水面。当海豚学会跳出水面后，训练员便不再每次都给它鱼吃，而是在它跳得较高时才给它鱼吃。如此，慢慢提高海豚跳跃的高度，不让海豚产生只要跳出水面就有鱼吃的想法。当海豚跳到理想高度后，训练员又不是每次都给它鱼吃……

二、测量实际绩效

控制工作的第二步是衡量实际绩效，即以控制标准为依据，对工作各阶段实际情况搜集相关信息。现实中，管理者经常考核和评估两件事情：①他们的下属创造的实际产出；②他们下属的行为本身。通常，组织活动的非常规性或者复杂性程度越高，管理者对产出和行为的考核就越困难。但是，产出通常比行为更容易衡量，因为与行为相比较，产出更真实、更客观。因此，管理者首选的衡量绩效的方法通常都是考核产出，其次才是建立评价员工行为的绩效衡量标准，以便确定各个层面上的员工是否朝着实现组织目标的方向努力。

管理者通常可以采用四种方法来测量实际绩效：个人观察、统计报告、口头汇报、书面报告。表11-1简要总结了每一种方法的优点和缺点。绝大多数管理者会综合使用这几种方法。

表11-1　四种方法的优缺点

方　法	优　点	缺　点
个人观察	获得第一手资料 信息没有过滤 对工作活动的关注度高	容易受个人偏见的影响 耗时 可能有莽撞之嫌
统计报告	容易直观化 能有效地显示数据之间的关系	提供的信息有限 忽略主观因素
口头汇告	容易获得相关信息 可以提供语言和非语言的反馈	信息被过滤 信息不能存档
书面报告	全面 正式 容易存档和查找	需要更多时间来准备 容易受个人偏见的影响 耗时

三、将实际绩效与标准进行比较

这个步骤中，管理者需要评估实际绩效，以确定它是否偏离了第一步中所选择的绩效标准。一般来说，所有工作活动都可能会出现某种绩效偏差，因而首先应当确定一种可接受的偏差范围，如图 11-1 所示，在该范围内的偏差可以忽略。反之，处于该范围之外的偏差需要引起管理者的关注。将实际绩效与绩效标准进行比较时，比较的结果无非有三种情况：①二者之差为零或者偏差在可接受的范围之内；②偏差超出可接受范围，为正值；③偏差超出可接受范围，为负值。第一种情况说明，组织的实际绩效正好实现了控制标准的要求，管理者无须采取任何措施，继续原有的计划活动即可。第二种和第三种情况说明，偏差已经产生，管理者应当采取措施纠正偏差，以便能够顺利地实现组织的规划和目标。

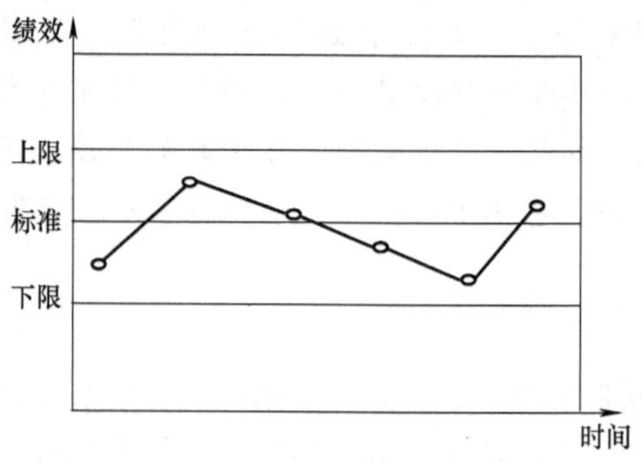

图 11-1　可接受的偏差范围

四、采取管理行动

控制过程的最后一步就是根据第三步评价比较的结果，管理者对实际绩效太差、偏差太大的活动采取相关的纠正行动。

（一）纠正实际绩效

针对产生的偏差，可以通过改变实际绩效的方式来消除偏差。改变实际绩效的行动有两种：①直接纠正行动，也就是立即纠正问题使绩效回到标准的轨道上去；②彻底纠正行动，即首先查找绩效偏差产生的相关原因，然后纠正产生偏差的根源。例如，如果是不合格的工作导致了偏差的产生，那么管理者可以通过培训计划、纪律措施、薪酬体系改革等措施来纠正。有效的管理者往往会采取第二种管理行动。

（二）修改标准

有时候绩效偏差之所以产生，是因为某种不切实际的标准——制定的目标过高或过低。在这种情况下，纠正偏差的行动需要针对标准而不是绩效。如果实际绩效总是超过目标，说明标准制定得过低，目标很容易实现，因而需要提高标准。如果实际绩效没有达到标准，管理者必须持谨慎的态度认真分析控制标准的合适程度：①认为控制标准符合实际、公平且可以实现，那就要在组织工作、领导工作等方面查找原因，然后采取管理行动，由此回到上面“纠正实际绩效”的措施中。比如，如果由于员工素质较低难以完成任务等，那就要对员工进行相关培训，使其具备完成工作的相关技能。

②认为控制标准超出了组织的实际能力，无论如何也难以完成时，那就要考虑适当降低控制标准。当然整个分析过程要认真、客观、理性，因为当员工完不成任务时，往往归咎于标准过高。例如，没有完成销售任务时销售员，往往将原因归为销售定额过高或者外部环境过差。

第三节　控制系统

控制工作就是监控、比较和纠正工作绩效的过程。在这个过程中，会牵扯许多因素，这些因素之间相互作用、相互联系，组成了控制系统。理想的控制工作应该能够消除组织活动中产生的所有偏差。按照控制环节不同划分的前馈控制、现场控制、反馈控制，在控制过程中各有所长、各有所短，组织应当将这三类控制方法科学地形成控制系统，以实现以上控制的目的。

一、有效控制系统的特征

控制系统（Control System）是一套正式的目标设定、监督、评价和反馈的系统，它能向管理者提供关于组织的战略和结构是否在高效运转的信息。

有效控制系统会在问题出现时向管理者发出警告并为他们留出一定的时间，以便对于机遇和威胁做出反应。具体来说，有效控制系统具有三个特征：①它应该具有足够的灵活性，允许管理者对于突发事件做出必要的反应；②它能够提供准确的信息，为管理者描绘组织绩效的真实图景；③它能为管理者提供及时的信息，因为基于过去的信息做出的决策容易导致偏差，来不及或者无法纠正，从而导致组织的失败。

信息技术的新形式彻底改革了控制系统，因为它们使准确、及时的信息在组织层次之间的垂直流动、同一层次不同部门之间的水平流动更加畅通。这样既保证了信息流通的及时性，也有助于信息流动的准确性。例如，百货公司中的销售人员会把服装销售的信息及时输入系统中，第一时间传递给相关部门。

二、前馈/同期/反馈控制

任何一项活动的进行都可以分三个环节：投入阶段、转换阶段、输出阶段。有效控制系统必须在这三个环节都能采取相关的管理行动，以便保证计划的顺利实现，如图 11-2 所示。

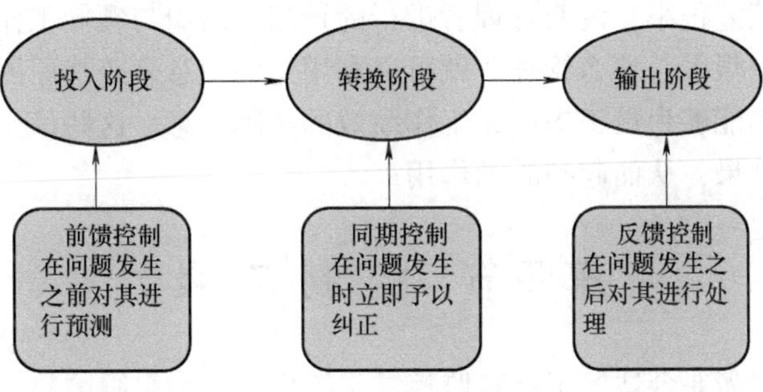

图 11-2　控制的三种类型

（一）前馈控制

在投入阶段，管理者可以运用前馈控制（Feedforward Control），在问题出现之前对其进行预测，并防止问题在随后的转换过程中出现。因为前馈控制发生在实际行动之前，能防止许多潜在的问题出现，所以是最理想的一种控制类型。例如，事先向供应商提出高标准的产品要求，组织就可以控制供应商所提供投入品的质量，从而避免产品生产过程中一些潜在问题；管理者可以对应聘人员进行数轮面试，从而筛选出能力最强者，降低在转换阶段人员出错的概率。

前馈控制是在问题发生之前采取管理行动，而不是等到破坏出现之后再予以纠正。因此，管理者可以尽量避免预期偏差的出现，保证组织计划的实现。但是，这种控制也有一定的局限性，因为它需要及时和准确的信息，可现实中往往这些信息难以获得。因此，管理者总是不得不依靠其他两种类型的控制。需要指出的是，管理信息系统的建立有助于推动前馈控制。它能够向管理者提供关于可能影响到组织任务和一般环境变化的实时信息，以便预测可能出现的问题。

（二）同期控制

在转换阶段，管理者可以运用同期控制（Concurrent Control）（也叫现场控制），迅速获得有关投入品是否高效率地转换为产出的反馈信息，以便能够在问题出现时及时采取措施进行纠正。因此，它是一种在一项工作活动期间进行的控制。例如，丰田汽车公司的员工被授予一种权利——无论什么时候，只要他们发现存在质量问题，就可以按下让整个装配线停止运行的按钮，当所有的问题解决之后，再继续生产，这样就可以生产出质量更加可靠的最终产品。又如，最常见的同期控制方法是直接观察（也叫走动式管理，Management by Walking Around），即管理者在工作现场直接与员工交流互动，现场监督、指导员工的工作，从而保证计划的执行和计划目标的实现。

同期控制旨在问题一旦出现，能立即剔除。但这种控制的有效性取决于主管人员的个人素质、个人作风、指导下属的表达方式以及下属对这些指导的理解程度。

（三）反馈控制

在输出阶段，管理者可以利用反馈控制（Feedback Control）。反馈控制为管理者提供活动结果的反馈信息，便于管理者在必要时采取纠正措施。例如，如果正在生产的产品存在质量缺陷，监控顾客退货数量的反馈控制系统将会向管理者发出警告，从而促使管理者查找原因，采取措施予以纠正。

反馈控制有两种优势：①反馈控制为管理者提供了其努力效果的实际信息。如果是实际绩效与标准之间偏差很小，说明管理者进行的计划、组织与领导工作大体上是准确有效的；相反，如果偏差很大，那么管理者就可以利用这些信息来查找原因，并采取有效的管理措施。②反馈控制能够为员工提供其工作绩效的实际信息。这些信息可以让员工及时了解自己过去努力的结果，从而起到激励作用。

第四节　控 制 工 具

所有的管理者都需要合适的工具来监控员工工作绩效和组织绩效。下面介绍五种常用的控制工具或者方法。

一、预算控制

本书前面提到过，预算（Budgets）是计划的一项工具和技术，它指出哪些工作活动是重要的，应当为这些活动提供哪些资源以及每种资源的数量。预算同时也可以用于控制。通常，处于某个层次上的管理者会向自己的下属管理者分配一定数量的资源，确保他们能够生产产品、提供服务或进行某项工作。一旦低层次管理者被给予了一个预算，他们就必须决定如何在不同的组织活动之间分配这些资源，然后还要对自己在预算内实现目标的能力，以及最有效地利用所获资源的能力进行评估，最后还要把活动的实际消耗与这些预算进行比较，以便最有效地完成预算目标。由此可见，因为预算向管理者提供了完成工作活动的定量标准，管理者可以利用这些标准来测量和比较各种资源的消耗，从而具有很好的控制效果。

二、标杆管理

标杆管理法是由美国施乐公司于1979年首创的一种方法，西方管理学界将其与企业再造、战略联盟一起并称为20世纪90年代三大管理方法。标杆管理（Benchmarking）又称“基准管理”，指的是不断寻找和研究同行一流组织的最佳实践，并以此为基准与本组织进行比较、分析、判断，从而使自己的组织得到不断改进，进入或赶超一流组织，创造优秀业绩的良性循环过程。其核心是向业内或业外的最优秀的组织学习，寻找使它们获得卓越成效的最佳实践。

标杆管理应当确定各种标杆（Benchmark），即用来进行测量和比较的卓越标准。例如，日产公司首席执行官卡洛斯·戈恩（Carlos Ghosn）将沃尔玛公司的采购、运输和物流业务作为本公司的标杆。从最基本的层面上来说，标杆管理意味着向其他组织学习，使得管理者清楚组织绩效的差距以及潜在的改进领域。但是，有时候管理者可以在组织内部发现最佳实践，利用内部标杆管理来帮助确定绩效差距和改进机会。管理者可以从“员工建议信箱”中发现大量精彩的绩效改进创意，以此作为内部标杆。

三、规则及程序控制

规则及程序控制是指通过运用由规则和标准操作程序构成的综合控制系统而实施的控制。这些规则和程序可以塑造和规范组织中各个部门和个人的行为。规则和标准操作程序不仅给予员工日常的行为指导，而且能够在他们碰到一些需要解决的问题时，详细地说明应该如何行动来解决问题。

制定使员工高效并且有效地完成工作的规则是管理者的职责。当员工遵循管理者制定的规则时，他们的行为是标准化的（即行为以相同的方式重复进行），其行为的结果是可以预测的。此外，由于管理者可以在一定程度上预测员工的行为，因此也在同样的程度上对行为的产出进行控制，因为标准化的行为必然带来标准化的产出。

要想员工准确地按照规则和程序完成工作的目标，需要组织对员工尽心培训。通过培训，员工能够严格遵循已经被证明有效的规则，员工接受的培训越好，他们的行为就越标准，管理者对产出的一致性就越有信心。

四、直接监督

行为控制机制中最直接、最有效的方式就是直接监督。通过这种方式，管理者可以积极监督和观察下属的行为，告诉他们哪些行为是合适的、哪些行为是不合适的，并在必要的时候进行干预，采取相应的纠正措施；通过这种方式，管理者在亲自监督下属的时候，可以通过范例进行引导，而这种方式能够帮助下属发展并提高自己的技术水平。因此，通过个人监督进行控制，是一种激励员工努力提高其行为的效率和效果的有效方法。

然而，直接监督也存在不少问题。首先，直接监督的成本高昂，因为一名管理者能够亲自监督的下属的数量一定不多。如果一个组织采用的主要控制方式是直接监督的话，那么，他将需要雇用大量的管理人员，从而导致成本的增加。其次，直接控制可能会使下属失去动力，因为他们可能会觉得自己处于严密的监督之下，没有决策的自由。此外，如果下属觉得上司就待在自己的附近，并随时准备斥责任何一个犯了小错误的员工，那么他们就可能互相推卸责任，避免承担责任。最后，对于大多数工作来说，直接监督不具备可行性。工作越是复杂，管理者对下属业绩的评估就越是困难。因此，对于高层管理者来说，连续地对下属管理人员的绩效进行直接监督的意义不大。

五、财务指标控制

管理者可以采用传统的财务测量标准来进行控制。这些传统的财务指标包括几大类：①流动比率、速动比率、资产负债率等，用来测量一个组织偿还债务的能力；②库存周转率、总资产周转率等，用来评估一个组织如何高效地利用自己的资产；③销售利润率、投资回报率等，用来衡量一个组织如何有效率、有效果地利用自己的资产来创造利润。这些指标可以使用组织的两大财务报表——资产负债表和损益表通过计算得出。由于这些内容可以在会计相关课程中学习，因而不再赘述。

【本章小结】

1. 控制就是监控、比较和纠正工作绩效的过程。作为管理过程的最后一个环节，控制提供了返回到计划的关键纽带。如果管理者不实施控制，就无法知晓目标是否已经达成。

2. 控制过程分为四个步骤。这四个步骤分别为：确立绩效标准；测量实际绩效；将实际绩效与标准进行比较；采取管理行动。

3. 管理者可以采用四种方法来测量实际绩效：个人观察、统计报告、口头汇报、书面报告。这些方法各有优缺点。

4. 控制的类型包括前馈控制、现场控制和反馈控制。三者各具不同的优缺点，组织应当综合运用这三种控制类型，以便形成一个有效的控制系统。

5. 组织常用到的控制工具有预算控制、标杆管理、规则及程序控制、直接监督、财务指标控制。

【复习思考题】

1. 在一个组织中，控制发生在哪个管理层级？
2. 什么是控制？控制过程包括哪些步骤？
3. 可以用什么工具来测量组织绩效？
4. 前馈控制、现场控制、反馈控制三者有什么区别？

5. 你认为最适合一家医院、海军军队和一个城市的警察局的控制方式分别是什么？为什么？

【案例思考】

Achieva 公司的问题

Achieva 公司是一家发展迅速的互联网软件公司，专门开发 B2B⊖网络软件。顾客需求使 Achieva 公司的软件呈爆炸式成长，仅仅两年中就增加了 50 多个新的软件项目，已开发出一个新的软件产品系列。Achieva 公司发展如此迅速，然而它的运作依然是非正式的，组织结构松散，工作程序倾向于当问题出现时，再去寻找解决办法。虽然这种结构过去一直运转良好，但是现在却出现了问题。越来越多的员工开始抱怨自己良好的工作绩效得不到公司的承认，他们觉得自己没有得到公平的对待。此外，员工还要求管理者认真听取并实践他们的新想法。公司的氛围越来越糟糕，最近一批有才华的员工纷纷辞职离去。

问题讨论：

1. Achieva 公司在组织和控制方面遇到了哪些问题？

2. 你认为如何解决这些问题？

（资料来源：加雷思·琼斯，珍妮弗·乔治．当代管理学［M］．郑风田，赵淑芳，译．北京：人民邮电出版社，2006：23.）

⊖ Business-to-Business 的简称，直译为企业对企业。

参 考 文 献

[1] 周三多，陈传明，贾良定．管理学——原理与方法［M］．6 版．上海：复旦大学出版社，2014.

[2] 芮明杰．管理学：现代的观点［M］．上海：上海人民出版社，2002.

[3] 杨文士，焦叔斌，张雁．管理学原理［M］．3 版．北京：中国人民大学出版社，2009.

[4] 哈罗德·孔茨，海因茨·韦里克．管理学（原书第 10 版）［M］．张晓君，等编译．北京：经济科学出版社，1998.

[5] 斯蒂芬 P 罗宾斯．管理学（原书第 4 版）［M］．黄卫伟，等译，北京：中国人民大学出版社，1997.

[6] 斯蒂芬 P 罗宾斯，玛丽·库尔特．管理学（原书第 11 版）［M］．李原，孙健敏，黄小勇，译．北京：中国人民大学出版社，2012.

[7] H 明茨伯格．经理工作的性质［M］．孙耀君，等译．北京：中国社会科学出版社，1986.

[8] H 明茨伯格，等．战略历程：纵览战略管理学派［M］．刘瑞红，等译．北京：机械工业出版社，2002.

[9] JF 穆尔．竞争的衰亡——商业生态系统时代的领导与战略［M］．梁骏，等译．北京：北京出版社，1999.

[10] JC 柯林斯，J I 波拉斯．基业长青［M］．真如，译．北京：中信出版社，2002.

[11] K 普瑞斯，等．以合作竞争［M］．武康平，等译．沈阳：辽宁教育出版社，1998.

[12] M 波特．竞争战略［M］．陈小悦，等译．北京：华夏出版社，1997.

[13] M 波特．竞争优势［M］．陈小悦，等译．北京：华夏出版社，1997.

[14] P 德鲁克，等．知识管理［M］．杨开峰，译．北京：中国人民大学出版社，1999.

[15] P 德鲁克．有效的管理者［M］．吴军，译．北京：求实出版社，1985.

[16] P 德鲁克．管理：任务、责任、实践［M］．孙耀君，等译．北京：中国社会科学出版社，1987.

[17] HA 西蒙．管理决策新科学［M］．李柱流，等译．北京：中国社会科学出版社，1982.

[18] 卡尔·斯特恩，小乔治·斯托克．公司战略透视：波士顿顾问公司管理新视野［M］．波士顿顾问公司，译．上海：上海远东出版社，1999.

[19] 吴淑芳，李树超．企业管理学［M］．青岛：中国海洋大学出版社，2005.

[20] 刘明珠，等．管理学（MBA 联考）［M］．北京：北京大学出版社，2003.

[21] 陈春花，杨忠，曹洲涛，等．组织行为学［M］．北京：机械工业出版社，2013.

[22] 杨文士，张雁．管理学原理［M］．北京：中国人民大学出版社，1997.

[23] 孙健．海尔的管理模式：关于一个中国企业成长的最深入研究［M］．北京：企业管理出版社，2002.

[24] 彼得·德鲁克．管理实践［M］．毛忠明，等译．上海：上海译文出版社，1999.

[25] 加里·德斯勒，简·菲利普斯．现代管理学［M］．丰俊功，李庚，马学亮，译．北京：清华大学出版社，2010.

[26] 加雷思·琼斯，珍妮弗·乔治．当代管理学［M］．郑风田，赵淑芳，译．北京：人民邮电出版社，2006.

[27] 宋晶，郭凤侠．管理学原理［M］．4 版．大连：东北财经大学出版社，2014.

[28] 斯蒂芬 P 罗宾斯，玛丽·库尔特．管理学（原书第 7 版）［M］．孙健敏，等译．北京：中国人民大学出版社，2004.

[29] 高良谋．管理学［M］．4 版．大连：东北财经大学出版社，2014.

[30] 周祖城. 企业伦理学 [M]. 北京：清华大学出版社，2005.
[31] 拉瑞·托恩·霍斯默. 管理伦理学 [M]. 张初愚，张水云，译. 北京：中国人民大学出版社，2005.
[32] 康青. 管理沟通 [M]. 北京：中国人民大学出版社，2006.
[33] 苏勇，罗殿军. 管理沟通 [M]. 上海：复旦大学出版社，1999.
[34] Rue，Byars，管理学：技巧与应用 [M]. 贺力行，裴文，杨振隆，译. [出版地不详]：前程企业管理有限公司，1988.
[35] 孙成志，刘明霞. 管理学 [M]. 5版. 大连：东北财经大学出版社，2014.
[36] 安吉罗·克尼基，布赖恩·威廉姆斯. 管理学基础 [M]. 梁巧转，等译. 北京：中国财政经济出版社，2004.
[37] 斯蒂芬P罗宾斯. 组织行为学（原书第10版）[M]. 孙健敏，李原，译. 北京：中国人民大学出版社，2005.
[38] 赵伊川. 管理学 [M]. 3版. 大连：东北财经大学出版社，2014.
[39] 王松涛. 无边界组织：企业组织结构变革的新模式 [J]. 同济大学学报（社会科学版），2008（19）4：118-124.
[40] 杨跃之. 管理学原理 [M]. 北京：人民邮电出版社，2012.
[41] 蒋国平，石书玲. 现代管理学 [M]. 北京：机械工业出版社，2011.
[42] 李彦斌. 管理学 [M]. 北京：机械工业出版社，2011.
[43] 孙元欣. 管理学——原理·方法·案例 [M]. 2版. 北京：科学出版社，2012.
[44] 潘连柏，伍娜. 管理学原理 [M]. 北京：人民邮电出版社，2013.
[45] 李品媛. 管理学原理 [M]. 2版. 大连：东北财经大学出版社，2012.
[46] 秦志华. 管理学 [M]. 大连：东北财经大学出版社，2011.
[47] 刘追，石冠峰. 管理学 [M]. 大连：东北财经大学出版社，2013.